UNPLUGGED
Mit Gitarre um die Welt

Max Trommsdorff

UNPLUGGED

Mit Gitarre um die Welt

KNESEBECK *Stories*

Inhalt

Vereinigte Staaten
von Amerika

Mexiko

Guatemala
El Salvador

Honduras
Nicaragua
Costa Rica

Französisch-Polynesien

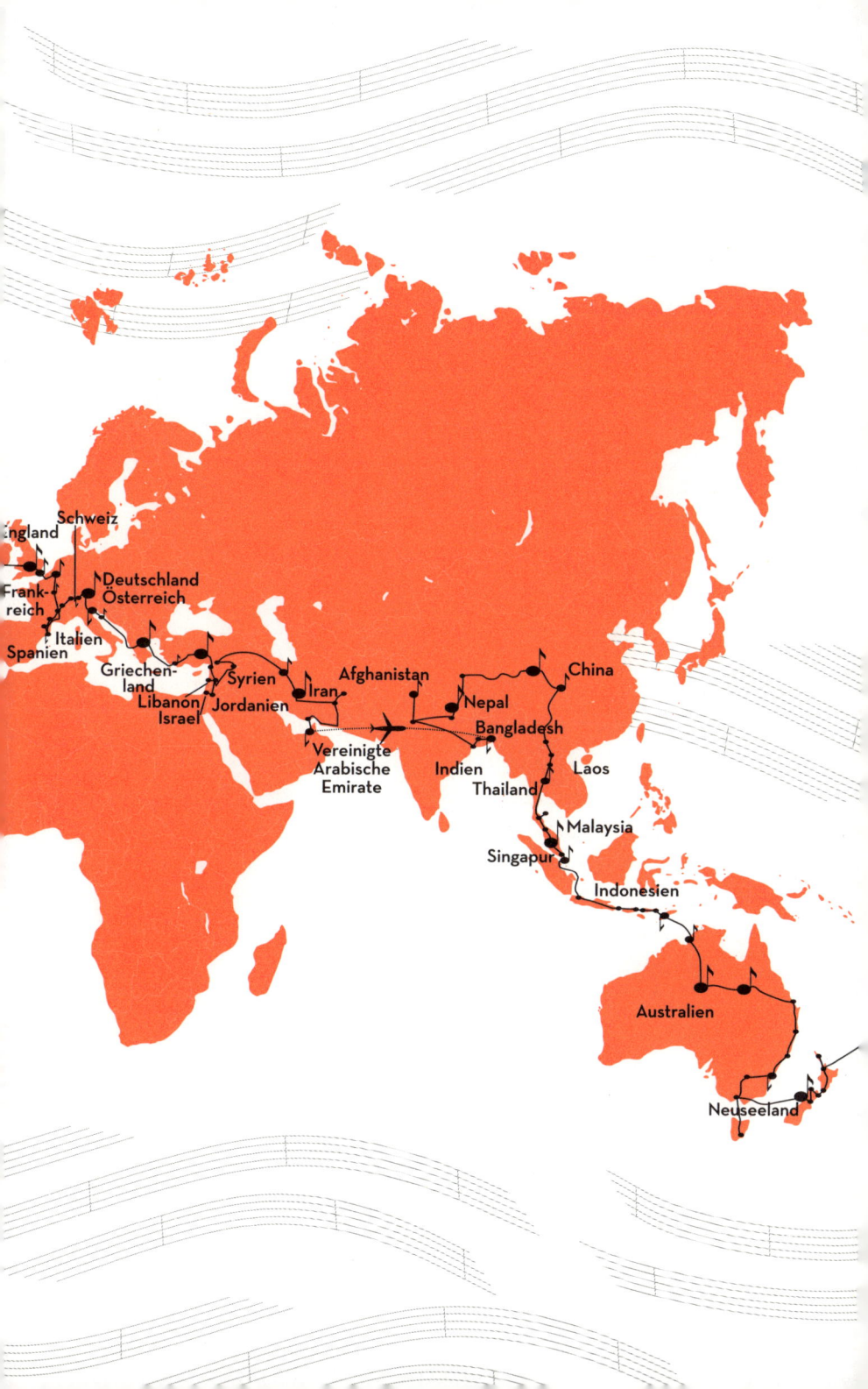

Österreich

»Geh doch erst morgen, Max!«, meinte meine Mutter, als ich den Rucksack endlich gepackt und sein ganzes Gewicht das erste Mal auf den Schultern hatte.

»Auf den einen Tag hin oder her kommt's doch wirklich net an.«

Draußen dämmerte es bereits, und an Tagen wie diesen hat man das Gefühl, es dämmere überhaupt nur. Die Berge um Mittenwald hüllen sich in schwere weiße Schneewolken, und wo die Sonne am Himmel steht, lässt sich nicht erahnen.

»Ich hab's eh schon einen Monat nach hinten geschoben. Eigentlich wollte ich schon lang weg sein.« Ich zog Schultergurte und Hüftgurt enger und stellte mich auf die Waage. 91 Kilo, ohne Schuhe. Ich rechnete. Ich 67, grob zwei die Klamotten, macht für den Rucksack … 22 Kilo. Mehr als befürchtet.

Tatsächlich hatte ich den Aufbruch ursprünglich für den 1. Januar geplant. Hätte ja gut gepasst, Neujahr und Neubeginn. Doch der Übergabetermin war den neuen Ladenbesitzern zu früh gewesen, deswegen hatten wir uns auf den 1. Februar geeinigt. Und den hatte ich mir nun in den Kopf gesetzt.

Eine kleine Abschiedsrunde ließ ich mir trotzdem nicht nehmen. Kurz zum Laden, der seit diesem Morgen nicht mehr der meinige war – Gesch*max*sachen sollte er trotzdem weiterhin heißen –, und dann weiter zur Zenzi und zum Weiser Edi, die direkt nebenan wohnten.

Wenig später stapfte ich im Riedboden durch den tiefen Neuschnee. Ununterbrochen schneite es dicke Flocken, so wie schon die ganzen letzten Tage. Bis auf das Knarzen meiner Schritte herrschte Stille. Ein letztes Mal drehte ich mich um. Zu gern hätte ich mich von der vertrauten Silhouette des Karwendels verabschiedet, doch daraus wurde nichts. Ich stand vor einer weißen Wand. Wann ich Mittenwald das nächste Mal wiedersehen würde? Und meine Familie? Ich wusste es nicht. Ich wusste nur, dass ich alle Freiheit der Welt hatte, Zeit und meinen Reisepass

Das Ziel für heute: Seefeld, sechzehn Kilometer südlich von Mittenwald. Dort wohnte Anna mit ihrer Familie. Sie hatte mir angeboten, die erste Nacht bei ihr zu verbringen. Zwar hatte ich eigentlich geplant, nichts zu planen, ganz geklappt hat das offenbar nicht. Zumindest nicht für die ersten zwei Tage. Denn auf dem Weg Richtung Süden lag nicht nur Annas Zuhause, sondern auch das meines Bruders Lugi in Innsbruck, und über beides war ich angesichts des Wetters auch heilfroh. Ansonsten stand bloß fest, dass es in den warmen Süden ging.

In Scharnitz, dem ersten Ort hinter der österreichischen Grenze, lag noch mehr Schnee. Hier kannte ich mich nicht mehr gut aus, und weil der Weg im schwächer werdenden Tageslicht immer schwerer zu erkennen war, wanderte ich auf der Langlaufloipe weiter. Ich konnte zwar auch hier nicht viel mehr sehen, doch ich erspürte die harten

Langlaufspuren und konnte mich daran orientieren. Nur wenn ich in einer überraschenden Kurve vom Weg abkam, steckte ich bis zur Brust im Tiefschnee. Mit meinem großen, schweren Rucksack da rauszukommen, war Hochleistungssport. Die Gamaschen von meinem Bruder Ferdl hatten sich jetzt schon als sinnvoll erwiesen.

Müde und nass erreichte ich endlich die Straße Richtung Leutasch. Es war inzwischen stockfinster, und weil ich Bedenken hatte, allzu spät bei Anna aufzukreuzen, versuchte ich mein Glück beim Trampen. Die Voraussetzungen waren günstig: Der Grenzübergang zwischen Mittenwald und Scharnitz war wegen akuter Lawinengefahr gesperrt, der ganze Verkehr rollte hier entlang. Schon hielt das erste Auto. Ein weißer Lieferwagen mit italienischem Kennzeichen. Der Fahrer, Alessandro, sah alles andere als vertrauenerweckend aus: schulterlange Haare, Dreitagebart, Zigarette im Mundwinkel, nervöser Blick, gebrochenes Englisch. Hätte ich mir die gut gemeinten Ratschläge einiger Mittenwalder, nicht gleich jedem zu vertrauen, zu Herzen genommen, hätte ich definitiv nicht einsteigen dürfen. Sei's drum, rein mit mir.

Alessandro stieg auf's Gaspedal. Nichts rührte sich. Die Räder drehten gnadenlos durch, so, als wäre ich mit meinem Rucksack genau das Gewicht gewesen, das gefehlt hatte, um die Reibung auf den schneeglatten Straßen zu überwinden. Anstatt vorwärtszufahren, driftete der Wagen immer weiter Richtung Straßengraben ab. Ich stieg aus und versuchte anzuschieben. Hoffnungslos.

»Hast du Winterreifen drauf?«, rief ich auf Englisch nach vorne. Alessandro legte den Kopf schräg und lächelte zerquetscht.

»No, I'm sorry … this morning, there was no snow in Bologna!«

Alessandro fuhr bei diesen arktischen Verhältnissen tatsächlich mit Sommerreifen! Aber immerhin fanden wir Schneeketten im Auto, doch weder er noch ich hatte je welche montiert. Eine Beschreibung gab es auch nicht, einzig ein Foto auf der Verpackung.

Wir fuhren los. Die Ketten machten furchtbar Krach, doch Alessandro beruhigte mich und meinte, das sei schon normal. Nach ungefähr einem halben Kilometer wurde es noch mal deutlich lauter. Jetzt gab auch Alessandro zu, dass vielleicht nicht *alles* in Ordnung sei, und wollte bei der nächsten Gelegenheit nachsehen. Doch so weit kamen wir nicht. Mit einem Schlag war es leise. Wir hatten eine der Schneeketten verloren, und die Bastelei ging von vorne los. Diesmal unter erschwerten Bedingungen, denn einige Kettenglieder waren stark verbogen.

Alessandro musste Richtung Füssen und in der Nähe von Immenstadt ein Werk von Bosch beliefern. Sein Auslieferungstermin stand inzwischen so unmittelbar bevor, dass er eigentlich schon nicht mehr einzuhalten war. Er wurde immer hektischer. Nervös rauchte er eine Zigarette nach der anderen und fluchte unentwegt. Ich war froh, nicht alles zu verstehen. Ohne Jacke und Handschuhe versuchte er, die tiefgefrorenen Metallteile aneinander zu befestigen. Sein Körper zitterte, wohl nicht nur wegen der Eiseskälte, auch aus Verzweiflung.

Ich half, so gut es ging. In der einen Hand meine Taschenlampe, von der ich nicht gedacht hatte, sie so bald und dringend zu brauchen, mit der anderen assistierte ich. Um Alessandro vor dem vollständigen Nervenzusammenbruch zu bewahren, schlug ich vor, noch ein Auto anzuhalten. Ihm war jede Hilfe recht. Schon der erste Autofahrer fuhr rechts ran und half – ein Mittenwalder um die sechzig. Er sprach kaum Englisch, also dolmetschte ich. Als er von den Sommerreifen erfuhr, wäre er am liebsten in sein Auto gestiegen und weitergefahren.

Mit seiner Hilfe schafften wir es aber, die noch unversehrte Schneekette richtig anzulegen, die andere konnte er jedoch nicht mehr retten. Mit nur einer Schneekette kam Weiterfahren allerdings nicht in Frage, und weil wir sonst keinen Ausweg wussten, hielten wir ein weiteres Auto an. Ein Volltreffer: vier junge Bundeswehrsoldaten, zwei davon Kfz-Mechaniker. Sie schafften es, die Schneekette wieder so hinzubiegen, dass sie ihrer Meinung nach die restliche Fahrt halten müsste. Vorsichtshalber fuhren sie noch ein Stück hinter uns her und spannten die Kette nach ein paar hundert Metern noch einmal an. Erst als alles ohne Probleme lief, verabschiedeten wir uns mit einem Licht- und Hupkonzert. Jetzt sah ich Alessandro das erste Mal lächeln. Obwohl die Zeit mehr und mehr drängte, nahm er den Umweg über Seefeld in Kauf und setzte mich am Bahnhof ab. Die Uhr zeigte kurz vor elf, als ich mich von meiner ersten Reisebekanntschaft verabschiedete.

Seefeld

Anna und ihre Familie erwarteten mich ungeduldig. Sie wohnten in einem großen, alten Bauernhaus mit so niedrigen Türen, dass ich mich bücken musste, um hindurchschlüpfen zu können. Annas Eltern und ihre kleine Schwester waren noch wach, nur der jüngste Bruder schlief schon. Die Kinder mussten morgen alle in die Schule, nur wegen meiner späten Ankunft durften sie noch ein wenig wach bleiben. Ich hing meine nassen Sachen zum Trocknen in den Heizungskeller, bekam zu essen und durfte in der Sauna mein Nachtlager aufschlagen.

Am nächsten Morgen wurde ich in aller Frühe geweckt. Anna bestand darauf, dass ich sie noch zur Schule begleitete, denn mittags, wenn sie zurückkam, würde ich schon lange unterwegs sein. Mir stand ein langer und anstrengender Weg bevor. Knapp 25 Kilometer waren es bis nach Innsbruck, und es hatte die ganze Nacht weiter geschneit. Annas Mutter packte mir eine Brotzeit ein, denn unterwegs würde es kaum Gelegenheit geben, etwas zu besorgen. Und Einkaufen ging ja sowieso nicht ohne Geld. Denn das war der Deal für die Reise: kein Geld. Nur eine Gitarre.

Obwohl mir die Schultern vom gestrigen Marsch noch schmerzten, wanderte ich quietschvergnügt durch die malerische Winterlandschaft. Zum ersten Mal zeigte sich jetzt sogar die Sonne am Himmel. Wie Mauern zogen sich die Schneemassen neben den geräumten Wegen nach oben. Ich kam gut voran, nur an die neugierigen Blicke musste ich mich gewöhnen: Die Leute sahen mich an wie einen Außerirdischen, was weniger an mir, sondern an dem 22-Kilo-Monstrum auf meinen Schultern lag. Vor allem wegen der Gitarre, deren Hals oben weit herausragte und den ich vorsichtshalber in eine hellgrüne Mülltüte eingepackt hatte, erinnerte das Ganze doch irgendwie an moderne Kunst.

Ich blinzelte in die Sonne. So ganz hatte ich immer noch nicht begriffen, was ich da eigentlich vorhatte: Max Trommsdorff, 24 Jahre alt, gebürtiger Mittenwalder, ehemaliger Regensburger Domspatz, Träumer, Schulabbrecher, Musiker und Sänger, Bioladenbesitzer und Kreisrat, legt sein Amt nieder, verkauft seinen Laden, steigt aus allen Musikgruppen aus, verlässt seine Freundin und geht allein auf Weltreise. Einfach so. Egal wohin, Hauptsache weg. Wieso tut man sich das an, sich und seinen Liebsten daheim? Irgendetwas in mir wusste, dass ich die Antwort auf diese Frage finden würde.

Nach zweistündigem Marsch erreichte ich den Zirler Berg. Auch dort lief es sich besser als gedacht, die Wege waren entweder geräumt oder der Schnee so festgetrampelt, dass ich nicht mehr einsank. Außer mir keine Menschenseele. Dann der Abstieg ins Inntal: Faszinierend, wie rasant sich das Klima in nur wenigen hundert Höhenmetern ändern kann! Türmte sich der Schnee gerade noch mannshoch, wurde die Schneedecke nun immer dünner, und obwohl ich dadurch deutlich schneller vorankam, begann jetzt der anstrengendste Teil. Es war inzwischen später Nachmittag, und bis auf eine zehnminütige Brotzeit war ich durchmarschiert. Meine Schultern schmerzten mit jedem Schritt mehr. Als ich mich unter einem Baum ausruhen wollte, wäre ich beinahe eingeschlafen. Nur mühsam konnte ich mich aufraffen, meinen Weg fortzusetzen. Ich begann, die Schritte zu zählen. Bei hundert sattelte ich meinen Rucksack um, damit sich die Belastung verteilte. Mal trug ich ihn vor dem Bauch, mal stellte ich die Riemen anders ein. Irgendwann balancierte ich ihn, was für meinen Rücken das Angenehmste war, sogar auf dem Kopf. Es fühlte sich an wie eine halbe Ewigkeit. Ich kämpfte.

Endlich in Innsbruck. Doch auch jetzt ging es noch einmal quer durch die Stadt. Straßenbahn zu fahren schied aus, aufgrund des mangelnden Geldes und wegen der Ehre. Irgendwann erreichte ich die Wohnung meines Bruders Lugi. Ich schleppte mich ins Schlafzimmer und knickte auf dem Fußboden zusammen. Ins Bett schaffte ich es nicht mehr. Mann, war ich fertig!

Lugi hatte ein Konzert mit Stimmbruch und kam erst am nächsten Morgen heim. Stimmbruch, so hieß eine der Musikgruppen, die ich zu Hause zurückgelassen hatte, ein sechsköpfiges A-cappella-Ensemble, das fortan ohne meine Bassstimme sang.

Während seiner Abwesenheit kümmerte sich Lugis Freundin Tina um mich. Sie kochte etwas Leckeres – ich hatte einen Bärenhunger – und backte mir sogar extra einen Laib Brot, der mir drei Tage als Proviant dienen sollte. Ich ahnte noch nicht, wie wichtig das sein sollte, schlief wie ein Stein und ließ mir am nächsten Morgen viel Zeit, um mich von dem gestrigen Gewaltmarsch zu erholen. Lugi kam heim und hatte mir etwas mitgebracht, etwas, das ich zu Hause in Mittenwald vergessen hatte: mein Tagebuch. Ein hübsches, rotbraunes, gebundenes, handliches Schreibbuch. Ich hatte sein Fehlen noch gar nicht bemerkt, wäre für es aber auch den Weg nach Mittenwald zurückgelaufen! Ein Geschenk von Doris, einer meiner treuesten Kundinnen. Als Hobbykalligrafin hatte sie mir auf die erste Seite des Tagebuchs einen Abschiedssegen geschrieben:

Gott unser Herr über Anfang und Ende
Gestern, heute und morgen
Möge dir auf deiner großen Reise in die Zukunft
stets nahe sein
Sosehr wir dich vermissen werden
Genauso wissen wir aber auch
Dass in den neuen Gegenden Gottes
In denen du nun leben und arbeiten wirst
Deine Güte, dein Humor und deine Sprache
willkommen sein werden
Möge der Herr Krankheit und Gewalt von dir fernhalten
Deine Gabe, Feinde in Freunde zu verwandeln, weiterhin segnen
Und dich in deiner Sanftmut bestärken
Möge er uns noch oft an deine Freundlichkeit
Und deine Geduld erinnern
Und uns allen ein fröhliches Wiedersehen bescheren.

Richtung Brennerpass

Erst nachmittags verließ ich Lugi und Tina. Jetzt konnte das Abenteuer richtig losgehen. Keine Freunde und Bekannte mehr auf dem Weg, kein Bett, das abends auf mich wartete. Essen hatte ich genug für die nächsten zwei Tage – wie es danach weitergehen sollte? Keine Ahnung. Zumindest im Moment machte ich mir deswegen allerdings keine Sorgen.

»Entschuldigung, wie komm ich denn zum Brenner?«

»Ja wia, zu Fuaß? Des sen fei über dreiß'g Kilometer, des geat si heit nia und nimmer aus!«

Es fiel nicht immer leicht, eine vernünftige Antwort von den Leuten zu bekommen, ohne dass ich erklären musste, dass ich erstens nicht unbedingt heute anzukommen brauchte und zweitens der genaue Weg egal sei, solange die Richtung stimmte.

Als ich irgendwann zu einem verlassenen Gasthof kam, stand fest: Wollte ich heute Nacht ein Dach über dem Kopf haben, musste ich hier mein Glück versuchen. Ich nahm meinen ganzen Mut zusammen. Betteln war nicht meine Sache, doch mir blieb nichts anderes übrig.

»Ähm, guten Abend, ich hätt eine Frage.«

»Ja bitte?«

Ich hatte gleich ein ungutes Gefühl. Der groß gewachsene Mann hinter dem Tresen sah aus, als ahnte er schon, was kam.

»Ich bin auf Reisen und suche einen Platz zum Schlafen, bloß … ähm, leider hab ich kein Geld dabei.«

Er überlegte nicht lang.

»Da können wir leider nichts für Sie tun. Wir sind ein Hotel.«

Stille.

»Ich, äh … ich meine, ich brauche ja gar kein Bett, ich könnte mich auch in die Garage legen, ich hab ja alles dabei, Schlafsack, Isomatte …«

»Nein, tut mir leid. Das machen wir nicht.«

Ich gab noch nicht auf. Ich war müde, hungrig und wollte alles, nur nicht wieder zurück auf die kalte, dunkle Straße.

»Und … und wenn ich dafür etwas mithelfe? Ich könnte putzen oder abspülen …?«

Er antwortete nichts, sondern sah mich mit einem Blick an, der unmissverständlich sagte, dass es Zeit war zu gehen. Ich hatte verstanden. Halblaut murmelte ich ein »Danke trotzdem«, dann stand ich wieder draußen. Ich atmete tief durch. Ich musste mich jetzt um eine Alternative kümmern, wenn ich bei den eisigen Temperaturen nicht unter freiem Himmel schlafen wollte.

Direkt neben dem Gasthof stand ein weiteres, älteres Gebäude, welches offenbar unbewohnt war, der Schnee um das Haus lag vollkommen unberührt. Es dort versuchen? Nein, dazu fehlte mir der Mut. Einen Steinwurf entfernt befand sich noch eine kleine, alte

Scheune. Ich blickte zurück zum Gasthof. Würden sie mich von dort aus sehen? Bestimmt nicht, dafür war es inzwischen zu dunkel. Also nichts wie hin. Die Tür war nicht abgesperrt, die alten, rostigen Scharniere sträubten sich jedoch, bewegt zu werden.

Das fahle Mondlicht fiel in einen kleinen, mit Gerümpel vollgestellten Raum. Ein modriger Geruch kam mir entgegen. Ich drehte mich noch mal um, blickte in die dunkle Nacht und hielt inne. Klare Sache, etwas Besseres würde ich heute nicht mehr finden. Ich setzte meinen Rucksack ab, kramte meine Taschenlampe hervor und betrat die Hütte. Der Schein der Taschenlampe fiel auf alte Bretter, kaputte Möbel, ausgediente Elektrogeräte und allerhand Müll. Von der Decke herab hingen lange, staubige Spinnweben. Da, eine Tür! Sie musste in ein Nebenzimmer führen. Der Weg dorthin war durch das ganze Gerümpel versperrt, doch soweit man von hier aus sehen konnte, musste das Zimmer größtenteils leer sein. Mein Lichtschein fiel auf etwas Weißes am Boden. Da lag Schnee! Ich lehnte mich so weit es ging nach vorne und leuchtete an die Decke. Das Dach hatte ein Loch, es war zum Teil eingebrochen. Auch sonst befand sich dieser Raum in einem weitaus schlechteren Zustand als der andere. Es lag auf der Hand, was es zu tun gab. Nach einer Weile hatte der ganze Schrott den Platz gewechselt, der erste Raum war leer und der andere voll. Ich fand sogar einen kleinen Reisigbesen, mit dem ich die Spinnweben entfernte und den staubigen Erdboden kehrte. An den zahlreichen Nägeln, die aus den Holzwänden ragten, hing ich meine Sachen auf, in die sauberste Ecke legte ich meine große Plastiktüte – darauf Isomatte, meinen knallroten Biwaksack, Schlafsack und Innenschlafsack.

Jetzt wäre mein Nachtlager richtig gemütlich gewesen, zumindest, wenn es 25 Grad wärmer gewesen wäre. Es gab viel zu viele Löcher in den Holzwänden, als dass sich die Scheune durch meine Körperwärme hätte erwärmen können. Dick eingemummelt lag ich da, wie eine fette rote Raupe. Noch war mir warm. Im Laufe der Nacht wurde es aber bitterkalt, und trotz der vielen Schichten kroch mir die Kälte in die Knochen.

Als ich am nächsten Morgen die Augen aufschlug, lag neben mir nicht mehr mein Wassersack, sondern ein Eisklotz. Und in meine eisigen Kleider und Schuhe zu steigen, wurde zur Überwindung des Tages.

Es dauerte lange, bis die Kälte der Nacht aus meinen Gliedern wich. Die winterliche Morgensonne war zwar schön anzuschauen, sie wärmte aber kaum. Ich wanderte wie gestern weiter die Straße entlang und hoffte, heute irgendwann den Brenner zu erreichen. Von weitem sah ich die Europabrücke, die das Wipptal in einer Höhe von 190 Metern imposant von einer Seite zur anderen überspannte. Es donnerte im ganzen Tal, wenn ein Lastwagen über die Brücke fuhr. Nach einem mageren Frühstück vor einem geschlossenen Gasthaus versuchte ich mein Glück beim Trampen. Ein junges Pärchen hielt an, sie waren gerade zum Skifahren unterwegs. Es waren nur zehn Minuten Fahrt, doch die Wärme im Auto fühlte sich an wie eine wohltuende heiße Badewanne. Ich bedankte mich bei den beiden und fand einen Fußweg durch die idyllische Winterlandschaft, der geradewegs den Berg hinaufführte. Offensichtlich nicht der schnellste Weg nach Italien, aber vielleicht der Schönste. Ich bekam Lust zu singen. Da fiel mir etwas noch Besseres ein. Ich kramte meine Mundharmonika hervor und fing an zu spielen. Ich war blutiger Anfänger, aber fest entschlossen, das zu ändern. Um meinen Lebensunterhalt in den nächsten Wochen und Monaten mit Straßenmusik zu verdienen, passte eine Mundharmonika einfach zu gut. Ein ideales Reiseinstrument: klein, handlich, pflegeleicht … und neben dem Gesang für meine Zuhörer in spe auch eine willkommene musikalische Abwechslung.

Nach einer traumhaften Wanderung erreichte ich auf über 1700 Metern die Wallfahrtskirche Maria Waldrast. Auf der Terrasse des anliegenden Gasthauses genoss ich das Panorama sowie den wärmenden Sonnenschein.

Das Gasthaus war gut besucht, klar – bei dem Wetter! Eigentlich die ideale Gelegenheit. Ich blickte mich um. Hm … sollte ich wirklich? Ich fragte den Wirt. Er hatte nichts dagegen. Damit gab es keine Ausrede mehr. Also raus mit der Gitarre, zum ersten Mal! Meine kleine, hübsche Wandergitarre, ein Geschenk von meinem Vater, auf ihr hatte er vor vielen Jahren seine ersten Akkorde gelernt. Jahrgang 1947, beide, Gitarre und Paps. Ich stimmte. Stehen oder sitzen? Die ersten Leute drehten sich um. Erstes Lied? *The Boxer*, Simon & Garfunkel, im Stehen.

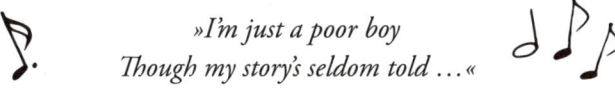

»I'm just a poor boy
Though my story's seldom told …«

Das Eis war gebrochen. Wie oft hatte ich das Lied mit Lugi gesungen, zweistimmig, oder auch dreistimmig zusammen mit Christoph, unserem ersten Tenor von Stimmbruch. Ganz allein hatte ich es noch nie gesungen, zumindest konnte ich mich nicht mehr daran erinnern. Als die zweite Stimme nicht wie gewohnt einsetzte, fühlte ich mich das erste Mal so richtig einsam. An das Gefühl musste ich mich wohl gewöhnen. Zweite Strophe.

»When I left my home and my family
I was no more than a boy …«

Erst jetzt merkte ich, wie gut der Text zur Situation passte. Der letzte Akkord verklang, Applaus. Eine Ansage musste her.

»Schönen guten Tag, ich bin der Max aus Mittenwald, das liegt in Oberbayern … da, so diese Richtung …«, dabei suchte ich Norden und wedelte in der Luft herum, »und bin grad am Anfang einer längeren Reise, die ich nur mit Musik finanziere … also, das ist zumindest der Plan.« Ich grinste. »Ich würd jetzt noch ein paar Stücke spielen, wenn's Ihnen nix ausmacht. Wenn doch, sagen Sie einfach Bescheid, dann höre ich auf.« Verhaltener Beifall.

Ich spielte noch drei Lieder, bis mich eine ältere Dame zum Schweigen brachte, indem sie mich auf eine Gulaschsuppe einlud. Von den restlichen Gästen bekam ich 7,20 Euro – mein erstes verdientes Geld! Das hätte auf jeden Fall schon mal für die nächste Mahlzeit gereicht.

Noch sechzehn Kilometer verblieben bis zum Brenner, die ich über eine viel befahrene Straße zurücklegen musste. Den halben Weg hatte ich schon hinter mir, als ein Wagen älteren Semesters seitlich ran fuhr. Endlich! Drinnen saß ein junger und ziemlich netter Kerl aus Stuttgart, unterwegs, um seine Freundin in Bozen zu besuchen. Zehn Minuten später erreichten wir den Brenner. Das erste Land wäre geschafft!

Zeit für die Startbilanz: In Österreich gab es sehr nette und weniger nette Menschen. Schneeketten immer von hinten aufziehen. Einnahmen 7,20 Euro, Ausgaben 0 Euro. Außerdem gab es erste Verluste zu verzeichnen: Meine Zahnbürste und Zahnpasta lagen vermutlich noch in der Hütte, in der ich die letzte Nacht geschlafen hatte. Und – wesentlich schmerzhafter – ich musste meine Mundharmonika irgendwo auf dem Weg verloren haben. Ein sehr frühes Aus für meine Mundharmonika-Karriere!

Italien

Bozen. Dass die Stadt unter 300 Meter lag, konnte man spüren. Hier ließ es sich sogar ohne Mütze und Handschuhe gut aushalten, und meine Gamaschen fristeten ihr Dasein ab sofort im tiefen Innersten meines Rucksacks – der einzige Schnee, den man noch sah, lag hoch oben auf den Bergen.

Alles sprach für eine erste richtige Straßenmusik-Session. Ein schöner Platz fand sich leicht. Bozen ist reich an kleinen Gassen, gut besuchten Fußgängerzonen und verkehrsberuhigten Marktplätzen. Am Waltherplatz packte ich die Gitarre aus. Das passte, denn der Platz verdankte seinen Namen nicht irgendeinem Walther, sondern Walther von der Vogelweide, der vielleicht vor 800 Jahren an ebendieser Stelle seine Weisen gezwitschert hatte.

Wie unterschiedlich doch die Menschen reagierten! Die Mimik der Leute zu lesen, wurde für mich zum Fest. Neugierig, ignorierend, manche sahen angestrengt weg, andere lächelten, und ab und zu blieb auch jemand stehen und applaudierte zwischen den Stücken. Warf jemand etwas in meinen Hut, versuchte ich mir gleich ein »Mille grazie« anzugewöhnen.

Nach einer Stunde fiel mir nichts mehr ein. Ich packte zusammen und zählte die Münzen. Knapp achtzehn Euro. Das müsste das ja schon für eine Übernachtung in einer Jugendherberge reichen. Doch das kam erst einmal nicht in Frage. So schnell es ging, wollte ich mir ein finanzielles Notpolster aufbauen, falls ich einmal in Schwierigkeiten geraten sollte. Meine Strategie für heute Nacht war eine andere.

»Entschuldigung, ich suche ein Irish Pub, gibt's so was in Bozen?«

»Jo freilich, sel isch lei da vorn um de Eckn!« War das jetzt Italienisch oder Deutsch?

Fünf Minuten später betrat ich eine gemütliche, etwas verrauchte Kneipe, mit viel dunklem Holz und Guinness-Postern an den Wänden – wie wohl die meisten Irish Pubs auf der Welt. Ich stellte meine Sachen in eine Ecke und setzte mich an die Bar.

Neben mir saß Luigi. Er hatte hier zwei Funktionen: Barkeeper und Stammgast. Ein Wort von meiner Reise genügte, und Luigi hatte schon ein Guinness für mich bestellt. Am Nebentisch saßen zwei Jugendliche, sie fragten mich geradeheraus, ob ich ihnen etwas vorspielen könne. Ich musste nicht lange überlegen. Die Musik wurde ausgemacht, und weil es eines der wenigen Stücke war, dessen Text ich ganz konnte, spielte ich noch mal den *Boxer*. Gemeinsam überlegten wir anschließend, wo es irgendeine kostenlose Übernachtungsmöglichkeit für mich gäbe.

»Wie wär's mit dem Jugendzentrum?«, fiel dem Mädchen ein, »die sind doch super nett dort!«

Das Jugendzentrum lag nur zwei Straßen weiter. Es war Freitagabend und proppenvoll. Es dauerte einige Zeit, bis wir uns zum Chef durchgefragt hatten, der auf meine Anfrage mit einem entspannten »Such dir eine Couch aus!« reagierte.

Ich hatte vor, ein paar Tage in Bozen zu verbringen. Wie ich gestern festgestellt hatte, eignete sich die Stadt ideal für meine Straßenmusik. Außerdem wollte ich ja ein paar Brocken Italienisch lernen. Und wo konnte man das besser als in einer Gegend, in der beinahe jeder fließend Deutsch und Italienisch spricht!

Noch zwei weitere Übernachtungen verbrachte ich in Bozen. Die erste im Freien vor einem Benediktinerkloster, ganz zentral in der Stadt. Nachts wurde es kühl, war aber nicht mehr frostig. Wie sich das anfühlte? Klar, in den Augen der Passanten war ich ein Penner. Und ganz frei machen konnte ich mich von dem Gefühl der Minderwertigkeit, den ihre Blicke auslösten, nicht. Noch nicht.

In der zweiten Nacht hatte ich mehr Glück. Diesmal hieß mein Wohltäter Giuseppe. Er warf mir einen Zettel in den Hut, darauf stand: »Call me, we will have a hot tea!« Dazu Adresse und Telefonnummer. Beim Tee blieb es nicht. Giuseppe wohnte zwar in nur einem Zimmer, doch das teilte er gerne. Und noch viel wichtiger: Er hatte eine Dusche. Mit warmem Wasser! Nach den Katzenwäschen am kalten Bozener Bahnhofsklo ein echter Luxus!

Als ich Bozen schließlich den Rücken kehrte, hatte ich achtzig Euro angespart, und nach drei Tagen Pause tat es gut, wieder etwas Bewegung zu haben. Ich marschierte zwanzig Kilometer bis nach Auer, südlich von Bozen. So recht wusste ich nicht, ob ich in dem kleinen Ort bleiben oder doch weitersollte, und stapfte planlos durch die Straßen. Irgendwann landete ich am Bahnhof. An der Infotafel das Streckennetz der italienischen Bahn. Wohin wollte ich eigentlich? Den ganzen Stiefel runter in den Süden? Nein, ich hatte eine bessere Idee: So schnell wie möglich ans Meer! Und dann mit dem Schiff weiter. Ich fragte am Schalter nach den Preisen. Venedig dreizehn, Genua 26 Euro. Klare Sache! Die Tragweite dieser Preisauskunft ahnte ich dabei noch nicht. Nicht weniger als die Entscheidung, ob in östliche oder in westliche Richtung um den Globus, war damit gefallen. Auf nach Venedig!

Die Berichterstattung zu meinen fünf Tagen in Venedig fällt kurz aus – weil ich meine Aufzeichnungen verloren hatte. Stattdessen will ich die entstandene Lücke nutzen, um aufzulisten, was ich tagein, tagaus so mit mir herumschleppte:

· *Gitarre*
· *Tagebuch*
· *Kamera*
· *Rucksack*
· *Schlafsack*
· *Isomatte*
· *Biwaksack*
· *Kochgeschirr*
· *Besteck*
· *Innenschlafsack*
· *Wassersack*
· *Regenmantel*
· *Gamaschen*
· *Jacke*
· *Fleecejacke*
· *Hut*
· *Sonstige Klamotten*
· *Ein Paar Schuhe*

· *Körperpflegemittel*
· *Reiseapotheke*
· *Taschenmesser*
· *Stirnlampe*
· *Musikalisches*
· *Glücksbringer*
· *Goethes* Faust, Der Tragödie erster Teil
· *Wasseraufbereiter*
· *Sonstiger Kleinkram* (Kerze, Nähzeug, Haushaltsgummis und Sicherheitsnadeln, Plastiktüten und natürlich ein Feuerzeug, einige Passfotos, ein paar Kopien meines Reisepasses, eine Kopie meiner Geburtsurkunde)

Eine gute Freundin meiner Eltern hatte mir noch einen Spezialgürtel mitgegeben, der ein verstecktes Geheimfach enthielt. Nicht sonderlich geräumig, aber groß genug für eine Kopie meines Ausweises und eventuell etwas Papiergeld. Sie sagte, wenn ich mal alles verlieren oder ausgeraubt werden sollte, hätte ich wenigstens das Wichtigste noch bei mir.

Griechenland

Venedig war ein teures Pflaster. Doch mit der Straßenmusik lief es so gut, dass im Geheimversteck meines Gürtels inzwischen eine eiserne Reserve von 100 Euro bunkerten. Darüber hinaus hatte ich mir sogar drei Nächte in einem Hostel und das Ticket für die Fähre nach Griechenland leisten können. Nun saß ich am Boden zwischen den Sitzen der dritten Klasse, wo ich mir einen Schlafplatz eingerichtet hatte. Zwei Tage dauerte die Fahrt über die Adria.

Am späten Nachmittag lief die Fähre in den Hafen von Patras ein, ganz im Norden der Peloponnes. Vor allem wegen seiner Nähe zu Italien ist Patras eine der wichtigsten Hafenstädte Griechenlands. Froh über meine Entscheidung, schnell in den Süden gezogen zu sein – es war deutlich milder als in Venedig –, schmiedete ich bald wieder Pläne, meine Reise zu Fuß fortzusetzen. Am zweiten Tag nach der Ankunft wollte ich Richtung Osten nach Athen wandern.

Die ersten beiden Nächte verbrachte ich in einem kleinen Park. Gemessen an Lage und Ausblick war es ein Obdachlosenhotel de luxe! Vor einer alten Burgruine gelegen, auf einem Hügel mitten in der Stadt. Wenn die Morgensonne aus dem Meer tauchte, hatte ich die nächtlichen kurzen Nieselschauer bereits vergessen.

Am Vormittag des dritten Tages brach ich auf. Ich hatte keine Karte, sondern wollte sehen, wie weit ich kam, wenn ich mich nur am Stand der Sonne orientierte. Athen lag von Patras aus im Osten, ich musste mich also Richtung Sonnenaufgang halten.

Fast ununterbrochen führte mein Weg bergauf. Oft wanderte ich querfeldein über karge Wiesen. Die Luft roch nach wildem Thymian, und ich fand einige Olivenbäume, an denen noch Oliven hingen. Sie schmeckten sehr bitter, mehr als eine kleine Handvoll konnte ich nicht essen. Von Zeit zu Zeit kam ich an kleinen Höfen vorbei, auf denen Ziegen und Hühner gehalten wurden. Weit und breit keine Menschenseele zu sehen. Die Höfe wurden zumeist nur von angebundenen Hunden bewacht, die mich empört ankläfften, sodass ich fast Angst bekam. Nach ein paar Stunden fingen meine Schuhe zu drücken an. Ein Wunder war es nicht, schließlich hatte ich seit zwei Wochen keine anderen mehr angehabt. Ich ging also ein paar Kilometer barfuß. Aber dafür war es auf Dauer doch noch etwas zu frisch. Ich ließ den rechten Schuh einfach halb offen und konnte auf diese Weise schmerzfrei weiterwandern.

Das Wetter wechselte gefühlt alle fünfzehn Minuten von Regen zu Sonnenschein, mein Regenmantel hielt mich dabei weitgehend trocken. Als Schlafplatz wählte ich ein ausgetrocknetes Flussbett, welches windgeschützt genug erschien, um dort ein Lagerfeuer zu entfachen. Auch gab es genug trockenes Feuerholz von abgestorbenen Bäumen rund herum. Ganz in der Nähe fand ich sogar eine kleine Quelle, an der ich meinen Wassersack neu auffüllte.

Bald darauf kochten Nudelwasser und Tomatensauce über dem Feuer. Als ich dann beim Essen in den Sonnenuntergang blickte, fühlte ich mich wie ein einsamer Cowboy in der Prärie.

Müde vom Wandern schlief ich schnell ein. Doch viel zu bald wurde ich wieder geweckt. Von Regentropfen, die mir ins Gesicht fielen. Ich kroch tiefer in den Biwaksack und hoffte, weiterschlafen zu können. Aber ich irrte. Zehn Minuten später goss es, blitzte und donnerte. Wasser drang durch alle Ritzen. Sollte ich mein Nachtlager doch abbrechen? Leider gab es ein noch größeres Problem. Mir war gar nicht gleich klar, wo das Rauschen plötzlich herkam. Erst als es lauter wurde und der untere Teil meines Biwaksacks bereits schwamm, schreckte ich hoch. Von wegen ausgetrocknetes Flussbett! Nichts wie weg hier! Jetzt musste es schnell gehen. Der Boden hatte sich in ein Schlammloch verwandelt; dass alles vollkommen verdreckte, war vollkommen egal. Wichtig nur, so viel wie möglich trocken zu halten. Die Gitarre hatte ich glücklicherweise zuvor schon in Plastiktüten gepackt.

Ich blickte kurz zurück. Dort, wo noch vor kurzem mein Schlafplatz gewesen war, hatte sich jetzt ein reißender Gebirgsbach gebildet. Ich ging los. Aber wohin? Weiter bergauf oder lieber Abstieg? Da sah ich im Blitzlicht einen Kirchturm, nur zwei, drei Steinwürfe entfernt. Wo kam der denn plötzlich her? Dann, fast unmittelbar darauf der krachende Donnerschlag.

»Eine Bergkapelle«, fuhr mir durch den Kopf. »Wenn ich Glück habe, ist sie sogar offen.«

Ich hatte kein Glück. Es gab nicht einmal ein Vordach zum Unterstellen. Weitergehen war jedoch unmöglich. Noch immer schüttete es, was das Zeug hielt. Ich kauerte mich an eine windgeschützte Mauer, um zu warten, bis das Unwetter vorbeigezogen war. Den Rucksack vor mich gestellt, bildete sich mit meiner Regenjacke so etwas wie ein kleines Zelt, in dem ich mit angewinkelten Beinen gerade so Platz hatte. Bald darauf drehte der Wind und peitschte den Regen gegen die Mauer, an der ich lehnte. Wasser sammelte sich am Boden meines Notzeltes, ich musste in die Hocke gehen, um meinen Hosenboden trocken zu halten.

Dann kam die Kälte. Ich hatte schon alles an, Mütze, Handschuhe und meine beiden Jacken, aber nichts von alledem war noch trocken. Meine Kniegelenke begannen zu schmerzen. Unter dem roten Regenmantel wurde es stickig.

Ich schätzte die Uhrzeit. Wie lange ich vorhin wohl geschlafen hatte? Ein, zwei Stunden? Oder doch länger? Ich sehnte die Morgendämmerung herbei …

Die Kälte, die ungemütliche Sitzposition – ich hielt es nicht länger aus. Obwohl das Gewitter noch immer nicht nachgelassen hatte, beschloss ich, den Rückweg anzutreten. Es fiel nicht leicht aufzugeben. Doch Weitergehen hatte nun endgültig keinen Sinn mehr. Nicht nur weil ich mich mit Sicherheit in über 600 Metern Höhe befand und es an der Küste zumindest etwas wärmer sein musste, sondern vor allem, weil es ewig gedauert hätte, bis all meine Sachen wieder trocken gewesen wären.

Die Bewegung brachte wieder etwas Leben in meine kalten Glieder. Bergab schmerzte meine Ferse weniger als bergauf, so konnte ich den Schuh wieder richtig zuschnüren. Mein Regenmantel reichte nur knapp über die Knie, und es dauerte nicht lange, bis meine Hose pitschnass war. Bald stand das Wasser in meinen Schuhen, bei jedem Schritt schmatzte es. Die Handschuhe ließen sich von Zeit zu Zeit auswringen – bei der braunen Brühe, die herauskam, war ich froh, dass sie so wenigstens gewaschen wurden.

Der Morgen brach an, als ich die Vororte von Patras erreichte. Endlich hatte der Regen aufgehört. So sehr hoffte ich auf ein paar Sonnenstrahlen. Doch vergebens. In einem kleinen Park breitete ich mich aus. Ich wrang alle nassen Sachen aus und hing sie an einen Baum zum Trocknen. Nun hatte sich als sinnvoll erwiesen, meine

Wäsche im Rucksack in eine Plastiktüte zu packen – so konnte ich jetzt wenigstens ein paar trockene, saubere Klamotten anziehen.

Den restlichen Tag verbrachte ich in verschiedenen Parks und versuchte, Schlaf nachzuholen. Ein bisschen spielte ich Gitarre, aber meine Stimme war recht belegt. Ich hatte das Gefühl, krank zu werden. Wenig überraschend, nach so einer Nacht.

Später am Abend spielte ich mit dem Gedanken, mir eine Übernachtung im Hotel zu leisten. Es hatte wieder angefangen zu regnen, einen überdachten Schlafplatz zu finden, erwies sich als nicht so einfach. Zwar gab es ein paar Möglichkeiten außerhalb des Zentrums, doch die Gegend erschien mir zu unsicher. Also kehrte ich wieder ins Stadtzentrum zurück, wo ich mich um einiges sicherer fühlte. Doch hier in den hell erleuchteten Straßen gab es keine versteckten, ruhigen Ecken zum Schlafen, obwohl ich einen leerstehenden Laden fand, vor dem ich bestimmt niemanden gestört hätte. Aber Hunderte von Leuten würden an mir vorbeigehen und mich sehen.

Da kam mir eine Idee. Ich nahm Zettel und Stift aus meiner Seitentasche und machte mich auf die Suche nach jemandem, der Englisch sprach. Viel Griechisch konnte ich bisher nicht, aber »Sprechen Sie Englisch?« hatte ich bereits auf der Fähre von einer Schiffsstewardess gelernt. Erst beim vierten Passanten, den ich ansprach, bekam ich ein »Ja« als Antwort. Ich fragte ihn, ob er mir Folgendes übersetzen könne:

Armer deutscher Tourist
Bitte nicht füttern
Danke!

Sichtlich verwirrt schrieb er mir die Übersetzung in großen griechischen Lettern auf ein Blatt Papier. Ich bedankte mich und kehrte zurück zu dem leerstehenden Geschäft. Um zur Ladentür zu gelangen, musste man durch einen sehr kleinen, etwas erhöhten Innenhof. Anscheinend wurde das Geschäft gerade umgebaut, ich musste diesen Eingangsbereich erst vom Bauschutt befreien und sauber machen. Dann befestigte ich zwischen Gehsteig und Ladenvorraum eine Schnur von der einen Mauer bis zur anderen, sodass ich ein klein wenig abgeschottet war. Genau in der Mitte breitete ich Isomatte und Schlafsack aus. Die Gitarre stellte ich in die eine Ecke, meinen Rucksack in die andere und meine Schuhe gleich davor. Dann positionierte ich das Blatt Papier mit einem Stück Karton so vor mir, dass man es von der Straße aus gut lesen konnte, und schlüpfte in meinen immer noch feuchten Schlafsack.

Ich hatte Herzklopfen. Sich beobachtet zu wissen, fühlte sich schon ungewohnt an, doch ich war so müde, dass ich mich sehr bald im Reich der Träume befand.

Als ich aufwachte, versüßte mir eine Überraschung den erneut verregneten Morgen: Neben mir lagen zwei Euro vierzig, eine Orange und eine Dose Bier.

Alles andere, Gitarre, Rucksack und Schuhe, befand sich noch an seinem Platz. Es wäre ein Leichtes gewesen, mich auszurauben – vielleicht hatte ich mehr Glück als Verstand gehabt.

Leider schmerzte mein Hals, und ich spürte mehr noch als gestern, dass ich krank wurde. Wieder überlegte ich, für eine Nacht in ein Hotel zu gehen – es wäre auch ohne Krankheit bitter nötig gewesen. Vieles war immer noch feucht oder schmutzig, allem voran ich selbst; das letzte Mal geduscht hatte ich vor vier Tagen auf der Fähre. Und leisten konnte ich es mir eigentlich schon. Außer meiner eisernen Reserve hatte ich knappe zwanzig Euro bei mir.

Wenn es möglich sei, ein Zimmer zu diesem Preis zu bekommen, überlegte ich, genehmige ich mir eine Nacht. Ich machte mich auf die Suche. Wenn ich schon für eine Übernachtung bezahlen sollte, wollte ich zumindest rechtzeitig einchecken, um die Zeit auszunutzen.

In der Nähe des Hafens wurde ich fündig. Vierzehn Euro die Nacht. Das Zimmer – klein, potthässlich und nicht besonders sauber – war mir vollkommen recht. Waschtag. Ausruhen. Schlafen. Inneren Akku aufladen. Auch wenn das versprochene warme Wasser allerhöchstens lauwarm war, genoss ich die Dusche.

Die Übernachtung hatte sich gelohnt. Alles war wieder sauber und trocken, und meine Erkältung ging so schnell vorbei, wie sie gekommen war. Ich machte in den Folgetagen viel Straßenmusik, schlief stets irgendwo draußen und lernte immer mehr Menschen kennen. In der Fußgängerzone, wo ich Tag für Tag spielte, hatten noch andere ihren Arbeitsplatz. Ein halbes Dutzend Afrikaner verkaufte dort regelmäßig schwarzgebrannte CDs. Ständig bettelten sie, ich solle doch Bob Marley spielen. Hatten sie mich mal wieder überredet, tanzten sie alle auf der Straße und sangen mit.

Nach fünf Tagen in Patras zog ich weiter. Inzwischen hatte ich mir in einem Musikgeschäft eine neue Mundharmonika und ein Kazoo gekauft, um etwas mehr musikalische Abwechslung zu haben. Weil das Wetter partout nicht besser werden wollte, gab ich das Wandern auf und nahm den Zug nach Athen.

Athen

In Athen angekommen, wollte ich mir als Erstes die Akropolis ansehen. Lange vor der Ankunft sah ich allerdings erst mal etwas anderes: eine riesige Dunstglocke über der Stadt. Dementsprechend war die Luftqualität, als ich am Hauptbahnhof ausstieg.

Rein in die U-Bahn und nichts wie zu den Tempelanlagen. Auf dem Weg: fünf Straßenmusiker, Hunderte von Souvenirläden und Tausende von Touristen. Der Eintritt zur Akropolis kostete zwölf Euro. Ich überlegte. Dann lief ich das Areal ab, welches man kostenlos besichtigen konnte. Auch dort gab es einige alte Säulen und Mauerreste zu sehen, die verstreut in den Parkanlagen rings um den Berg lagen. Jetzt hier ein Picknick mit griechischen Leckereien zwischen all den altertümlichen Ruinen … gedacht, getan!

Ich fragte mich durch bis zu einem riesigen Markt, wo es alles gab, was das Herz begehrte. In der Luft hing der Duft von Gewürzen und frischem Fisch. Nach den enthaltsamen Tagen in Patras wollte ich es mir gut gehen lassen.

Bei einem Händler hatte ich die Wahl zwischen fünfzehn verschiedenen Olivensorten. Ich probierte sie alle. Es gab schwarze, grüne und braune, kleine salzige und große saftige, ölige und getrocknete, pikante und milde. Von den zwei besten Sorten – einer mit Knoblauch gefüllten dicken grünen und einer kleinen milden braunen, die beinahe süß schmeckte – kaufte ich mir jeweils eine Tüte. Dazu Ziegenkäse, Walnüsse, Datteln, ein Fladenbrot, ein paar Weintrauben und ein Stück Halva als Nachspeise.

Von einem italienischen Touristen erfuhr ich, dass der Eintritt zu den Tempelanlagen sonntags kostenlos sei. Es war Freitag. So lange wollte ich also noch hierbleiben und dann weiter ziehen. Mein Plan bestand darin, erst mal bis nach Israel zu kommen. Dort würde ich sicher wieder gut Straßenmusik machen können. Das hieß, ich musste durch die Türkei und Syrien. Anhand einer Weltkarte im Schaufenster eines Reisebüros plante ich meinen weiteren Weg. Bei den vielen Inseln vor dem türkischen Festland musste es eine Schiffsverbindung dorthin geben. Im Piräus, dem Hafen von Athen, erfuhr ich mehr.

Direktverbindungen in die Türkei gab es nicht, aber eine gute Anbindung sei zum Beispiel die Insel Kos, ein Ticket der dritten Klasse koste 26 Euro. Das Visum für die Türkei bekäme man normalerweise kostenlos bei der Ankunft im Hafen.

»Normalerweise kostenlos«, dachte ich mir und musste mir wieder bewusst machen, wie einfach das Reisen in Europa geworden war. Kostenlos, ohne Visum, ohne Geldwechseln und so gut wie ohne Grenzkontrollen. Das war viel wert.

»Und 26 Euro ist das Günstigste?«, fragte ich routiniert.

»Ja«, sagte der Mann in gebrochenem Englisch. »Es gibt nur drei Klassen, und im Moment haben wir gerade Nebensaison. In drei Wochen wird es schon wieder teurer.«

Zurück ins Zentrum, Schlafplatz suchen. Als ich beim Haupteingang der Akropolis ankam, folgte ich einem kleinen Gehweg, direkt unter den hohen Felsenmauern entlang. Am Berghang drängten sich all die wunderschönen alten Häuschen mit ihren charakteristischen weißen Mauern, durch deren enge Gassen sich der schmale Weg bahnte. Mal ein paar Stufen den Berg hinaus, dann wieder eine kleine Treppe bergab – wie durch ein Labyrinth folgte ich dem Pfad, bis ich einen kleinen Park erreichte. Ich fand eine versteckte Bank, von der aus ich einen herrlichen Blick auf die Akropolis hatte.

Die folgenden zwei Tage verliefen ruhig. Ich lernte etwas Griechisch und las viel. *Faust, der Tragödie erster Teil.* Schwer zu sagen, was mich am Tag meines Abmarsches dazu getrieben hatte, Goethe einzupacken. Wahrscheinlich weil das Reclam-Heftchen das Kleinste und Leichteste war, das ich zum Lesen finden konnte. Vielleicht aber auch, weil ich mich an meine missratene Schulzeit erinnerte. Wie sehr hatte ich mich damals durch die Pflichtlektüren quälen müssen! Seite für Seite, im Schneckentempo. Für eine Reise also hocheffizient: lange Lesezeit bei minimalem Gewicht. Und siehe da, die meiste Zeit allein und nicht der üblichen Informationsflut ausgesetzt, hungerte ich förmlich nach geistiger Nahrung. Was mir noch vor einigen Jahren ein Graus gewesen war, wurde nun von mir verschlungen, Zeile für Zeile, Vers für Vers. Und mehr noch: Die Worte berührten mich.

Am Sonntag besichtigte ich dann die Akropolis, die »hochgelegene Stadt« und erfuhr, dass in der Antike jede griechische Stadt ihre eigene Akropolis gehabt hatte.

Am Montagabend befand ich mich auf der Fähre nach Kos. Als der Morgen dämmerte, liefen wir im Hafen von Kos ein. Keine zehn Kilometer von der Insel entfernt konnte man das türkische Festland sehen. Nachdem die Fähre vertäut war und die Luken geöffnet, ging ich von Deck. Noch sehr schläfrig, kam eine ältere Dame mit Moped auf mich zu.

»Brauchen Sie ein Zimmer für nur fünfzehn Euro die Nacht?«, fragte sie ein wenig aufdringlich.

Ich war zu müde, um ein klares »Nein« zu artikulieren.

»Es hat Dusche und WC und kostet normalerweise 25 Euro, weil es ein Doppelzimmer ist. Aber für Sie ...«

»Also eigentlich ...«, sagte ich noch mal, »kann ich mir kein Zimmer leisten. Danke trotzdem für Ihr Angebot.«

Ich dachte, damit sei das Gespräch beendet, dabei kam sie gerade erst auf Touren.

»Aber es gibt keine billigeren Übernachtungsmöglichkeiten hier. Zwanzig Euro ist normalerweise das Minimum. Wie lange wollen Sie denn bleiben?«, fragte sie mit unerbittlichen Gesichtsausdruck.

»Also ehrlich gesagt weiß ich noch gar nicht, ob ich überhaupt bleibe. Ich will nämlich eigentlich in die Türkei.«

»In die Türkei? Das kann ich Ihnen sagen, das nächste Schiff geht am – hm, ich glaube schon nächsten Donnerstag.«

»Am Donnerstag?«, fragte ich nach. »Sind Sie sicher? Ich habe gehört, dass jeden zweiten Tag ein Schiff ausläuft.«

»Ach ja!«, stieß sie hervor und bemühte sich um ein Lächeln. »Sie haben vollkommen recht. Das nächste Schiff geht ja bereits morgen.«

Das hörte sich schon besser an.

»Und wissen Sie auch von wo?« Ihr war anzusehen, dass sie nicht gekommen war, um Reiseauskünfte zu erteilen.

»Gleich hier im Hafen – da vorne am Ende des Docks«, sagte sie und zeigte auf eine Gruppe von Booten, die im Wind schaukelten. »Aber was ist jetzt mit dem Zimmer?«

»Ich hab Ihnen doch schon gesagt …«

»Also gut, ich verstehe, dass Sie nicht viel Geld haben. Sagen wir zwölf Euro.«

Jetzt hatte sie mich schon fast. Wer weiß, wann ich in der Türkei wieder eine Dusche finden würde. Vielleicht sollte ich diese Gelegenheit doch nutzen?

»Wie weit ist es denn von hier?«

»Wenn Sie sich zu mir auf den Roller setzen, sind wir in zwei Minuten da.«

Ich willigte ein und stieg zu ihr auf das kleine Mofa, es wurde eng. Durch meinen schweren Rucksack hatte ich Schwierigkeiten, das Gleichgewicht zu halten, ich musste mich an ihrer Hüfte festklammern. Eine andere Möglichkeit gab es nicht.

Noch einmal um die Kurve, und wir waren da. Sie führte mich die Treppen hinauf zu meinem Zimmer. Nichts Besonderes, aber sauber und ordentlich. Per Handschlag vereinbarten wir, dass ich bis morgen blieb, und jetzt endlich sah sie zufrieden aus. Sie empfahl mir noch ein paar Lokale, in denen man günstig essen konnte, dann ließ sie mich allein.

Nachdem ich ausgiebig geduscht hatte, wollte ich zum Hafen, um mich nach der Abfahrtszeit zu erkundigen. Seit Wochen war ich nun das erste Mal ohne die 22 Kilo unterwegs, die ich sonst auf dem Rücken trug; nur mein Tagebuch hatte ich dabei.

Aus Gewohnheit hielt ich Ausschau nach einem geeigneten Platz zum Musizieren. Mittlerweile hatte ich dafür einen Blick bekommen. Der perfekte Standort hatte in etwa folgendermaßen auszusehen: viele Leute, möglichst in ruhiger Umgebung, am besten ohne Straßenverkehr. Die Akustik war in kleinen Gassen zwischen hohen Gebäuden sehr gut, am schlechtesten auf weitläufigen Plätzen – optimal war, wenn meine Umgebung mir eine Art Resonanzraum bot.

Hier in Kos – die Stadt hieß genau wie die Insel – mangelte es momentan vor allem an einem: den Menschen. Offensichtlich beschränkte sich der Tourismus auf die Sommermonate. Die Hotels und Restaurants hatten geschlossen oder wurden gerade renoviert, den wenigen Passanten, denen ich begegnete, war anzusehen, dass sie eine ruhige Zeit hatten. Sogar die Möwen, die auf ihren Pfählen im Wasser saßen, machten unter dem grauen Himmel einen trägen Eindruck.

Der Hafen dehnte sich recht weit am Küstenstreifen entlang aus und war für die unterschiedlichsten Schiffstypen unterteilt: Auf der einen Seite schaukelte eine Handvoll Yachten und kleine Segelboote im Wasser; außerdem etliche kleine Fischkutter, von denen manche schon so alt waren, dass sie nur noch als Ausstellungsstücke dienen konnten, und dort, wo ich heute Morgen aus Athen angekommen war, lagen zwei Fähren und ein großes, graues Kriegsschiff der griechischen Marine vor Anker.

Bei den Fähren angelangt, sprach ich einen Seemann an, der gerade damit beschäftigt war, eines der Schiffe zu beladen.

»Guten Tag, sprechen Sie Englisch?« Mein Standardspruch auf Griechisch.

Ich verstand seine Antwort nicht einmal ansatzweise, sie ließ aber den Rückschluss zu, dass er kein Englisch sprach. Weil er trotzdem einen freundlichen Eindruck machte, wollte ich dennoch den Versuch starten, mit meinen wenigen Wörtern weiterzukommen.

»Will – Schiff – Türkei«, stammelte ich.

Als Antwort kam mir wieder ein Schwall abenteuerlich klingender Silben entgegen, worauf nun der zweite Satz, den ich noch halbwegs fließend konnte, zum Zug kam: »Ich verstehe nichts.«

Der Matrose schien sich prächtig über meine Sprachkenntnisse zu amüsieren. Nun machte er Anstalten, mir pantomimisch weiterzuhelfen.

Er legte seinen Kopf mit geschlossenen Augen auf die gefalteten Hände und zeigte mit den Fingern eine Eins an. Das hieß wohl so viel wie einmal schlafen.

Ich deutete daraufhin auf mein Handgelenk und zuckte mit den Schultern. Er verstand, dass ich damit die Uhrzeit meinte.

Es war nicht das erste Mal während meiner Reise, dass ich mich mit Händen und Füßen verständigte. Aber dies war bestimmt das originellste dieser »Gespräche«.

Am Ende hatte ich alle Informationen: Abfahrtszeit, Ort, Kosten. Ich fand mich also damit ab, einen Tag länger auf Kos zu bleiben, und überlegte, was ich in dieser Zeit tun solle.

Zuallererst setzte ich mich auf eine Bank mit Blick aufs Meer und schrieb weiter an meinem Tagebuch. Wie immer fiel es mir schwer, etwas zu Papier zu bringen; erst überlegte ich Ewigkeiten, strich dann jedes dritte Wort wieder aus, um es durch ein anderes zu ersetzen, und fand das Geschriebene anschließend schlimmer als zuvor. Die einzigen Dinge, die mich anspornten weiterzuschreiben, waren das wunderschöne Tagebuch, die Befürchtung, alles bisher Erlebte bald vergessen zu können, und die Tatsache, dass sich auf den bisherigen Seiten doch eine kleine Besserung meines Schreibstils erahnen ließ.

Am späten Nachmittag machte ich mich auf, um trotz der ungünstigen Verhältnisse Straßenmusik zu machen. Ich hoffte, dass am Abend etwas mehr los sei.

Bald fand ich eine kleine, im Hinblick auf die Akustik sehr gut gelegene Straße, in der keine Autos fahren konnten. Einziges Manko: kaum Menschen. Ich packte meine Gitarre aus und platzierte wie gewohnt die zusammengefaltete grüne Hülle vor mir auf dem Boden, damit meine Kappe nicht so schnell schmutzig wurde. Das erste Geldstück legte ich selbst hinein. Keine Ahnung, ob es etwas nutzte – ich hatte damit angefangen, als es ein paarmal am Anfang so schlecht lief, dass ich dachte, die Leute wüssten nicht, dass man dort Geld hineinwerfen darf. Ich nannte dieses Geldstück immer meinen »Ködereuro«.

Ich fing mit ein paar langsamen Stücken an, die hier wunderbar zu spielen waren, weil es so schön leise war. In Athen wären solche Lieder nie möglich gewesen. Dort hatte ich laut schreien und voll in die Saiten hauen müssen, um bei dem allgegenwärtigen Lärmpegel gehört zu werden.

Nach vier Liedern lag der Ködereuro immer noch ganz allein in meiner Mütze. Bislang waren erst zehn oder fünfzehn Menschen vorübergegangen, allerdings merkte ich dabei wieder, dass wenige Zuhörer einen entscheidenden Vorteil haben: Der Einzelne fühlt sich viel mehr angesprochen.

In solchen Situationen war es so gut wie ausgeschlossen, dass jemand stehen blieb, um zuzuhören – dazu mussten viel mehr Menschen unterwegs sein oder bereits andere dastehen und zuhören. Der Erste zu sein, ist schwer. Welche Kraft es war, die die Menschen daran hindert, wusste ich nicht; vielleicht Angst, Respekt oder Scheu – jedoch sollte ich bald feststellen, dass es solche Berührungsängste in anderen Kulturen nicht gab.

Erst beim sechsten Lied bekam ich fünfzig Cent. Damit war ich erlöst. Denn prinzipiell gab ich nie einen Platz auf, ohne die erste Spende erhalten zu haben – auch wenn es manchmal sehr lange dauern konnte. Also nahm ich die fünfzig Cent plus Ködereuro aus meinem Hut und packte meine Sachen. So schlecht wie heute war es nur selten gewesen. Fünfzig Cent in einer knappen halben Stunde! Lust zum Weiterspielen hatte ich trotzdem noch, ich musste nur einen besseren Platz finden …

Hundert Meter weiter fand ich ihn. Auf den ersten Blick sah er gar nicht so viel besser aus, aber schon nach dem ersten Stück – *Mrs. Robinson*, von Simon & Garfunkel – war klar, dass ich die richtige Wahl getroffen hatte. Drei Leute waren stehengeblieben, ich bekam sogar Applaus. Und es ging weiter bergauf. Nach und nach kamen die Inhaber der Geschäfte auf die Straße und hörten zu, dreimal bekam ich sogar einen

Fünf-Euro-Schein. Ich spielte, bis ich mit meinem Repertoire wieder von vorne beginnen musste. Eine freundliche Dame brachte mir etwas zum Trinken, und als meine Stimme nach zwei Stunden allmählich am Ende war, wurde ich von ein paar älteren Männern auf ein Glas Ouzo eingeladen.

Schon wurde ich ausgefragt. Warum ich das hier mache und wo ich sonst noch überallhin reisen wolle. Sie meinten, es sei schön, dass hier auf Kos auch um diese Jahreszeit einmal etwas los sei – normalerweise seien die Wintermonate todlangweilig. Als ich ihnen jedoch erzählte, dass ich morgen in die Türkei weiterreisen wollte, zeigten sie sich wenig erfreut.

»Warum ausgerechnet in die Türkei?«, fragten sie mich in ihrem gebrochenen Englisch.

»Ich will nach Israel. Da muss ich wohl durch die Türkei ...«

Besorgte Mienen.

»Ist das denn so schlimm?«, wollte ich wissen.

»Ja«, sagte einer. »Die Türken sind schlechte Menschen.«

»Nein«, widersprach ein anderer. »Sie sind keine schlechten Menschen, aber unfreundlich und ungehobelt.«

»Und außerdem kann es gefährlich werden für einen Alleinreisenden wie dich«, fiel der Dritte ein. Er neigte sich nach vorne. Ernst sah er mir in die Augen und sagte mit gedämpfter Stimme: »Sie klauen dort wie die Raben.«

Dass sie übertrieben, lag auf der Hand. Doch wie sehr, konnte ich schlecht einschätzen.

»Gibt's denn wenigstens Landesteile, wo es etwas sicherer ist zum Reisen?«

»Keine Ahnung«, sagte der Erste, »ich glaube, es ist überall ziemlich ähnlich. Du müsstest es doch eigentlich wissen«, meinte er zu dem Dritten. »Du warst doch schon mal dort, oder nicht?«

»Nein«, antwortete er kopfschüttelnd. »Aber mein Bruder, und was der erzählte, reicht.«

»Ihr seid noch nie in der Türkei gewesen? Das ist doch nur eine halbe Stunde von hier.«

»Und wenn's nur eine Minute wär!«

»Woher wisst ihr dann so genau, wie es dort ist?«

»Ich weiß nicht, wie es dort ist«, sagte der Zweite von ihnen. »Aber ich weiß, was ich höre. Und das ist immer das Gleiche und nie etwas Gutes.«

Nach dem dritten Glas Ouzo verabschiedete ich mich von den Männern und machte mich auf den Weg zu meiner Unterkunft.

Allen Erzählungen zum Trotz befand ich mich am nächsten Morgen auf dem Schiff in die Türkei.

Türkei

Das Schiff war kaum besser als eine Nussschale. Die fünfzehn anderen Passagiere saßen in der vollbesetzten Kajüte vor ihren Kotztüten. Die See war rau. Der Wind peitschte die Wellen meterhoch und warf das Boot von einer Seite zur anderen. Ich verbrachte die meiste Zeit draußen an Deck; das bedeutete zwar, dass ich nass wurde, was ich dem Geruch drinnen allerdings immer noch vorzog.

Im Hafen machte ich das erste Mal von meinem Reisepass Gebrauch. Der Beamte hinter dem Schalter stellte mir ein paar Fragen, ohne sich übermäßig für meine Antworten zu interessieren, stempelte meinen Pass und klärte mich auf, dass ich ab heute drei Monate Aufenthaltserlaubnis in der Türkei hätte.

Bodrum war bekannt für seine wunderschöne Lage am Meer und ein beliebtes Ausflugsziel für Touristen, doch durch den grauen Schleier, der heute über dem Meer, den angrenzenden Klippen und der Stadt lag, war von alledem nicht viel zu sehen.

Die Busbahnhöfe in der Türkei wurden zumeist von Dutzenden Busunternehmen angefahren, deren kleine Büros sich in den umliegenden Häuserzeilen befanden. Als ich mich dem Busbahnhof näherte, stürmte eine Schar Türken auf mich zu.

»Wo wollen Sie hin? Wo wollen Sie hin?«, riefen sie in ziemlich schlechtem Englisch durcheinander.

Ich war überfordert. War das noch Gastfreundschaft oder schon Aufdringlichkeit?

»Das weiß ich noch gar nicht, ich …« Noch bevor ich ausreden konnte, zog mich schon einer von ihnen am Ärmel hinter sich her. Während ich mich noch fragte, ob man sich hier nur um Touristen oder auch um Einheimische so intensiv bemüht, stand ich schon vor dem Schalter eines Reisebüros und suchte auf einer Türkeikarte an der Wand nach einer geeigneten Route.

»Dort will ich hin!«, sagte ich und deutete mit dem Finger auf den Grenzübergang zwischen der Türkei und Syrien.

»Das ist weit«, antwortete der Mann hinter dem Schalter. »Sie müssen erst nach Konya – das sind etwa elf Stunden Fahrzeit – und dann umsteigen in einen Bus nach Antakya. Noch mal knappe zehn Stunden.«

Nach kurzem Smalltalk nannte er mir den Gesamtpreis von 62 Neue Türkische Lire.

In Euro umgerechnet entsprach der Preis etwa 33 Euro; davon achtzehn für die Fahrt nach Konya, weitere fünfzehn bis nach Antakya. Von dort aus sei es nur noch eine Busstunde bis zur syrischen Grenze. Ich hatte noch kein Geld gewechselt, doch er nahm auch Euro und gab mir das Wechselgeld in Lira zurück.

Abfahrtszeit: früher Abend. Bis dahin wollte ich Proviant einkaufen und mir die Gegend ansehen. Als ich aber mit einer Handvoll Karotten, zwei Äpfeln und einem Fladenbrot vom Markt kam, schlug das leichte Nieseln plötzlich in einen gewaltigen Platzregen um. So schnell es ging, eilte ich zurück zum Busunternehmen.

Dort begrüßte mich der Chef lächelnd mit einem »Willkommen in der Türkei!« und reichte mir ein Handtuch. Weil es pausenlos weiterregnete, verbrachte ich den restlichen Nachmittag hier. Ein älteres Ehepaar und eine Frau mittleren Alters warteten ebenfalls auf ihren Bus. So gut es ging, kamen wir ins Gespräch und die Frau, die etwas Englisch sprach, versuchte, mir ein paar türkische Wörter beizubringen.

Das wichtigste Wort für einen Straßenmusiker? »Danke«. Normalerweise eher kurz und einfach. Wie »Merci«, »Gracie« oder »Thank you«. Im Griechischen wunderte ich mich noch über das relativ schwierige »Efcharistó«. Doch das türkische »Teşekkür ederim« wurde das wohl schwierigste »Danke« meiner Reise.

Die Zeit verging mit den dreien wie im Flug. Am Ende schaffte ich es, das »Teşekkür ederim« ein paarmal fehlerfrei hinzubekommen. Trotzdem – der alte Ehemann konnte sich bei meiner Aussprache nach wie vor kaum halten vor Lachen.

Dann kam der Bus. Die Fahrt dauerte die ganze Nacht. Dann acht Stunden Wartezeit auf meinen Anschlussbus nach Antakya. Was tun so lang? Wahrscheinlich hätte ich die Zeit auf dem riesigen Busbahnhof abgesessen, wenn mir nicht ein Türke, mit dem ich im Bus ins Gespräch gekommen war, riet, ein bisschen Sightseeing in Konya zu machen. Ganz oben auf der Liste: das Mevlana-Museum. Celaleddin Rumi, von seinen Anhängern »Mevlana« (zu Deutsch »unser Herr/Meister«) genannt, hatte dort seine Grabstätte.

Wenig später saß ich in einem kleinen Sammeltaxi, welches mich ins Stadtzentrum brachte. Das »Taksi«, ein umgebauter alter VW-Bus, füllte sich nach und nach, bis alle Plätze belegt waren. Das hielt den Fahrer nicht davon ab, noch weitere Fahrgäste aufzusammeln, der Wagen platzte bald aus allen Nähten.

Drinnen: alle Augenpaare auf mich gerichtet. Ein beklemmendes Gefühl. Immer wenn ich die Blicke erwiderte, sahen sie schnell weg. Bis auf eine Ausnahme. Ein Herr, um die fünfzig, saß mir schräg gegenüber, und als sich unsere Blicke trafen, zwinkerte er mir durch seine Nickelbrille freundlich zu.

»Wo willst du hin?«, fragte er mich auf Englisch mit einer rauen, tiefen Stimme.

»Ins Zentrum, zum Mevlana Museum.«

Ich hatte natürlich keine Ahnung, wann ich aussteigen musste.

»Ist es noch weit?«, wollte ich wissen.

»Nein. Die nächste Haltestelle musst du raus. Und von dort aus sind es nur zwei Minuten bis zum Museum.«

Er sagte etwas zu seiner Sitznachbarin, die ihm daraufhin den Weg zum Ausgang frei machte. Mit einer Kopfbewegung deutete er an auszusteigen.

»Wenn du willst, kann ich dich hinbringen. Aber im Moment hat es noch geschlossen. Es öffnet erst in zwei Stunden – bis dahin wäre es mir jedoch eine Ehre, dich zum Essen einladen zu dürfen.«

Was für ein Angebot! Ich überlegte noch kurz, ob ich irgendwelche Bedenken haben müsse, doch seine freundliche, sympathische Art überzeugte mich. Hunger hatte ich allemal.

Er führte mich zu einem winzigen Lokal, in dem nur drei kleine Tische standen, und erzählte von den türkischen Essgewohnheiten. Am Morgen esse man zum Beispiel Suppe, erklärte er mir und bestellte uns zwei Teller davon. Dazu tranken wir etliche Gläser sehr starken Schwarztees. Nach dem dritten Teller Suppe tranken wir Tee, rauchten und tauschten uns über die unterschiedlichen Bräuche und Gewohnheiten unserer Länder aus.

Ich erzählte ihm von den Meinungen, die ich in Kos gehört hatte. Es überraschte ihn keineswegs.

»Es ist die traurige Wahrheit«, meinte er, »dass viele Griechen und Türken immer noch nicht gut aufeinander zu sprechen sind. Du wirst auch hier nur selten ein gutes Wort über die Griechen hören. Der Zypernkonflikt trägt die Hauptschuld daran. Es wurden damals viele Fehler gemacht, sowohl auf griechischer als auch türkischer Seite, was bis auf den heutigen Tag nicht ganz ausgestanden ist.«

Wir unterhielten uns, bis wir das Museum erreicht und uns verabschiedet hatten. Erst da fiel mir ein, dass ich ihn nicht einmal nach seinem Namen gefragt hatte. Ich bereute es schnell. Er war ein außergewöhnlicher Mensch gewesen, das hatte ich von Anfang an gespürt. Das freundliche Gesicht mit der scharfen, markanten Nase und tiefgründigen, dunklen Augen. Mir blieb nichts anderes übrig, als die Erinnerung dankbar ins Herz zu schließen.

Das Museumstor öffnete sich, die Schlange setzte sich in Bewegung. Das Herzstück des Mevlana-Museums bildete eine kleine, wunderschön gebaute Moschee, in der der Leichnam Rumis in einem prunkvollen, über und über mit Gold verzierten Sarg lag. Rumi hatte im 13. Jahrhundert gelebt und war nicht nur einer der bedeutendsten persischsprachigen Dichter seiner Zeit, sondern auch Gründer des Derwischordens in Konya, spiritueller Führer und wohl populärster Vertreter des intellektuellen Sufismus.

Wie alle Besucher musste auch ich meine Schuhe ausziehen, um die Moschee betreten zu dürfen. Eine Handvoll türkischer Besucher wusch sich die Füße an einem Brunnen vor der Moschee. Im Vorraum waren etliche antike, kunstvoll handgeschriebene Korane in arabischer Schrift ausgestellt. Es herrschte eine andächtige Ruhe in den heiligen Räumen, allerdings nur so lange, bis eine zwanzigköpfige japanische Reisegruppe eintrat. Sehr zu ihrem Leidwesen durften sie allerdings ausgerechnet Rumis Sarg nicht fotografieren.

Nach einer guten Stunde hatte ich alles gesehen. Doch noch immer waren es über fünf Stunden bis zur Abfahrt meines Busses. Ausreichend Zeit, die Stadt zu erkunden.

Noch vier weitere Male wurde ich von wildfremden Menschen zum Tee eingeladen, zweimal sogar mit komplettem Frühstück (beim dritten Mal konnte ich einfach nicht mehr). Diesmal versäumten wir nicht, Namen und Adressen auszutauschen. Einer bot mir sogar an, einige Tage hier in Konya zu verbringen und bei ihm zu Hause zu wohnen, doch mit dem Hinweis auf mein bereits bezahltes Busticket lehnte ich seine Einladung ab. Unter all den Bekanntschaften befand sich keine einzige weibliche Person.

Sinan

Aufgeputscht vom vielen Schwarztee sowie der überwältigenden Gastfreundschaft wollte ich mich endgültig auf den Weg zum Busbahnhof machen. Doch da lernte ich Sinan kennen. Eigentlich hatte ich keine Zeit mehr, geschweige denn Kapazitäten, noch mehr Tee in mich hineinzuschütten. Zudem hatte ich das erste Mal auf meiner Reise gerade nicht das Bedürfnis, mich irgendjemandem mitzuteilen.

Irgendwie überredete er mich dennoch. Tee Nummer 21. Und noch einen Döner Kebab. Sinan bestellte fröhlich, allen meinen Versuchen, ihn davon abzuhalten, zum Trotz. Er war etwa vierzig, reichte mir nur bis zu den Schultern, dafür hatte er einen dicken, kugeligen Bauch. Er sprach einige Wörter Deutsch, da er zwei Jahre lang in Deutschland gearbeitet hatte.

Sein Beruf: Bäcker. Seine Berufung: Komiker. Von der Bedienung ließ er sich eine große, leere Teekanne bringen und fing an, virtuos darauf zu trommeln. Dazu imitierte er mit seiner Stimme eine Saz, also eine türkische Gitarre, und improvisierte Rhythmen und Melodien, gespickt mit Trillern und Vierteltönen. Die Gespräche an den anderen Tischen verstummten: volle Aufmerksamkeit für Sinan und seine Einlage. Dann begann er ein Lied zu singen. Ich hätte es zu gern verstanden! Die Zuhörer ringsum kringelten sich vor Lachen. Immer wieder fiel dabei mein Name. Bald klatschten alle im Takt mit, bis von ihm selbst nicht mehr viel zu hören war.

Dann spielte er den Beleidigten, weil ich seinen Döner nicht ganz aufessen konnte, und machte sich darüber lustig, dass ich ihn mir zum Mitnehmen einpacken ließ.

Wieder auf der Straße, versuchte ich Sinan klarzumachen, dass wir uns verabschieden müssten. Es tat mir leid, ich hatte ihn in der kurzen Zeit recht liebgewonnen. Doch mein Bus fuhr in einer Stunde, und ich wurde langsam unruhig.

»Du nix fahren«, sagte er, »du mit in Haus von Sinan kommen – essen, trinken, schlafen …«

Ich schüttelte den Kopf.

»Mein Bus fährt gleich«, erklärte ich. »Ich hab mein Ticket doch schon.«

Sinan ließ nicht locker.

»Du morgen fahren, Sinan für dich Ticket kaufen.« Da war es hin, mein letztes Argument. Konnte ich das Angebot wirklich annehmen? Sinan wartete eine Antwort gar nicht erst ab. Er meinte, wir müssten noch unbedingt bei ein paar Freunden vorbeischauen, bevor wir zu ihm nach Hause gingen.

Erst Günür in seinem Geschäft für Haushaltswaren, dann Latifs Gemüsestand und danach die Schreinerei von Ahmed. Er stellte mich allen vor und hielt mit jedem ein kleines Pläuschchen, wobei er mich so gut es ging mit einbezog. Ganz zum Schluss schauten wir noch bei der Imbissbude von Hussein vorbei. Bei jedem von ihnen gab es … Tee!

Auf dem Weg zu seinem Haus präsentierte Sinan ein weiteres Kunststück. Bei einem Salathändler fragte er nach einem einzelnen Blatt, welches er auf die Größe eines halben Fünfzig-Cent-Stückes zurechtbiss. Dann klemmte er sich das Blatt zwischen Zunge und Gaumen und fing an, Tiergeräusche nachzuahmen. Er brachte das Blättchen so zum Schwingen, dass er die unglaublichsten Geräusche imitieren konnte. Erneut drehten sich alle Leute um, um zu sehen, wo all die seltsamen Laute herkamen. Sinan verzog keine Miene.

Er spielte den Ahnungslosen und begann, ebenfalls nach den seltsamen Lauten Ausschau zu halten. Eine Gruppe von Kindern lief neugierig hinter uns her. Sinan schaute suchend in Abwasserkanäle und in Dachrinnen, und ich könnte wetten, dass einige Passanten tatsächlich glaubten, dort sei ein seltsames Tier verunglückt.

Sinans Haus befand sich außerhalb der Stadt in einem Neubaugebiet. Die Straßen waren unbefestigt, und die meisten Häuser halb fertig.

Es dämmerte bereits, als wir ankamen und er mich seiner Frau Fatima und seinen Söhnen Mohamed und Ahmed vorstellte. Mohamed war gerade siebzehn geworden, Ahmed war erst zehn und am Anfang wahnsinnig schüchtern. Fatima hatte ein freundliches, rundes Gesicht, trug Kopftuch und weite Kleider. Mit stummem Lächeln nickte sie mir zur Begrüßung zu.

Sinan führte mich in den Wohnraum, dem einzigen beheizten Zimmer im Haus. In der Mitte stand ein kleiner Ofen, drum herum eine kleine Couchgarnitur und einige Matten.

»Hier du schlafen … und Mohamed und Ahmed.«

Im Hintergrund lief der Fernseher.

»Aber jetzt Essen.« Schon wieder.

Sinan forderte mich auf, am Boden Platz zu nehmen. Mohamed und Ahmed setzten sich im Halbkreis zu uns. Da kam Fatima zur Tür herein, breitete ein riesiges Tuch in unserer Mitte aus und legte ein großes silbernes Tablett darauf. Dann brachte sie Tee, Wasser und viele verschiedene Schalen mit Oliven, Joghurt, Honig, Butter und Peperoni. Fladenbrot mit Schwarzkümmel wurde herumgereicht, jeder brach sich davon ab. Als Letztes servierte Fatima eine Pfanne mit Rührei, angebraten mit Zwiebeln und Tomaten. Dann setzte sie sich zu uns. Während ich noch auf eine Art Startzeichen wartete, fingen die anderen an zu essen. Außer den Teelöffeln und einem Buttermesser gab es kein Besteck. Ich beobachtete also erst mal. Wie vermutet, wurde ausschließlich mit der rechten Hand gegessen. In der Linken hielten sie ihr eigenes Brot. Davon brachen sie ein Stück ab und tunkten es in Joghurt oder Honig. Schwieriger wurde es bei den Oliven und Rühreiern; diese pickten sie geschickt mit einem länglichen Brotstreifen heraus und aßen sie mitsamt dem Brot. Mit dieser Technik berührte man die Speisen nie mit den Fingern, was das Besteck tatsächlich überflüssig machte.

Alle aßen außergewöhnlich schnell, Sinan am schnellsten. Ich hatte noch nicht einmal alles probiert, als er sich schon eine Zigarette anzündete. Wir blieben noch lange hocken und unterhielten uns. Ahmed schenkte Tee nach, und ich musste viel über mich, meine Familie, Deutschland und meine Reise erzählen. Sinan übersetzte.

Dann war es an der Zeit, schlafen zu gehen. Mohamed richtete meinen Schlafplatz und zeigte mir das Bad. Er empfahl mir, eine Dusche zu nehmen, da wegen der Solaranlage auf dem Dach das Wasser noch warm sei. Es gab keine Heizung, das Haus war außen noch nicht mal verputzt. Aber sie hatten eine Solaranlage. Nach dem Duschen legte ich mich schlafen, der Fernseher wurde ausgeschaltet, und Mohamed brachte mir noch bei, was »gute Nacht« auf Türkisch heißt.

Am nächsten Morgen bot mir Sinan an, etwas länger zu bleiben. Ich musste nicht lange überlegen. Ich hatte für kurze Zeit ein Zuhause gefunden. Es wurden am Ende zehn Tage.

Am dritten Tag wollte ich mich gern mit betätigen und fragte Fatima und Sinan, ob sie im Haus oder Garten Arbeit für mich hätten. In der Küche durfte ich nicht helfen. Die war allein Fatima vorbehalten. Doch hatte sie einen großen Garten, dort gab es allerhand zu tun: Der Boden musste gepflügt, alte verdorrte Pflanzenstöcke entfernt und Bäume und Sträucher geschnitten und zu Feuerholz verarbeitet werden.

Inzwischen war es März geworden. Der Frühling hatte Einzug gehalten, und obwohl Konya auf über tausend Höhenmetern lag, waren die Temperaturen hier optimal. Meine Jacken und langen Unterhosen verschwanden endgültig in den Tiefen meines Rucksacks. Trotz des warmen und trockenen Wetters – es regnete nur einmal in den zehn Tagen – konnte man die Sonne nie klar erkennen, sondern nur als hellen Fleck am milchig trüben Himmel erahnen. In der Luft hing immer ein süßlich-rauchiger Geruch. Viele Familien in der Gegend hielten Ziegen. Zum Melken, zum Essen und – zum Heizen. Nicht die Ziegen selbst, nur deren getrocknete Exkremente.

Einen Nachmittag verbrachte ich im Stadtzentrum, um zumindest einmal in der Türkei Straßenmusik gemacht zu haben. Sinan versuchte, mich davon abzuhalten.

»In Türkei Menschen nix geben Musik!« Aber ich bestand darauf.

Der Platz war alles andere als ideal. Aber egal, ich wollte ja nur mal sehen, wie die Leute reagierten. Zuschauer hatte ich jedoch schon zuhauf, bevor ich überhaupt anfing. Fast immer standen mehr als zehn Leute um mich, oft klatschten sie sogar im Rhythmus mit. Auffällig viele junge Menschen. Lag wohl daran, dass sich in Konya die größte Universität der Türkei befand.

Dann die ersten Spenden. Ein Zuhörer gab die großzügige Summe von zwanzig Lire, umgerechnet mehr als zehn Euro! Der eigentliche Kaufwert in der Türkei war jedoch um ein Vielfaches höher, der Durchschnittsverdienst in Deutschland betrug etwa das Zehnfache. Mit anderen Worten: Das war, als hätte mir jemand in Deutschland einen Hundert-Euro-Schein in den Hut gelegt!

Abschied von Konya

Am letzten Abend war die Stimmung gedrückt. Sinan bot mir zwar mehrfach an wiederzukommen – am besten, sagte er, mit der ganzen Familie und für mindestens ein halbes Jahr –, aber es war doch allen klar, dass es, wenn nicht der allerletzte, dann zumindest der letzte Abend für sehr lange Zeit sein würde.

Sinan war mittlerweile mehr als ein Freund. Er war die Türkei für mich. Durch ihn und seine Familie hatte ich die Möglichkeit erhalten, das Land zu erleben. Zehn Tage versorgte er mich mit allem, was im Rahmen seiner Verhältnisse möglich war, ohne auch nur die geringste Gegenleistung zu erwarten.

Zum Abschied gab mir Fatima Proviant für die nächsten zwei Tage mit; ich notierte mir Sinans Adresse und hoffte, ihn und seine Familie eines Tages wiederzusehen.

Der Bus nach Antakya fuhr wieder über Nacht. Es war viel zu eng und unbequem, als dass ich viel hätte schlafen können. Aber ich hatte noch genügend Reserven und war deswegen bester Laune, als ich in Antakya drei Stunden auf meinen Anschlussbus zur syrischen Grenze wartete. So schwer mir der Abschied von Konya gefallen war und so schöne Stunden ich dort verbracht hatte, genauso sehr freute ich mich, wieder unterwegs zu neuen Abenteuern zu sein.

Zwei verschiedene Busse fuhren nach Syrien: einer nach Aleppo, einer nach Damaskus. Leider gab es keine Karte von Syrien, deshalb konnte ich nicht sehen, welche der beiden Routen schneller nach Israel führte. Ohne also zu wissen, wohin die Fahrt ging, entschied ich mich für Damaskus.

Neben dem Busfahrer gab es immer eine zweite Person, so eine Art Busführer. Seine Hauptaufgabe bestand darin, an den Busbahnhöfen der Städte und Ortschaften den Zielort des Busses zu brüllen. Von so einem Busführer wurde ich beim Einsteigen gefragt, ob ich schon ein Visum für Syrien hätte.

Natürlich hatte ich keines.

»Das bekomme ich an der Grenze«, erwiderte ich viel überzeugter, als ich war. Er blickte mich irritiert an.

»Visum – Grenze«, sagte ich noch mal langsam und deutlich. Damit schien er zufrieden zu sein und ließ mich einsteigen. Ich war beunruhigt. Bekam man als Deutscher wirklich sein Visum an der Grenze, so wie bei der Einreise in die Türkei? Ich hatte bislang tatsächlich wenig darüber nachgedacht.

Nach einer Stunde erreichten wir die türkische Grenzkontrolle, alle stiegen aus, die Pässe wurden gestempelt. Dann sollte es eigentlich weitergehen. Alle saßen wieder auf ihren Plätzen, aber es rührte sich nichts. Wir warteten und warteten. Weder der Busfahrer noch der Busführer waren da. Erst nach knapp anderthalb Stunden kam einer von ihnen zurück, um uns mitzuteilen, dass der Bus aus rechtlichen Gründen nicht zur Ausreise zugelassen wurde. Zufällig kam nur fünf Minuten später ein zweiter, halb leerer Bus vorbei, der ebenfalls Richtung Damaskus unterwegs war. Dieser gehörte jedoch einem anderen Busunternehmen, was zu dem Zeitpunkt aber noch niemand wusste. Klar wurde das spätestens, als der Busführer begann, das Geld für die Fahrt zu kassieren. Da befanden wir uns bereits im Niemandsland zwischen dem türkischen und syrischen Grenzposten. Die meisten weigerten sich, ein zweites Mal für die Fahrt zu bezahlen. Bald entbrannten hitzige Wortgefechte zwischen dem Busführer und den einzelnen Fahrgästen. Der eine Teil war arabischer, der andere türkischer Abstammung, das konnte man deutlich an ihren Gesichtern und unterschiedlichen Kleidungsstilen erkennen. Der Busführer musste deshalb mal auf Arabisch, mal auf Türkisch um sein Geld kämpfen. Erst als er drohte, den Bus anzuhalten und zahlungsunwillige Passagiere aussteigen zu lassen, gaben die meisten nach. Bis zu mir kam er nicht mehr. Wir hatten den syrischen Grenzposten erreicht.

Alle stiegen aus und machten sich auf den Weg in die Schalterhalle des großen kastenförmigen Grenzgebäudes. Nur zwei der acht Schalter hatten geöffnet. Davor großes Gedränge. Während ich überlegte, an welchem ich mich anstellen sollte, kam der Busführer zu mir geeilt.

»Schnell, schnell! Bus fährt!«, rief er in gebrochenem Englisch. Natürlich hätte ich den Bus ohne mich fahren lassen können; aber ich hatte noch keine Ahnung vom Einreiseprcedere und hoffte, irgendwie über die Grenze zu kommen.

Zu meiner Verwunderung sah es anfangs gut aus. Etwa einen Kilometer nach der Grenze wurde der Bus jedoch von der Grenzpolizei kontrolliert. Schwer bewaffnet gingen die Polizisten durch die Reihen von Sitz zu Sitz. Bei mir angelangt, verglich einer mein Gesicht mit dem Passfoto. Dann blätterte er zu den Amtsvermerken.

»Wo ist Ihr Visum?«, fragte er. Es hörte sich nicht so an, als spräche er oft Englisch. *Diesen* Satz aber konnte er.

»Äh … ich weiß nicht, ist das nicht …« Er wartete nicht, bis ich ausgesprochen hatte, sondern rief etwas zu seinem Kollegen an der Tür.

»Aussteigen!«, befahl er. Meinen Reisepass behielt er.

Enttäuscht griff ich meine Sachen und stieg aus. Der Bus fuhr ohne mich weiter. Ich stand auf der staubigen Schotterstraße, während ein Polizist meine Personalien aufnahm.

Dann wurde ich wieder zurück zur Grenze gebracht. Sie übergaben mich dem Chef der Grenzpolizei, um für ein Visum vorzusprechen – zum Glück ohne weitere Konsequenzen. Nun musste ich allerdings zwei Stunden warten. Weil der Chef selbst nicht anwesend war, wurde ich in das Büro seines Stellvertreters gebracht, bekam ein Glas Tee angeboten und erfuhr, dass »danke« auf Arabisch »schukran« heißt.

Dann trat ein großgewachsener Mann ein und setzte sich hinter den Schreibtisch. Er hatte strenge, tiefliegende Augen und einen buschigen Schnauzer. Der junge Polizist nahm augenblicklich Haltung an, und auch ich hatte plötzlich das Gefühl, aufstehen zu müssen. Ohne mich eines Blickes zu würdigen, deutete er mir mit einer Handbewegung an, wieder Platz zu nehmen, und vertiefte sich in einen Blätterstoß auf seinem Schreibtisch. Als er ihn durchgelesen und unterschrieben hatte, blickte er zu mir auf und winkte mich zu sich.

Er fing mit mir zu sprechen an, doch ich verstand nichts. Der junge Polizist unterbrach ihn, offensichtlich mit der Bemerkung, dass ich kein Arabisch verstehe, worauf sich der stellvertretende Polizeichef über den Schnurrbart strich, räusperte und nach einer kurzen Pause auf Englisch fragte: »Sprechen Sie Englisch?«

»Ja«, antwortete ich.

»Und Sie kommen aus Deutschland?«

»Richtig«

»Schön«. Er blätterte in meinem Reisepass.

»Was arbeiten Sie?«

»Also im Moment gar nichts, ich bin nur Tourist. Davor hatte ich allerdings mal ein kleines Geschäft für Obst und Gemüse und so, aber die meiste Zeit verbrachte ich eigentlich …«

»Okay, okay, okay … genug. Wieso wollen Sie nach Syrien?«

Um nach Israel zu kommen, dachte ich.

»Um mir das Land anzusehen«, sagte ich. So viel hatte ich bereits gelernt: in arabischen Ländern nichts von Israelplänen erzählen.

»Für wie lange?«

»Hm – vielleicht so ein bis zwei Wochen. Macht das denn irgendwelche Unterschiede?«

»Wie viel Geld haben Sie dabei?«

Wie viel Geld ich dabei habe? Was geht ihn das denn bitte an, fragte ich mich, und befürchtete, Bestechung zahlen zu müssen, um an ein Visum zu kommen.

»Nicht sehr viel«, antwortete ich und hoffte, er sei damit zufrieden. Stattdessen beugte er sich nach vorne über seinen Schreibtisch und sah mir eindringlich in die Augen.

»Wie viel?!«

Mir wurde mulmig. In meiner Hosentasche befanden sich in einer kleinen Plastiktüte umgerechnet knapp 35 Euro, vorwiegend in Türkischen Lire. Das meiste Geld jedoch, 150 Euro, hatte ich im

Geheimfach meines Gürtels versteckt. Ich zog die Plastiktüte aus der Tasche und begann, das Geld zu zählen.

»Ich habe genau 64 Lire und 95 Kurus, sowie acht Euro und fünf Cent«, antwortete ich.

»Ist das alles?«, wollte er wissen.

»Ja«, sagte ich und versuchte, so ruhig wie möglich zu bleiben. »Das ist alles.«

Soll er mir mein Geld eben abnehmen! Die 150 Euro finden sie niemals, und das reicht locker bis nach Israel.

»Kreditkarte oder Ähnliches?«

»Nein.«

»Nein?! Travellerschecks oder sonstige Möglichkeiten, an Geld zu kommen?«

»Nein«, antwortete ich. »Gar nichts.«

Damit lehnte er sich wieder zurück in seinen Sessel. Er atmete tief durch.

»Was ist das?«, fragte er und deutete auf den Gitarrenhals, der aus dem Rucksack ragte.

»Eine Gitarre«, sagte ich.

»Können Sie spielen?«

»Geht so.«

»Spielen Sie etwas!«

»Wie – hier … und jetzt?!«

»Na klar!« Er lehnte sich zurück und verschränkte seine Hände hinter dem Kopf.

Mir blieb nichts anderes übrig. *Blackbird*, Paul McCartney – damit kann man nichts falsch machen, dachte ich. Fühlte sich ziemlich beschissen an, auf Befehl Musik zu machen. Noch während ich die ersten Töne zupfte, fing der stellvertretende Polizeichef an, mit seinem Untergebenen zu reden. Erste Strophe, ich begann zu singen, was sie offensichtlich herzlich wenig interessierte. Die beiden ließen sich in ihrem Gespräch nicht im Geringsten stören.

»Genug jetzt! Packen Sie Ihre Gitarre wieder ein.«

Ich packte sie ein und bekam meinen Reisepass zurück.

»Wir können leider nichts für Sie tun«, sagte er. »Sie müssen nach Ankara zur syrischen Botschaft und dort ein Visum beantragen.«

»Aber – das ist doch viel zu weit weg!«, platzte es aus mir heraus. Eigentlich war klar, dass ich damit nichts mehr erreichen konnte. Er ging gar nicht auf meine Bemerkung ein.

»Haben Sie noch weitere Fragen?«

Oh ja, die hatte ich! Warum ich zum Beispiel stundenlang warten musste, nur um zu erfahren, dass er nichts für mich tun könne? Oder wie viel Geld man dabeihaben müsse, um ein Visum zu bekommen? Oder ob er mehr auf Stones als auf Beatles stehe? Irgendwie musste ich eine andere Lösung finden, um den weiten Weg nach Ankara zu vermeiden.

Ich verließ die Grenze und fuhr zurück nach Antakya. Eine Gruppe türkischer und syrischer Kleinkrimineller nahm mich in ihrem Bus kostenlos mit. Sie schmuggelten hochprozentigen Alkohol und Zigaretten von Syrien über die Grenze, doch wurde mir das erst bei der Ankunft in einem düsteren, abgelegenen Viertel Antakyas klar. Mittlerweile war es dunkel geworden. Wir warteten. Keiner stieg aus. Zwei Wagen fuhren vor, um die Ware entgegenzunehmen. Als Streit in der Schmugglerbande entbrannte, stieg ich unauffällig aus und suchte das Weite.

Ich hatte keine Ahnung, wo ich war. Glücklicherweise fand ich irgendwie zu dem Busbahnhof zurück, an welchem ich heute Morgen gestartet war. In einer Art Kantine, in der düstere Gestalten herumlungerten, verbrachte ich die Nacht. Einer von ihnen bot an, mir kostenlos ein syrisches Visum zu besorgen. Er müsse sich nur eine halbe Stunde lang meinen Reisepass ausleihen. Ich lehnte ab.

Ich schlief nur kurz und sehr schlecht, hatte am Morgen aber einen neuen Plan gefasst: Ich wollte ein weiteres Mal zur syrischen Grenze, in der Hoffnung, diesmal mit dem richtigen Polizeichef reden zu können, und zudem würde ich die 150 Euro offenlegen. Falls sie wirklich Bestechung verlangten, überlegte ich, könne ich mir die Höhe immer noch überlegen – gewaltsam abnehmen würden sie mir das Geld wohl kaum. Außerdem hatte ich das Gefühl, dass die Einreisebestimmungen in dieser Region stark von der Willkür der Beamten abhängen, was es auszutesten galt.

Fairerweise hatte mir das Busunternehmen, welchem gestern die Ausreise an der türkischen Grenze verweigert worden war, auf meine Anfrage hin kostenlos ein zweites Ticket für die Fahrt nach Damaskus ausgestellt. Bald befand ich mich also wieder an der syrischen Grenze. Und diesmal ging mein Plan auf.

Ich musste beim richtigen Polizeichef vorsprechen, gab zu, knappe 185 Euro bei mir zu haben, und bekam ein Visum, ganz ohne Gitarre spielen zu müssen. Bestechung wurde nicht verlangt, nur die übliche Gebühr von dreißig Euro. Einziger Haken: Die Formalitäten dauerten beinahe 24 Stunden. Ich übernachtete in der Schalterhalle, wobei ich Bekanntschaft mit Monika aus Schweden machte. Sie wartete ebenfalls auf ihr Visum. Die erste Reisende, die ich traf, welche ähnlich wie ich unterwegs war. Einen Monat lang hatte sie in der Türkei verbracht, nun wollte sie die arabische Welt erkunden. Ich bewunderte ihren Mut, und wir holten das Beste aus der langen Wartezeit heraus.

Am nächsten Morgen war wieder der stellvertretende Polizeichef zugange. Ich bekam einen gehörigen Schrecken, als er mich von weitem erblickte, und zog meine Mütze tief ins Gesicht. Erst als ich wenig später meinen Reisepass mit allen erforderlichen Stempeln und Unterschriften in der Hand hielt, atmete ich auf.

Monika musste noch länger auf ihr Visum warten. Ich hingegen hatte das Glück, bei dem mir mittlerweile allzu gut bekannten Busunternehmen endgültig mein Ticket für die Fahrt in die syrische Hauptstadt einzulösen. Wir tauschten unsere E-Mail-Adressen und wünschten uns viel Glück.

Dann stieg ich ein.

Syrien

Im Bus nahm ich neben Adman Platz. Er hatte früher in Bagdad als Rechtsanwalt gearbeitet und berichtete, wie er mit seiner Familie aus dem Irak geflüchtet war. Er erzählte mir viel über Syrien. Das Land bestehe weitestgehend aus Wüste und Steppe. Die einzigen fruchtbaren Gebiete seien an den Ufern des Euphrats, der sich quer durchs Land zog, im Westen entlang des Küstenstreifens und an den Gebirgsketten zur Grenze des Libanon zu finden.

Nach vier Stunden Fahrt machten wir an einer Raststätte halt. Von einem Syrer wurde ich zu einer Süßspeise eingeladen. Eine weiße Teigwurst mit Pistazienfüllung und wässriger Zuckersauce. Süßer als süß.

Dann bekam ich meine ersten Arabischstunden. Nicht dass ich unbedingt gewollt hätte, schließlich hatte ich ja nicht vor, länger in Syrien zu bleiben. Aber meine Lehrer wollten es so. Und davon hatte ich in dem Bus immerhin ein gutes halbes Dutzend.

Ich lernte die Zahlen von Eins bis Zehn sowie die grundlegenden Grußformeln, wurde mit den wichtigsten Verhaltensregeln vertraut gemacht und erfuhr, dass man nach dem Essen »al-hamdulillah« sagt, so viel wie »Dank sei Gott«.

Nachdem wir die letzten Kilometer durch gebirgiges Gebiet gefahren waren, lag vor uns Damaskus. Unzählige Gebetstürme ragten aus dem Häusermeer und blitzten in der gelben Abendsonne.

Noch bevor wir die Vororte erreicht hatten, wurde ich gebeten, ein Lied zu spielen. Obwohl die Voraussetzungen zum Gitarrespielen wegen des Motorenlärms und des Hin-und-her-geschaukels auf den abenteuerlichen syrischen Straßen alles andere als optimal waren, lauschten sie alle aufmerksam. Sie wussten bereits von meiner Straßenmusikantentätigkeit, weshalb ein Passagier meine Mütze vom Kopf nahm und tat, als sammle er Geld. Aus Spaß, dachte ich erst. Doch die anderen ließen sich nicht lange lumpen, und bald flogen nach ein paar Münzen auch die ersten Scheine.

Nach einer Runde durch den Bus kam meine Mütze wieder voll zu mir zurück. Nach dem Schlusston stand ich auf, verbeugte mich und sagte dreimal laut »schukran« in alle Richtungen.

Damaskus

Beim Ausstieg am zentralen Busbahnhof bekam ich eine syrische Tausend-Pfund-Note geschenkt. Ich kannte die Währung und ihre Kaufkraft noch kaum und wusste nicht, dass die umgerechnet vierzehn Euro etwa drei bis vier Tageslöhnen eines durchschnittlichen syrischen Arbeiters entsprachen. Der junge Mann drückte mir den zusammengefalteten Schein in die Hand, nickte kurz, drehte sich um und war weg. Einfach so.

Was war hier los? Und weshalb war mir so etwas nie in Deutschland, Österreich oder Italien passiert? Dort, wo die Menschen doch eigentlich viel mehr zu geben hatten?

Je ärmer das Land, desto großzügiger die Menschen … diesen Spruch hatte ich schon ein paarmal gehört. Doch dass er sich so schnell und in diesem Ausmaß bewahrheiten würde, hatte ich nicht erwartet. War das ethisch vertretbar? Dass ich als reicher Deutscher Geld von diesen Menschen annahm? Klar, im Moment war ich arm, oder besser: Ich lebte arm. Denn von arm *sein* konnte keine Rede sein. Nicht mit deutscher Staatsbürgerschaft und der damit verbundenen sozialen Mindestabsicherung, nicht im Vergleich zu den hiesigen Verhältnissen und nicht vor dem Hintergrund, dass ich mir im Laufe der letzten Jahre doch den ein oder anderen Euro hatte zur Seite legen können – nicht zuletzt durch den Verkauf meines Ladens. Ich *spielte* arm.

Im Moment jedoch fühlte ich mich alles andere als arm. Die atemberaubende Gastfreundschaft der Menschen hier ließ das nicht zu. Der Gast war König. Und was hätte ich tun sollen? Es machte die Menschen offenbar glücklich, mir zu helfen. Sich mit mir zu unterhalten, mir ihr Land zu erklären, ein Teil meiner Reise zu werden – das erfüllte sie mit Stolz.

Adman bezahlte mir ein Taxi, welches mich in ein Stadtviertel bringen sollte, in dem es günstige Unterkünfte gab. Er betonte mehrfach, ich solle dem Taxifahrer kein Geld geben, sollte er welches verlangen. Er hätte schon alles bezahlt. Wir verabschiedeten uns, dann saß ich das erste Mal meiner Reise in einem Taxi.

Admans Bedenken erwiesen sich als berechtigt. Der Taxifahrer versuchte tatsächlich, mir am Ende der Fahrt Geld abzuknöpfen. Obwohl ich darauf gefasst war und genau wusste, dass ihm nichts zustand, fiel es mir nicht ganz leicht, seine Versuche abblitzen zu lassen. Zwar wusste ich bereits, was »nein« auf Arabisch heißt, doch *wie* man davon in solchen Momenten Gebrauch davon machte, musste ich noch etwas üben. Eines stellte sich jedoch schnell heraus: Wer nicht »nein« sagen kann in Syrien, kommt nicht weit.

Ich konnte heute keinesfalls im Freien schlafen. Es herrsch-
te viel zu viel Betrieb, und die schmutzigen Straßen sahen in der
Dunkelheit nicht besonders einladend aus. Es stank nach Abgasen.
Ich fragte in drei verschiedenen Herbergen nach dem günstigsten
Schlafplatz. Ausgerechnet in einem Hotel wurde mir das billigste
Angebot gemacht. Bis auf die Toilette und die Gemeinschaftsdu-
sche auf dem Gang war sogar alles halbwegs sauber. Und in An-
betracht der Tatsache, dass die Übernachtung nur etwas über zwei
Euro kostete, konnte ich mich auch nicht drüber beklagen, dass ich
das kleine Zimmer mit drei anderen Männern teilen musste.

Am nächsten Morgen herrschte in den Straßen ein buntes Treiben. An jeder Ecke Straßenstände, Schuhputzer, Zigaretten- und
Teeverkäufer. Anfangs hatte ich noch Hoffnung, die Altstadt auf
eigene Faust erkunden zu können, doch ich musste bald einsehen,
dass ich wohl nie wieder zu meinem Hotel zurückfinden würde,
wenn ich in dem unübersichtlichen Straßengewirr einmal die
Orientierung verloren hätte. Deshalb war der Tipp eines Gemüse-
händlers, bei der nahe gelegenen Touristeninformation eine Karte
zu besorgen, Gold wert. Diese gab es sogar kostenlos, und ich ließ
mir dort als Erstes den Standort des Hotels eintragen.

Dass trotzdem noch viel schiefgehen konnte, lag einerseits daran, dass ich die große Hauptstraße meiden und mir einen Weg
durch die viel schöneren kleinen Gassen suchen wollte; andererseits an der islamischen Gastfreundschaft. Erst fünf Stunden später, nach zwei Einladungen zum Tee, etlichen Arabischnachhilfe-
stunden, zwei Telefonnummern und einer E-Mail-Adresse, stand
ich endlich vor dem großen Westtor der alten Stadt. Mit dem Tor
beginnt der berühmte »Suq Al-Hamidiya«, ein einzigartiger Markt,
der sich mit seinen zwei Hauptarmen durch das alte Damaskus
zieht. Den Geschichtsbüchern zufolge ist Damaskus die älteste
durchgehend besiedelte Stadt der Welt. Als ich die ersten Schritte
durch die uralten Gassen machte, befand ich mich inmitten eines

Marktes, wie er auch vor 500 Jahren ausgesehen haben könnte. An Gewürzstände und Teeläden reihten sich Tuch- und Stoffhändler, in der einen Ecke gab es Vasen, Tongefäße und handgewebte Gebetsteppiche, in einer anderen Olivenölseifen aus Aleppo.

Wie mir bereits in der Türkei aufgefallen war, waren solche Märkte, genau wie die Städte, in unterschiedliche Branchen unterteilt. So traf man zum Beispiel nur selten auf ein einzelnes Fahrradgeschäft, meist befanden sich dann in derselben Straße noch weitere Fahrradläden. Jedes Viertel hatte sein Spezialgebiet. Es gab Handwerker- und Friseurs-, Automechaniker- und Metzgerviertel.

In Damaskus hatte das für mich zur Folge, dass ich teilweise stundenlang unterwegs war, um etwas Bestimmtes zu suchen. Ich kam gerade aus der Gold- und Silberschmuckgasse, als ich vor mir die riesige Umayyaden-Moschee erblickte, benannt nach der gleichnamigen Kalifendynastie in der Zeit von 660 bis 750 nach Christus.

Unsicher, ob der Zutritt auch Nichtmuslimen erlaubt sei, drehte ich erst einmal eine Runde um die Moschee – angesichts ihrer Größe und den überfüllten Gassen ringsherum ein zeitaufwendiges Unterfangen. An den zahllosen aufdringlichen Andenkenhändlern konnte ich fleißig »nein« sagen üben, bis mich einer ansprach, der etwas anderes wollte als mein Geld. Nicht einmal ein Viertel meiner Moscheeumrundung hatte ich geschafft.

Syrische Freunde

»Hallo, mein Freund, was trägst du in deiner Tasche?«, fragte er mich in fließendem Englisch.

»Meine Gitarre. Wieso?«

»Hättest du nicht Lust, mir ein Lied vorzuspielen?«

Natürlich hatte ich Lust.

»Welche Musikrichtung hätten Sie denn gern?«, fragte ich, während ich den Gitarrensack aufschnürte.

»Kannst du was von Eric Clapton?«

Perfekt, dachte ich, da hatte ich ein paar auf Lager. Für *Wonderful tonight* war es noch zu früh, und für *Tears in heaven* war es hier zu laut, also spielte ich *Before you accuse me*.

Der Händler hieß Tony, und er selbst und sein Musikgeschmack waren so außergewöhnlich wie sein Name für diese Gegend.

Sein Geschäft lag direkt neben der hohen Mauer der Umayyaden-Moschee, weshalb die Akustik sehr gut war. Am Ende des Stückes standen noch drei andere Zuhörer vor mir, sie schienen ebenfalls zum Laden zu gehören. »Noch eins!«, riefen sie und klatschten.

»Seid ihr euch sicher?«, fragte ich.

»Na klar! Komm schon!«

Ich spielte *The Joker* von der Steve Miller Band, das hatte ich erst seit kurzem im Repertoire und musste es noch etwas üben.

Es gefiel ihnen offensichtlich gut, bis mir plötzlich einer von ihnen mitten im Lied bedeutete aufzuhören. Ich wusste nicht wieso und spielte weiter, erst als alle drei energisch abwinkten und nach oben deuteten, gab ich nach und setzte ab.

Ich blickte in den Himmel, um irgendetwas zu erkennen.

»Das Stundengebet!«

Jetzt hörte ich es auch.

»Es dauert nur ein paar Minuten, dann kannst du weiterspielen.«

Von allen Minaretten der Stadt ertönten die Gebetsrufe. Nicht unverstärkt wie in früheren Zeiten, sondern über Lautsprecher, die an den Türmen angebracht waren; aber immerhin – es war noch live, denn von jeder Moschee klang es ein wenig anders.

»Möchtest du ein Glas Tee?«, fragte mich einer von ihnen, anstatt sich auf den Boden zu werfen und zu Allah zu beten.

Sie brachten einen kleinen Hocker.

Wie die übrigen Läden ringsherum verkauften auch sie Wasserpfeifen, Schalen, Tücher und sonstige Reiseandenken. Tony stellte mir alle vor: seinen Neffen Mike, der hin und wieder im Laden arbeitet; sowie Wasim und Bassam, die beide an der Universität von Damaskus Betriebswirtschaft studierten. Sie setzten sich zu mir in den Schatten der Moschee auf den Straßenabsatz.

»Ich kann auch auf dem Boden sitzen«, sagte ich und wollte meinen Sitz für jemand anderen frei machen.

»Nein, nein, nein!«, meinte Bassam und drückte mich zurück auf den Hocker. »Du bist der Gast.«

Tee wurde eingeschenkt, Mike bereitete eine Wasserpfeife mit Erdbeertabak.

Die Gebetsrufe waren inzwischen verstummt. Drei Stunden lang saßen wir so da, tranken Tee und rauchten. Wasim war sehr darauf bedacht, mir die arabischen Verhaltensregeln beizubringen. Er meinte, dass es einem wohl keiner übelnehme, wenn man als Ausländer mal das ein oder andere verkehrt mache, aber man müsse ja nicht gleich in alle Fettnäpfchen treten. Es ging schon damit los, dass ich den Wasserpfeifenschlauch falsch hielt. Beim Weiterreichen des Schlauches sollte man darauf achten, nie mit dem Mundstück auf jemanden zu zeigen, er muss immer zu einem selbst schauen, alles andere wird als ungehobelt empfunden. Beim Entgegennehmen des Pfeifenschlauches ist es elegant, davor die Finger des Gebenden kurz abzutippen, und zwar mit der rechten Hand.

Mir war schon etwas schwindlig vom Erdbeertabak.

»Raucht ihr eigentlich oft Wasserpfeife?«, fragte ich.

»Tarek schon«, antwortete Wasim und grinste. Auch Mike musste lachen.

»Das stimmt doch gar nicht«, verteidigte sich Tarek. »Mike raucht mindestens genauso viel.« Er saugte beleidigt am Pfeifenschlauch. »Und wenn schon, mir schmeckt's eben.«

Eine weiße Erdbeerwolke zog an mir vorbei.

»Aber es gibt Leute, die rauchen das Fünffache von Tarek«, sagte Wasim und deutete mit dem Kopf auf das Café nebenan. Davor rauchten an kleinen runden Tischen einige alte Männer, die wirklich so aussahen, als ob sie schon Ewigkeiten dort sitzen würden. Jeder von ihnen hatte eine eigene Wasserpfeife. Von Zeit zu Zeit kam eine Bedienung mit heißen Kohlen und schürte die Köpfe der Pfeifen neu an, damit sie gut brannten.

»Ich vermute, er da raucht am allermeisten«, sagte ich und deutete auf einen uralten Araber mit wettergegerbtem Gesicht. Schon seit Minuten saß er regungslos da, das Mundstück wie im Mundwinkel angewachsen.

Wasim drückte meinen Arm sachte hinunter.

»Noch eine Regel, Max. Nie mit dem Finger auf jemanden zeigen.«

Es gab wirklich noch viel zu lernen.

Seit Athen hatte ich nicht mehr so viele Touristen auf einem Haufen gesehen. Doch im Vergleich zu Griechenland waren hier mehr Abenteurer und Rucksacktouristen unterwegs.

Der Standort von Tonys Laden eignete sich bestens für Straßenmusik. Wie in den meisten Teilen der alten Stadt war auch hier Fußgängerzone. Es herrschte dauerhaft Betrieb.

Die anderen meinten zwar, dass ich in Syrien nicht viel Geld verdienen könne, aber derartige Bedenken hatten sich auch schon in der Türkei als unbegründet herausgestellt.

»Bloß weil es keiner macht, heißt das noch lange nicht, dass es nicht funktioniert!«, erwiderte ich und holte meine Mundharmonika aus dem Rucksack.

»Darf ich mich hier hinstellen?«, fragte ich Tony.

»Überall wo du willst«, sagte er und legte die erste Münze in meinen Hut.

»Hauptsache, du bleibst in der Nähe, damit ich dich gut hören kann.«

So viele Stücke mit Mundharmonika hatte ich noch gar nicht. Genau genommen waren es erst drei, von denen zwei so schräg klangen, dass nur noch eines in Frage kam: *How many roads.*

Kurze Zeit später standen bereits die ersten Zuhörer um mich herum. Tarek half mir bei einigen Stücken mit meinem Kazoo, denn ich hatte immer Schwierigkeiten, die kleine Blechtröte während des Spielens in den Mund zu bekommen. Wir vereinbarten ein Zeichen, bei dem er mir das Kazoo einfach zwischen die Zähne schob. Ich spielte dann ein Solo, welches immer nach einem rostigen alten Saxophon klang, bis er mir anschließend die Tröte wieder aus dem Mund nahm. Besonders wertvoll waren derartige Kazoo-Einlagen aus musikalischer Sicht nicht gerade, doch lockten sie immer viele Zuhörer an, die neugierig stehen blieben, um zu sehen, was für ein seltsames Instrument da gespielt wurde.

Wasim machte den Rhythmus mit dem Shake-Ei; nachdem ich es wochenlang mit mir herumgetragen hatte, wurde es nun endlich das erste Mal benutzt.

Wir bekamen Beifall.

Inzwischen konnte ich sogar »schukran kezir« sagen – »vielen Dank«.

»Am Schlagzeug, meine Damen und Herren … Mr. Wasim! … Und an der Trompete … Mr. Tarek!«

Das ging leider noch nicht auf Arabisch, aber diese Art von Ansagen hören sich auf Englisch sowieso am spektakulärsten an.

In der Menschentraube, die sich um uns gesammelt hatte, erkannte ich eine Gruppe Touristen, was mich auf die Idee brachte, mal wieder etwas Deutsches zu spielen – *Ein Bett im Kornfeld*.

Ich war mir schon fast sicher, dass sie ebenfalls Deutsche seien, doch als wir später ins Gespräch kamen, stellte sich heraus, dass sie Holländer waren und das Lied zwar kannten, aber nur ein paar Worte verstanden hatten.

Die Einnahmen an diesem Nachmittag waren nicht atemberaubend – für syrische Verhältnisse jedoch durchaus bemerkenswert. Etwa umgerechnet fünf Euro zählte ich nach anderthalb Stunden Spielzeit in meiner Mütze. Ich verabredete mich mit Wasim und den anderen für morgen, denn es war schon spät geworden und ich wollte, bevor ich zum Hotel zurückkehrte, noch ein wenig durch die alte Stadt spazieren. Zwei Angebote zum Übernachten hatte ich heute ausschlagen müssen, da ich das Hotel bereits im Voraus für zwei Nächte bezahlt hatte.

Von einem jungen Araber, der mich zuvor singen gehört hatte, wurde ich zum Abendessen eingeladen. In einem winzigen Lokal, nur eine Minute von Tonys Laden entfernt.

Wir setzten uns.

Die Küche befand sich mit im Gastraum, man konnte beim Zubereiten der Speisen zusehen.

Nach kurzer Zeit wurde das Essen serviert. Wir bekamen Dicke Bohnen mit hauchdünnem weißem Fladenbrot und frischen Kräutern. Er nannte es »Ful«. Es schmeckte äußerst ungewohnt, und ich war froh, dass ich so großen Hunger hatte.

Es gab noch so unendlich viel zu entdecken in der alten Stadt. Unzählige verwinkelte kleine Gässchen, in welchen man sich so leicht verirren konnte; Handwerksläden, in denen an uralten, handbetriebenen Maschinen gearbeitet wurde; Metzgereien, die ganze Kamelköpfe als Spezialitäten verkauften; alte Männer beim Bridge-Spielen auf der Straße; verschleierte Frauen beim Einkaufen …

Es herrschte eine märchenhafte Atmosphäre, wie in *Tausendundeiner Nacht*. Doch war sie augenblicklich verschwunden, als ich die gewaltigen Stadtmauern verließ und der lärmenden Hauptstraße zurück ins Hotel folgte, in der es nach Abgasen stank.

Die Rezeption bestand aus nicht viel mehr als einem kleinen Tisch und war, als ich ankam, ausnahmsweise besetzt. Ein Mann saß, in seine Zeitung vertieft, dahinter auf einem Stuhl. Erst als ich ihn ansprach, fiel mir auf, dass er geschlafen hatte. Umständlich teilte ich ihm mit, dass ich morgen abreisen würde – ich vertraute fest darauf, irgendwo anders unterzukommen.

Meine Zimmerkollegen im Hotel waren nicht besonders kontaktfreudig. Meistens lagen sie im Bett und lasen, nur ab und zu wechselten sie ein Wort. Vorsichtshalber trug ich, wie sonst, wenn ich im Freien übernachtete, alles Wertvolle am Körper – meine Kamera, mein Taschenmesser und meinen Geldgürtel. Meine vier Glücksbringer hatte ich sowieso bei mir in der Hosentasche, und die Gitarre legte ich neben mich ins Bett. So fühlte ich mich sicherer, wenngleich es zum Schlafen ein wenig ungemütlicher wurde.

Die folgenden Tage vergingen wie im Flug. Ich verbrachte viel Zeit mit Wasim und seinen Freunden, sie kümmerten sich rührend um mich. Jedes Mal übernachtete ich woanders – die meisten Einladungen musste ich ablehnen, weil ich bereits jemand anderem zugesagt hatte. Fast täglich spielte ich vor Tonys Laden Gitarre, und wie es der Zufall wollte, stand eines Tages Monika unter den Zuhörern. »Alte Schwedin!«, dachte ich und umarmte sie freudig.

Abschiedsfest für Monika

Wasim und die anderen nahmen Monika genauso herzlich auf wie mich am ersten Tag. Leider verließ sie Damaskus schon tags drauf, weshalb Tarek vorschlug, eine kleine Abschiedsfeier für sie zu veranstalten – am besten, meinte er, in dem kleinen Haus von Mikes Eltern, außerhalb der Stadt. Ich war selbstverständlich für die Musik verantwortlich, den Rest übernahmen sie.

Wenig später ging es los. Vom Stadtzentrum bis zu Mikes Haus fuhr man etwas über eine Stunde. Wir nahmen die sogenannten Minibusse, welche es überall in der Stadt gab. Nur auf den wichtigsten Strecken verkehrten einige große Busse, die so alt waren und stanken, dass die vier Cent pro Fahrkarte immer noch zu teuer erschienen; alle anderen Strecken fuhren eben jene Minibusse, welche eher an Sammeltaxis erinnern, aber stets ihre gleiche feste Route hatten; für sie bezahlte man pro Fahrt knapp acht Cent.

Es gab von ihnen sechs verschiedene Hauptlinien: eine rote, ein grüne, eine schwarze, eine blaue, eine weiße und eine gelbe Linie. Start- und Zielort waren jeweils am Dach angeschrieben, leider immer nur auf Arabisch.

Die ersten Male waren diese Fahrten für mich sehr abenteuerlich. Wenn man zu acht im Bus saß, war jeder Sitzplatz belegt und man konnte, solange man kein Gepäck hatte und weniger lange Beine hat als ich, halbwegs bequem sitzen. Im Schnitt waren es jedoch meistens zwölf. Einmal zählte ich bei einer Fahrt sage und schreibe sechzehn Personen, die sich in den kleinen Mitsubishi-Bus zwängten, inklusive meines riesigen schweren Rucksacks.

Beim Bezahlen wurde das Geld von einem zum anderen nach vorne gereicht, was blendend funktionierte. Saß man zum Beispiel zu zweit ganz hinten im Bus, so gab man dem Vordermann das Geld und sagte einfach »zwei«. Er gab es wieder seinem Vordermann und so weiter, bis es beim Fahrer angelangt war. Das Wechselgeld kam auf dem gleichen Weg wieder zurück. Soweit Platz vorhanden war, wurde vermieden, sich als Mann neben eine Frau zu setzen und umgekehrt; nur wenn nichts anderes frei war, wurden Ausnahmen gemacht.

Die Sonne war schon untergegangen, als wir bei Mikes Haus ankamen. Vor uns lag das Lichtermeer der Stadt. Die Gebetstürme der vielen Moscheen leuchteten in einem grellen Grün, der Farbe des Propheten. Am Himmel glitzerten die Sterne.

»Verdammt!«, murmelte Mike, als wir vor dem Eingang des Hauses standen. »Ich glaub, ich habe die Schlüssel vergessen.«

Er hämmerte mit der Faust an die Tür.

»Willst du sie einschlagen?«, fragte Tarek ironisch.

»Erraten!«, sagte Mike, der das Schloss gerade auf Schwachstellen überprüfte.

Ein warmer Wind wehte den Berghang hinauf.

»Wir könnten uns doch einfach hier auf die Terrasse setzen«, schlug ich vor, aber Mike schüttelte den Kopf.

»Nein … das haben wir gleich.«

»Außerdem ist die Wasserpfeife drinnen!«, bemerkte Tarek besorgt.

»Hat irgendjemand von euch zufällig ein Licht oder ein Feuerzeug dabei?«, fragte Mike.

»Ich hab eine Taschenlampe«, antwortete ich und war froh, dass ich sie mal wieder brauchen konnte. So viele Dinge trug ich Tag für Tag ungenutzt mit mir rum, vor allem das Kochgeschirr, den Biwaksack und das Wasseraufbereitungsgerät. Angesichts der Temperaturen war mittlerweile auch die ganze warme Kleidung – Handschuhe, Mütze und Thermounterwäsche – recht unnütz geworden.

»Perfekt!«, meinte er und leuchtete auf die Eingangstür. Was wir erkennen konnten, sah nicht besonders erfreulich aus: Die schwere Eisentüre machte einen sehr stabilen Eindruck und hatte den Vorteil, dass sie aus zwei Flügeln bestand, welche man eventuell ausheben konnte, falls sie nicht in der Mitte miteinander verankert waren.

Mike begann, die Tür zu bearbeiten. Erst mit einem Stein, dann mit dem Fuß. Es machte einen Höllenlärm.

»Was denkst du?«, fragte mich Monika.

Die Türe bewegte sich kein bisschen.

»Sieht nicht gut aus, finde ich … vielleicht sollten wir uns mal die Fenster ansehen.«

Also schlichen wir beide um das Haus, während vorne gerade Tarek an der Reihe war, gegen die Tür zu treten. Alle Fenster waren verriegelt, bis auf eines. Vor dem hing jedoch ein solides Metallgitter.

Es war inzwischen stockdunkel geworden.

»Hast du ein Feuerzeug für mich?«, fragte ich Monika. »Ich will mir das genauer ansehen.«

»Klar … hier!«

»Es ist nur angeschraubt!«

»Hast du einen Schraubenzieher dabei?«, fragte Monika

»Ja … an meinem Taschenmesser.«

Die unteren Schrauben hatte ich schnell gelöst, aber um an die oberen ranzukommen, musste ich am Gitter hochklettern.

Monika hatte mittlerweile den anderen Bescheid gesagt. Wasim leuchtete mir, und wenig später war das Fenster frei.

»Wer will zuerst?«, fragte Wasim. Mike meldete sich.

»Ich weiß, wo der Lichtschalter ist, ich geh voraus.«

Er setzte die Stirnlampe auf und kletterte durch das Fenster.

Wir warteten ein paar Minuten, doch nichts geschah. Ich konnte meine Neugier nicht länger bändigen.

»Ich schau mal nach, wo Mike so lange bleibt.«

»Aber du siehst doch nichts!«, sagte Monika. Ich stand jedoch bereits auf dem Fenstersims.

»Ich hab doch noch dein Feuerzeug«, antwortete ich, ohne mich noch mal umzudrehen.

Langsam ließ ich mich in die Dunkelheit hinabgleiten, bis ich wieder festen Boden unter den Füßen spürte. Es roch nach Küche. Vorsichtig tastete ich mich in die Richtung vorwärts, aus welcher ich meinte, Mikes Schritte hören zu können.

»Mike?!« Ich bekam keine Antwort.

Die Wand fühlte sich kühl an. Jetzt war ich offenbar an einem Türstock angelangt – der Küchendunst wich einem staubigen Geruch von frisch gebrochenem Putz. Der Raum musste größer sein als der vorherige, denn mein Schlurfen hallte etwas.

»Mike?!« Ich hörte eine Kiste oder Schachtel am Boden entlangschleifen. Das musste Mike sein.

»Max?!«

»Ja, ich bin's. Wo bleibst du denn so lang?«

Seine Stimme kam aus einem anderen Raum.

»Deine Taschenlampe hat ihren Geist aufgegeben. Und das Licht im Haus funktioniert auch gerade nicht … dafür hab ich eine Baubeleuchtung gefunden, aber ich weiß nicht, wo eine Steckdose ist.«

»Ich hab noch ein Feuerzeug dabei«, sagte ich. »Aber es ist nicht besonders viel Gas drin.«

»Macht nichts«, meinte Mike. »Besser als gar nichts.

Ich tastete mich vorwärts. Als ich wieder an eine Tür kam, machte ich das Feuerzeug an. Der Schein war mickrig, und ich konnte, geblendet von dem kleinen Licht, noch nichts erkennen, als plötzlich Mike vor mir auftauchte.

»Versuchen wir es hiermit!«

Er hatte ein Stück Zeitungspapier zu einer Fackel zusammengedreht und entzündete sie am Feuerzeug.

Für einen kurzen Moment wurde der Raum im warmen Schein des Feuers erleuchtet, aber noch bevor Mike irgendetwas finden konnte, war die Fackel abgebrannt. Erst zwei Zeitungspapierfackeln später entdeckte er eine Steckdose, und wir hatten endlich Licht. Die Eingangstür war schrecklich demoliert; obwohl man eigentlich nur den Riegel hätte zurückschieben müssen, um sie zu öffnen, hatten wir jetzt große Schwierigkeiten, so verbogen war er. Die Türangeln waren halb aus der Wand gebrochen, der Putz am Türrahmen bröckelte.

Kurze Zeit später hatten wir es uns bequem eingerichtet. In dem großen Raum gleich hinter dem Eingang lagen Matratzen, Kissen und Decken. Tarek bereitete die Wasserpfeife, und Wasim richtete das mitgebrachte Essen auf einem Tablett in der Mitte her. Es gab gegrilltes Hühnchen, sie nannten es »Faruch«, Hummus, Falafel und natürlich Fladenbrot. Wir aßen mit den Händen.

Wasim hatte einen kleinen Gasherd und eine Teekanne mitgenommen, das Wasser brodelte schon.

»Ohne Tee wird es keine gute Feier!«, hatte er davor gesagt. Etwas anderes gab es auch nicht. Alkohol trank keiner.

Dann wurde es Zeit, meine Gitarre auszupacken. Die drei waren ein umwerfendes Publikum, sie klatschten, sangen und tanzten ausgelassen zu meiner Musik. Monika musste selbstverständlich auch mitmachen, sie ließen ihr gar keine Wahl.

Saber Juari

Monikas Abreise schien eine Pechsträhne auszulösen: Erst wurde mir meine Kamera gestohlen, und am zweiten Tag nach dem Diebstahl brach mir ein Backenzahn heraus. Und nur einen Tag später verlor ich in einem Taxi mein geliebtes Tagebuch.

Kamera, Zahn, Tagebuch – drei schmerzhafte Verluste folgten in so kurzer Zeit aufeinander, und doch hatten sie einen Vorteil: Ich war für einige Wochen an Damaskus gebunden. Um auf Rückmeldung der Polizei zu warten, um mich bei einem Zahnarzt behandeln zu lassen und um meine Aufzeichnungen, solange meine Erinnerungen noch frisch waren, zu rekonstruieren – und diese Zeit in Syrien wurde zu einer der schönsten meiner ganzen Reise. Aber der Reihe nach.

Den letzten Tag, an dem sich noch alle meine Zähne an ihrem Platz befanden, spielte ich mal wieder Gitarre vor Tonys Laden. Wasim und Tarek begleiteten mich wie schon die letzten Male, und es hatte sich bereits eine ordentliche Zuschauermenge angesammelt. Da fielen mir zwei junge Männer auf, die etwas Außergewöhnliches zu sein schienen. Besonders der Größere von ihnen lenkte sichtbar die Aufmerksamkeit der Umstehenden auf sich.

»Das ist Saber Juari«, flüsterte mir Wasim von hinten ins Ohr, während ich noch die letzte Strophe von *American Pie* spielte. Der »Superstar«.

Ich war erstaunt, dass dieser »Superstar« stehen blieb und aufmerksam zuhörte. Kaum hatte das Lied geendet, kam er auf mich zu und sprach mich an, leider auf Französisch.

Die Gehirnwindungen meines Sprachzentrums waren hauptsächlich auf Englisch eingestellt, das Deutsche lag etwas angestaubt
in einer Ecke, im Kurzspeicher tummelten sich noch ein paar italienische, griechische und türkische Wörter, und seit neuestem lun-
gerten dort bereits die ersten arabischen Wörter herum. Den französischen Schulwortschatz, der sich dort irgendwo noch befinden
musste, suchte ich in diesem Sprachwirrwarr vergebens.

So brabbelte ich nur hilflos vor mich hin.

»Ja, äh … guten Tag … ähm, nein, Entschuldigung … äh …
sprechen Sie Englisch?« Ich war von meinem miserablen Französisch selbst überrascht. Weil er kein Englisch konnte, musste Wasim dolmetschen. Er fragte mich erst das Übliche: woher ich käme
und warum ich hier spielte. Dann wollte er wissen, ob ich das Lied
Aïsha von dem algerischen Rai-Sänger Khaled spielen könne. Die
Melodie hatte ich grob im Kopf, und die Begleitung ist zum Glück
recht einfach, aber singen konnte ich das Lied kein bisschen. Dafür
bot sich jedoch nun der Superstar bereitwillig an, und nachdem
wir uns auf eine Tonart geeinigt hatten, ging es los.

Die Zuhörer waren begeistert. Alle klatschten mit. Er hatte tatsächlich eine wunderschöne Stimme, sehr kraftvoll und
ausdrucksstark, zugleich konnte er noch gut mit ihr umgehen,
er sang exakt und sauber. Obwohl ich den Text nicht kannte,
markierte ich beim Refrain die zweite Stimme. Er blickte sich
kurz zu mir um und nickte mir zu. Ich bekam eine Gänsehaut,
als ich seiner Stimme in harmonischen Terzen folgte und versuchte, meinen Klang dem seinen anzupassen, damit sich unsere
Stimmen besser mischten. Ein angenehmes Gefühl breitete sich
in meiner Bauchgegend aus, und erst jetzt merkte ich, was mir
in all den Wochen meiner Reise so sehr abgegangen war: der
mehrstimmige Gesang.

Leider war das Stück viel zu schnell vorbei, was auch daran lag,
dass ich die Bridge nicht spielen konnte. Der Superstar bedankte

sich für die Musik und ging mit seinem Begleiter, der während des Liedes unbeteiligt daneben gestanden hatte, seines Weges.

Später holte Mike uns etwas zu essen, während mir Tarek und Wasim mehr über Saber Juari erzählten. Vor einem halben Jahr habe er bei der Fernsehsendung *Arabien sucht den Superstar* mitgemacht und den vierten Platz belegt. Er sei also nicht wirklich das, was man unter einem Superstar verstehe, trotzdem nannten ihn alle so, und in der arabischen Welt sei er – vor allem unter den Jüngeren – zumindest so etwas wie eine kleine Berühmtheit.

Da kam Mike mit dem Essen zurück. Wir setzten uns im Kreis auf den Boden, und Tarek reichte mir das Stück Brot, das mir zum Verhängnis wurde. Schon beim zweiten Bissen krachte es, und ich musste mir hier in Damaskus einen Zahnarzt suchen.

Am nächsten Morgen – es war der Tag, an dem ich mein Tagebuch verlieren sollte – erzählte mir Mike, dass am gestrigen Abend Saber Juari noch einmal im Laden vorbeigeschaut hätte. Er habe nach mir gefragt und seine Visitenkarte hinterlassen, ich solle mich umgehend bei ihm melden. Wasim zückte ohne Umschweife sein Handy, wählte die angegebene Nummer und berichtete mir nach dem Gespräch Folgendes: Ihm habe mein Singen und Gitarrespielen gut gefallen, und da er gerne mehr Musik mit mir machen würde, wolle er mich für heute Abend zum Essen einladen, um alles Weitere zu besprechen. Um fünf Uhr sollte ich zu Tonys Laden kommen, dort würde er mich abholen.

Die umliegenden Gassen und Märkte der Umayyaden-Moschee lagen wie ausgestorben vor uns, als Wasim und ich um halb sechs an Tonys Laden ankamen. In den sonst so überfüllten Straßen sah man an diesem Freitag nur ab und zu ein paar vereinzelte Passanten vorübereilen. Hinter den verschlossenen großen Toren der Läden ruhten die Geschäfte. Mit den riesigen alten Rollläden, die die Eingänge versperrten, sahen sie aus wie kleine Garagen.

Wir setzten uns auf den Straßenabsatz vor Tonys Laden und warteten. Das Stundengebet ertönte. Es dauerte heute länger als an den anderen Tagen. Weil absehbar war, dass ich länger in Damaskus bleiben würde, wurde mein Lerneifer für die arabische Sprache neu entfacht. Wasim erwies sich dabei als geduldiger Lehrer. Auch jetzt nutzten wir die Zeit, indem er mir geläufige Redewendungen und die Konjugation der wichtigsten Verben beibrachte. Inzwischen konnte ich die ersten Buchstaben entziffern, vom Schreiben war ich jedoch noch weit entfernt. Erschwerend kam hinzu, dass die Sprache, welche ich erlernen wollte, in dieser Form gar nicht existiert, denn es handelte sich um einen Dialekt, der, im Gegensatz zur arabischen Hochsprache, ausschließlich gesprochen und nicht geschrieben wird. Die ersten Tage hatte ich deswegen für jeden Begriff noch zwei Wörter gelernt, doch schon bald ließ ich die Hochsprache außen vor und beschränkte mich auf den Dialekt; denn ihn brauchte man, um sich mit den Menschen auf der Straße unterhalten zu können. Und nichts anderes wollte ich.

Wenn ich also etwas von meinen neu erworbenen Sprachkenntnissen aufzeichnen wollte, benutzte ich nur eine Lautschrift, die die Aussprache imitierte. Wie so oft verwendete ich dafür auch im Moment die hinteren Seiten meines Tagebuchs. Diesmal jedoch war es das Letzte, was ich hineinschrieb.

Dann kam der Superstar mit seiner um einen guten Kopf kleineren Begleitung. Es war inzwischen viertel nach sechs. Beide waren genau wie gestern schick gekleidet, lässig steckten ihre Sonnenbrillen in den gegelten Haaren.

Diesmal hatte ich mich schon etwas besser auf Französisch vorbereitet, zumindest konnte ich sie mit den üblichen Floskeln begrüßen und mich vorstellen. Ihn sollte ich einfach Saber nennen, sein Begleiter stellte sich als Asis vor. Er war zwar klein, aber sehr stämmig, und neben Saber sah er immer aus wie sein Bodyguard. Ich verabschiedete mich von Wasim, und Saber und Asis führten mich zur nächsten befahrenen Straße, um ein Taxi anzuhalten. Mein Tagebuch trug ich zusammen mit meiner Damaskuskarte und sonstigem Papierkram in einem weißen Stoffbeutel, den ich für gewöhnlich einfach oben an die Kraxe meines Rucksackes hing, um ihn stets griffbereit zu haben. Als das erste Taxi hielt und Saber mit dem Fahrer über den Preis diskutiert hatte, legte ich den Rucksack in den Kofferraum. Meine Gitarre nahm ich mit nach vorne.

Wir fuhren etwa zwanzig Minuten, bis wir da waren. Saber zahlte das Taxi, Asis trug den Rucksack für mich. Dann mussten wir viele Treppen steigen, die Wohnung befand sich im fünften Stock. Das Fehlen des weißen Stoffbeutels bemerkte ich nicht.

Das Treppenhaus war dunkel, eng und schmutzig. Das fünfte und letzte Stockwerk war offenbar erst später aufgebaut worden. Ab hier waren die Wände noch unverputzt, und als wir vor der Wohnungstür standen, konnte man über uns den Himmel sehen – das Dach war noch nicht ganz fertiggestellt.

Nicht dass ich enttäuscht gewesen wäre, aber unwillkürlich hatte ich mir wohl doch Vorstellungen von der Behausung eines Superstars gemacht. In meiner Fantasie wohnte er in einer luxuriösen Villa oder zumindest einem großen Anwesen, mit Swimmingpool in einem prächtigen Garten und Bediensteten, die uns bei der Ankunft die Tür öffnen. Stattdessen hatte Asis nun Schwierigkeiten mit dem Schlüssel; offenbar klemmte das Schloss. Die prunkvollen Bilder in meinem Kopf vom Leben eines Superstars verblassten. Doch ich erfuhr bald, dass Saber hier gar nicht wohnte, es handelte sich um Asis' Wohnung.

Asis klopfte. Uns wurde geöffnet.

Nicht von einem Bediensteten, sondern von Mustafa, einem Freund, der uns bereits erwartete und bereits für uns kochte.

In einer Ecke lagen zwei Matten mit Kissen, auf denen Saber und ich Platz nahmen. Asis brachte sogleich eine Kanne Tee herbei.

An den kahlen Wänden hingen einsam zwei Poster. Das eine zeigte eine Landschaftsaufnahme, das andere sah aus wie ein Fanplakat aus einer *Bravo*-Zeitschrift. Das Gesicht darauf kam mir bekannt vor. Es war Saber.

»Ja, das ist er«, meinte Asis, der meinen Blick bemerkt hatte. Natürlich war er stolz auf seinen Freund.

Asis schenkte uns Tee ein. Er roch nach Pfefferminze. Selbstverständlich war ich überglücklich, wie sich die Dinge mit Saber entwickelt hatten und dass sich mir die Möglichkeit bot, mit einem Spitzenmusiker Musik machen zu können. Doch trotz allem stellte sich für mich die Frage, inwiefern sich eine musikalische Zusammenarbeit angesichts meines kurzen Aufenthalts lohnen würde.

»Dann erzähl doch mal, was du dir so vorgestellt hast.«

Saber erklärte mir, er sei momentan dabei, sich musikalisch neu zu orientieren. Er kenne einen sehr guten Gitarristen, mit dem er ein Programm erarbeiten wolle, allerdings sei dieser Gitarrenspieler hauptsächlich auf Solos spezialisiert, weshalb er noch eine zweite Begleitgitarre brauchen könne.

Als ich ihn nach der Stilrichtung fragte, sagte er, ihm schwebten in erster Linie französische Chansons vor, welche Stücke er aber im Detail einstudieren wolle, darauf habe er sich noch nicht festgelegt.

»Weißt du schon, ob die Lieder, die du planst, einstimmig sind, oder gibt es auch eine zweite oder dritte Stimme?«, fragte ich.

»Hm – also auf den Aufnahmen, die ich zu Hause habe«, antwortete Saber, »sind die meisten Lieder einstimmig. Doch wir können von mir aus gern ausprobieren, ob eine zweite Stimme dazu passt. Dreistimmig wird der Gesang aber aller Wahrscheinlichkeit nach nicht werden, denn so wie ich den anderen Gitarristen kenne, wäre er wenig begeistert, wenn er singen müsste.«

»Heißt das, die Gruppe besteht nur aus uns dreien?«

»Ja, vorerst schon.«

Da kam Mustafa aus der Küche und brachte Brot und einen großen, heißen Topf herein. Es gab Suppe.

Sie nannten die außergewöhnlich gut schmeckende Suppe »Schorba«. Wir aßen alle aus dem Topf. Mustafa verteilte an jeden Esslöffel, doch Saber und Asis tunkten einfach das Brot in die Suppe.

»Das einzige Problem, das ich noch sehe«, sagte ich zu Saber, »ist, dass ich früher oder später Syrien wieder verlassen werde. Mein Visum läuft in etwa drei Wochen aus, und ich bin nicht sicher, ob sich die ganze Sache für ein paar Wochen lohnt.«

»Daran hab ich auch schon gedacht«, erwiderte Saber. »Ich wusste ja bereits, dass du nicht ewig hierbleiben würdest. Aber für mich ist das kein Problem; solange du hier bist, können wir Musik machen und sehen, was dabei herauskommt, und wenn du weiterziehen möchtest, ziehst du weiter.«

Schön, dachte ich, dann steht uns ja nichts mehr im Weg.

»Und wann fangen wir an?«, fragte ich ihn voller Vorfreude.

»Ich werde mit unserem anderen Gitarristen sprechen und gebe dir dann Bescheid. Vielleicht klappt's ja sogar schon morgen.«

Sowohl Saber als auch Asis meinten, es sei ihnen eine Ehre, wenn ich solange hier wohnen würde. Ich nahm ihr Angebot gerne an. Die Wohnung bestand aus fünf Räumen. Der größte und schönste war derjenige, in welchem wir gegessen hatten, gleich hinter dem Eingang. Eine Schiebetür führte zu einem winzigen Gang mit vier weiteren Türen. Hinter der ersten verbarg sich ein Raum, der fast so groß war wie der erste, sich aber in einem erbärmlichen Zustand befand. Die Luft roch modrig, die Wände und Decke waren von einem Schimmel befallen. Asis hatte die Wohnung spärlich möbliert, doch dieses Zimmer war einfach unschlagbar. Es befand sich nichts dort, kein Schrank, keine Kommode, absolut gar nichts. Das bedeutete jedoch nicht, dass der Raum leer war, denn auf der einen Seite türmten sich am Boden in hohen Bergen die privaten Habseligkeiten von Asis auf, hauptsächlich Wäsche. Die andere Seite durfte ich benutzen, schlafen sollte ich jedoch zusammen mit Asis im Wohnzimmer.

Dass sich die Wohnung in so einem provisorischen Zustand befand, hatte natürlich einen Grund: Genau wie Saber war auch Asis erst vor ein paar Monaten nach Syrien gezogen und wollte sich auf längere Sicht nach einer anderen Wohnung umsehen.

Nebenan befand sich auf allerhöchstens einem Quadratmeter die Toilette. Hinter der nächsten Tür gab es einen kleinen Waschraum, er war ebenfalls keine Augenweide: Die Wände schimmelten, der Putz bröckelte von der Decke. Dafür befand sich hier der ganze Stolz der Wohnung: ein großer verbeulter Warmwassertank.

Dann kam man in die Küche. Wie in den anderen Zimmern beschränkte sich die Einrichtung der Küche auf das Allernötigste. Es gab keinen fest eingebauten Herd, Asis besaß nur einen kleinen Gaskocher, der am Boden stand. An der Wand hing ein Geschirregal, darunter die Spüle, an welcher zwei Wasserhähne angebracht waren: Aus dem einen kam Brauchwasser zum Abspülen oder Putzen, aus dem anderen Trinkwasser. Dieses System war seinen Ausführungen nach in Syrien weit verbreitet, weshalb er mich dringlich davor warnte, einfach so aus irgendeinem Wasserhahn zu trinken – davor solle ich mich stets vergewissern, ob es auch wirklich der richtige Hahn sei.

Von der Küche gelangte man auf die Dachterrasse. Sie war das Schönste der ganzen Wohnung. Asis hatte eine Wäscheleine gespannt, in den Ecken standen einige Töpfe mit anspruchslosen Pflanzen. Von hier aus hatte man eine herrliche Aussicht: die Berge im Hintergrund, die vielen Minarette … trotzdem war es kein Anblick, wie man ihn in einem Reiseprospekt finden würde – die Häuserblocks in Yarmuk waren nun mal nicht sonderlich hübsch. Vor einem spielte sich der Alltag der Menschen im Viertel ab.

An jenem ersten Abend mit Saber, Asis und Mustafa bemerkte ich erst kurz vor dem Schlafengehen, dass mein weißer Stoffbeutel fehlte. Meine Hoffnung ruhte noch auf Wasim, den ich sofort am nächsten Morgen kontaktierte, doch er versicherte mir, dass ich den Beutel nicht vor Tonys Laden liegen gelassen hätte, das wäre ihm bestimmt aufgefallen, sondern meinte, beobachtet zu haben, wie ich nach unserer Nachhilfestunde den Beutel samt Tagebuch an meinem Rucksack befestigt hätte.

Also musste es im Taxi passiert sein. Das war wohl der denkbar schlechteste Platz – Wasim schätzte die Anzahl der Taxis in Damaskus auf etwa 10 000 bis 20 000. Alle waren gelb. Da sich weder Saber noch Asis an irgendwelche Details erinnern konnten, sanken die Chancen, mein Tagebuch wiederzubekommen, gegen null. Trotzdem spielte ich vorübergehend mit dem Gedanken, mich auf die Straße zu stellen, jedes Taxi anzuhalten und nach einem weißen Stoffbeutel zu fragen. Doch selbst wenn ich zufällig das richtige Taxi erwischen sollte, meinte Asis, der Fahrer hätte den Beutel zu diesem Zeitpunkt garantiert schon weggeschmissen.

Das Beste wäre wohl gewesen, mich mit dem Verlust meines Tagebuchs abzufinden, doch so leicht wollte ich nicht aufgeben. Ich suchte das städtische Fundbüro auf, welches es tatsächlich gab, und hinterließ dort eine Beschreibung des Stoffbeutels und meine Personalien. Meine Adresse stand sogar am Inneneinband des Tagebuchs, allerdings nur auf Englisch und nicht auf Arabisch.

Mehr konnte ich nicht tun. Meine Aufzeichnungen konnte ich bis zu einem bestimmten Grad rekonstruieren, doch all die Adressen und Telefonnummern waren weg. Dabei hatte ich Sinan doch fest versprochen, dass wir uns irgendwann einmal wiedersehen. Wie sollte ich nun Kontakt mit ihm aufnehmen? Außer der Möglichkeit, ein weiteres Mal in die Türkei nach Konya zu fahren, um sein Haus aufzusuchen, fiel mir nichts ein …

Es waren mehr als zwanzig Adressen und E-Mail-Kontakte, die ich in meinem Tagebuch gesammelt hatte. Die Fotos meiner Familie. Der kleine Umschlag, den ich auf die letzte Seite geklebt hatte … ohne zu wissen, was sich dort versteckt hatte – so wünschte ich jetzt zumindest, dass ihn jemand finden und öffnen möge. Der Abschiedssegen der ersten Seite ging mir durch den Kopf.

»… Und uns allen ein fröhliches Wiedersehen bescheren.«

Das war die letzte Zeile gewesen. Ich seufzte. Wenn es doch nur ein fröhliches Wiedersehen mit meinem Tagebuch gäbe …

Zahnarztbesuche auf Syrisch

Ein Stechen im rechten Oberkiefer brachte mich auf andere Gedanken. Heute wollten Saber und Asis mit mir zum Zahnarzt gehen.

Die Praxis des ersten bestand nur aus zwei Räumen, dem Wartezimmer und dem Behandlungsraum. Im Wartezimmer blätterte die Farbe von der Decke, wie in der Wohnung von Asis wohl durch einen Pilz ausgelöst. Ein Deckenventilator, der wohl ursprünglich dafür gedacht war, die Mauern trocken zu halten, verteilte die kleinen Farb- und Schimmelpartikel gleichmäßig im gesamten Raum. Eine weiße, flockige Schicht bedeckte alle Oberflächen. Mit einem der ausgelegten Magazine befreiten wir drei der Stühle von ihrem weißen Belag und setzten uns.

Kurz darauf kam eine Zahnarzthelferin mit streng gebundenem Kopftuch und bat uns in den Behandlungsraum. Der Zahnarzt war ein junger Mann mit Dreitagebart. Ohne Umschweife deutete er mir an, auf dem Behandlungsstuhl Platz zu nehmen.

Ich dachte, er würde gleich losbohren, aber Asis sagte, es handle sich nur um eine kurze kostenfreie Voruntersuchung.

Nach Aussage des Zahnarztes mussten die Wurzelkanäle erneut behandelt werden, der Zahnstumpf präpariert und darauf eine Krone angepasst werden. Für diese bot er mir zwei Varianten an: die hier übliche Halbmetallkrone für fünfzehn Euro; oder die stabilere, ansehnlichere, aber weitaus teurere Vollkeramikkrone für

200 Euro. Wir teilten dem Zahnarzt mit, über sein Angebot nachzudenken, und verließen die Praxis.

Im düsteren Treppenhaus hätten die Reaktionen von Asis und Saber zu meiner kaum unterschiedlicher sein können. Gerade das erste Angebot für fünfzehn Euro erschien mir beängstigend günstig, Asis und Saber hingegen prangerten den Preis von 200 Euro für die Vollkeramikkrone als maßlos überteuert an. Nicht leugnen konnte man jedenfalls die außergewöhnlich hohe Preisdifferenz zwischen beiden Varianten, weshalb wir uns darauf einigten, noch weitere Zahnärzte zu Rate zu ziehen.

Im Laufe des Nachmittags stellte sich nach und nach heraus, dass der erste Zahnarzt im Vergleich zu den anderen tatsächlich deutlich teurer war, allerdings befanden sich deren Praxen in einem noch schlechteren Zustand. Oft arbeiteten sie ganz ohne Zahnarzthelfer, die Räumlichkeiten waren meist spärlich und wirkten improvisiert. Schlussendlich und nach Abwägung aller Angebote entschied ich mich für die teurere Variante des ersten Zahnarztes.

Gleichzeitig drängte sich die Frage auf, woher ich das viele Geld nehmen sollte. Um all meine Ersparnisse – zu diesem Zeitpunkt wären sie wohl knapp an die 200 Euro rangekommen – für die Zahnbehandlung auszugeben und ohne Geldreserven weiterzureisen, dafür hatte ich im Nahen Osten und in einem Land wie Syrien zu große Bedenken.

Ein anderer Umstand bot jedoch bereits die Lösung an. Mein Reisepass war nur noch bis Ende August gültig. Ich benötigte demnach zeitnah einen neuen Pass. Den hatte ich auch kurz vor der Reise beantragt, und er lag schon zu Hause bei meiner Mama bereit, um mir zugeschickt zu werden.

Allerdings war das mit dem Schicken so eine Sache. Offiziell dürfen Pässe oder Ausweise nicht per Post versendet werden. Also lag die Idee nahe, mir zusammen mit meinem neuen Pass das Geld für die Zahnbehandlung schicken zu lassen. So günstig wie im Moment würde die Situation wohl nicht mehr so schnell werden – ich hatte ein mehr oder weniger festes Zuhause und darüber hinaus genügend Zeit, um auf ein Päckchen warten zu können.

Um all das zu organisieren, rief ich das erste Mal während meiner Reise zu Hause an. Ich benutzte ein öffentliches Münztelefon auf der gegenüberliegenden Straßenseite unseres Wohnblocks – alt und mitgenommen sah es aus, und dementsprechend schlecht war die Verbindung. Der Straßenlärm im Hintergrund tat sein Übriges. Bei meinem ersten Versuch ging nur der Anrufbeantworter ran. Erst ein paar Stunden später hatte ich mehr Glück.

Man kann sich vorstellen, wie eine Mutter in so einem Moment reagiert. Es ist schwer zu sagen, ob ihre Überraschung oder ihre Freude überwog, jedenfalls fielen die Münzen viel zu schnell durch den Apparat. Nach knappen zwei Minuten mussten wir unser Gespräch beenden.

Asis

Die Zeit bei Asis verging wie im Flug. Er kümmerte sich sagenhaft um mich – Tag für Tag wurde ich bekocht, und er ließ es mir an nichts fehlen. Einmal übertrieb er es ein bisschen und wusch in meiner Abwesenheit meine gesamte Wäsche.

Bald nahm ich, nachdem ich mich mit dem Verlust meines Tagebuchs abgefunden hatte, meine Aufzeichnungen wieder in Angriff. Ab sofort wollte ich digital weiterschreiben. Das hatte den großen Vorteil, dass ich in Zukunft die Texte als E-Mail an mich selbst verschicken konnte und nicht mehr Gefahr lief, sie erneut zu verlieren.

Die musikalische Arbeit mit Saber verlief äußerst zäh und etwas unbefriedigend. Dabei konnten sich die Ergebnisse unserer Probenarbeit durchaus hören lassen. Größtes Hindernis waren schlicht und ergreifend die Differenzen in unserem Musikgeschmack. Er stand auf französische Chansons: Je herzzerreißender sie waren, desto besser. Meine musikalische Toleranz wurde ernsthaft auf die Probe gestellt.

Weitere Schwierigkeiten brachte die katastrophale Probenmoral der beiden anderen mit sich. Dass feste Uhrzeiten ausgemacht werden, hatte ich ja gar nicht erwartet, aber dass sie sich nicht mal an ganze Tage hielten, daran konnte ich mich nicht gewöhnen. So kam es vor, dass ich, nachdem wir uns für einen Nachmittag verabredet hatten, oft stundenlang wartete und selbst am späten Abend immer noch keiner von beiden da war.

Saber plante, uns bei einem Musikwettbewerb anzumelden, der in ein paar Wochen in Damaskus stattfinden sollte. Dieses Ziel tat uns gut, unsere Probenarbeit bekam mehr Ernsthaftigkeit, und die Proben wurden disziplinierter.

Der andere Gitarrist war ein junger sympathischer Iraker, der sein Instrument beherrschte. Er hatte sich auf Flamenco spezialisiert. Konnte ich ihn überreden, ein Solostück vorzuspielen, blickte ich gebannt zu, wie seine Finger elegant übers Griffbrett sausten.

Bab Tuma

Nur wenige hundert Meter von Asis' Wohnung entfernt lag das Christenviertel Bab Tuma. Es war ebenfalls Teil der alten Stadt, doch in jeglicher Hinsicht »westlicher« orientiert als das übrige Damaskus. Die Geschäfte blieben freitags geöffnet und schlossen stattdessen am Sonntag, Frauen ohne Kopftuch waren schon annähernd in der Überzahl, statt Moscheen gab es Kirchen, und man konnte in einigen Läden sogar Schweinefleisch und Alkohol kaufen.

Dort, gegenüber einer armenischen Kirche, fand ich den perfekten Platz. Es kamen viele Passanten vorbei, und die Anwohner freundeten sich offensichtlich schnell mit meiner Musik an.

Bevor ich mich ausschließlich auf den Standort in Bab Tuma beschränken wollte, probierte ich – eher interessehalber – noch einige andere Gegenden aus. Es war beeindruckend, wie unterschiedlich die Reaktionen der Passanten in den verschiedenen Vierteln ein und derselben Stadt sein konnten: An einem Feiertag spielte ich im Suq al-Hamidiya, dem großen Markt. Wir hatten den 17. April, den Nationalfeiertag zur Ausrufung der Syrischen Arabischen Republik im Jahre 1946, welche die 35-jährige Besetzung durch die Franzosen beendete. Alle Geschäfte hatten geschlossen. Ich platzierte mich im tunnelförmigen Hauptarm des Marktes. Kurz überlegte ich noch, ob es doch gescheiter gewesen wäre, auf die Ratschläge von Wasim und Asis zu hören und lieber nicht hier zu spielen – aber meine Neugier war größer.

Obwohl an dem Feiertag vergleichsweise wenige Menschen unterwegs waren, standen bereits nach dem ersten Stück die Menschen dicht an dicht um mich herum. Nicht wie sonst zehn, zwanzig oder vielleicht mal vierzig, nein – es waren Hunderte. Im ersten Moment war ich mit mir und der Situation mehr als zufrieden und spielte nach *Mrs. Robinson* gleich noch einen Kracher: *Bye, bye Love*, Everly Brothers. Doch dann wurde es zu viel des Guten. Das Publikum hatte nicht die geringsten Berührungsängste, die erste Reihe stand wenige Handbreit vor mir und kam stetig näher. Dass meine Mütze vor mir lag, war in dem Tumult vollkommen untergegangen. Die Menge klatschte, tanzte und sang mit oder sah mir nur verwundert und ungläubig zu. Immer wieder schrien mir einzelne Zuhörer etwas Arabisches zu. Als die ersten so eng bei mir standen, dass ich kaum noch spielen konnte, kürzte ich das Stück ab, um dem ekstatischen Treiben ein Ende zu bereiten. Ich verschaffte mir mehr Platz und versuchte, mit einem langsamen Lied wieder Herr der Lage zu werden – doch weit gefehlt. Die Menge wollte jetzt natürlich noch mehr Stimmungsmacher hören, und während ich ständig aufgefordert wurde, dieses oder jenes zu spielen, schnappte ich kurzerhand meine Mütze und meine Gitarrentasche, sagte, ich müsse ganz, ganz dringend wohin, und flüchtete, so schnell ich konnte.

In Bab Tuma hingegen konnte man die Reaktionen ein wenig mit denen in Europa vergleichen. Ich hatte eigentlich ständig Zuhörer, allerdings selten mehr als zehn. Die meisten von ihnen standen in sicherer Distanz auf der gegenüberliegenden Straßenseite, hörten sich zwei, drei Lieder an, klatschen in den Pausen und gaben, bevor sie gingen, eine kleine Spende. Unter ihnen waren auffällig viele junge Menschen. Oft hatte ich dabei das Gefühl, ich gäbe ihnen ein Stück jener Kultur, von welcher sie hier gerne mehr gehabt hätten.

So vergingen die Wochen. Meine Zahnbehandlung wurde abgeschlossen, das Geld, mein Reisepass und ein neues Handtuch kamen gut per Post bei mir an, und der Auftritt mit Saber stand bevor. Um die zehn Musikgruppen nahmen an dem Wettbewerb teil. Jede durfte nur ein Lied vortragen. Saber hatte sich für *La femme de mon ami* entschieden, einen besonders leidenschaftlichen Chanson d'amour.

Der Saal, der am Abend der Vorstellung bis zum letzten Platz gefüllt war, fasste schätzungsweise 500 Zuhörer. Eine fünfköpfige Jury entschied über die Sieger des Abends, wobei es als ersten Preis einen einwöchigen Hotelurlaub in Ägypten zu gewinnen gab.

Wir waren als Vorletztes an der Reihe. Die zwei Gitarren wurden verstärkt, Saber und ich bekamen ein Mikrofon. Unser größter Vorteil war die Popularität Sabers – mit »Saber-Saber«-Rufen wurden wir auf der Bühne empfangen. Der Jury imponierte das offensichtlich nicht besonders. Immerhin belegten wir am Ende Platz drei. Als Trostpreis gab es einen CD-Player und für jeden ein T-Shirt, und weil Saber bei sich daheim schon einen CD-Player besaß, landete der neue in der Wohnung von Asis.

Palmyra und Aleppo

Langsam gingen mir also die Gründe aus, den Aufenthalt in Syrien weiter auszudehnen. Ich fühlte mich zwar sehr wohl hier, aber die Welt war noch groß und meine Neugier ebenfalls. Und so begann ich, mir über meine weitere Reise Gedanken zu machen.

Ich fasste nun ins Auge, den Iran anzusteuern und dann nach Indien zu reisen. Den Iran wollte ich besuchen, weil das Land in den Augen der Syrer so zurückgeblieben, extrem religiös und weltfremd war, dass mein Interesse so richtig geweckt wurde. Indien, weil ich einen jungen französischen Reisenden getroffen hatte, der das letzte halbe Jahr dort verbracht hatte und mir stundenlang begeistert von diesem einzigartigen Land erzählte.

Israel wollte ich aber nicht komplett streichen. Jetzt, da ich schon so nahe war, plante ich zumindest einen Kurzbesuch, bevor ich meinen Weg Richtung Osten fortsetzte.

Der Weg nach Israel führte mich über Jordanien. Bevor ich Syrien verließ, gab es allerdings noch eine Reihe Pflichtveranstaltungen in Form von Sehenswürdigkeiten, von denen ich in den letzten Wochen so viel gehört hatte und die ich keinesfalls auslassen wollte.

Da waren zum Beispiel die Ruinen von Palmyra, die Altstadt und die Zitadelle von Aleppo sowie die gewaltigen Wasserräder von Hama. Außerdem hatte ich nun schon zum wiederholten Male von dem Wüstenkloster Mar Musa gehört, einem christlichen, wildromantischen Kloster in den Bergen.

Palmyra lag auf halber Strecke zwischen Damaskus und dem Euphrat in der Mitte des Landes. Die Stadt hatte ihre Blütezeit um das Jahr 270 nach Christus erlebt, unter ihrer sagenumwobenen Königin Zenobia. Die Säulen und Tempelruinen erinnerten mich sehr an die Akropolis in Athen, wenngleich sie ein gutes Stück jünger waren. Den größeren Unterschied machten die fehlenden Touristen. Außerdem gab es im Gegensatz zu Athen keine Absperrungen um die alten Monumente; man konnte alles anfassen und die noch stehenden Gebäude auf eigene Faust erforschen, während ein großer Teil der alten Stadt unentdeckt unter dem Wüstensand schlummerte.

Gemeinsam mit Karoline aus Leipzig, einer Arabischstudentin, die ich in Bab Tuma kennengelernt hatte, fuhr ich nach Aleppo und Homs. Sie half mir, meine Arabischkenntnisse, mit denen ich mittlerweile fast Smalltalk führen konnte, weiter zu verbessern.

Aleppos Altstadt beeindruckte mich noch mehr als die von Damaskus. Sie blickt ebenfalls auf eine jahrtausendealte Geschichte zurück. Mehrere Male blieben Karoline und ich während unserer Erkundungstour wie gebannt stehen, um die atemberaubende, schlichte Schönheit mancher Gassen und Winkel auf uns wirken zu lassen.

Auf dem Rückweg nach Damaskus blieben wir noch eine Nacht in Hama. Dort besichtigten wir die mit einem Durchmesser von bis zu zwanzig Metern wahrhaft gigantischen Wasserräder, welche dort seit über 2000 Jahren Wasser aus dem Fluss Orontes in die Höhe schöpfen, um das kostbare Nass über ein Aquädukt in trockenere Gebiete zu leiten. Zumindest war das früher so. Heutzutage drehten sie sich wohl vor allem zur Freude der zahlreichen Touristen. Aus der Ferne sahen die Wasserräder aus wie das Getriebe eines gewaltigen, überdimensionalen Uhrwerks. Bei dem ohrenbetäubenden Quietschen und Knarren der Balken konnte man erahnen, welch ungeheure Reibung beim Drehen der Räder unter dem enormen Gewicht überwunden werden musste.

Mar Musa

Mein letzter Ausflug in Syrien führte mich zum Wüstenkloster Mar Musa. Ich brach am späten Vormittag von Asis' Wohnung auf.

Drei Stunden ging es mit einem Minibus Richtung Norden, von dort aus waren es noch mal fünfzehn Kilometer durch die Wüste. Ein Taxifahrer drängte sich auf, aber ich wollte lieber laufen.

Eine knappe Stunde wanderte ich, als wenige Meter vor mir ein Motorrad hielt.

»Wo willst du hin?«, rief mir der Fahrer auf Arabisch zu. Ein zweiter Mann saß hinter ihm.

»Nach Mar Musa!«, antwortete ich ihm. Sie fuhren ein sehr altes Motorrad.

»In Ordnung. Steig auf!«

Ich war mir nicht ganz sicher, ob ich ihn ernst nehmen konnte, sie hatten ja zu zweit schon kaum Platz.

»Wie?!«, fragte ich und zeigte hinten auf das winzige freie Stück Sattel. »Da drauf?!«

»Ja, ja!« Er bewegte einladend die Hand. »Komm schon!«

Beide rückten noch weiter nach vorn, und ehe ich mich versah, saß ich mit auf der Maschine – barfuß, in der einen Hand die Gitarre, mit der anderen klammerte ich mich an meinen Vordermann. Kurve für Kurve führte uns die einspurige Teerstraße bergauf und bergab durch karge Steinwüstenlandschaften; für jeden Motorradfreak wäre es ein Hochgenuss gewesen, doch für mich wurde die Fahrt wohl zu den nervenaufreibendsten zehn Minuten meiner Reise.

Ich war heilfroh, als das Motorrad endlich abbremste und ich absteigen konnte. Die Straße vor uns gabelte sich. Links konnte man in etwa zwei Kilometern Entfernung schon das gewaltige Mauerwerk des Klosters zwischen den Felswänden sehen, rechts ging es tiefer in die Wüste hinein. Der Fahrer deutete erst zum Kloster, dann Richtung Wüste, wobei er versuchte, mir dabei irgendetwas zu erklären. Ich verstand kein Wort, doch er redete und redete.

»Aha, Mar Musa ist dort, verstehe«, sagte ich, als er mal wieder auf eine Antwort wartete. »Alles klar«, sagte ich, »sehr gut, danke!«, und wollte mich umdrehen und losmarschieren. Aber er wurde gerade erst warm. Er sagte wieder etwas, diesmal hörte es sich eher nach einer Frage an. Die erste Frage war meistens die nach meiner Nationalität. Ich antwortete also »aus Deutschland«.

Er sah mich entgeistert an. Mist! Falsche Antwort. Er schüttelte den Kopf.

»Ich spreche nur sehr schlecht Arabisch«, gab ich kleinlaut zu.

Er nickte grinsend und meinte ganz langsam und deutlich: »Herzlich willkommen in Syrien, mein Freund.«

Die beiden knatterten auf ihrem Museumsstück davon, während ich dem Kloster entgegenging. Der Tag neigte sich dem Ende zu, die Abendsonne tauchte die schroffe Bergwelt um mich in ein warmes Gelb. Der Weg führte immer steiler bergauf. Bald gelangte ich an ein offenes steinernes Tor, hinter dem zahlreiche Stufen durch terrassenförmig angelegte Gärten in die Höhe führten. Ich setzte meinen Weg fort, bis ich vor einem massiven, quaderförmigen Turm stand, offenbar das Herzstück des Klosters. Ich blickte umher. Die einzige Öffnung in der Steinmauer hatte eine Höhe von anderthalb Meter. Sie sah aus wie eine Tür für Zwerge. Es herrschte Stille. Weit und breit war keine Menschenseele zu sehen.

200 Meter weiter befand sich noch ein weiterer Gebäudekomplex, doch eine kleine Schlucht trennte ihn vom Turm. Etwas weiter oben fand ich jedoch eine Stelle, an der ich hinab und auf der anderen Seite wieder hinaufklettern konnte. Immer noch barfuß, machte ich dabei schmerzhafte Bekanntschaft mit den Disteln, die es hier oben gab. Als ich humpelnd bei dem anderen Gebäude ankam, musste ich feststellen, dass es leer stand.

Während ich mich wieder auf den Weg zurück machte, stieß ich auf eine Hängebrücke, die diese Seite der Schlucht mit dem Turm verband. Jetzt endlich sah ich oben an der Brüstung im Dämmerlicht eine Gestalt stehen, die mich auch schon gesichtet hatte. Ich winkte ihr zu, und nachdem sie ebenfalls zurückgewunken hatte, rief ich auf Arabisch hinüber: »Salam Alaikum! Ist das Mar Musa?!«

Als Antwort kam zurück: »Do you speak English?!«

Also wiederholte ich meine Frage auf Englisch, und noch bevor ich die zweite Frage nach einem Bett für diese Nacht gestellt hatte, erschien ein junger Mann schon unten auf der anderen Seite der Hängebrücke und winkte mich zu sich herüber.

»In Mar Musa ist immer ein Bett frei!«, sagte er, als er mich mit einem kräftigen Händedruck empfing. Die Tür hier konnte kaum größer als auf der anderen Seite sein. Ich musste meinen Rucksack von den Schultern nehmen, um durchschlüpfen zu können. Über eine steile, enge Steintreppe ging es aufwärts. Der junge Mann stellte sich als John vor. Er kam aus Australien und lebte bereits seit mehreren Wochen hier.

Endlich kamen wir wieder ins Tageslicht. Wir befanden uns auf einer riesigen Terrasse, die beinahe die gesamte Fläche des Turms einnahm. Nur auf der dem Berg zugewandten Seite führte eine hölzerne Leiter zu noch höher gelegenen Räumen und Ebenen.

In der anderen Richtung hatte man eine atemberaubende Aussicht auf die vor uns liegenden Täler. Wir waren die Einzigen hier.

»Wo sind denn die anderen?«, fragte ich John.

»Im Moment wird gerade Abendmesse gehalten«, antwortete er, »danach wird's hier wieder voller.«

»Das Abendessen hast du leider gerade verpasst«, meinte John. »Aber wenn du Hunger hast, findest du in der Küche bestimmt noch was.«

Ich hatte tatsächlich seit dem Frühstück nichts mehr gegessen und einen Bärenhunger. Zuerst aber führte mich John zu einem Mitarbeiter des Klosters, der mir zeigte, wo ich schlafen konnte. Im Turm selbst gab es kein freies Bett mehr, doch ein paar Meter weiter im Felsen befanden sich noch genügend freie Räume. Sie waren eine Mischung aus Höhlen und Lehmhütten, die so mit der Landschaft verschmolzen, dass sie mir zuvor kaum aufgefallen waren.

Ich bekam eine von drei Matratzen zugeteilt, die in einem Zimmer am Boden lagen. Eigentlich wollte ich mich nur kurz ausruhen, wurde dabei aber so müde, dass ich meinen Hunger vergaß und in einen tiefen Schlaf fiel.

Erst am nächsten Morgen wurde ich von den ersten Sonnenstrahlen geweckt. Auf Zehenspitzen schlich ich nach draußen, um die anderen Zimmerkollegen, die sich nachts zu mir gesellt hatten, nicht aufzuwecken. Gleich neben dem Zimmer befand sich der Ziegenstall. Ich ging zum Turm, wo ich Frederik, einen Mönch des Klosters, und einige andere Helfer und Besucher kennenlernte. Sie waren gerade dabei, das Frühstück vorzubereiten. Sofort bekam ich Messer und Brot in die Hand gedrückt und wurde gebeten, genügend Scheiben für dreißig Personen herunterzuschneiden. Es war also tatsächlich so, wie mir andere Reisende berichtet hatten: Man erhält in Mar Musa freie Kost und Logis, als Gegenleistung muss man bei der täglichen Arbeit helfen.

Vier Tage blieb ich im Kloster. Zwei bis drei Stunden am Tag verbrachte ich mit Kochen, Abspülen oder sonstigen Dingen – was eben gerade anfiel. Es wurde viel Musik gemacht, meditiert und gebetet. Die meisten waren etwa in meinem Alter, und es herrschte eine fabelhafte Stimmung.

Der vollständige Name des Klosters ist »Dair Mar Musa el-Habaschi«, was so viel hieß wie »Kloster des Heiligen Moses von Äthiopien«. Das Kloster hatte schon um 600 nach Christus zu Zeiten Mohammeds eine wichtige soziale und spirituelle Rolle zwischen den in Syrien lebenden Christen und Muslimen gespielt.

Ab dem 17. Jahrhundert hatte es für lange Zeit verlassen gelegen, bis im Sommer des Jahres 1982 der italienische Jesuitenschüler Paolo dell'Oglio die Ruine besucht hatte. Begeistert von der wunderschönen Lage und der Geschichte des Klosters, hatte er die Vision, die Klostergemeinschaft zu neuem Leben zu erwecken.

In den folgenden Jahren war diese Vision Wirklichkeit geworden. Seitdem war eine Gemeinschaft entstanden, die sich »Khalil« nannte und unter der Leitung von Pater Paolo das Kloster bewirtschaftete und die Ruinen wieder aufbaute. Kirchenrechtlich gehört die »Khalil« zur syrisch-katholischen Kirche, doch die Gemeinschaft steht Gläubigen aller Konfessionen offen. Ihre zentralen Punkte sind einerseits die Freundschaft und der Dialog mit dem Islam, andererseits die Gastfreundschaft gegenüber Besuchern. Tag für Tag wurde beides in einer wundervollen Weise praktiziert. Für mich wurden es vier Tage in Ruhe, Einfachheit und Harmonie im Kreis vieler interessanter Persönlichkeiten.

Eine davon war Rose aus London. Sie studierte Arabisch und verbrachte gerade ein Auslandssemester in Damaskus, wo sie bei einer Gastfamilie untergebracht war. Sie wollte genau wie ich für ein paar Tage den Libanon besuchen, und so brachen wir am fünften Tag im Morgengrauen auf, um nach Damaskus und anschließend weiter zur libanesischen Grenze zu ziehen.

Es fiel uns beiden nicht leicht, Mar Musa, seine Atmosphäre, seine Bewohner und seine Höhlen zu verlassen. Genauso freuten wir uns jedoch auf den Libanon, Beirut und natürlich das Meer.

Wir kamen zügig voran und machten nach einer Stunde Rast, um zu frühstücken. Rose hatte uns Brote geschmiert und Obst, Wasser und eine Handvoll Karotten dabei, ich hatte gestern etwas von dem Abendessen einpacken können. Auf einer kleinen Anhöhe setzten wir uns. Über Nacht hatte es – wie für Wüstenregionen üblich – stark abgekühlt, und die Luft war noch klar und frisch, als wir die wärmenden Strahlen der Morgensonne genossen.

Nach zweistündiger Wanderung erreichten wir die erste befestigte Straße. Mehr zum Spaß hielt Rose beim nächsten vorbeifahrenden Wagen den Daumen raus; das Auto, ein alter stinkender Kleinlaster, hielt. Der schnauzbärtige, braun gebrannte Fahrer bot an, uns bis nach An Nabk mitzunehmen – genau dorthin wollten wir.

In An Nabk angekommen, war es nur eine Frage der Zeit, bis sich jemand anbot, uns kostenlos nach Damaskus zu fahren. Sowohl Rose als auch mich überraschte derartige Aufopferungsbereitschaft nicht mehr. Trotzdem hielten wir es uns immer wieder vor Augen: Das war, als würde jemand aus Mittenwald ein wildfremdes

Pärchen nach München fahren! Oder einer in Hamburg brächte sie mal eben schnell nach Hannover.

Wir übernachteten in Damaskus, Rose bei ihrer Gastfamilie, ich bei Asis. Bevor es weiter Richtung Libanon ging, blieb mir noch etwas Zeit, meine weitere Reise zu organisieren. Für den Libanon gab es ein kostenloses sogenanntes Transitvisum für 48 Stunden, das jordanische Visum war angeblich ebenfalls recht einfach an der Grenze zu bekommen, und für Israel sollte die Einreise eigentlich kein Problem sein. Blieben also nur noch Indien und der Iran.

Indien, beschloss ich, könne noch etwas warten, aber ein Visum für den Iran zu bekommen, würde, nach allem was ich gehört hatte, sehr lange dauern. Um mehr über die Einreisebestimmungen zu erfahren, wandte ich mich an die iranische Botschaft. Im wohlhabenderen nördlichen Teil von Damaskus befand sich das Diplomatenviertel, in dem die Auslandsvertretungen ansässig waren. Ich erfuhr, dass die normale Wartezeit für ein Visum ungefähr einen Monat betrage. Nach Jordanien und Israel konnte ich dann das Visum auf dem Weg in den Iran hier in Damaskus abholen.

Somit wurde der Abschied von Asis, Saber, Wasim und all den anderen, die ich in den knappen zwei Monaten in Syrien kennengelernt hatte, nur ein vorübergehender.

Wieder ließ ich einen Teil meines Gepäcks bei Asis zurück. Ich spielte auch schon mit dem Gedanken, einige Dinge, die er eventuell brauchen konnte, ganz hier zu lassen, aber das hatte ja Zeit, bis ich wieder zurückkam.

Am frühen Morgen schlich ich mich aus dem Haus, um wenig später Rose abzuholen. Gemeinsam gingen wir zur Busstation und saßen nach dem üblichen Chaos kurz darauf im Bus nach Beirut.

Libanon

In Beirut angekommen, wollte Rose zuerst ans Meer. Nur wenige Gehminuten entfernt gab es einen Strand, sozusagen mitten in der Stadt. Am liebsten hätten wir uns sofort ins kühle Nass gestürzt, aber für Rose war das leider gar nicht so einfach. Wir befanden uns schließlich immer noch in einem muslimischen Land, da konnte man als Frau nicht einfach so im Bikini rumlaufen.

Während sich Rose also noch abwägend umsah, ob sie es wagen könne, stand ich bereits mit den Füßen im Wasser. Da fiel mir der unangenehme Geruch auf. Das Meer schäumte auch schon verdächtig. Außer uns waren noch eine Handvoll anderer Leute am Strand, es badete aber keiner. Schnell war ich wieder aus dem Wasser und ging ein paar Meter am Strand entlang, um nach einer Stelle zu suchen, an der das Meer sauberer war. Es wurde jedoch schlechter. Dann entdeckte ich das große graue Betonrohr. Ein braun schäumender, bestialisch stinkender Strom floss daraus direkt ins Meer. Mir wurde übel bei dem Gestank. Gleichzeitig verspürte ich das dringende Bedürfnis, meine Füße zu waschen. Wir verschoben das Baden auf den nächsten Tag, an dem wir Beirut verlassen und den Norden des Landes erkunden wollten.

Ich genoss es sehr, zur Abwechslung mal nicht allein zu reisen. Das Schönste war, das Erlebte mit jemandem teilen zu können; so viele Dinge erscheinen in einem anderen Licht, wenn man mit jemandem darüber sprechen kann. Zudem fiel natürlich die Konversation mit den Einheimischen einfacher, da Rose fließend Arabisch sprach.

Zu zweit zu reisen, bedeutete aber auch eine gewisse Umstellung. Mein spontaner Reisestil zum Beispiel war kaum mehr möglich. Nie im Leben wäre ich darauf gekommen, mich bereits am frühen Nachmittag um eine Übernachtungsgelegenheit zu kümmern – ganz davon zu schweigen, mich ohne triftigen Grund irgendwo einzumieten. Dessen war sich Rose anscheinend auch bewusst. Sie ließ sich deshalb nicht davon abbringen, die Übernachtung für mich zu bezahlen. Wir fanden ein kleines, für Beiruter Verhältnisse relativ günstiges Hotel. Dort hinterließen wir unser Gepäck und brachen erneut auf, um den Abend in der Innenstadt zu verbringen.

»Ist es für dich okay, wenn ich ein bisschen Straßenmusik mache?«, fragte ich Rose.

»Im Gegenteil«, meinte sie, »ich wollte dir sowieso schon immer mal bei der Arbeit zusehen!«

Es gab viele gute Standorte zum Spielen, den besten fanden wir genau im Zentrum. Leider dauerte es nicht lange, bis der erste Polizist vor mir stand. Er erläuterte, dass Straßenmusik wegen der Gefahr eines Anschlages verboten sei. Ganz verstand ich den Zusammenhang zwischen Bombenanschlägen und Straßenmusik nicht, denn offenbar bestand die Gefahr ein paar hundert Meter weiter nicht mehr – dort, so der Polizist, sei Musikmachen erlaubt.

Also zogen wir weiter. Es war eine Kneipengegend, und es lief dort immer noch sehr gut. Am Ende zählte ich mehr als das Fünffache des Geldes, welches ich in vergleichbarer Zeit in Damaskus eingespielt hätte – umgerechnet beinahe dreißig Euro.

Am nächsten Morgen brachen wir rechtzeitig auf. Wir wollten den Tag so gut es ging nutzen, immerhin war es schon wieder unser letzter. Das Wichtigste: ein sauberes Meer mit Strand. Drei Stunden waren wir per Anhalter unterwegs, bis wir – ausgerüstet mit einer monströsen Wassermelone – an die Stelle kamen, welche uns von einem Einheimischen empfohlen worden war.

Das Wasser hier war wunderbar, klar und sauber. Etwas vorgelagert im Meer lagen bizarre Felsformationen, die über die Jahre hinweg durch die Kraft des Wassers bearbeitet worden waren. Ganz einfach war es nicht, die Felsen trocken zu erreichen, aber es hatte sich gelohnt. Das Meer hatte im Gestein unzählige Gumpen geformt, wie Badewannen – große, kleine, manche mit dem Meer verbunden, manche abgetrennt. Wie kleine Seen, knapp über dem Meeresspiegel gelegen. Das Wasser in den höheren Becken war um einiges wärmer als das Meer, in den größeren lauwarm, in den kleineren mitunter richtig heiß. In den am höchsten gelegenen waren nur noch Salzreste zu sehen, sodass es dort aussah wie zugefroren.

Das Meerwasser war noch frisch, und so legten wir uns erst mal auf den Felsen, um uns in der Sonne aufzuwärmen, die uns vom strahlend blauen Himmel aus anlachte. Außer uns war niemand zu sehen. Dann sprangen wir ins Wasser. Nach einer kleinen Runde im offenen Meer wurde uns schnell wieder zu kalt. Wir schwammen zurück zu unserer Insel, um uns in einer Gumpe aufzuwärmen. Paradiesisch!

Ursprünglich wollten wir heute noch die Ruinen von Baalbek besuchen, doch zwei Umstände hinderten uns daran. Zum einen waren wir dummerweise in die falsche Richtung getrampt, und ich hatte nun bis zum Ablauf meines Visums nicht mehr genügend

Zeit; zum anderen hatte Rose neben ihrem Sonnenbrand auch noch einen Sonnenstich bekommen. Nach ein paar Stunden Fahrt wurde ihr übel und schwindlig, weswegen wir den Rückweg nach Beirut antraten. Dort übernachteten wir ein zweites Mal und nahmen am nächsten Morgen den Bus nach Damaskus.

An der Grenze musste ich ein neues Visum für Syrien beantragen, das alte war mit der Ausreise ungültig geworden. Erst befürchtete ich, noch einmal so lange warten zu müssen wie beim ersten syrischen Visum, aber weil es mein zweiter Besuch in Syrien war und ich bloß ein Kurzzeitvisum benötigte, war es nur eine Sache von fünfzehn Minuten.

Rose und mir fiel der Abschied voneinander nicht leicht. Es waren wundervolle Tage gewesen. Dafür hatten wir etwas Neues, auf das wir uns freuen konnten: Rose' Semesterferien fingen in einem Monat an, und wir planten, gemeinsam in den Iran zu reisen.

Von Damaskus bis Amman, der Hauptstadt Jordaniens, waren es knappe 200 Kilometer. Ich leistete mir den Bus, und nach ein paar Stunden erreichte ich die Grenze. Die Einreiseformalitäten waren mir inzwischen gut vertraut.

Das jordanische Visum kostete zehn Euro und galt drei Wochen – es war gerade rechtzeitig fertig, um meinen Bus zu erwischen, dann war ich im Königreich Jordanien.

Jordanien

Ab der Grenze verbesserten sich die Straßenverhältnisse zusehends, die Schlaglöcher wurden weniger. Ich blickte verträumt aus dem Fenster. Die Landschaft hatte sich seit Damaskus kaum verändert – es schien, als wolle die Wüste niemals enden.

Ich war ein wenig melancholisch. Wie so oft, wenn ich einen Ort verließ, an dem ich mich wohlgefühlt hatte. Hatte ich damals in Sinan, seiner Frau und seinen Kindern eine Familie gefunden, waren Asis, Saber, Wasim, Tarek und Mike echte, gute Freunde geworden. Sie alle waren mir mit der Zeit sehr ans Herz gewachsen; mein einziger Trost war, sie hoffentlich alle in ein paar Wochen wiederzusehen.

Beim Aussteigen in Amman kam ich mit einem irischen Rucksacktouristen ins Gespräch. Während wir uns gemeinsam auf den Weg ins Stadtzentrum machten, plauderten wir über unsere Reisen, wo wir gerade herkamen und was wir noch planten.

Eine Weile gingen wir so nebeneinander her, bis er mich fragte, wie lange ich denn unterwegs sei.

»Nun ja, genau weiß ich das noch nicht, aber so grob hätte ich ein Jahr angepeilt«, antwortete ich.

»Ein ganzes Jahr?! Wow – das ist 'ne Menge. Und wie finanzierst du das Ganze, das muss doch ganz schön teuer sein …«

Immer wieder die gleichen Fragen. Und die gleichen Antworten.

»Ich mache Musik«, sagte ich. »Ich singe und spiele Gi…«

Weiter konnte ich nicht reden. Mein Herz hatte aufgehört zu schlagen.

Meine Gitarre! Sie war nicht mehr bei mir! Der Ire sah mich fragend an, während ich wie angewurzelt dastand.

»Was ist? Du singst und spielst was?«

Nur unter Mühen konnte ich reagieren.

»Ich … ich meine …«, stotterte ich perplex, »ich spiele Gitarre, aber sie ist nicht mehr hier!« Im Bus!, fuhr es mir durch den Kopf.

»Ich muss sie im Bus liegen gelassen haben!«

Augenblicklich rannte ich zurück.

Da erst bemerkte ich, wie unfreundlich es war, den Iren einfach so stehen zu lassen, und drehte mich im Laufen noch mal um.

»Es tut mir leid!«, rief ich ihm zu. Er stand immer noch dort, wo wir vorhin angehalten hatten. »Ich muss meine Gitarre suchen … eine gute Reise noch!«

Ich rannte und rannte. Die Leute auf der Straße drehten sich nach mir um, meine Schultern begannen unter der Last des Rucksacks zu schmerzen, doch ich hatte nur den einen Gedanken: Hoffentlich bekomme ich meine Gitarre wieder!

Vollkommen außer Atem erreichte ich die Stelle, an welcher der Bus zuvor gehalten hatte. Der Platz war leer. Nur zwei etwas betagtere Männer standen noch dort herum und unterhielten sich.

»Der Bus!« Ich rang um Luft.

»Der Bus aus Damaskus! Wo ist er!?«

»Der Bus ist fort«, sagte einer von ihnen. »Warum …?«

»Ja, ja, das sehe ich. Aber wo ist er hin?«

Darauf zuckten beide nur mit den Schultern.

»Da musst du beim Busunternehmen nachfragen«, meinten sie und deuteten auf das Gebäude. »Das sind die Einzigen, die …«

Ohne zu zögern, betrat ich das Büro des Busunternehmens. Ich erfuhr, dass Amman die Endstation des Busses gewesen sei, doch die Busse immer über Nacht außerhalb der Stadt abgestellt werden.

Nachdem ich mein Problem geschildert hatte, kontaktierte ein Mitarbeiter des Unternehmens den Busfahrer, damit dieser nachsehen konnte, ob die Gitarre noch da war. Während des Telefonats nickte er mir in solch einer Weise zu, die mir den riesengroßen Stein von meinem Herzen fallen ließ. Sie war also noch da.

Der Busstellplatz lag zwanzig Minuten entfernt, und da es nicht leicht war, dort hinauszukommen, verstrichen noch einige Stunden, bevor ich meine Gitarre endlich wieder in den Händen hielt, aber das spielte keine Rolle – Hauptsache, ich hatte sie wieder.

Petra

Zwei Orte wollte ich in Jordanien besichtigen, bevor ich weiter nach Israel zog: Petra, die berühmte historische Felsenstadt im Süden des Landes; und das Tote Meer. Ab sofort fuhr ich wieder per Anhalter, wodurch ich sechs Stunden brauchte, um bis nach Petra zu kommen. Nur einmal hatte ich länger am Straßenrand warten müssen – leider ausgerechnet mitten in der Wüste. Die Mittagssonne knallte erbarmungslos auf mich herab, über der versandeten Teerstraße flimmerte die heiße Luft. Schatten gab es weit und breit nicht, und meine Wasserreserven neigten sich dem Ende zu. Nachdem in der ersten halben Stunde nur drei Autos vorbeigekommen waren, wurde mir etwas mulmig. Was, wenn jetzt die nächsten zehn Stunden niemand anhalten würde? Ich sah schon die Schlagzeile vor mir: »Deutscher Tramper in Wüste verdurstet«.

So kam es nicht – das übernächste Auto fuhr rechts ran und nahm mich mit. Der Fahrer war die Gastfreundschaft in Person, er lud mich zum Essen ein und fuhr mich, obwohl es eigentlich nicht auf seinem Weg lag, bis nach Petra. Wie so manches Mal wurde ich auch von ihm gefragt, ob ich Geld benötige. Er meinte, es würde ihn ruhiger schlafen lassen, wenn er wisse, dass ich mir beim Rückweg ein Taxi oder zumindest den Bus leisten könne.

Jedes Mal aufs Neue gerührt von so viel Anteilnahme wollte ich derartige Angebote nicht annehmen. Wenn gar nichts anderes mehr half, erzählte ich von meiner Notreserve, womit ich die meisten unter ihnen überzeugen konnte, kein Geld zu brauchen.

In der neuen Stadt Petras gab es viele Jugendherbergen und Hostels. In einem gelang mir der Deal, für ein paar Stunden Livemusik zweimal kostenlos übernachten zu dürfen.

Die Ruinen Petras lagen nur zehn Minuten entfernt. Sie waren erst anfangs des 19. Jahrhunderts von dem Schweizer Jean Louis Burckhardt wiederentdeckt worden, nachdem sie über tausend Jahre vor der westlichen Welt verborgen in einem unzugänglichen Talkessel geschlummert hatten. Die Stadt war etwa zu Beginn unserer Zeitrechnung von dem Volk der Nabatäer in den weichen Sandstein gehauen worden. Durch die außergewöhnliche Lage war Petra vor Feinden und Angreifern bestens geschützt, die versteckten Täler und Schluchten konnten gut verteidigt werden.

Genau diese Umstände wurden für mich jedoch zum Problem. Der Eintritt zu den Ruinen kostete nämlich für hiesige Verhältnisse einen astronomischen Preis. Doch wie in das unwegsame Tal gelangen, ohne den offiziellen Eingang zu nehmen?

Mir war zu Ohren gekommen, es gäbe einen versteckten Weg zu den Ruinen. Weil ich nicht die geringste Ahnung hatte, wo dieser sich befand, brach ich am folgenden Morgen noch vor der

Dämmerung auf, um möglichst unbemerkt die Umgebung zu erkunden.

Bereits von der Ferne sahen die Felsformationen beeindruckend aus. Der Regen hatte seit Urzeiten die Gipfel des Sandsteingebirges abgewaschen und zu runden Köpfen geformt, das abfließende Wasser sammelte sich in den dazwischenliegenden Rinnen und führte die verschiedenen Rinnsale durch immer größer werdende Gräben zusammen, bis sie sich in den engen Schluchten vereinten und dabei tief in den Felsen fraßen.

Neben diesen abenteuerlichen Formen faszinierten vor allem die atemberaubenden Farben des Sandsteins. Im Moment erschienen sie mir allerdings noch grau. Die Luft war kühl und frisch, nur der heller werdende Himmel im Osten kündigte langsam den neuen Tag an. Ich bestieg einige Bergkuppen in unmittelbarer Nähe der Stadt, um von dort aus eine bessere Sicht über das Schluchtensystem zu bekommen. Von hier oben wirkte das Gelände wenig schroff, weshalb ich versuchte, mir geradewegs einen Weg durch die Rinnen nach unten zu bahnen. Jetzt, da die ersten Sonnenstrahlen die Kuppen über mir erleuchteten, bestaunte ich die bunte Maserung des Gesteins. Jede nur erdenkliche Färbung war darin enthalten. Vor allem Rot, aber auch Gelb, Blau, Grün, Schwarz, Weiß und alle sich daraus ergebenden Mischfarben schichteten sich wie der Querschnitt einer überdimensionalen Hochzeitstorte in den verschiedenen Lagen übereinander.

Immer öfter musste ich nun klettern oder ein paar Meter zurückgehen, um es an einer anderen Stelle noch mal zu versuchen. Meine Badeschlappen erschwerten den Weg durch die Felsen. Dann erreichte ich ein winziges Tal, welches in einer anderthalb Meter schmalen, aber locker dreißig Meter hohen Schlucht mündete. Durch deren Grund führte ein natürlich gewachsener Gang mitten durch den Felsen. Von nun an kam ich schneller voran.

Plötzlich fielen mir die kleinen Nischen auf, welche neben mir in die bunten Steinwände gemeißelt waren. Fing denn Petra schon hier an? Offensichtlich ja, denn je weiter ich dem engen Gang folgte, desto mehr Nischen gab es. Ich kam an einige Abzweigungen, an denen mehrere kleine Schluchten zu immer größeren zusammenliefen, bis endlich ein weites Tal vor mir lag. Überall um mich herum erblickte ich Höhlen mit Türen und Fenstern, allesamt in den sandigen Fels gehauen. Anfangs zog mich meine Neugier in jede Einzelne von ihnen, doch waren es so viele, dass ich die weniger interessanten auslassen musste. Zudem stieß ich hier das erste Mal an diesem Tag auf andere Menschen, wohl ebenfalls Touristen; dennoch blieb ich vorsichtig und hielt Abstand, um nicht Gefahr zu laufen, kontrolliert oder nach meiner Eintrittskarte gefragt zu werden.

Weil mir bisher alles viel zu einfach vorkam, wagte ich nicht, das Tal entlang bis zum Zentrum Petras zu gehen, sondern machte mich wieder auf die Suche nach einem versteckten Umweg, also erneut bergauf. Diesmal wurde die Kletterei waghalsiger, doch wurde mein Mut mit einer sagenhaften Aussicht belohnt. Als ich beim Klettern bergab auf einen kleinen Felsvorsprung stieg, um mich zu orientieren, stellte ich überraschend fest, mich mitten im Herzen Petras zu befinden. Vierzig, fünfzig Meter unter mir erstreckte sich der große Hauptplatz. Die riesige prachtvolle Fassade des Pharaonenschatzhauses lag genau vor mir in der gegenüberliegenden Felswand – so nannten die Beduinen hier dieses wohl beeindruckendste aller Monumente, welches auf allen Ansichtskarten von Petra prangte.

Es war ein Anblick von solch unbeschreiblicher Schönheit, dass ich beinahe vergaß, eigentlich hergekommen zu sein, um nach einer Route für den Abstieg zu suchen.

Der letzte Abschnitt wurde mit Abstand der riskanteste. Als ich endlich am Grund der breiten Schlucht angekommen war, klopfte ich mir vor den verwunderten Augen der anderen Besucher den Staub aus den Kleidern und schlüpfte in meine Badeschlappen, die ich zum Klettern ausgezogen hatte.

Ab jetzt war ich einer der vielen Touristen. Verschleierte Beduinendamen wollten mir Halsketten oder Armreife andrehen, Kamel-, Pferde- und Eseltreiber bemühten sich vergeblich, mich von der Notwendigkeit eines Ritts auf einem ihrer Tiere zu überzeugen, und zahllose Andenkenhändler versuchten allerhand Tricks, um mit mir ins Geschäft zu kommen. Inzwischen konnte ich von mir behaupten, Meister im »Neinsagen« zu sein. Am Ende des Tages war ich dennoch auf einem Esel reiten, hatte einen Armreif geschenkt bekommen und war zu vielen Gläsern Tee eingeladen worden.

Dana

Nach der zweiten Übernachtung verließ ich meine Herberge. Ich stellte mich auf die Straße und wartete, bis mich wieder jemand Richtung Norden zum Toten Meer mitnahm. Leicht hätte ich es an diesem Tag bis an mein Ziel geschafft, wäre mir nicht gegen Nachmittag ein verlockendes Angebot gemacht worden.

Ich traf Yusuf, der ein Gästehaus in einem nahe gelegenen Naturschutzgebiet führte. Nachdem er mich einige Kilometer mitgenommen hatte, schlug er mir vor, für heute sein Gast zu sein.

Yusuf war gerade auf dem Weg zum Einkaufen, weswegen wir noch ein paar Märkte ansteuerten, bevor wir Dana – so hieß das Naturschutzgebiet – ansteuerten. Eine herrliche Gelegenheit, ihm aus etwas Distanz beim Feilschen zuzusehen. Yusuf zeigte erst gelangweilt auf verschiedene Waren, um die Preise zu erfahren. Von Zeit zu Zeit kommentierte er knapp, was er sah. Immer öfter diskutierten sie nun über dies und jenes, mehr und mehr Körpersprache kam zum Einsatz. Yusuf reagierte auf die Argumente des Verkäufers offenbar mit überzeugend geschauspielertem Desinteresse. Gelang es ihm auf diese Weise nicht, die Preise auf ein Niveau zu handeln, welches seinen Vorstellungen entsprach, so musste er mehrmals vortäuschen, den Laden verlassen zu wollen, bevor sie sich einig wurden.

Yusufs Einkäufen zufolge führte er ein großes Gästehaus; ich half ihm dabei, die vielen Obst- und Gemüsekisten auf der Ladefläche seines Pick-ups zu verstauen. Sowohl er als auch der Händler machten am Ende ein zufriedenes Gesicht. Noch zweimal wiederholte sich die Szene bei anderen Geschäften, bevor wir den Berg hinauf nach Dana fuhren.

Fünfzehn Minuten später erreichten wir ein kleines Dorf am oberen Ende eines wunderschönen, für jordanische Verhältnisse ungewöhnlich grünen Tales. Yusuf erzählte mir von der bemerkenswerten Artenvielfalt hier, sowohl der Pflanzen- als auch der Tierwelt.

Die angenehme Atmosphäre im Gästehaus und die idyllische Umgebung ließen mich keine Sekunde überlegen, als mir Yusuf am nächsten Morgen anbot, noch einen Tag länger zu bleiben. Es kam mir vor wie ein kleines Paradies, über das ich im Vorbeigehen gestolpert war – ruhig und abgeschieden inmitten einer herrlichen Landschaft. Zudem wurden hier einige sinnvolle Projekte für Mensch und Natur verwirklicht. Besonders angetan war ich von dem kleinen Dorfladen, in dem regionale Lebensmittel angeboten wurden. Dort fand ich auch das erste Mal Bioprodukte. »Aus biologischer Landwirtschaft«, stand darauf in Englisch, »hergestellt in Dana, Jordanien«.

Am nächsten Morgen verließ ich Dana. Daumen raus am Straßenrand – keine dreißig Kilometer trennten mich noch vom Toten Meer, da hielt Mahmud. Er könne mich nur wenige Kilometer mitnehmen, aber wenn ich Hunger hätte, könne ich mit ihm zu Mittag essen. Eigentlich hatte mir Yusuf ausreichend Proviant für die kommenden Tage eingepackt, und ich wollte nicht noch mehr Zeit verlieren, um zum Toten Meer zu kommen. Doch weil ich nicht eindeutig ablehnte, fasste Mahmud das als »Ja« auf.

Sowohl Dana als auch Petra lagen auf über tausend Metern über Normalnull, weswegen es dort ein wenig kühler war. Doch hier, in der Nähe des tiefsten Landpunktes der Erde, herrschte eine schwere, drückende Hitze.

Mahmud war Bauarbeiter und gerade unterwegs, um seinen Kollegen das Essen zu bringen, welches seine Frau für die ganze Mannschaft gekocht hatte. Jeden Tag sei die Frau eines anderen Kollegen an der Reihe.

»Heute gibt's Mansaf«, erklärte er mir. »Das jordanische Nationalgericht«, und er deutete auf zwei verbeulte Blechtöpfe auf der Rückbank. Als wir an der Baustelle ankamen, saßen die anderen bereits beisammen und warteten hungrig im spärlichen Schatten eines Betontanks auf das Mittagessen.

Sofort wurde für mich der beste Platz frei gemacht, was für einige zur Folge hatte, dass sie nun der prallen Sonne ausgesetzt waren. So etwas zu akzeptieren, fiel immer noch schwer, aber ich wusste, dass ich gegen diese selbstaufopfernde Zuvorkommenheit wenig tun konnte, außer sie dankbar anzunehmen.

Dann kam das Essen. Mahmud legte ein großes silbernes Tablett in die Mitte und leerte darauf den ersten Topf. Reis. Aus dem zweiten Topf holte er anschließend zwei im Ganzen gekochte Hühnchen. Er legte sie oben auf den Reisberg und fing an, sie mit bloßen Händen zu zerlegen. Ich sah gebannt zu.

»Au!«, sagte er zwischendrin und blies sich die verbrannten Finger, während er mir verschmitzt zublinzelte. Genau wie die anderen sprach er kein Wort Englisch.

Als er das Hühnchen zerteilt hatte, goss er über den Berg eine würzige, sahnige Sauce. Es gab hier jede Menge lästige Fliegen, die durch den Essensgeruch angelockt wurden.

»Iss!«, sagte Mahmud zu mir. Natürlich gab es kein Besteck. Aber als ein Jüngerer mit ungewaschenen Händen zugreifen wollte, wurde er von einem Älteren gerügt und zum Händewaschen geschickt.

Später erfuhr ich, dass die Sauce für Mansaf aus Joghurt hergestellt wird und eigentlich Lamm statt Hühnchen verwendet wird. Ich konnte mir jedoch nicht vorstellen, dass es dadurch noch besser hätte schmecken können. Die anderen futterten in derartigem Affentempo, dass schon nach wenigen Minuten nur noch ich aß.

»Schmeckt's dir nicht?«, fragte mich Mahmud. Immer wenn er ein besonders schönes Stück Hühnerfleisch fand, legte er es zu mir – wie eine Katzenmama, die ihr Junges verwöhnt.

»Es schmeckt himmlisch gut!«, antwortete ich und erklärte ihm, dass ich immer so langsam esse. Zuerst schien er meinen Worten nicht recht zu glauben, doch als ich nicht aufstand, bevor ich das letzte Reiskorn verputzt hatte, nahm er mir ab, dass ich das Essen nicht nur aus Freundlichkeit gelobt hatte.

Die anderen Bauarbeiter saßen immer noch um mich herum. Nachdem sie mir geduldig beim Essen zugesehen hatten, wollten sie jetzt endlich ein Lied auf der Gitarre hören.

Der Schweiß rann mir von der Stirn. Ich beneidete die Männer nicht, hier draußen bei diesen Temperaturen arbeiten zu müssen.

Mahmud hatte mir angeboten, nach der Arbeit mit ihm nach Hause zu kommen. Er war wirklich ein netter Kerl, aber das Tote Meer wartete. Also brachte er mich wieder zurück zur Straße. Ich bedankte mich für das sagenhafte Mansaf und versprach ihm, mich an dieses außergewöhnliche Mittagessen mein Leben lang zu erinnern.

Totes Meer, erster Versuch

Das nächste Auto fuhr eigentlich in die entgegengesetzte Richtung. Aber als die drei jungen Insassen hörten, dass ich zum Toten Meer wollte, beschlossen sie, mit mir einen Ausflug dorthin zu machen.

Kurz darauf waren wir da. Doch baden konnte man hier leider nicht, da der südliche Teil des Sees nur noch aus Salz bestand.

Einer von ihnen erzählte mir, das Salz sei hier wie ein Sumpf, nicht wenige seien bei dem Versuch, ihn zu betreten, umgekommen. Der nördliche Teil des Sees wird vom Wasser des Jordans gespeist – nur dort ist es möglich zu schwimmen. Die Straße dorthin war jedoch gesperrt.

Ich war schwer enttäuscht, aber aufgeben kam nicht in Frage. Es erschien mir unwahrscheinlich, dass tatsächlich das ganze Gebiet gesperrt sein sollte, dafür war der See doch viel zu groß. Irgendwo musste es eine Möglichkeit geben, ans Wasser zu gelangen. Zuallererst wollte ich deshalb zum nördlichen Teil des Sees kommen; da blieb mir nur der Weg über Amman.

Als ich dort ein paar Stunden später ankam, war es bereits zu spät, um weiterzufahren. Ich musste in der Stadt übernachten. Gerade stand ich an der zentralen Busstation, meinen Rucksack neben mir am Boden, und sinnierte, wo ich heute Nacht bleiben sollte.

Da zog mich auf einmal ein Mann energisch zur Seite.

»Vorsicht!«, rief er und deutete vor mich auf den Boden.

Einen halben Meter neben meinem rechten Fuß kroch ängstlich eine hübsch gemusterte Schlange. Sie war nicht größer als eine Ringelnatter. Sofort standen drei weitere Männer um sie herum. Einer von ihnen machte kurzen Prozess. Mit seinem schweren Arbeitsstiefel zertrat er ihren Kopf.

Kein schöner Anblick, wie sich der Schlangenkörper noch einige Male reflexartig kringelte.

»Der Biss einer solchen Schlange ist tödlich«, sagte der Mann auf Arabisch. »Sie kam aus diesem Ding da gekrochen«, meinte er und deutete dabei auf meinen Rucksack.

Ich konnte mir beim besten Willen nicht vorstellen, wie die Schlange in meinen Rucksack hätte kommen sollen.

»Wo kommst du her?«, fragte mich der Mann ernst.

»Aus Deutschland«, sagte ich.

»Nein! Ich meine jetzt gerade.«

»Ach so … vom Toten Meer!«, antwortete ich.

»Na also«, meinte er mit einer Handbewegung, als habe er genau das erwartet. »Solche Schlangen gibt es nicht in dieser Gegend, sie kommen nur am Toten Meer vor.«

Da rutschte mir das Herz doch ein wenig Richtung Hose. Ich wollte mir nicht ausmalen, was passiert wäre, wenn sich die Schlange in meinem Schlafsack eingenistet hätte …

Die Nacht verbrachte ich im Freien, es war seit langem wieder das erste Mal. Ich fand einen Park, der zwar eigentlich geschlossen war, aber der Wachposten an der Pforte ließ mich freundlicherweise herein. Es gab dort sogar Toiletten.

So fühlte ich mich zwar bestens vor Dieben geschützt, jedoch noch nicht vor Schlangen und Moskitos. Obwohl die Luft auch um diese Uhrzeit noch heiß und stickig war, musste ich mich von oben bis unten einpacken, um nicht zerstochen zu werden. Mein dünner Seidenschlafsack wäre ideal dafür gewesen, wenn es die Blutsauger nicht geschafft hätten, durch den Stoff zu stechen …

Am darauffolgenden Morgen dauerte es nicht lange, bis ich eine Mitfahrgelegenheit gefunden hatte und die nächste Straßensperre erreichte. Diesmal fiel es mir besonders schwer umzukehren; in einiger Entfernung konnte ich die Seeoberfläche glitzern sehen.

Als wir wieder außer Sichtweite der Wachmänner waren, bat ich den Fahrer, anzuhalten und mich aussteigen zu lassen.

Ich war fest entschlossen, zum Toten Meer zu gelangen.

Also entfernte ich mich von der Straße und ging zu Fuß. Wohlweislich hatte ich meinen Wassersack bis oben aufgefüllt. Eine Stunde wanderte ich durch die staubige Steinwüste. Die Straßensperre musste ich schon weit hinter mir gelassen haben, da wagte ich mich auf eine kleine Anhöhe, um zu sehen, in welche Richtung ich zu gehen hatte.

Was ich von dort aus sah, war nicht besonders ermutigend. Zu meiner Rechten lag immer noch die Straße, von der ich gekommen war; sie führte geradewegs zum See. Etwa einen halben Kilometer weiter kreuzte sie sich mit einer zweiten, die mir genau den Weg abschnitt.

Ich überquerte die Teerstraße und erreichte erleichtert die andere Straßenseite. Da hörte ich plötzlich einen Schrei.

Ich wollte gar nicht hinsehen, woher er kam, doch als die Stimme ein zweites Mal rief, blieb mir keine andere Wahl. Ein bewaffneter Polizist winkte mich zu sich her. Im Schatten eines Baumes versteckt, hatte ich ihn zuvor nicht bemerkt.

»Was machst du da?«, fragte er harsch.

»Ich ... ich spreche nur sehr schlecht Arabisch«, antwortete ich.

»Verstehst du, was ich sage?!«

»Na ja – es geht so.«

»Wo kommst du her?!«

»Von Amman«.

»Nein! Ich meine aus welchen Land!«

»Ach so ... aus Deutschland.«

Daraufhin kontrollierte er meinen Reisepass. Ein Kollege kam hinzu und durchsuchte meinen Rucksack.

»Wo willst du hin?«, fragte mich der Erste, nachdem sie meinen Rucksack ausgeleert und in alle Einzelteile zerlegt hatten.

»Ich ... ich mache hier nur Urlaub und ...«

»Willst du nach Shunat Nimrin?!«, unterbrach er mich.

»Wohin?!«

»Shunat Nimrin!«, wiederholte er. »Das ist die einzige Stadt in dieser Richtung!«

»Ja genau! Da will ich hin«, sagte ich und hoffte, dass er mich damit weiterziehen ließe.

»Das ist noch ganz schön weit zu gehen«, meinte er jetzt schon etwas weniger streng und gab mir meinen Reisepass zurück.

»So? Wie weit denn noch?«

»Zu Fuß bestimmt noch zwei Stunden. Und bei der Hitze ...«

»Ach, kein Problem, ich wandere sehr gerne! Aber … meinen Sie, ich könnte etwas Wasser von Ihnen bekommen?« Ich hatte inzwischen bereits die Hälfte meines Vorrats ausgetrunken, und weil sie einen großen Kanister voll bei sich hatten, schlugen sie mir meine Bitte nicht ab. Ich füllte meinen Wassersack bis oben hin, dann erklärten sie mir den Weg nach Shunat Nimrin und ließen mich gehen.

Ich ging Richtung Shunat Nimrin, bis ich wieder außer Sichtweite war, machte dann einen großen Bogen nach links, um die Kreuzung, die ich vorhin gesehen hatte, zu umgehen, und erreichte die Verlängerung jener Straße, welche mir zuvor den Weg abgeschnitten hatte. Hier war sie gänzlich unbewacht.

Wir waren allein, die Hitze und ich. Kein Lüftchen regte sich, alles war still. Ich kam dem Toten Meer immer näher, doch noch schneller neigten sich meine Wasserreserven. Ich wunderte mich, wo all meine Wasservorräte geblieben waren; seit heute früh hatte ich noch nicht einmal Wasser gelassen, obwohl ich in der Zwischenzeit bestimmt über acht Liter getrunken hatte …

Ich erreichte einen kleinen Unterstand. Er war aus vier knorrigen, dürren Holzstangen gebaut, die mit Schilf und Reisig bedeckt waren. Er warf gerade noch genug Schatten, um mich vor der Sonnenglut geschützt kurz darunter ausruhen zu können. Es müssen um die fünfzig Grad Celsius gewesen sein.

Ich raffte mich wieder auf. Bis zum Ufer waren es höchstens noch 500 Meter. Am Boden konnte man erkennen, dass vor wenigen Jahren das Wasser noch bis hier gestanden hatte.

Gerade fing ich an zu überlegen, in welcher meiner zwei Unterhosen ich baden sollte, da wurde ich ein weiteres Mal aufgehalten. Dass sogar hier Wachposten waren, wunderte mich.

Mir fiel der Soldat erst auf, lange nachdem er mich bemerkt hatte. Es war also zu spät zum Umkehren. Er stand nur regungslos da, sein Gewehr in der Hand, seinen Blick auf mich gerichtet.

Wäre die Waffe nicht gewesen, wäre ich vielleicht weggerannt, so aber versuchte ich, so harmlos und selbstverständlich wie möglich geradeaus zu gehen und hob meine Hand zum Gruß.

Einige Sekunden vergingen, bevor er meinen Gruß erwiderte und ebenfalls die Hand hob.

Ein ungemein beruhigendes Gefühl. Ich begann zu hoffen, er würde mich einfach so vorbeiziehen lassen, doch vergebens.

Er winkte mich zu sich. Wieder wurde alles durchsucht, mein Ausweis kontrolliert. Diesmal, so wurde bald klar, konnte ich meine Badewünsche ein für alle Mal begraben.

Der Soldat meldete mein Auftauchen per Funk, und wenig später fuhr ein olivgrüner Geländewagen mit drei weiteren Soldaten vor, um mich abzuholen. Ich wurde in ein kleines Lager gebracht.

Nach einer Stunde Warten wurde ich in ein größeres Lager gebracht. Im klimatisierten Büro des Kommandanten wurde ich zu allen möglichen Details meiner Reise befragt. Alles wurde genauestens protokolliert; und wieder durchsuchten sie meinen Rucksack. Es war dunkel, als ich aus dem Lager entlassen und von zwei Soldaten in die nächste Polizeistation gefahren wurde.

Dort ging das Procedere von vorne los. Zwei Stunden wurde ich von einem cholerischen Beamten verhört, meine Ausrüstung zum fünften Mal aufs gründlichste gefilzt, meine kompletten Geldreserven gezählt und ich selbst am ganzen Körper durchsucht.

Dabei beging ich einen weiteren törichten Fehler. Genau genommen waren es zwei, wobei einer unentdeckt blieb. Aufgrund meiner Erfahrungen mit den Polizeibeamten im Nahen Osten, fürchtete ich, sie könnten mir mein Geld wegnehmen oder zumindest Bestechungsgeld verlangen, um mich frei zu kaufen, was mich dazu veranlasste, ihnen meine versteckte Notreserve von hundert Euro in meinem Gürtel zu verheimlichen. Das war der Fehler, der nicht aufflog. Der andere erwies sich als folgenschwerer.

Ich hatte Bedenken wegen meines zweiten Reisepasses. So genau wie sie meine Sachen durchsuchten, hätten sie ihn mit Sicherheit gefunden, wenn ich ihn nicht an einer Stelle versteckt hätte, die mir absolut sicher erschien: in meiner Unterhose zwischen den Beinen. Es war schwer für mich einzuschätzen, was passierte, wenn jemand zwei Pässe mit sich führte; ich befürchtete jedenfalls ernsthaft, sie könnten einen von beiden beschlagnahmen.

Bis jetzt war ich relativ gelassen und fast ein wenig stolz auf mein so geniales Versteck, doch das änderte sich schlagartig, als ich den Befehl bekam, meine Arme hochzuheben und mich breitbeinig hinzustellen, während ein Beamter begann, mich von oben bis unten abzutasten. In meinem Schritt angekommen, stieß er dann auf den Reisepass. Damit kippte die Stimmung. Der cholerische Polizeibeamte schrie mich an und beschimpfte mich. Mal in miserablem Englisch, mal auf Arabisch. Ich wollte etwas zu meiner Verteidigung sagen, doch er verbot mir das Wort. Dann wurde ich abgeführt.

Während ich in Handschellen gefesselt auf einem Stuhl saß und auf die nächsten Schritte wartete, fasste ich bereits wieder neuen Mut. Ich versuchte, mich mit dem Gedanken abzufinden, ein paar Tage hinter jordanisch-schwedischen Gardinen zu sitzen.

Am Ende war jedoch alles halb so wild. Ich wurde zu einer größeren Polizeistation in der Nähe Ammans gebracht; es war kurz nach Mitternacht, als wir dort ankamen. Meine Sachen wurden zum sechsten Mal kontrolliert, dann führte man mich in ein Büro, in dem mir endlich die Handschellen abgenommen wurden und wo ich, am Boden zwischen den Schreibtischen, die Nacht verbringen durfte. In der Früh des nächsten Tages verhörten sie mich der Form halber noch einmal kurz, dann entließen sie mich und sagten, es sei nicht unüblich, dass Reisende einen zweiten Pass besäßen – einzig und allein die Tatsache, dass ich ihnen etwas vorenthalten wollte, hätte mich verdächtig gemacht.

Endlich hatte ich eingesehen, dass ich vorerst auf das Baden im Toten Meer verzichten müsse. Eine andere Möglichkeit, die ich bis dahin kaum in Betracht gezogen hatte, war, Jordanien zu verlassen, um auf israelischer Seite zu baden. Da mich sonst nichts mehr in Jordanien hielt, brach ich augenblicklich auf und trampte zur Grenze.

So schön es war, dass es überhaupt einen Grenzübergang gab, so offensichtlich traten gerade hier die Spannungen ans Tageslicht. Sie äußern sich beispielsweise in der Hinsicht, dass die Grenze nur wenige Stunden am Tag geöffnet ist.

Als ich dort ankam hatte ich gerade die letzte Möglichkeit an diesem Tag verpasst, die König-Hussein-Brücke über den Jordan zu überqueren. Erst wollte ich die Zeit bis zum Morgen hier verbringen, um nicht noch einmal hin und her fahren zu müssen. Ich wanderte durch nahe gelegene Bananenplantagen und versuchte, mich mit der trostlosen kahlen Landschaft anzufreunden. Die Bananen konnten nur gedeihen, weil sie ständig bewässert werden, ansonsten wüchse hier gar nichts. Dann wurde mir doch die Zeit zu lang, und ich fuhr wieder zurück nach Amman.

Es war früher Nachmittag, als ich dort ankam, und somit das erste Mal, dass ich in Amman genügend Zeit hatte, um Straßenmusik zu machen. Es gab keine Fußgängerzone wie in Damaskus oder Beirut, ich fand nur eine kleine Gasse, die in Stufen auf einen Hügel führte; dadurch konnten hier keine Autos fahren, und ich konnte ungestört spielen.

Anfangs erntete ich von den Vorbeigehenden eher skeptische Blicke, die wenigen jedoch, die stehen blieben und zuhörten, redeten mir gut zu. Einer von ihnen lud mich nach dem fünften Lied zum Abendessen ein. Er trug die traditionelle weiße Tracht der Araber, dazu Kopftuch mit schwarzer Kordel, offene Sandalen und einen exakt getrimmten Vollbart. In der rechten Hand spielte er mit einer Gebetskette.

Sein Name war Bassam; unweit von hier führte er eine Parfümerie. Er sprach Englisch und bat mich, noch fünf Minuten auf ihn zu warten, er sei gerade auf dem Weg in die Moschee; sofort im Anschluss an sein Gebet würde er mich hier abholen. Ich spielte also noch zwei Stücke und musste gerade eine weitere Essenseinladung ausschlagen, als Bassam zurückkehrte und mich zu seinem Laden führte.

Hunderte kleiner und großer gläserner Behältnisse standen in den Regalen. Nachdem ich einigen Mitarbeitern, Freunden und seinem Bruder vorgestellt worden war, nahmen wir an einem kleinen Tisch Platz. Wir unterhielten uns bei einem Glas Tee, bis der Bruder Bassams mit dem Essen kam.

Lange dauerte es nicht, bis mir Bassam anbot, bei ihm zu übernachten. Nach den letzten beiden ungemütlichen Nächten nahm ich seine Einladung nur allzu gerne an.

Bassams Haus war der wohl luxuriöseste Ort im gesamten Nahen Osten, an dem ich je eine Nacht verbrachte. Dabei war es für europäische Verhältnisse nicht größer als normale Häuser, doch hier in Jordanien hob es sich von der breiten Masse deutlich ab. Bassam besaß ein Auto, eine Garage, ein schmiedeeisernes Gartentor … lauter Dinge, die uns selbstverständlich erscheinen mochten, doch ich hatte noch nie, seitdem ich von daheim aufgebrochen war, in vergleichbarem Wohlstand genächtigt.

Hinter der schweren hölzernen Eingangstür zogen wir, wie in allen arabischen Haushalten üblich, unsere Schuhe aus und stellten sie, das war absolut unüblich, in ein extra dafür aufgestelltes Schuhregal. Ich bekam ein Paar Filzpantoffeln, um mir auf dem kühlen Marmorboden keine kalten Füße zu holen, dann zeigte mir Bassam mein Zimmer. Mein Herz klopfte vor Vorfreude, als ich eine richtige dicke, große, weiche Matratze am Boden liegen sah.

Ich nutzte den Abend, indem ich all meine Ausrüstung auf Vordermann brachte, meine Kleidung wusch, mich duschte und ausgiebig Körperpflege betrieb.

Bassam hätte mich gerne länger als eine Nacht bei sich zu Gast gehabt, weswegen ich ihm versprach, ihn auf meiner Rückreise nach Damaskus noch einmal zu besuchen. Er brachte mich am nächsten Morgen zeitig zum Busbahnhof, damit ich diesmal früh genug an der Grenze war, und kaufte mir eine Busfahrkarte.

Anderthalb Stunden später hätte mein Reisepass von einem jordanischen Grenzbeamten fast einen Stempel auf die erste freie Seite im Visavermerk gedrückt bekommen, wenn ich nicht widersprochen hätte. Denn wenn ich mit demselben Reisepass noch einmal nach Syrien oder sogar weiter in den Iran reisen wollte, galt es ab sofort, alle Stempel zu vermeiden, die auf einen Israelbesuch hinweisen konnten. Im Detail hieß das, ich musste sowohl bei der Ein- als auch bei der Ausreise jeweils die jordanischen und israelischen Beamten überzeugen, stattdessen auf ein Stück Papier zu stempeln. Dieses erste Mal war es mir gelungen. Dann brachte mich ein weiterer Bus über den Jordan.

Israel (und zurück)

Wie erwartet unterschied sich der Grenzübergang nach Israel wesentlich von allen bisherigen. Mein Gepäck wurde aufs gründlichste durchleuchtet, stundenlang stand ich in Schlangen und wurde in lupenreinem Englisch nach dem Anlass meines Besuches und vielem mehr gefragt, sogar nach dem Vornamen meines Großvaters väterlicherseits. Bis auf einige schwerbewaffnete, Einsatzkräfte wurde der gesamte Betrieb von jungen Frauen abgewickelt.

Ich bekam Hunger. Nachdem ich an einem kleinen Imbissstand mit jordanischen Dinar gezahlt hatte, hielt ich als Wechselgeld die ersten israelischen Münzen in den Händen, einen Schekel und ein paar Agorot. Vier Stunden später durfte ich die Grenze passieren – ohne Stempel im Reisepass. Das Mädchen am Schalter bot mir von sich aus an, auf ein Stück Papier zu stempeln.

Somit war ich in Israel. Stopp! Israel? Der Stempel auf dem Papier sollte eigentlich jegliche Zweifel ausschließen. Auch die blauen Davidsterne auf den unzähligen Landesfahnen ließen nichts anderes vermuten. Nichts, aber auch gar nichts wies darauf hin, dass ich mich *nicht* in Israel befand. Sondern im Westjordanland, dem autonomen Palästinensergebiet. Wenn man nicht wusste, dass das Westjordanland von Israel besetzt war, hätte man meinen können, es existiere nicht.

Das änderte sich auch während der Fahrt nach Jerusalem nicht. Dann erst, den Tempelberg vor mir liegend, wusste ich, jetzt war ich wirklich in Israel.

Die Unterschiede zu Jordanien, Libanon und Syrien waren unverkennbar; es gab wieder so etwas wie Verkehrsregeln, in den Straßengräben lag weniger Müll, und man konnte tief Luft holen, ohne Hustenreiz zu bekommen. Das Stadtbild hatte – vom alten Teil einmal abgesehen – an Europa erinnernde Gesichtszüge.

Der ersten traditionellen jüdischen Familie, welcher ich begegnete, sah ich neugierig hinterher. Der Vater und die zwei kleinen Söhne trugen weiße Hemden, lange Schläfenlocken, Fransentücher um die Schultern, schwarze Hosen und schwarze Schuhe und auf dem Kopf eine Kippa. Die Mutter war in eine weniger spektakuläre Bluse und einen weiten Rock gekleidet, hatte ihre Haare unter einem Kopftuch versteckt und schob einen Kinderwagen.

Ich durchschritt ein großes, steinernes Tor und erkundete die alte Stadt; den arabischen Markt in den kopfsteingepflasterten engen Gassen, welcher mich sehr an Damaskus erinnerte; die christlichen Kirchen, den Felsendom und die Klagemauer. Es tat gut, die verschiedenen Religionen friedlich nebeneinander auf so engem Raum existieren zu sehen, auch wenn der Schein trügen mochte.

In unmittelbarer Nähe der alten Stadt lag die günstigste Herberge, die ich ausfindig machen konnte. Es war ein klassisches Backpacker, und das erste Mal seit Venedig fühlte ich mich auch wie einer. Die anderen Gäste waren alle in meinem Alter und kamen aus den verschiedensten Ländern.

Am ersten Tag machte ich im arabischen Markt Straßenmusik. Die Akustik in den Gassen war hervorragend, der Umsatz jedoch miserabel, weshalb mir einige Einheimische rieten, in der Ben-Jehuda-Straße zu spielen, dem Herzen der modernen Stadt. Eliezer Ben Jehuda war der Jude, der die eigenartige Idee hatte, eine jahrhundertealte tote Sprache wiederzubeleben. Zu Beginn des 20. Jahrhunderts fand er unter der stetig wachsenden Zahl der Zionisten immer mehr Anhänger. Im Jahr 1921 wurde das sogenannte Modern-Hebräisch eine der drei Landessprachen des britischen Mandatsgebiets Palästina. Ben Jehudas Vision war damit Wirklichkeit geworden. Heute sprechen wieder fünf Millionen Menschen Hebräisch.

Die Ben-Jehuda-Straße war allerdings keineswegs ein Geheimtipp. Als ich gegen Abend durch die breite Fußgängerzone ging, zählte ich ganze sieben Gruppen und Straßenmusikanten – dazwischen einen guten Platz zu finden, stellte sich als unmöglich heraus. Vielleicht lag es daran, dass heute Samstag war. Jedenfalls spielte ich nicht, sondern genoss es, einmal anderen beim Musizieren zuzuhören.

Tags darauf machte ich mich etwas zeitiger auf den Weg zur Ben-Jehuda-Straße, um mir einen guten Standort zu sichern. Jetzt gehörte die Fußgängerzone mir.

Im Vergleich zur alten Stadt, geschweige denn zu Amman oder Damaskus, war Straßenmusik hier etwas ganz Banales. Ich war nur einer unter vielen; niemand sah mich mehr schräg an, und es blieb auch fast keiner mehr stehen. Doch zum Glück nur fast. Während ich gerade *All my loving* von den Beatles spielte, kam ein junges Mädchen vorbei und legte einen Schekel in meine Mütze. Ich bedankte mich mit einem Kopfnicken.

Erst ging sie weiter, doch nach einigen Metern drehte sie sich noch mal um. Jetzt kam gerade das Kazoo-Solo.

Sie begann zu lachen, während ich mich über das perfekte Timing freute. Bis zum Ende des Stückes blieb sie stehen und hörte zu.

»Sehr gut! Noch eins!«, rief sie mir im Anschluss zu und klatschte in die Hände.

»Dankeschön!«, erwiderte ich und machte eine knappe Verbeugung.

»Was willst du denn hören?«

»Ist ganz egal – oder … am besten irgendetwas mit dieser komischen Trompete!«

»Hm …«, überlegte ich. Da fiel mir das perfekte Lied ein.

»Okay – Ladies and Gentlemen … here is George Michael with … *Faith*!«

Ich schrammelte die ersten Akkorde. Nach so langer Zeit in arabischen Ländern fühlte es sich ungewohnt an, mit jungen Frauen zu reden – von anderen Reisenden wie Rose oder Monika mal abgesehen. Nach dem Lied kamen wir ins Gespräch.

»Spielst du öfter hier?«, wollte sie wissen.

»Also, gerade ist das erste Mal – aber vielleicht bin ich die nächsten Tage auch noch da.« Ich wusste tatsächlich nicht, wie lange ich in Jerusalem bleiben wollte.

»Wo kommst du denn her?«, fragte sie mich. Diese Frage hatte ich schon befürchtet. Ausgerechnet vor ihr musste ich mich nun das erste Mal als Deutscher outen.

»Aus Europa«, sagte ich in der Hoffnung, sie sei damit zufrieden.

»Das habe ich mir fast gedacht! Aber woher genau?«

»Genau? … äh … aus Mittenwald. Das ist ein kleines Dorf in den Bergen.«

»Ja, ja, aber ich meine, aus welchem *Land*?« Beinahe hätte ich »aus dem Bayernland« geantwortet, aber ich wollte nicht noch mehr den Anschein erwecken, ich sei begriffsstutzig.

»Aus Deutschland«, sagte ich endlich. Ihre Augen weiteten sich.

»Aus Deutschland?! Das ist ja super, meine Großeltern sind ebenfalls aus Deutschland!«

Erleichterung.

»Dann verstehst du Jiddisch?«, fragte sie mich neugierig.

»Na ja«, antwortete ich, »ein paar Wörter vielleicht schon, aber ich hab bisher noch niemanden getroffen, der Jiddisch spricht. Das Einzige, was ich auf Jiddisch sagen kann, ist ›Bei mir bist du shein‹.«

»Du meinst das Lied?«

»Kennst du es?«

»Na klar! Kannst du es spielen?«

Natürlich spielte ich das Lied. Als ich gar nicht mehr weiter wusste mit dem Text, improvisierte ich. Weil sie noch immer nicht genug hatte, sang ich noch ein Stück von Simon & Garfunkel, *The Song for the Asking*. Es klang so ruhig und melancholisch, dass sie sich auf eine Stufe setzte und mir verträumt zuhörte.

Ab der zweiten Strophe bekam ich einen weiteren Zuhörer. Ein großer, beleibter Mann um die fünfzig. Er positionierte sich genau zwischen dem Mädchen und mir und hörte aufmerksam zu, während er seine Cola schlürfte. Der Ausdruck in meiner Stimme ließ etwas nach.

»Spitzen-Song!«, rief er mir applaudierend zu, nachdem der letzte Ton verklungen war.

»Weißt du auch, wo die Jungs her sind, die es gesungen haben?« Mich wunderte, dass er das Stück kannte, schließlich war es eines der unbekannteren von Simon & Garfunkel.

»Soweit ich weiß, sind sie aus New York.«

»Vollkommen richtig, mein Freund! Sie kommen aus der gleichen Stadt wie ich!«

Er war also Amerikaner, hieß David und fragte, ob er mich zum Essen einladen dürfe. So ein Angebot schlug ich nie aus.

Ich nahm die Einladung also an, und wir gingen gemeinsam mit dem Mädchen – Maria – zur nächsten Imbissbude. Für mich bestellte David ein großes Falafel-Sandwich, Maria wollte nur einen kleinen Salat, und er selbst meinte, er habe bereits gegessen.

Wir nahmen an einem Tisch vor dem Imbiss Platz. David war Jude, genau wie Maria. Doch ihre Vorstellungen vom Staat Israel hätten unterschiedlicher nicht sein können: Marias Familie lebte auf den Golanhöhen in einer Siedlung, die dort errichtet wurde, um das besetzte Gebiet dauerhaft an Israel zu binden. David verurteilte das Vorgehen jener Siedler aufs schärfste. Nach einer kurzen Diskussion, in der Maria schlichtweg die Argumente ausgingen, stand sie auf und sagte, es sei Zeit für sie zu gehen.

Da saßen wir nun, David, ich und der halb aufgegessene Salat. Es tat ihm offensichtlich genauso leid wie mir, dass Maria gegangen war. Betroffen starrte er auf seine Schuhspitzen.

»Weißt du«, sagte er, nachdem wir uns eine Weile angeschwiegen hatten, »diese Siedlungspolitik macht den Friedensprozess mit unseren arabischen Nachbarn so viel schwieriger, dass es mir schwerfällt, bei dem Thema die Klappe zu halten.«

Im folgenden Gespräch lernte ich David von einer Seite kennen, die ich nicht an ihm vermutet hätte. Er erzählte mir von der Vertreibung der Palästinenser vor der Staatsgründung, der systematischen Verdrängung der palästinensischen Gebiete, dem umstrittenen Mauerbau im Westjordanland und der an Versklavung grenzenden Unterdrückung der palästinensischen Bevölkerung in den frühen Jahren des israelischen Staates. Dabei ließ er die radikal-fundamentalistischen Bewegungen seitens der Palästinenser keineswegs außer Acht, verwies aber stets auf die Handlungsspielräume der israelischen Regierung, an der es seiner Meinung nach war, die entscheidenden Schritte zur Konfliktlösung einzuleiten.

Als Jude konnte er sich solch eine Bemerkung erlauben; doch Marias Reaktion ließ mich zweifeln. Wie konnte ein so junges Mädchen wie sie eine derart entgegengesetzte Meinung zu diesem Thema haben? War es möglich, dass, wie manche hier behaupten, das Verhalten der Palästinenser einfach keinen anderen Umgang erlaubte? Mein

Kopf brachte es nicht so richtig zusammen: Jung, sympathisch, gebildet – rassistisch.

Am nächsten Tag war mein Geburtstag, und ich hatte auch schon das richtige Geschenk für mich: Ich fuhr endlich zum Toten Meer.

Weil ich heute ausnahmsweise nicht knausrig sein wollte, leistete ich mir den Bus. Das Ticket war allerdings dermaßen teuer, dass ich mir schwor, auf dem Rückweg wieder zu trampen, Geburtstag hin oder her.

Und wie das Baden im Toten Meer dann war? Salzig. Und man geht tatsächlich nicht unter. Was mich aber faszinierte, war, wie stark das Salz die Feuchtigkeit am Körper band. Ich hatte mein Handtuch im Backpacker in Jerusalem gelassen, denn ich dachte, in der Hitze würde ich schnell von allein trocknen. Pustekuchen. Das Salz auf meiner Haut zog mir das Wasser aus dem Leib und aus der Luft. Meine Trinkvorräte waren verbraucht, bevor ich auf die Idee kam, mich mit ihnen abzuduschen. Zwar hatte ich die Möglichkeit, in einem Hotel meinen ungeheuren Durst zu löschen, doch mit dem Duschen musste ich warten, bis ich wieder im Backpacker in Jerusalem ankam. So lange klebten mir die feuchten Kleider am Körper.

Nach drei Nächten in Jerusalem fuhr ich weiter nach Tel Aviv. Per Anhalter fahren stellte sich als äußerst mühselig heraus, und so zog ich, allen Vorsätzen zum Trotz, den Bus vor. Wie vor allen größeren öffentlichen Gebäuden wurde ich auch am Eingang des Busbahnhofes genauestens unter die Lupe genommen; der Bus wurde von einem schwerbewaffneten Soldaten begleitet.

Die Enttäuschung saß tief während der ersten Stunden in Tel Aviv. Wo waren die Menschen? Zwar hatte ich bereits in Jerusalem die arabische Gastfreundschaft vermisst, doch hier spürte ich den Kontrast noch stärker. Vielleicht bestrafte mich auch mein überhöhtes Geltungsbedürfnis – jetzt, wo ich unter der Bevölkerung kaum mehr auffiel. Keiner drehte sich mehr auf der Straße nach mir um; ich konnte den Passanten in die Augen sehen, ohne gleich zum Tee eingeladen zu werden. Die meisten erwiderten meine Blicke erst gar nicht.

Ich fragte mich durch bis zum Meer und stellte den nächsten Kontrast fest, diesmal sehr zu meiner Freude: Das Wasser war bedeutend sauberer als damals in Beirut 200 Kilometer weiter nördlich. Schnell stürzte ich mich in die kühlen Fluten und fand es herrlich, mitten in der Stadt eine so prächtige Bademöglichkeit zu haben. Ich fühlte mich dermaßen wohl, dass ich entschied, die Nacht hier am Strand zu verbringen – im weichen, sauberen Sand unter einem auf vier Holzpfosten stehenden, drei mal drei Meter großen Sonnenunterstand.

Der Platz erschien mir sicher, und als ich nach einer ordentlichen Brotzeit an einen der Holzpfosten gelehnt auf meiner Isomatte saß und Cashewkerne knabbernd die malerische Sonne beim Untergehen beobachtete, war ich mit meinem Entschluss, hier zu übernachten, mehr als zufrieden. Bis zum nächsten Morgen blieb das auch so. Ich hatte wundervoll geschlafen.

Vielleicht nur ein wenig zu tief. Anders konnte ich mir nicht erklären, dass ich nicht aufgewacht war, als mir irgendein Langfinger in der Nacht den Rucksack, der bloß einen halben Meter neben mir gelegen hatte, vollständig ausgeräumt und sich alles, was er brauchen konnte, unter den Nagel gerissen hatte.

Betrübt zog ich Bilanz. Mein Schweizer Taschenmesser war der schmerzhafteste Verlust; darüber hinaus fehlte ein Teil des Bargelds, den ich leichtsinnigerweise nicht im Gürtel am Körper getragen hatte, umgerechnet circa fünfzehn Euro. Zudem meine Mundharmonika, ein Hemd, welches mir Wasim in Damaskus geschenkt hatte, sowie eines meiner Unterhemden. Seltsamerweise auch meine Zahnbürste.

Sosehr mich der Raub im ersten Moment erschütterte, schon bald richtete sich mein Augenmerk auf die positiven Seiten der

Bilanz: Der Dieb hatte meine Gitarre verschont, genau wie meine beiden Reisepässe und – nicht zuletzt – mich selbst. Jetzt erst fiel mir auf, dass von jedem Kleidungsstück noch genau eines vorhanden war: eine Hose, eine Unterhose, ein paar Socken. Je länger ich darüber nachdachte, desto sympathischer wurde mir der Dieb …

Er hatte sich tatsächlich Gedanken gemacht. Obwohl er mich ausraubte, wollte er mir anscheinend nicht unnötig schaden – immerhin wäre es für ihn weitaus einfacher gewesen, mit meinem gesamten Rucksack durchzubrennen.

Alles in allem nahm ich den Diebstahl relativ gelassen hin und machte mich bald an die Arbeit, um zumindest den finanziellen Verlust wieder wettzumachen. Nicht weit vom Hafen befand sich Nahalat Binyamin, ein Stadtviertel, welches mir zum Musizieren empfohlen wurde. Dort spielte ich eine Stunde, bis ich ein Mädchen kennenlernte, das sich Katz nannte. Sie war Jüdin mit polnischen Wurzeln. Gerade kam sie vom Einkaufen zurück, und bereits beim zweiten Satz lud sie mich zu sich nach Hause ein.

Katz war selbst weit gereist, weshalb ihre Wohnung anderen Reisenden jederzeit offenstand. Tatsächlich reisen gerade junge Israelis ungewöhnlich viel, was nicht von ungefähr kommt. Sofern man nicht zu den zwanzig Prozent arabischstämmigen Israelis gehörte, mussten sowohl Männer als auch Frauen für ungewöhnlich lange Zeit Militärdienst leisten, Männer drei Jahre, Frauen zwei. Danach flüchteten sich viele von ihnen in die Freiheit und zogen in die weite Welt. Damit war es mit der Wehrpflicht jedoch noch nicht getan, denn auch danach musste man Jahr für Jahr einen Monat lang zurück in die Kaserne, um nicht zu verlernen, was einem eingetrichtert worden war – Männer bis zum 42., Frauen bis zum 24. Lebensjahr.

Diesen Maßnahmen und den modernsten Waffentechniken verdankte es Israel, trotz der relativ niedrigen Bevölkerungszahl eine der schlagkräftigsten und effektivsten Streitkräfte der Welt zu besitzen.

Katz kochte für mich und schlug mir anschließend beim Essen vor, sie heute Abend auf eine Feier zu begleiten. Dort seien noch jede Menge anderer Musiker, und es wäre bestimmt ein Heidenspaß.

Allerdings hatte ich die Ereignisse der letzten Nacht noch nicht vollständig verdaut und befand mich nicht recht in Partystimmung. Nachdem ich Katz davon erzählt hatte, konnte sie meine Reaktion nachvollziehen. Unvermittelt drückte sie mir eine Zwanzig-Schekel-Note in die Hand, die sie trotz der darauffolgenden Diskussion nicht mehr zurück nahm.

»Du solltest heute Abend mitkommen, Max«, sagte sie, während sie sich eine Zigarette drehte. »Allein schon damit du auf andere Gedanken kommst!«

Ich ließ mich also überreden, und zwei Freunde von Katz holten uns gegen Abend mit dem Auto ab, und wir fuhren los.

»Hier in der Nähe muss es irgendwo sein«, sagte der Fahrer. Viel weiter kamen wir jedoch nicht. In der nächsten Kurve blieben wir stecken. Der alte Ford war auf dem hügeligen Untergrund aufgesetzt; beide Hinterreifen drehten sich in der Luft. Zu dritt versuchten wir anzuschieben, doch die Situation erschien aussichtslos. Die Dämmerung brach herein, und wir hatten uns schon beinahe damit abgefunden, den Abschleppdienst kommen zu lassen, da hielt ein zweites Auto neben uns und ein junger, dunkelhäutiger Mann stieg aus. Katz und die beiden Freunde reagierten sehr verhalten auf sein erscheinen und es dauerte einen Augenblick, bis ich begriff, dass sich drei jüdische Israelis und ein palästinensischer Israeli gegenüberstanden.

»Salam! Schu fi?«, rief der junge Palästinenser zu uns herüber.

»Schalom!«, rief unser Fahrer zurück und machte ein paar vorsichtige Schritte nach vorne. Die folgenden Worte verstand ich nicht, es hörte sich jedoch an wie eine Mischung aus Arabisch und Hebräisch. Bald darauf stieg der Palästinenser wieder in seinen Wagen und fuhr ihn vor den unsrigen. Er würde uns helfen, und nach wenigen Augenblicken hatten wir tatsächlich wieder alle vier Reifen auf dem Boden.

Meine Euphorie überschlug sich ob dieser symbolträchtigen Hilfsaktion. Bei den anderen hielt sich die Begeisterung hingegen in Grenzen. Sie bedankten sich äußerst knapp, der junge Palästinenser setzte seinen Weg ohne unnötiges Zögern fort.

»Das war doch supernett von ihm!«, sagte ich überschwänglich, als wir wieder im Auto saßen, um unsere Suche fortzusetzen.

»Ja«, antwortete Katz emotionslos. »Wirklich supernett.« Desinteressiert blickte sie aus dem Fenster.

Ich sah sie von der Seite an, um aus ihrer Reaktion schlau zu werden. Wo war die weltoffene, weitgereiste Katz, die mich so bedingungslos bei sich aufnahm? Galt ihre Großzügigkeit und Menschenliebe nur westlichen Reisenden und Juden, nicht aber Bürgern zweiter Klasse, wie arabische Israelis leider zu Recht oft genannt werden? Gerne hätte ich weiter nachgehakt, aber für Katz war das Thema offensichtlich beendet. Der Hass saß anscheinend auf beiden Seiten zu tief, um normal miteinander umgehen zu können. Während der restlichen Fahrt wurde über den Vorfall kein einziges Wort mehr verloren.

Die Feier verlief feuchtfröhlich. Die übrigen zwanzig bis dreißig Partygäste saßen die meiste Zeit um das große Holzfeuer, trommelten auf Djemben und Bongos, spielten Didgeridoo und rauchten Marihuana. Irgendwann stellte ich fest, dass Katz und die beiden anderen bereits heimgefahren waren, ich musste mich somit wohl nach einer alternativen Übernachtungsmöglichkeit umsehen. Vergeblich wartete ich darauf, dass mich jemand zu sich einlud. Als die Party langsam begann, sich aufzulösen, begab ich mich notgedrungen zu Fuß zurück in die Stadt, um einen Schlafplatz zu suchen.

Mitternacht musste schon längst vorbei gewesen sein, die Chancen auf ein Dach über dem Kopf standen deshalb schlecht. Doch das Glück schien mir hold zu sein. Ich lernte auf der Straße ein junges, sehr gastfreundliches homosexuelles Pärchen kennen, die mich bei sich aufnahmen. Beide Künstler, der eine Schauspieler, der andere malte in Öl.

Um erneut Straßenmusik zu machen, kehrte ich am nächsten Morgen wieder nach Nahalat Binyamin zurück und verbrachte die kommenden Tage. Bei Elli, einem Straßenfriseur, durfte ich vorübergehend einziehen und wurde von ihm bestens versorgt. Seine Wohnung lag genau zwischen Strand und Nahalat Binyamin, beides nur fünf Gehminuten voneinander entfernt, wodurch mir der Luxus vergönnt war, mehrmals täglich im Meer zu schwimmen.

Ursprünglich kam Elli aus Tunesien, seine Eltern waren nach Israel gezogen, als er zehn war. Jetzt war er knapp vierzig. Seine grau melierten, schulterlangen Locken standen ungezähmt in alle vier Himmelsrichtungen, was mich angesichts seines Berufes schmunzeln ließ. Seinen ersten Joint rauchte er stets nach dem Frühstück.

Bis auf einen kleinen Schauer war das Wetter konstant schön. Elli erklärte mir, dass mit diesem letzten Regen die trockene Sommerzeit beginne, welche wesentlich verantwortlich für die Wasserknappheit in Israel sei. Sie dauere etwa bis Oktober, und je nachdem, wie extrem sie ausfalle, könnten die sowieso schon knappen Wasserreserven mancherorts ganz versiegen. Noch prekärer war die Lage jedoch in den palästinensischen Gebieten, wo in schlechten Jahren oftmals wochenlang kein einziger Tropfen aus den Wasserhähnen kam. Die nahe gelegenen israelischen Siedlungen wurden hingegen rund um die Uhr versorgt – ebenfalls eines der vielen Streitthemen in der Region. Auf israelischer Seite wurde die Trinkwasserversorgung dabei immer wieder als Grund angeführt, weshalb die Golanhöhen für Israel überlebensnotwendig seien. Denn dort entsprang der Jordan, der einzige Fluss der Gegend. Gäbe Israel die Golanhöhen wieder an Syrien, würde neben der kriegsstrategisch wichtigen Lage auch die Macht über das Wasser in die Hände der Feinde fallen.

Nach einer Woche verließ ich Tel und kehrte nach Jerusalem zurück, um Israel am folgenden Morgen zu verlassen. Nicht aber ohne zuvor noch einmal Bekanntschaft mit einigen Soldaten gemacht zu haben. Ich war mit dem Bus bis zum Toten Meer gefahren, ab dort musste ich trampen, um zur jordanischen Grenze zu gelangen. Nur selten kam ein Wagen vorbei, und ich stand bereits eine halbe Stunde mit erhobenem Daumen am Straßenrand, als mir eine Handvoll junger israelischer Wehrdienstleistender begegnete. Sie befanden sich ebenfalls auf dem Weg zur Grenze und warteten hier auf den Militärbus, der sie abholen sollte. Keiner von ihnen war älter als achtzehn.

»Was machst du denn hier draußen in dieser gottverlassenen Gegend?«, fragte mich einer. Die Umgebung sah in der Tat nicht gerade einladend aus.

»Ich will nach Jordanien«, antwortete ich.

»Nach Jordanien? Bist du Jordanier?«, fragte ein zweiter. Es war das erste Mal, dass mich jemand für einen Araber hielt.

»Nein«, sagte ich und jubilierte heimlich, so wenig als Tourist aufzufallen. »Ich bin aus Deutschland und will eigentlich nur nach Jordanien, um von dort aus weiter nach Syrien zu reisen.«

Er sagte etwas auf Hebräisch zu seinen Kumpels und wandte sich wieder mir zu.

»Was willst du dort? Gefällt dir Israel nicht?«, fragte mich der erste in abfälligem Ton.

Das Gespräch fing an, mir auf die Nerven zu gehen. Außerdem hatte ich nun schon das zweite Auto verpasst.

»Mir gefällt Israel, aber Syrien gefällt mir auch.«

Nach einem kurzen verbalen Schlagabtausch atmete ich auf, als der Truppentransport kam, um sie abzuholen. Kaum stand ich wieder allein am Straßenrand, hielt bereits das erste Auto. Beim Öffnen der Wagentür staunte ich nicht schlecht: Hinter dem Lenkrad saß eine Frau, sie war allein.

»Was ist?«, meinte sie mit harscher Stimme. »Steigst du jetzt ein oder nicht?«

»Äh … ja, klar … aber mein Rucksack?«

»Schmeiß ihn einfach hinten auf die Rückbank!«

Nachdem ich es mir auf dem Beifahrersitz bequem gemacht hatte, stellte sie sich mit einem kräftigen Händedruck vor.

»Hi! Sarah.«

»Angenehm … Max.«

Es war tatsächlich das erste Mal in meiner Tramperkarriere, dass eine allein fahrende Frau für mich gehalten hatte.

»Hammer, dass Sie den Mut haben, Anhalter mitzunehmen!«, meinte ich.

»Ach was!«, sagte sie. »Doch ganz normal. Die Menschen in diesem Land haben alle einen Vogel! Jeder hat vor jedem Angst, keiner vertraut dem anderen …« Sie schaltete in den fünften Gang.

Sarah hatte eigentlich nicht vorgehabt, bis zur Grenze zu fahren, nahm den Umweg für mich aber in Kauf.

Durch das milchige Busfenster sah ich das gegenüberliegende Ufer des Jordans näher kommen. Gleich würde ich mich in Jordanien befinden.

Pausenlos war ich in Israel mit den unterschiedlichsten Meinungen konfrontiert worden; endlos waren die Debatten mit den verschiedensten Teilen der Bevölkerung; und grenzenlos die Dummheit derer, die die radikalsten Positionen unter ihnen vertraten. Ich war einem Juden begegnet, der sich unter Einsatz seines Lebens gegen den Mauerbau und für ein freies Palästina einsetzte; ich hatte miterlebt, wie drei Juden von einem Palästinenser aus einer ausweglosen Situation geholfen wurde. Und ich hatte lernen müssen, wie viele Gründe es für Menschen geben kann, einander zu hassen.

Ich schloss meine Augen. Verrückte Welt. Schön und hässlich zugleich. Dann stoppte der Bus. Wir waren an der jordanischen Grenze.

Zurück in Jordanien

Mein Versprechen an Bassam, ihn bei meiner Rückreise in Amman zu besuchen, sicherte mir für die kommende Nacht eine Bleibe, ich ließ mir deshalb reichlich Zeit für den Weg in die Hauptstadt. Ich vertröstete die aufdringlichen Taxifahrer an der Grenze – ich hatte sie in Israel beinahe schon vermisst – und legte einen Teil der Strecke zu Fuß zurück, bis unvermittelt ein Wagen neben mir hielt. Der knurrige Melonenbauer bot mir an, mich bis zum Toten Meer mitzunehmen. Ich nutzte die Gelegenheit, um dort ein zweites Mal zu baden, bevor ich per Anhalter weiter nach Amman fuhr.

Die unterschiedlichsten Fahrzeuge hatten mich bislang mitgenommen, doch keines war spektakulärer als das, was jetzt neben mir hielt: ein 55 Tonnen schwerer Mercedes-Laster.

In das Führerhaus zu klettern, erwies sich mit meinem Rucksack als gar nicht so einfach. Im Innenraum war alles mit dem höchsten Komfort ausgestattet, und als wir anderen Fahrzeugen begegneten, die von hier oben so mickrig aussahen, konnte ich gut nachvollziehen, weshalb sich Brummifahrer so gerne als »King of the road« bezeichnen.

Der Fahrer, ein strenggläubiger Moslem, kam ursprünglich aus Russland. Nie zuvor war ich einem Mann begegnet, der tatsächlich zwei Ehefrauen hatte. Zwar ist Polygamie nach muslimischem Glauben möglich; in der Praxis jedoch aus Kostengründen äußerst selten. Der russische Fahrer war auf seinen Lastwagen wie auf seine zwei Frauen gleichermaßen stolz. Erst nach einstündiger Fahrzeit gelang es mir – wenngleich mit Mühen – endlich das Gesprächsthema zu wechseln, in dem es um unser beider Vorstellungen von Glaube und Religion ging, die sich jedoch als unvereinbar herausstellten.

Als ich nach der Ankunft in Amman Bassam wiedertraf und ihm von meinen Erlebnissen und den Glaubensgesprächen im

Mercedes-Bus berichtete, überreichte er mir aus seiner Hausbibliothek einen dicken Koran mit englischer Übersetzung.

Auf die erste Seite schrieb er:

> *For my friend Max,*
> *I give him this book of holy Qur'an as a present,*
> *hope its useful for him, in sha'a Allah.*
> *Bassam Aldarduk*
> *In the First of June*

Damit war mein Gepäck wieder ein knappes Kilo schwerer.

Nach einem ausgiebigen Frühstück am nächsten Morgen brachte mich Bassam zur Busstation. Zudem schenkte er mir zum Abschied ein Fläschchen Parfüm aus seinem Laden.

Zurück in Syrien

Die Rückkehr nach Damaskus fühlte sich an wie eine Heimkehr. Jede Ecke und Straße auf dem Weg zu Asis' Wohnung kam mir bekannt vor; es schien, als habe die ganze Stadt auf mich gewartet.

Am meisten freute mich natürlich, alle meine Freunde wiederzusehen. Nicht nur Asis, Saber, Wasim, Tarek und Mike, auch viele andere, mit denen ich zuvor noch nicht so vertraut gewesen war, schlossen mich nun in ihre Arme und wollten wissen, wie es mir in Jordanien und Israel ergangen sei.

Den meisten von ihnen konnte ich jedoch gleich wieder Lebewohl sagen. Der Gemüsehändler gegenüber von Asis' Wohnung wollte für meinen letzten Einkauf partout kein Geld nehmen; die Kinder in Jarmuk, mit denen ich einmal in der Straße Fußball gespielt hatte, sahen mich, als ich ihnen erzählte, nun in den Iran zu ziehen, mit großen Augen an und fragten, wann ich denn wieder zurückkäme; nahe der Stelle in Bab Tuma verkauften zwei junge palästinensische Buben Tag für Tag billiges Plastikspielzeug. Sie erzählten mir, sie können nicht zur Schule gehen, weil ihr Vater auf ihr Geld angewiesen sei. Dabei konnten sie, so wie ich den Umsatz der beiden einschätzte, unmöglich mehr als einen Euro pro Tag verdienen.

Ab und zu hatte ich ihnen etwas vorgespielt, und als sie mich jetzt nach den drei Wochen wieder erkannten, fielen sie mir stürmisch um den Hals. Dem kleineren von beiden kullerte eine Träne über die Wange. Natürlich spielte ich auch heute wieder ein Lied für sie.

Mein inzwischen drittes syrisches Visum galt nur drei Tage. Mir blieb also nicht viel Zeit, um meine weitere Reise zu organisieren; ich holte mein Visum an der iranischen Botschaft ab, bezahlte die Gebühr und erkundigte mich über Transportmöglichkeiten nach Teheran. Es gab sogar eine Zugverbindung, gemessen an den 1500 zurückzulegenden Kilometern mit fünfzig Euro sogar relativ günstig. Doch immer noch teurer und langweiliger als per Anhalter – ich musste nicht lange überlegen.

Den letzten Abend wollte ich verbringen wie all die anderen Abende in Damaskus auch: Ich suchte wieder meinen altbewährten Standplatz in Bab Tuma auf und machte Straßenmusik.

Alle waren gekommen. Als ich Rose erblickte, brach ich mitten im Stück ab und stürmte auf sie zu. Leider musste sie mir gleich eine schlechte Nachricht mitteilen: Sie hatte das Visum für den Iran bislang nicht erhalten und konnte morgen also noch nicht mitkommen. Sobald es aber da sei, würde sie nachreisen, damit wir uns hoffentlich in Teheran wieder träfen.

Durch die vielen Freunde, die mir an diesem Abend zuhörten, blieben noch mehr Passanten stehen. Die Stimmung auf der Straße war fantastisch, und dementsprechend konnten sich auch die Einnahmen sehen lassen: Umgerechnet über vierzig Euro landeten in meiner Mütze – so viel wie nie zuvor in Damaskus. Und mehr als ich jemals in Israel verdient hatte.

Am nächsten Morgen verließ ich Damaskus endgültig. Mit einem der Minibusse fuhr ich aus der Stadt, dann wanderte ich einige Kilometer die Straße Richtung Nordosten, bis mich der erste anhaltende Wagen knappe 200 Kilometer mitnahm. Bald stoppte ein zweites Auto, und als die Sonne unterging, befand ich mich am Euphrat, in der Mitte des Landes in einer Stadt namens Deir ez-Zor. Schnell lernte ich zwei aufgeschlossene junge Syrer kennen, bei denen ich übernachten durfte.

Am folgenden Tag fuhr ich erst wieder mit einem Minibus, anschließend bekam ich eine kostenlose Taxifahrt und erreichte mittags die irakische Grenze.

Der kürzeste Weg nach Teheran führte durch den Norden des Iraks. Dass meine Chancen, einreisen zu dürfen, schlecht standen, lag auf der Hand. Da aber der Norden der friedlichste Teil des Iraks war und ich außerdem nur ein Transitvisum benötigte, wollte ich es zumindest versuchen.

Die Aussage des Grenzbeamten klang allerdings mehr als eindeutig: Die Einreise in den Irak sei für Touristen streng untersagt – erst recht, wenn sie nicht einmal ein Visum besäßen. Da stand ich also.

Das Taxi, welches mich hierhergebracht hatte, war inzwischen weitergefahren, mir blieb daher nichts anderes übrig, als denselben Weg wieder zurückzugehen.

Eine kilometerlange Schlange Lastwagen wartete hier, um die irakische Grenze zu passieren, in meine Richtung hingegen kam kein einziges Auto des Weges; eine geschlagene halbe Stunde wanderte ich an stehenden Lkw vorbei. Die Fahrer saßen im Schatten unter ihren urtümlich anmutenden Anhängern, tranken Tee und sahen mir neugierig hinterher. Weit wäre ich nicht gekommen, wenn ich nicht eine Einladung nach der nächsten abgelehnt hätte. Da näherte sich der erste Lastwagen, der in meine Richtung fuhr. Sofort Stellung eingenommen, die Gitarre vor mich, lächeln und Daumen raus.

Der Laster bremste ächzend, und Sekunden später saß ich neben Ali im Führerhäuschen. Immer noch hatte ich die Syrienkarte der Touristeninformation aus Damaskus bei mir, auch wenn sie sich langsam auflöste. Ich breitete sie vor Ali aus und deutete auf den nächstgelegenen Grenzübergang zur Türkei. Die Ortschaft dort hieß Qamischli und lag etwa achtzig Kilometer westlich. Ali nickte, stieg aufs Gaspedal und zündete sich eine Zigarette an.

Inzwischen hatte ich ein Gebiet erreicht, in dem hauptsächlich Kurden lebten.

Ali war kein Kurde und musste nicht nach Qamischli. Er fuhr weiter bis nach Aleppo und ließ mich zwei Kilometer vor der Ortschaft an einer Abzweigung aussteigen. Erst ging ich zu Fuß weiter, dann hielt ein klappriges Mofa, das mich bis zur Grenze mitnahm; weil jedoch der Grenzübergang für heute schon geschlossen hatte, musste ich die Nacht in Qamischli verbringen.

Ein paar Stunden streunte ich durch die Straßen in der Hoffnung, jemandem über den Weg zu laufen, der mich zu sich einladen würde. Ohne Erfolg. Weil sich zudem weder in einem Park noch anderswo eine Übernachtungsmöglichkeit bot, versuchte ich mein Glück bei einer kleinen Kirche.

Ich klopfte gegen das große Tor der Sakristei. Ein kleiner bärtiger Mann öffnete mir. Nachdem ich mein Anliegen vorgetragen hatte, ließ er mich ohne weitere Fragen ein und führte mich in eine kleine Kammer. Ich bekam ein sauberes Bett sowie eine warme Suppe. Der Mann stellte sich nicht vor und redete auch sonst nicht viel, was es mir nicht leicht machte, meine Dankbarkeit zum Ausdruck zu bringen.

Als ich meine Herberge in der Früh verließ, konnte ich den Mann nicht mehr finden. »Vielen Dank« hatte ich auf Arabisch aber bereits gelernt zu schreiben, und so hinterließ ich auf dem Bett zumindest einen Zettel mit diesen zwei Worten.

Die Einreisegebühr in die Türkei kostete fünf US-Dollar. Darauf war ich nicht vorbereitet, all mein Geld hatte ich bis auf wenige

Münzen in große Scheine gewechselt, und die steckten klein zusammengefaltet in meinem Gürtel. Gerade noch fiel mir ein, dass ich alle ausländischen Währungen, die ich beim Musikmachen verdient hatte, in einem kleinen Plastikbeutel ganz unten im Rucksack verstaut haben musste. Darin befanden sich neben einigen kleinen Euromünzen, die mir keiner hatte wechseln wollen, noch eine Banknote aus Zypern, einige irakische und iranische Scheine, eine Handvoll Münzen, deren Herkunft ich nicht bestimmen konnte, und – einige US-Dollar.

Zusammen mit dem übrigen syrischen Geld kam ich zwar bloß auf knappe vier Dollar, doch die türkischen Beamten nahmen die Vorschriften nicht ganz so genau und erließen mir freundlicherweise den fehlenden Dollar.

Iran

Nach einer Mitfahrt im Lkw durch die Türkei kam ich an der iranischen Grenze an. Eine gähnende Leere herrschte in den Hallen des iranischen Grenzgebäudes. Ich hatte das Gefühl, der Erste zu sein, der an diesem Tag die Grenze passierte.

Die Passkontrolle verlief problemlos. Überraschenderweise machten die Grenzpolizisten einen ganz entspannten Eindruck. Freundlich baten sie mich, ein Lied zu spielen, und weil sie unbedingt etwas Deutsches hören wollten, sang ich *Über den Wolken*.

Im Anschluss drückte mir einer der Beamten eine große, grüne Banknote in die Hand. »10 000 iranische Rial« entzifferte ich und fühlte mich reich. Zwar bekam ich erst später heraus, dass sie keinen Euro wert war, doch erstens war das im Iran schon relativ viel Geld und zweitens besaß die Geste an sich schon einen solchen Seltenheitswert, dass der erste gute Eindruck vom Land gesichert war.

Wie an den meisten Grenzübergängen außerhalb Europas gab es hier trotz des spärlichen Publikumsverkehrs Geldwechsler. Zwar bloß einen einzigen, der zeigte sich aber umso enttäuschter, als er einsehen musste, nicht mit mir ins Geschäft zu kommen. Auch der einsame Taxifahrer ließ sich nicht leicht abschütteln. Fünf Minuten fuhr er im Schritttempo neben mir her, bis er begriff, dass ich wirklich wandern anstatt verhandeln wollte; die nächste Ortschaft befand sich bereits in Sichtweite, und spätestens dort, dachte ich mir, müsse es wieder eine Möglichkeit geben zu trampen.

So weit kam ich jedoch gar nicht erst. An einer kleinen, schmuddeligen Autowerkstatt winkte mich ein von oben bis unten ölverschmierter junger Mechaniker zu sich. Er hatte an einem uralten Kleinbus herumgeschraubt und sah aus, als käme er direkt vom Schrottplatz.

Nicht ein einziges der vielen Wörter, die auf mich einprasselten, verstand ich. Denn abgesehen von den Buchstaben, die weitestgehend identisch waren, hatte das Farsi mit dem Arabischen nicht viel zu tun. Nur »danke schön«, »mamnun«, hatte ich an der Grenze bereits gelernt.

Den jungen Iraner störte das wenig. Während ich ihn fragend ansah, strahlte er mich mit breitem Grinsen an. Irgendwann musste ich selbst lachen. Er wusch seine Hände in einem rostigen Eimer, rief jemandem laut etwas zu, und bald saßen wir an einem kleinen improvisierten Tisch, zusammen mit acht Buben unterschiedlichen Alters, die auf sein Rufen nach und nach herbeigeeilt waren.

Alle starrten mich mit großen Augen an. Offensichtlich bekamen sie nicht allzu oft Besuch aus anderen Ländern. Soweit ich seinen Handbewegungen entnehmen konnte, hatte er vor, für mich zu kochen. Nichts kam meinem Magen mehr entgegen als das. Einer der älteren Buben brachte Tee und zwei Gläser. Dann wollten sie wissen, aus welchem Land ich käme. Es dauerte eine halbe Ewigkeit, bis es mir gelang, das klarzumachen. Erst als ich eine Europakarte aufzeichnete, kamen sie langsam auf die richtige Spur. Fragend malte der junge Iraner ein Hakenkreuz in das Land, welches auf meiner Karte Deutschland darstellen sollte.

Da stand ich mal wieder vor dem Dilemma: Kopfschütteln und meine Herkunft im Unklaren lassen oder zur Nazideutschland-Vorstellung nicken. Ich nickte – in der illusionären Hoffnung, klarmachen zu können, dass sich mein Nicken ausschließlich auf die historische Bedeutung des Hakenkreuzes bezog …

Das Essen wurde gebracht, scharf angebratenes Gemüse mit Rühreiern und Weißbrot. Mir lief das Wasser im Mund zusammen. Neun Augenpaare richteten sich auf mich. Zaghaft begann ich zu essen. Dass ich eine Gabel bekommen hatte, wunderte mich. Alles schwieg, bis es auf einmal krachte. Der syrische Zahnarzt hatte anscheinend doch nicht so gründlich gearbeitet. Meine neue Krone war herausgebrochen.

Die Kinder staunten nicht schlecht, als ich den kleinen weißen Keramikzahn zwischen den Fingern hielt. Ich hoffte, mir die Krone bald wieder einsetzen lassen zu können – schließlich gab es überall auf der Welt Zahnärzte. Der Iraner hatte jedoch andere Pläne. Er wollte meine Zahnkrone als Geschenk haben. Das musste ich ihm leider ausschlagen.

Mit dem spärlichen Vokabular, welches sie mir beibrachten, teilte ich ihnen mit, mich auf dem Weg nach Teheran zu befinden. »600 Kilometer« schrieb der junge Iraner daraufhin unter einen langen Pfeil, der anscheinend die Strecke bis zur iranischen Hauptstadt darstellen sollte. So viel lag also noch vor mir. Nach einem Lied auf der Gitarre und einer herzerweichenden Abschiedsszene machte ich mich wieder auf den Weg.

Schon nach wenigen Schritten näherte sich laut tuckernd ein alter Traktor. Auch wenn der Weg nach Teheran in diesem Tempo Tage gedauert hätte, konnte ich mir nicht verkneifen, meinen Daumen auszufahren. Erst als mich der Fahrer passiert hatte, wurde ihm klar, was ich von ihm wollte. Ohne Zögern stieg er auf die Bremse. Zwar gab es nur einen Sitz, und der war bereits an den Fahrer vergeben, doch auf dem großen Kotflügel fand ich genug Platz für mich, meinen Rucksack und meine Gitarre.

Bald erreichten wir die letzten Ausläufer des Gebirges. Vor uns lag eine weite Ebene, welche sich von sanften Hügeln im Norden bis zum schmalen Streifen am südlichen Horizont erstreckte. Die bereits tief stehende Sonne verlieh der Landschaft einen warmen Glanz. Hätte ich mir durch die kohlrabenschwarzen Abgase der alten Maschine nicht beinahe eine Rauchvergiftung geholt, könnte ich wohl behaupten, mit diesem Einzug in den Iran die schönste Fahrt meiner Reise gehabt zu haben. So aber atmete ich erleichtert auf, als der Fahrer nach einer halben Stunde abbiegen musste und ich vom Traktor kletterte.

Zügig hielt ein weiteres Auto und brachte mich in die nahe gelegene Stadt Urmia. Weil ich nicht wusste, an welcher Stelle er mich absetzen sollte, brachte mich der Fahrer zur zentralen Busstation, wo ich mich rein interessehalber über die Fahrpreise von Urmia nach Teheran informierte. Keine fünf Euro hätte der Bus gekostet, trotzdem wollte ich meine Geldreserven unangetastet lassen und auch die letzte Etappe per Anhalter bewältigen.

Weil es für heute schon zu spät war, machte ich mich auf die Suche nach einem Schlafplatz. Orientierungslos irrte ich durch die fremde Stadt. Die Straßen menschenleer. Ernüchtert wollte ich meine Suche schon einstellen, als mir doch noch ein Mensch über den Weg lief. Er stellte sich als Sardar Molani vor. Ich schätzte ihn auf höchstens achtzehn Jahre. Auf sein Fragen hin erzählte ich ihm von meiner Reise und meinem Weg in den Osten. Ohne zu wissen, was er im Schilde führte, brachte mich Sardar zurück zur Busstation. Am Eingang bekam ich von ihm die Anweisung, kurz auf ihn zu warten, während er im Büro des Busunternehmens verschwand, um – wie er sagte – etwas für mich nachzufragen.

In der Zwischenzeit studierte ich neugierig die Aufschriften an der Tür. Einige unbekannte Schriftzeichen fielen mir ins Auge, doch noch bedeutsamer erschien mir, dass offenbar auch die Zahlen anders geschrieben werden. Die Fünf beispielsweise sah im Arabischen aus wie bei uns die Null – hier hatte sie jedoch die Form eines umgedrehten Herzens.

Dann erschien Sardar wieder an der Tür und überreichte mir ein Ticket. Die Fahrkarte von Urmia nach Teheran. Wie hätte ich mich da bedanken sollen? Weil mir nichts Besseres einfiel, bot ich meine Wanderschuhe an. Seit Monaten hatte ich sie nicht mehr getragen, doch in ihrem guten Zustand hatte ich mich nie dazu durchringen können, sie wegzugeben. Schwer zu sagen, ob sich Sardar wirklich so sehr freute, wie er sagte. Jedenfalls behauptete er, überglücklich über die Schuhe zu sein, und traute sich anfangs gar nicht, mein Angebot anzunehmen.

Der Bus sollte bereits in zwanzig Minuten abfahren. Uns blieb also nicht mehr viel Zeit zum Verabschieden, was Sardar sehr bedauerte; so gerne hätte er mich noch zum Essen eingeladen. Stattdessen steckte er mir 30 000 Rial zu – knappe drei Euro. Bis sich der Bus außer Sichtweite befand, winkte mir Sardar hinterher.

Dreizehn Stunden dauerte die Fahrt. Beinfreiheit gab es nicht, und obwohl ich bereits vorherige Nacht kaum geschlafen hatte, bekam ich kein Auge zu.

Teheran

Mittags erreichte der Bus Teheran. Ich hatte es geschafft. In weniger als 36 Stunden war ich 1500 Kilometer von Damaskus in die Hauptstadt des Irans gereist. Für null Euro eigens zu tragende Fahrtkosten. Zwar war ich hungrig und müde, doch meine Euphorie überwog.

Wir parkten an einem riesigen Kreisverkehr, in dessen Mitte ein imposantes, modernes Gebäude stand: ein Turm, welcher den Anschein erweckte, keine Grundmauern zu besitzen, da ein überdimensioniertes Tor durch seine gesamte Breite führte. Sein Gewicht trugen gigantische, zur Seite schweifende Füße. Im Jahr 1971 war er zu Ehren des Schahs errichtet worden, seit der islamischen Revolution trug er dann paradoxerweise den Namen »Burj-e Azadi«, »Turm der Freiheit«.

Zufrieden schlenderte ich durch einen nahe gelegenen Park, um Pläne für die kommenden Tage zu schmieden. Erst wollte ich das Visum für Indien beantragen. Und weil ich vorhatte, auch dorthin über Land zu reisen, sollte ich mir allmählich Gedanken machen, welchen Weg ich nehmen könnte. Dabei gab es eigentlich nicht viel zu überlegen, denn vom Iran nach Indien kam eigentlich nur ein Transitland in Frage: Pakistan.

Also hatte ich zwei Visa zu besorgen. Des Weiteren musste meine Gitarre dringend auf Vordermann gebracht werden – sie hatte in den letzten Monaten stark gelitten und bedurfte einiger Reparaturen.

Gegen Abend erkundete ich die Stadt. Sie schien endlos. Allein um in die Nähe des Zentrums zu kommen, musste ich über eine Stunde Bus fahren. Zwei Cent hatte die Fahrkarte gekostet. Die Geschlechter im Bus saßen streng getrennt; im vorderen Teil die Männer, hinten, durch eine Absperrung abgetrennt, die Frauen.

Ich stieg an einer Haltestelle aus, die mir von dem alten Mann im Park zum Musizieren empfohlen worden war. Nahe einem Markt fand ich eine geeignete Stelle, an welcher ich meine Gitarre auspackte und das erste Lied anstimmte. Neugierig und irritiert blickten mich die Passanten an. Mit Kribbeln im Bauch wartete ich auf ihre Reaktionen. Die ersten blieben stehen; ich erntete ein Lächeln und fühlte mich augenblicklich wohler. Lange hielt das Wohlsein jedoch nicht an. Ein uniformierter Mann näherte sich.

Freundlicherweise wartete der Polizist, bis ich das Lied zu Ende gesungen hatte, dann aber machte er deutlich klar, dass ich nicht weiterspielen dürfe. Diskussionslos packte ich meine Gitarre ein. Die wenigen Zuhörer verliefen sich, meine Mütze blieb leer. Nur zwei Frauen standen noch auf der anderen Straßenseite und warteten, bis sich der Ordnungshüter wieder verzogen hatte. Dann kamen sie vorsichtig auf mich zu.

Von verschiedenen Seiten war mir geraten worden, im Umgang mit Frauen sehr vorsichtig zu sein, gerade auf öffentlichen Plätzen. Zu schnell könne etwas als unsittlich interpretiert werden. Darum fiel ich aus allen Wolken, als mir die Jüngere der beiden – die andere war ihre Mutter – bereits nach einem kurzen Gespräch in flüssigem Englisch anbot, bei ihnen zu Hause zu übernachten. So schwer es mir fiel, hatte ich nicht den Mut, auf ihre Einladung einzugehen.

Obwohl ich also ablehnte, gaben sie mir ihre Telefonnummer, falls ich es mir doch anders überlegen sollte. Dass das Musizieren verboten war, wunderte mich nicht, schließlich hatten mir das in Syrien alle prophezeit. Von meiner nächsten Bekanntschaft, einem Teppichhändler, erfuhr ich bei einem Glas Tee mehr. Er erzählte, die Gitarre sei ein von den islamischen Führern geächtetes Instrument – satanistisch und unheilbringend. Gitarrenmusik sei zwar nicht grundsätzlich unerlaubt, doch das Spielen in der Öffentlichkeit mit Sicherheit im ganzen Land verboten.

Der Teppichhändler und seine Mitarbeiter hörten aufmerksam zu, als ich von Deutschland und meiner Reise erzählte. Bald boten sie mir an, bei einem von ihnen zu übernachten. Wie immer in solchen Fällen lehnte ich erst mal ab, und weil sie ihr Angebot nicht wiederholten, lag auf der Hand, dass es ihnen nicht wirklich ernst war. Wenn nämlich solch eine Einladung – da unterschieden sich Araber und Perser kaum – ehrlich gemeint war, reicht kein einfaches Nein. Man musste mehrfach und äußerst energisch ablehnen, um davonzukommen.

Nach dem Versprechen, sie bald wieder zu besuchen, verließ ich den Teppichladen. Zeit, um sich allmählich nach einer tatsächlichen Übernachtungsmöglichkeit umzusehen. Wenn es aber mit den Einladungen so weitergehe wie bisher, dachte ich, müsse sich bald was finden. Und so war es auch.

Drei kontaktfreudige junge Iraner, denen ich nicht weit vom Geschäft des Teppichhändlers begegnete, wetteiferten förmlich darum, wer heute Abend mein Gastgeber sein durfte. Sator gewann, Arash war morgen an der Reihe.

Dass die Gastfreundschaft der Araber noch zu übertreffen ist, hatte ich mir nicht vorstellen können. Doch waren meine bisherigen Erlebnisse im Iran keine Zufälle gewesen; auch die folgenden Tage hatte ich jedes Mal aufs Neue die Wahl, bei wem ich schlafen wollte. Dabei kam es mir vor, als sei ihr Interesse an der westlichen Welt wichtigster Beweggrund für ihre Offenheit. Sie fragten mich nicht nur nach den beliebtesten Automarken der Deutschen oder dem Wetter, sondern auch nach Essgewohnheiten, den Unterschieden zwischen iranischen und deutschen Verkehrsregeln und nicht zuletzt nach der in Europa vorherrschenden Meinung zum Iran.

Sator und seine zwei Freunde wohnten im Norden der Stadt in einer Villengegend. Ihre Familien gehörten definitiv zur wohlhabenderen Bevölkerungsschicht: Nicht nur lebten sie in einer der Villen, jeder von ihnen besaß ein Handy, sie waren stets perfekt gekleidet, luden mich pausenlos zum Essen ein und machten oft und unbescheiden darauf aufmerksam, dass der Preis keine Rolle spiele. Sie studierten, doch verbrachten sie ihre Zeit eher mit Feiern statt mit Lernen.

Inzwischen hatte ich eine Telefonnummer und die Adresse der indischen Botschaft ausfindig gemacht. Auf meinen Anruf hin teilte mir eine Tonbandstimme mit, dass gerade Mittagspause sei, worauf ich den Versuch startete, die Botschaft in dem unübersichtlichen Straßengewirr aufzusuchen. Als ich sie gefunden hatte, war sie schon wieder geschlossen, weshalb ich mich bis zum nächsten Montag gedulden musste.

Heute war Freitag. Ich überlegte, was ich bis dahin unternehmen könne. In der Stadt bleiben wollte ich keinesfalls, schließlich musste ich aller Voraussicht nach noch lange genug in Teheran auf meine Visa warten. So kam mir die Idee, nach Norden ans Kaspische Meer zu fahren.

Ich erzählte Sator von meinem spontanen Vorhaben, verabschiedete mich und brach auf der Stelle auf. Um in den Norden zu kommen, musste ich erst ein langes Stück in den Süden, was daran lag, dass Teheran auf knapp 1200 Meter liegt und unmittelbar nördlich der Stadt das Elburs-Gebirge mit dem über 5600 Meter hohen Vulkanberg Damawand begann. Auf dem Weg zu demselben Busbahnhof, an welchem ich vor drei Tagen angekommen war, passierte ich ein Fastfoodrestaurant.

Neugierig betrat ich das Lokal und zog sogleich Vergleiche zu dessen westlichen Vorbildern.

Ich stellte mich also an das Ende der Schlange hinter eine auffällig freizügig gekleidete junge Iranerin. Das Kopftuch bedeckte ihr Haupthaar höchstens zur Hälfte, noch mutiger aber war die Dreiviertelhose, die ihre Unterschenkel frei ließ.

Konzentriert versuchte ich, den Preis für den Salat herauszubekommen, was nicht ganz einfach war. Meinen Berechnungen zufolge kostete er umgerechnet sechzig Cent. Verglichen mit den zwei Cent, die ich für die Busfahrkarte bezahlt hatte, erschien mir das vollkommen unrealistisch. Der Salat könne unmöglich das Dreißigfache kosten, überlegte ich und war mir sicher, dass mit der Preisangabe sechs Cent gemeint sein mussten.

Dann war ich an der Reihe. Ich grüßte, sagte auf Persisch, dass ich kein Persisch sprach, und deutete auf den Salat der Menüanzeige. Die Bedienung verstand. Als ich ihr aber die abgezählten Münzen geben wollte, machte sie deutlich, dass er tatsächlich sechzig Cent koste.

So unangenehm die Situation auch war, das konnte ich mir einfach nicht leisten. Ich versuchte zu erklären, dass ich mich verrechnet hatte und doch keinen Salat wolle. Die Reaktionen kamen von allen Seiten: Der Mann in der Reihe hinter mir bot an, den Salat für mich zu bezahlen. Die Bedienung jedoch meinte, es sei schon in Ordnung, sie käme selbst dafür auf.

Sprachlos stand ich wenig später auf der Straße und ging Salat essend ging ich den Bürgersteig entlang.

Endlich am Busbahnhof angekommen, erkundigte ich mich nach einer Verbindung in den Norden. Trampen fiel flach, weil das matte Tageslicht gerade hinter dem Häusermeer im Westen verschwand; in wenigen Minuten würde es stockfinster sein. Und da auch der letzte Bus vor einer halben Stunde abgefahren war, blieb mir nichts anderes übrig, als mich wieder auf den Weg zurück in die Stadt zu machen. Ich überlegte, ob es unverschämt sei, Sator anzurufen und zu fragen, noch eine weitere Nacht bei ihm schlafen zu dürfen. Da riss mich eine Stimme aus den Gedanken.

»Entschuldigung, brauchen Sie Hilfe?«, fragte ein Mann um die dreißig. Ich muss wohl ziemlich ratlos ausgesehen haben.

»Oh, danke schön«, sagte ich überrascht, »alles in Ordnung … obwohl – wüssten Sie vielleicht, wo ich ein Telefon finde?«

Der Mann stellte sich auf holprigem Englisch als Ali vor, er arbeitete in dem kleinen Eisladen, vor dem wir standen, und wollte gerade Feierabend machen.

»Sie können gerne vom Geschäft aus anrufen«, meinte Ali mit einladender Handbewegung.

Nachdem ich ihm Sators Nummer gegeben hatte, ging er hinter die Theke und wählte für mich. Lange ließ er es läuten, doch niemand schien daheim zu sein, woraufhin Ali vorschlug, es später noch einmal zu versuchen und bis dahin einen Becher Eis zu essen. Noch bevor ich antworten konnte, hielt ich den Becher in der Hand.

Ich rief kein zweites Mal bei Sator an. Wir verstanden uns so gut, dass mich Ali, noch bevor ich aufgegessen hatte, zu sich nach Hause einlud.

Ali wohnte nicht weit entfernt. Normalerweise, meinte er, gehe er zu Fuß, heute jedoch leistete er sich ein Taxi. Zu Hause wartete bereits Alis Frau mit seinem sechs Monate alten Sohn und dem Essen. Bevor ich eintreten durfte, ging er vor, um ihr Bescheid zu sagen – vermutlich, damit sie sich ein Kopftuch überziehen konnte.

Sie wohnten sehr bescheiden in drei kleinen Räumen, dem Wohnzimmer, der Küche – dort befand sich unter anderem das Ehebett – und einem winzigen Bad.

Ali und ich nahmen auf dem großen Teppich im Wohnzimmer Platz, seine Frau brachte das Essen herein. Auch sie sprach ein paar Brocken Englisch. Sie entschuldigte sich, viel zu wenig vorbereitet zu haben, was jedoch keineswegs der Fall war. Es gab Suppe, Paprika- und Reisgemüse, Eier, Joghurt und ein Brot, welches so hauchdünn war, dass man hindurchsehen konnte.

Alle Köstlichkeiten standen herrlich duftend vor uns. Auch Alis Frau hatte sich inzwischen zu uns gesetzt. Ali selbst jedoch hatte noch Wichtigeres im Sinn: Seine gesamte Aufmerksamkeit lag seit unserer Ankunft zu Hause bei seinem kleinen Sohn.

Alis Frau und ich fingen unterdessen schon mal an zu essen. Sie zeigte mir, das Gemüse im Brot eingewickelt wie einen Pfannkuchen mit der Hand zu essen, und wenig später packte auch Ali der Hunger. Trotz der vielen Wochen in arabischen Ländern hatte ich mich nicht an das lange Sitzen am Boden gewöhnen können; jedes Mal schmerzten meine Knochen, regelmäßig schliefen mir die Füße ein. Auch das Kissen, welches ich von Ali bekommen hatte, änderte nicht viel.

Wir gingen früh ins Bett, Ali musste am nächsten Morgen wieder frühzeitig ins Geschäft, und auch ich wollte ja so schnell wie möglich zum Kaspischen Meer. Alis Frau hatte mir im Wohnzimmer ein Nachtlager aus einer dünnen Matratze und einer Decke gerichtet. Beim Abschied am nächsten Morgen versprach ich Ali, ihn wieder zu besuchen, wenn ich zurück sei.

Ausflug zum Kaspischen Meer

Dank der hohen Lage Teherans wurde es auch zu dieser Jahreszeit nicht übermäßig heiß. Ich konnte mir deshalb Zeit lassen, um gemütlich zu Fuß aus der Stadt zu spazieren und nach einem geeigneten Standort zum Trampen zu suchen. Ali hatte mir aufgeschrieben, was »in den Norden« und »zum Kaspischen Meer« auf Persisch bedeutete, alles was ich darüber hinaus wusste, war, dass ich durch eine Ortschaft namens Tschalus musste.

Eine knappe Stunde war ich gewandert, als ich mein Glück versuchte. Die ersten beiden Autos, die anhielten, fuhren in eine andere Richtung oder verstanden nicht, was ich von ihnen wollte. Erst beim dritten stieg ich ein. Lang fuhren wir nicht, und ich musste noch fünf weitere Fahrzeuge anhalten, bis ich am Abend endlich Tschalus erreichte. Von dort aus waren es nur noch fünf Kilometer bis zum Kaspischen Meer, doch weil es bereits dunkelte, beschloss ich, mich hier nach einer Übernachtungsmöglichkeit umzusehen. Tschalus machte keinen besonders besucherfreundlichen Eindruck, was vielleicht auch an der Tageszeit lag – alles was ich für die Übernachtung fand, war ein leerstehender Rohbau, gleich an der Hauptstraße. Zwischen Bauschutt errichtete ich in einer dunklen Ecke mein Nachtlager.

Stechmücken machten mir sehr zu schaffen, weshalb ich mir bei Anbruch der Morgendämmerung einen anderen Schlafplatz suchte, um noch etwas Schlaf nachzuholen – hierzubleiben traute ich mich eh nicht, ich hatte Bedenken, die Bauarbeiter könnten bald mit der Arbeit anfangen. Ich ging die Hauptstraße Richtung Norden, bis ich außerhalb der Stadt eine kleine, gut hinter Büschen versteckte Mauer fand, auf der ich mich niederlassen konnte.

Die Vegetation hatte sich während der gestrigen Fahrt radikal verändert. Solange es bergauf gegangen war, dominierten die graubraunen trockenen Sandböden, denen die spärlichen dürren Sträucher kaum Abwechslung boten. Kaum hatten wir jedoch die ersten Pässe des Elburs-Gebirges hinter uns gelassen, war die Landschaft grüner und üppiger geworden, und die dichter werdenden Bergwälder hatten bald einen nahezu tropischen Eindruck vermittelt. Genauso wild bewachsen war die unmittelbare Umgebung meiner Mauer. Ich hatte eine Weile mit dem Gestrüpp zu kämpfen, um bis hierhin vorzudringen, dafür schützte mich nun das Dickicht vor fremden Blicken.

Ich benötigte ungefähr eine Stunde, um zum Kaspischen Meer zu gelangen. Obwohl das Kaspische Meer kein Meer, sondern ein See ist, konnte ich nun nachvollziehen, warum man es so nannte. Es ist unvorstellbar groß, viel größer noch, als ich beim ersten Anblick erahnen konnte. Das lauwarme Wasser schmeckte ein wenig salzig, und wenngleich der Strand nicht aus Sand, sondern nur aus grobem Kies bestand, gab es für einen See doch ordentliche Wellen. Naiv kniff ich die Augen zusammen, um das gegenüberliegende Ufer zu erspähen. Ich wusste nicht, dass das Kaspische Meer – der größte See der Erde – größer war als Deutschland.

Ich schwamm eine Runde und machte dann Brotzeit. Für umgerechnet fünfzehn Cent hatte ich in der letzten Ortschaft reichlich Brot, Obst und Gemüse eingekauft, welches ich mir schmecken ließ, und brach erst nach einigen Stunden wieder auf, um mich auf den Rückweg nach Teheran zu machen.

Ab Tschalus nahm mich ein Kleinlastwagen mit, der jedoch nur eine wenige Kilometer entfernte Raststätte mitten in der Wildnis anfuhr. Die Stelle dort eignete sich nicht sonderlich gut zum Trampen, die wenigen Autos, die vorbeikamen, fuhren zu schnell und hatten kaum Zeit zu reagieren. Außer einer leerstehenden alten Tankstelle lag auf der Straßenseite gegenüber ein kleines, schmuddeliges Häuschen. Von dort rief mir, nachdem ich eine gute Viertelstunde am Straßenrand gestanden hatte, ein großgewachsener Mann etwas zu, ohne dass ich verstand, was er von mir wollte. Beim zweiten Rufen winkte er mich zu sich. Ich überquerte die Straße und ging auf ihn zu. Kräftig gebaut und ein gutes Stück größer als ich, fragte er mich etwas, und weil ich vermutete, er wolle wissen, wohin ich unterwegs sei, antwortete ich »nach Teheran« und deutete auf die im Süden liegenden Gebirgsketten. Misstrauisch musterte er mich von Kopf bis Fuß. Die breiten Schultern und der Schnauzbart à la Dschingis Khan verliehen ihm etwas Kriegerisches.

»Woher kommst du?«, wollte er wissen. Das war einer der drei Sätze, die ich verstand.

»Aus Deutschland«, entgegnete ich.

Fragend deutete er an, ob ich essen wolle. Ich nickte, worauf er mich zu einer nahe gelegenen Feuerstelle führte, keine fünfzehn Meter von der Straße entfernt. Dahinter befand sich ein großes Zelt. Ein kleiner Junge schürte das Feuer. Auf einer Seite, zurückversetzt, unter der schattenspendenden Krone eines Baumes, stand auf Stelzen ein hölzernes, mit Teppichen ausgelegtes Podest zum Sitzen und Essen. Bestimmt acht Personen hatten darauf Platz. Dort wies mir der kräftige Iraner an, Platz zu nehmen. Er legte zwei ungeschälte Maiskolben ins Feuer. Sein Name war Mohammed, er sprach höchstens so viel Englisch wie ich Persisch. Auch mit Händen und Füßen fiel die Kommunikation schwer – er gehörte zu jenen Menschen, die immer wieder versuchten, mich in ihrer

Sprache anzusprechen, anstatt mir einen Begriff zu umschreiben oder pantomimisch darzustellen.

Der Mais schmeckte bitter und verkohlt, Mohammed hatte ihn erst vom Feuer genommen, als er schwarz war. Dann zeigte er mir die Umgebung. Gleich neben dem Zelt stand ein Baum, in dem sich ein gemütliches Baumhaus befand. Nicht viel mehr als eines, welches Kinder hätten bauen können, doch stabil und groß genug, um zu zweit darin liegen zu können. Ich kletterte die angelehnte Leiter hinauf und entdeckte ein einladendes Teppichlager.

Dann führte mich Mohammed durch den Wald. Über kleine Trampelpfade erreichten wir idyllische, von meterhohen Buchsbäumen umsäumte Lichtungen. Wir aßen Himbeeren von wilden Sträuchern, und tief beeindruckt von der paradiesischen Schönheit dieser üppigen Vegetation, dankte ich Mohammed von ganzem Herzen für seine Gastfreundschaft.

Auf einer kleinen Anhöhe mit gutem Ausblick blieben wir stehen. Er bot mir an, heute Abend sein Gast zu sein, was ich geehrt annahm. Obwohl ich ihn erst wenige Stunden kannte, hatte es Mohammed geschafft, mir das Gefühl zu geben, ihm vertrauen zu können. Nie im Leben hätte ich geglaubt, dass sich die Stimmung im Lauf des Abends so radikal ändern könne.

Wenig später fragte er sogar, ob ich längere Zeit bleiben wolle. Weil ich mich jedoch an Ali und meine Visumangelegenheiten in Teheran erinnerte, schlug ich vor, mir sein Angebot erst einmal durch den Kopf gehen zu lassen.

Zurück an der Feuerstelle gab es Arbeit. Gäste waren gekommen. Ich stellte meinen Rucksack in das Zelt, Mohammed meinte, dort sei er sicherer. Dann bereitete er zusammen mit dem Jungen – vermutlich sein Sohn – Fleisch- und Gemüsespieße sowie weitere Maiskolben vor. Ich wollte helfen, doch Mohammed meinte, ich solle mich lieber zu den Gästen auf das Holzpodest setzen und für sie Gitarre spielen.

Diese rauchten Wasserpfeife und bekamen hochprozentigen Alkohol ausgeschenkt, was mich wunderte, da Alkohol im Iran streng verboten ist. Vielleicht hielt Mohammed deshalb den weißen Kanister stets gut im Zelt versteckt.

Nichts fand ich unangenehmer, als vor Menschen zu spielen und singen, die gar nichts hören wollen. Also setzte ich mich erst mal zu ihnen, um zu warten, ob sie mich nicht von selbst dazu auffordern würden. Dann kam aber schon das Essen.

Sowohl die Gäste als auch Mohammed boten mir an, an dem Mahl teilzunehmen. Das Fleisch schmeckte verbrannt, wie der Mais und das Gemüse. Ich probierte vom Anisschnaps und bekam den Schlauch der Wasserpfeife gereicht. Im Anschluss machte ein Joint die Runde. Jetzt wurde ich schließlich aufgefordert zu spielen.

Auf welche Art jemand zuhörte, sagte doch einiges über dessen Charakter aus. Freundliche lauschten in der Regel aufmerksam; Unfreundlichere hatten dagegen selten ein Problem, sich nebenbei zu unterhalten und auch bei ruhigen Stücken lauthals über die Witze des anderen zu lachen.

Mohammed und seine Gäste gehörten eindeutig zu den übelsten Zuhörern, die ein Musiker haben kann. Dass schon nach wenigen Takten keiner mehr zuhörte, störte mich weit weniger als die Tatsache, dass sie während des Singens ständig auf mich einredeten.

Nach zwei Stücken legte ich deshalb meine Gitarre beiseite. Vielleicht hätte ich einfach nein sagen sollen, als mich Mohammed bat, weiterzuspielen. Doch ich wollte nicht unfreundlich sein.

»Lieber was Langsames oder Schnelles?«, fragte ich, um ihren Musikgeschmack besser treffen zu können. Die Antwort war eindeutig.

»Etwas sehr schnelles«, deuteten sie an, und da kam nur ein Lied in Frage. Der eigentliche Titel ist *Cancion del Mariachi* oder *Morena de mi Corazon* von Los Lobos, was den meisten jedoch weniger sagte als »die Filmmusik von *Desperado*«.

Nur wenige Stücke hatten mich beim Einüben rhythmisch mehr gefordert als dieses. Es liefen nicht nur zwei gegen drei, sondern ständig auch sechs gegen zwei Schläge, und wo sich zwischen den drei Rhythmen die Melodie und Sologitarre befand, konnte ich manchmal nur raten. Egal ob Sechsachtel- oder Zweihalbetakt – ich spielte das Stück, und es gefiel ihnen. So gut sogar, dass sie es noch mal hören wollten. Und ein drittes Mal. Vor dem vierten Mal sagte ich, ich brauche erst eine Pause, was nicht gelogen war. Ich sang bei dem Lied die meiste Zeit am oberen Limit meines Stimmumfangs, sodass mich bereits das einmalige Singen anstrengte.

Bis auf zwei verließen die Gäste die Raststätte. Diese beiden waren offensichtlich enger mit Mohammed befreundet, sie legten sich nun in eines der Baumhäuser und hielten ein kleines Verdauungsschläfchen. Der Junge spülte das Geschirr mit einem Wasserschlauch, der ununterbrochen lief, und Mohammed interessierte sich wieder verstärkt für meine Person. Neugierig fragte er, was ich alles bei mir habe, und wollte alles gezeigt haben. Am meisten faszinierte ihn mein goldener Schutzengel, den er kaum mehr aus der Hand geben wollte. Auch meine zweite Hose schien ihm sehr zu gefallen; seit Monaten hatte ich sie nur an, wenn ich die andere wusch, da sie gefüttert und viel zu warm war. Mohammed wollte sie anprobieren. Ich nickte, und er verschwand im Zelt, um kurz darauf wieder in meiner Hose zu erscheinen. Obwohl sie um seine Oberschenkel etwas spannte, stand sie ihm gut, doch wunderte ich mich, als er keinerlei Anstalten machte, sie wieder auszuziehen.

Gäste kamen und gingen wieder, der Tag begann, sich langsam zu neigen. Ich lernte Mohammed nach und nach von einer ganz anderen Seite kennen; wieder beim Grillen, wischte Mohammed seine fettigen, kohlenverschmierten Hände an meiner sauberen Hose ab. Dabei grinste er mich nur provokativ an. Ich wollte etwas sagen, mich beschweren. Doch blieben mir die Worte im Hals stecken.

Die Frage, ob ich verheiratet sei, wurde mir sehr häufig gestellt, meist gleich beim Kennenlernen. Bei Mohammed kam sie hingegen relativ spät. Als ich antwortete, ich sei ledig, fragte er mich geradeheraus, ob ich mit ihm Sex haben wolle. So schwer ich ihn sonst verstehen konnte, diesmal gab es bei seiner eindeutigen Körpersprache nicht den geringsten Zweifel. Vielleicht war mein Nein zu wenig nachdrücklich, jedenfalls gab er noch lange nicht auf.

So viele nette Schwule hatte ich bisher auf meiner Reise kennengelernt und nie schlechte Erfahrungen gesammelt.

Mohammeds Annäherungsversuche gingen am Ende so weit, dass er mich festhielt und meine Beine fasste. Kräftemäßig hatte ich gegen ihn keine Chance – er war nun mal ein Bär –, alles was ich tun konnte, bestand darin zu schreien. Darauf lockerte er seinen Griff, und ich schaffte es, mich zu befreien. Ein kleines bisschen glaubte ich, mir vorstellen zu können, wie sich Frauen in derartigen Situationen fühlten. Es war Angst. Und die Gewissheit, ihm ausgeliefert zu sein, falls er es darauf anlegte. Zum Glück waren immer noch zwei Freunde von ihm anwesend, auch wenn ich mir nicht sicher war, ob sie mir eine große Hilfe gewesen wären. Sie reagierten nicht auf meine Schreie.

Langsam wurde klar, dass ich die Hose wohl abschreiben konnte. Die idyllische Atmosphäre der Raststätte war jedenfalls ins Gegenteil umgeschlagen. Aber einfach abhauen konnte ich nicht mehr, mittlerweile herrschte finstere Nacht. Ein Auto anzuhalten, war ja schon bei Tageslicht schwer gewesen. Durch meinen Rucksack, der sich unter Mohammeds Kontrolle befand, wurde die Sache zusätzlich erschwert. Ich musste die Nacht wohl oder übel hier verbringen. Zwar hoffte ich bis zuletzt, dass ein Gast vorbeikam, der Englisch sprach, um mich ihm anzuvertrauen. Doch vergebens.

Trotzdem fühlte ich mich weitaus wohler, wenn überhaupt Gäste anwesend waren. Auch wenn das zumeist bedeutete, Jukebox spielen zu müssen. Das *Desperado*-Lied hatte ich inzwischen zum achten

Mal wiederholt – es hing mir zum Hals heraus, wortwörtlich. Den exponierten Gesang konnte ich inzwischen nur noch wimmern. Dennoch wagte ich nicht, abzulehnen, wenn es verlangt wurde.

Ich befand mich in einer unvorteilhaften Situation: Selbst wenn ich einem der Anwesenden hätte vertrauen können, mit meinen mageren Persischkenntnissen hätte ich mich kaum verständlich machen können. Zudem standen die Gäste und Bekannten Mohammeds auf seiner Seite. Bis spät in die Nacht versuchte ich Situationen aus dem Weg zu gehen, in denen ich mit ihm allein war. Obwohl ich Angst hatte einzuschlafen, solange er wach war, wurde ich irgendwann von der Müdigkeit übermannt.

Beim ersten Tageslicht erwachte ich. Neben mir auf dem Holzpodest lag einer der zwei Freunde Mohammeds. Er schnarchte. Erleichtert stellte ich fest, dass ich noch alles am Leib trug: Kleider, Geldgürtel und meinen Schutzengel. Ich fasste neuen Mut, als ich das kühle Metall in meiner Hosentasche spürte. Heimlich wollte ich meinen Rucksack aus dem Zelt holen, um mich so schnell wie möglich aus dem Staub zu machen.

Auf Zehenspitzen schlich ich an der Feuerstelle vorbei. Keine zwei Schritte vor der weißen Plane hörte ich von drinnen ein Geräusch. Erschrocken blieb ich stehen. Einen Moment später wurde die Plane zurückgeschlagen, und Mohammed stand im Zelteingang.

Anstatt zu fragen, was ich hier verloren hätte, wünschte er mir in bester Laune einen guten Morgen. Ich erklärte ihm, mal eben zu meinen Sachen zu müssen, wogegen er nichts einzuwenden hatte, und verschwand hinter ihm im Zelt. Hastig packte ich alles zusammen und trat wieder ins Freie. Mohammed wusch sich gerade den Kopf unter dem Wasserschlauch. Auch die anderen Gäste, welche in den Baumhäusern lagen, waren inzwischen aufgewacht. Mich wunderte, dass so viele – neben mir noch fünf andere – freiwillig unter freiem Himmel geschlafen hatten, die Stechmücken waren auch diese Nacht wieder extrem lästig gewesen. Anstatt sofort aufzubrechen, wollte ich Mohammeds gute Stimmung ausnutzen, um doch noch an meine Hose zu kommen.

Ich versuchte ihm beizubringen, dass ich auf eine zweite Hose angewiesen sei, was er offensichtlich verstand; während er stumm ein neues Feuer entfachte und das Frühstück für die Gäste vorbereitete, dachte er darüber nach. Geduldig wartete ich, bis sich die Gäste auf dem Podest versammelt hatten und Mohammed jeden versorgt hatte, dann kam er mit Stift und einem Blatt Papier zu mir. Darauf notierte er alles, was er seit dem gestrigen Nachmittag für mich getan hatte. Drei Euro fünfzig für das Abendessen, zwei Euro für die Getränke, achtzig Cent für die Wasserpfeife … der Endbetrag belief sich auf knappe fünfzehn Euro. Dann stellte er mich vor die Wahl: entweder zahlen oder die Hose hierlassen.

Keine Sekunde überlegte ich zu bezahlen. Erstens, weil ich gar nicht so viel iranische Rial bei mir hatte, und zweitens, weil seine Rechnung für landesübliche Preise astronomisch hoch war. Ich begann zu verhandeln und schlug ihm vor, mir eine andere, notfalls, ältere Hose als Ersatz zu geben. Darauf ging er ein. Zuerst sollte ich aber noch mal Musik für die Gäste machen.

Ich zeigte meinen guten Willen und spielte ein Stück, als sie jedoch bereits nach dem ersten Stück wieder den *Desperado*-Song forderten, lehnte ich ab.

Dass ich das Lied nicht spielen wollte, gefiel weder Mohammed noch seinen Gästen. Sie versuchten, mich zu überreden. Als ich nicht nachgab, wurden sie ausfällig. Einer zeigte mir den Mittelfinger, andere riefen: »Fuck you, Mister.«

Kommentarlos schulterte ich meinen Rucksack und überquerte die Straße. Immer noch schrien sie hinter mir her. »Fuck you, Mister! Fuck you!« Von manchen waren es die ersten englischen Worte, die ich hörte. Mohammeds Sohn brachte mir anständigerweise noch eine Hose, Sekunden später hielt das erste Auto. Endlich weg.

Zurück nach Teheran

Unter normalen Umständen wäre ich nie in das Auto eingestiegen, es handelte sich um ein Taxi. Das war auf den ersten Blick nicht zu erkennen, erst durch die Selbstverständlichkeit, mit welcher der Fahrer den Wagen hielt und meinen Rucksack im Kofferraum verstaute, drängte sich die Vermutung auf.

Schon seit gestern Abend hatte ich ein leichtes Stechen im Bauch gespürt. Weil ich allerdings andere Probleme gehabt hatte, hatte ich es nicht weiter beachtet. Im Taxi schob ich das Magenzwicken noch auf die zahlreichen Kurven und den offensiven Fahrstil des Fahrers. Er raste dermaßen, dass wir bereits drei Stunden später Teheran erreichten. Ich zahlte die umgerechnet drei Euro fünfzig und ging auf direktem Weg zu Alis Laden. Mittlerweile fühlte ich mich hundeelend.

Eine lange Schlange stand an. Ali war beschäftigt, ein Eis nach dem anderen auszugeben, anstatt mich, wie er gewollt hätte, herzlich zu empfangen. Hinten im Laden gab es eine kleine Vorratskammer. Ich durchquerte den Raum, in dem das Eis in riesigen Bottichen hergestellt wurde, und ließ mich erschöpft in der kleinen Kammer nieder. Augenblicklich schlief ich ein.

Ein starker Druck im Unterleib ließ mich erwachen. Die folgenden Stunden verbrachte ich in der Hocke – über Alis minimalistischer Ladentoilette.

Weitestgehend entleert legte ich mich wieder auf den staubigen Teppich der Vorratskammer. Obwohl es mir deutlich besser ging als zuvor, fühlte ich mich noch recht schwach. Gerade als ich wieder die Augen schließen wollte, las ich auf dem weißen Sack vor meiner Nase »Made in Germany«. Weiter oben stand »Zucker, 25 Kilogramm«. Ich hob meinen Kopf und sah mich um. Acht weitere Säcke standen herum. Während ich überlegte, wie man sich bei den enormen Preisunterschieden im Iran deutschen Zucker leisten könne, nickte ich abermals ein und wurde erst am späten Nachmittag von Ali geweckt.

Den restlichen Tag konnte ich nichts mehr essen, doch kam ich insgesamt trotzdem glimpflich davon. Am nächsten Morgen war der ganze Spuk vorbei.

Ich erzählte Ali nicht viel über meine Erlebnisse im Norden, auch wenn sie mich die folgenden Tage noch sehr beschäftigten. Dass ich mich so in einem Menschen getäuscht haben konnte, machte mich misstrauisch, obwohl dies das Letzte war, was ich wollte. Sollte mein Verhältnis zu den vielen wohlwollenden Menschen darunter leiden? Leider konnte ich nicht anders.

Es dauerte eine Weile, bis ich den Menschen wieder so vertraute wie zuvor. Noch länger allerdings dauerte es, bis ich das *Desperado*-Lied wieder ins Repertoire aufnahm – über drei Monate spielte ich es kein einziges Mal.

Sechs Tage blieb ich noch in Teheran. In dieser Zeit hatte ich einen wahren Visamarathon hinzulegen. Sage und schreibe dreizehn Mal suchte ich die verschiedenen Botschaften auf, was zumeist stundenlanges Warten bedeutete. Die Auskünfte, die ich bekam, waren dürftig, teilweise sogar widersprüchlich. So hieß es bei meinem ersten Besuch in der indischen Botschaft, ein Visum sei nur nach Vorlage eines Flugtickets zu bekommen und koste zwischen zwanzig und dreißig Euro. Beim nächsten Versuch ging es auch ohne Flugticket, dafür benötigte ich ein Empfehlungsschreiben der deutschen Botschaft. Der Preis war außerdem auf vierzig Euro gestiegen. Die deutsche Botschaft aber hatte an dem Tag geschlossen, erst zwei Tage später kam ich nach langem Anstehen an die Reihe. Die Gebühren für das Schreiben beliefen sich auf stolze 23 Euro, zahlbar ausschließlich in iranischen Rial. Beiläufig bekam ich eine Vorstellung davon, wie viele Iranerinnen und Iraner Tag für Tag verzweifelt versuchten, ein deutsches Visum zu bekommen.

»Es werden keine Visa mehr für Deutsche ausgestellt«, sagte der unfreundliche Beamte ohne weiteren Kommentar. Alles, was ich erfuhr, war, zurück nach Deutschland zu müssen, falls ich ein Visum beantragen wolle. Dabei hätte es laut einem Reisehandbuch, welches ich zu lesen bekam, ohne weiteres möglich sein müssen. Ebenfalls darin geschrieben stand, dass es in der tausend Kilometer entfernt liegenden Stadt Zahedan nahe der pakistanischen Grenze ein Konsulat gebe, dessen Visapolitik etwas liberaler sei.

Das Handbuch gehörte übrigens zwei jungen Deutschen, Johanna und Michael. Wir waren uns in der Schlange vor der indischen Botschaft begegnet. Zwei Monate nach mir waren sie von zu Hause aufgebrochen, allerdings nicht zu Fuß, sondern mit dem Fahrrad. Über den Balkan und die Türkei hatte sie ihr Weg bis nach Teheran geführt, bis Weihnachten wollten sie auf den Philippinen sein.

Auf dem Rückweg von der Botschaft zu ihrem Backpacker begleitete ich sie, und weil wir uns so gut verstanden, luden sie mich kurzerhand zum Abendessen ein.

Ich spielte Gitarre, und wir erzählten uns gegenseitig unsere Reiseerlebnisse, die unterschiedlicher nicht hätten sein können. Während ich die meiste Zeit in Städten verbrachte und das gesellschaftliche Leben hautnah miterlebte, waren es bei Johanna und Michael vor allem Land und Natur, durch die sie Tag für Tag, Woche für Woche, Hunderte und Tausende von Kilometern fuhren.

Die beiden motivierten mich außerdem, noch einmal im Iran Straßenmusik zu wagen. Zum Glück! Johanna setzte ihr Kopftuch auf, und wir machten uns auf die Suche nach einem geeigneten Standort. Keine fünfzig Meter vom Backpacker entfernt fanden wir ihn. Ich begann mit dem ersten Lied, Johanna und Michael hielten die Augen offen, um mich rechtzeitig zu warnen, falls die Polizei kam.

Die ersten Zuhörer blieben stehen, die ersten Spenden gingen ein, und nach drei Liedern wusste ich: Auch im Iran kann man hervorragend Straßenmusik machen.

Von da an spielte ich wieder regelmäßig. Stets fand sich ein aufmerksames, interessiertes Publikum, wenngleich es ein wenig reservierter erschien als in den arabischen Ländern. Wieder verdiente ich ein Vielfaches des lokalen Durchschnittlohns, was meinem Gürtel sehr guttat: Die hohen Gebühren der Botschaften hatten meinen Geldvorrat von 200 auf 130 Euro zusammenschrumpfen lassen, und selbst wenn sich meine Erwartungen schon mehrfach als falsch erwiesen hatten, versprach ich mir von den nachfolgenden Ländern wie Pakistan und Indien aus finanzieller Sicht nicht allzu viel.

An diesem Abend landeten immerhin zwei Euro fünfzig in meinem Hut, und sicherlich hätte ich länger als diese halbe Stunde gespielt, wenn Ali mich nicht bereits erwartete. Ich verabschiedete mich von Johanna und Michael mit dem gegenseitigen Versprechen, auch über unsere Reisen hinaus in Kontakt zu bleiben.

Der Eisladen und Alis Wohnung befanden sich ganz im Süden der Stadt, ich hätte deshalb recht lange in öffentlichen Verkehrsmitteln gesessen, wenn in Teheran nicht ein schnelles, übersichtliches, atemberaubend modernes und unschlagbar günstiges U-Bahn-System eingeführt worden wäre. Eine Fahrkarte durch das gesamte Stadtgebiet kostete sechs Cent.

Für heute hatte Ali einen Freund eingeladen, der mich kennenlernen wollte. Dieser Freund war gleichzeitig sein Chef und hieß ebenfalls Ali. Der Einfachheit halber nannte ich Ali ab sofort Ali 1 und Alis Chef Ali 2.

Nach dem Abendessen klopfte es, und Ali 2 stand vor der Tür. Ihm gehörten der Eisladen sowie eine weitere Filiale im Norden der Stadt. Er sprach einwandfrei Englisch, und wir unterhielten uns lange und ausführlich bei mehreren Gläsern Tee. Die Frau von Ali 1 kam nur herein, um uns nachzuschenken, ansonsten blieb sie in der Küche. Ali 2 fuhr leidenschaftlich Rennrad, was hier alles andere als üblich war. Nebenbei war er Vorsitzender eines Vereins, der sich »Green Papillon« – »Grüner Schmetterling« – nannte. Die Handlungsfelder lagen vorwiegend im Bereich Umweltschutz und sozialer Gerechtigkeit. Mit verschiedensten Aktionen versuchten sie, die Bevölkerung aufzuklären und aufzurütteln. 2002 hatten sie den iranischen Umweltpreis für ein Projekt verliehen bekommen, bei welchem Ali 2 zusammen mit anderen Vereinsmitgliedern wochenlang quer durch den Iran radelte, um für umweltbewusstere Verkehrsmittel und mehr Sportbegeisterung zu werben. Neben seinem vielseitigen Engagement hatte er aber auch Laster. Eines davon war Opium.

Alles, was ich bis dahin über Opium wusste, war, dass es aus dem Saft unreifer Samen des Schlafmohns hergestellt wird. Als jedoch das Gespräch auf dieses Thema kam, ließ mich Ali 2 mehr darüber wissen. Er meinte, er lege großen Wert darauf, die Droge nicht zu verharmlosen.

»Maximal einmal pro Woche ist okay«, sagte er, »sonst ist das Suchtrisiko zu hoch. Und niemals mit Alkohol oder anderen Drogen mischen!«

Weil er diese Woche noch kein Opium konsumiert hatte und auch sonst durch und durch nüchtern war, stellte er fest, dass er heute durfte. Zufällig hatte er gerade etwas dabei. Aus einem kleinen Silberdöschen holte er ein dunkelgrünes Stück Opium in Größe einer Streichholzschachtel und reichte es mir zum Ansehen. Es fühlte sich an wie Radiergummi, man konnte es sogar kneten.

»Riech daran«, sagte er. Ich hielt das Opium unter die Nase.

»Riecht nach Gemüse«, meinte ich.

»Nichts anderes ist es. Reiner getrockneter Pflanzensaft.«

»Und wie konsumiert man es?«, fragte ich genauso neugierig wie skeptisch.

»Man raucht es.« Mit diesen Worten verschwand Ali 1 in der Küche und kehrte mit einer länglichen Holzpfeife zurück – ein etwa zwanzig Zentimeter langes Rundholz mit Mundstück und einer kleinen verkohlten Öffnung, durch die der Rauch gesaugt wurde.

»Es kann auch gegessen, getrunken oder gespritzt werden, doch das ist hierzulande unüblicher.« Während Ali 1 erklärte, brach Ali 2 ein kleines Stück des Opiumbrockens heraus und formte eine längliche Wurst.

»Zuerst macht man das Opium heiß«, sagte Ali 2 und hielt die Flamme des Feuerzeugs eine Weile unter die Opiumwurst, bis sie zu rauchen begann.

»Jetzt kommt der Hauptteil«, meinte er und bekam von Ali 1 die Pfeife gereicht. Geschickt hielt er Pfeife und Opiumwürstchen in einer Hand, Letztere positionierte er knapp über dem Einzugsloch, um mit der anderen Hand das Feuerzeug zu bedienen. Dann brachte er es über der Flamme zum Glühen, atmete tief aus und setzte die Pfeife an die Lippen. Ein süßlicher Geruch erfüllte den Raum. Ali 2 begann zu saugen. Es knisterte.

Gebannt beobachtete ich, wie die Opiumwurst kleiner und kleiner wurde. Er sog und sog, bis sich das Stück beinahe vollständig aufgelöst und den Weg in seine Lunge gefunden hatte. Er atmete erst aus, als kein Rauch mehr in seinem Atem zu erkennen war. Stille.

»Und?«, fragte ich endlich. »Wie fühlst du dich?«

»Ganz normal«, antwortete er und legte die Pfeife zur Seite. »Die Wirkung setzt erst nach zehn bis fünfzehn Minuten ein. Und auch dann nur schleichend.«

Nun war Ali 1 an der Reihe. Er wiederholte das ganze Ritual mit einer geringfügig kleineren Wurst, wonach sie mir bald ebenfalls anboten, eine Pfeife zu rauchen. Meine Neugierde war groß, aber ich zögerte. Die Gefahren einer Abhängigkeit waren aufgrund der Umstände meiner Reise wohl recht überschaubar. Ich wollte aber erst abwarten, wie es den beiden Alis nach Einsetzen der Wirkung ging.

»Ich bin schon high«, antwortete Ali 2 auf meine Frage, »aber du brauchst nicht darauf zu warten, bis ich zu lallen anfange oder Blödsinn rede. Denn genau das Gegenteil ist der Fall: Der Kopf wird klar, die Konzentration steigt, und sogar die Körperbeherrschung nimmt zu. Nur bei großen Mengen wird man irgendwann müde.«

Damit war ich überzeugt; ich wollte es einmal probieren. Ich bekam eine noch kleinere Wurst als Ali 1 und rauchte sie, wie sie es mir vorgemacht hatten.

Eine halbe Stunde verging. Weil ich immer noch nichts spürte, gaben sie mir ein zweites Stück Opium. Dann setzte die Wirkung ein. Ali 2 hatte das Rauschgefühl äußerst präzise beschrieben: Ich war hellwach, höchst präsent und fühlte mich in jeder Hinsicht abgeklärter und sicherer als sonst.

Zu diesem Zeitpunkt war es bereits nach Mitternacht. Während wir einen iranischen Spielfilm aus der Zeit des Schahs vor der islamischen Revolution sahen, welcher unseren Filmen der sechziger Jahre überraschend ähnelte, ließ die Wirkung bei Ali 1 und 2 offensichtlich nach; bald schon schliefen sie tief und fest.

Ich hingegen war hellwach und suchte dringend eine Beschäftigung, und da mir nichts Besseres einfiel, begann ich, Persisch zu lernen. Als ich alle Vokabeln, die ich bisher notiert hatte, auswendig wusste, weckte ich Ali 2 neben mir und fragte ihn nach weiteren Wörtern. Bis zum Morgengrauen hielt die Wirkung des Opiums an, dann erst war ich müde genug, um mich schlafen zu legen. Wie Ali 2 prophezeit hatte, blieb der Kater am nächsten Morgen aus, ich fühlte mich wie eh und je. Wo also lagen die Nachteile? Nun – allzu genau musste ich nicht hinsehen. Die wandelnden Opiumleichen der öffentlichen Parkanlagen dienten als abschreckendes Beispiel. Abgemagert befanden sie sich ständig auf der Suche nach dem Stoff. Hatten sie ihn bekommen und begierig aufgesaugt, lagen sie in seltsam verrenkten Positionen unter den Büschen, bis das Spiel von vorne losging. Willenlose Kreaturen,

mehr tot als lebendig. Ihre blutunterlaufenen, kranken Augen ließen mir jedes Mal aufs Neue das Blut in den Adern gefrieren. Es
war kein Leben, allerhöchstens ein Dahinsiechen.

Ali 2 hingegen schien seinen Opiumkonsum tatsächlich im
Griff zu haben; anstatt motivationslos zu werden oder dem nächsten Rausch entgegenzufiebern, joggte er am nächsten Vormittag
eine ausgedehnte Runde im Stadtpark. Dass ich trotz des wenigen
Schlafs mitging, wunderte mich selbst.

Als ich eines Abends wieder einmal von der Straßenmusik
heimkam, fragte Ali 1 mich ohne Hintergedanken nach meinem
Tagesumsatz. Ich hatte schon ein etwas schlechtes Gewissen, als
wir feststellten, dass ich in den zwei Stunden mehr verdient hatte
als er am ganzen Tag. Keine achtzig Cent die Stunde bekam er als
Lohn. Sein Job war hart, aber er murrte nicht. Selbst darüber nicht,
dass er nur jeden zweiten Sonntag freibekam, was bei der langen
Arbeitszeit von früh bis spät eine Siebzig-Stunden-Woche bedeutete. Denn er tat es aus Liebe. Aus Liebe zu seiner Frau und seinem
kleinen Sohn und vielleicht auch aus Liebe zu Ali 2. Außerdem, so
wiederholte er von Zeit zu Zeit, sei er froh, überhaupt Arbeit zu haben, auch wenn der Lohn gerade mal für seine winzige Wohnung
und etwas zu essen reichte.

Die Bearbeitungsdauer meines Visums lag bei vierzehn Tagen;
weil ich das Warten aber satthatte und es in Zahedan neben einem
pakistanischen auch ein indisches Konsulat gab, konnte ich die zu-
ständige Dame am Schalter dazu überreden, das Visum dort hin-
zuschicken.

Am Abend des zehnten Tages begleitete mich Ali 1 zusammen
mit Frau und Kind zum Busbahnhof, von wo aus ich in den Süden
des Landes fahren wollte. Kurz vor dem Verlassen der Wohnung
versteckte ich als kleinen Unkostenbeitrag für all seine Bemühun-
gen umgerechnet fünf Euro im Bad. Direkt von mir hätte er das
Geld nie und nimmer angenommen.

Während mir die Sitte des Landes nur ein scheues Kopfnicken seiner Frau zugestand, verabschiedete sich Ali 1 von mir mit einer herzlichen Umarmung.

Bis die beiden nur noch als kleine Punkte vor dem grauen Busbahnhofsgebäude erkennbar waren, standen sie da und winkten mir nach. Ich war wieder unterwegs.

Afghanistan (und Iran)

Nach Zwischenstopps in Isfahan und Schiras reiste ich weiter nach Afghanistan. Kein einfaches Unterfangen, und erst nach einer etwas zweifelhaften Bootsfahrt wurde mir klar, dass ich wohl illegal eingereist war. Die letzten Meter vom Boot bis zum Ufer waren wir gewatet. Dann wurde stumm das Geld für die Überfahrt abkassiert, und ich folgte den drei Männern die Böschung hinauf. Oben angekommen, wagte ich endlich zu sprechen.

»Afghanistan?«, fragte ich den Mann vor mir mit halblauter Stimme. Auch er trug ein Tuch gegen den Sand um den Kopf gewickelt. Obwohl ich nur seine dunklen Augen sehen konnte, machte er auf mich einen vertrauenerweckenden Eindruck; immer wenn ich unsicher war, deutete er mir an, was zu tun sei. Beinahe hatte ich das Gefühl, er sei der Einzige, der bemerkte, dass ich hier fremd war.

»Afghanistan?!«, fragte ich erneut und diesmal etwas lauter, um den Wind zu übertönen. Er drehte sich um.

»Ja. Afghanistan«, nickte er.

Spätestens jetzt gab es an der illegalen Einreise keinen Zweifel mehr.

Nach kurzem Fußmarsch stießen wir auf ein bereits wartendes Taxi, das uns zur nahe gelegenen Grenzstadt Sarandsch brachte. Sie waren gut organisiert. Im Auto kam ich mit dem sympathischen Mann ins Gespräch, wenngleich es nicht leichtfiel, da er kein Englisch sprach. Er hieß Mohammed.

Eine befestigte Straße gab es nicht, beinahe wären wir in den meterhoch aufgewehten Sanddünen stecken geblieben. Das änderte sich auch nicht, als wir nach fünfzehn Minuten Sarandsch erreichten; nur die mitten durch die Stadt führende Hauptstraße war asphaltiert.

Der Sandsturm schien hier heftiger zu wüten als noch auf iranischer Seite. Bis auf die jeweils erste Häuserzeile war von der Stadt nicht viel zu sehen.

Wie glücklich ich mich schätzte, als mir Mohammed vorschlug, mit ihm nach Hause zu kommen! Ich benötigte dringend einen Ansprechpartner, um mehr über das Land und einen möglichen Weg nach Pakistan zu erfahren.

Mohammeds Drogenhändlertätigkeit verunsicherte mich nur kurz. Er sagte es ganz offen. Allerdings war das alles andere als außergewöhnlich, ein Großteil der Bevölkerung von Sarandsch arbeitete in diesem Gewerbe. Und wenn sie nicht Opium in den Iran schmuggelten wie Mohammed, dann meist irgendetwas anderes. Ich hatte ja erfahren, wie selbstverständlich der Weg an den Grenzkontrollen vorbei ins andere Land führte.

Nach wenigen stürmischen Metern vom Taxi bis zu Mohammeds kleinem Lehmhaus legte er im Haus angekommen sein Tuch ab, und ich sah zum ersten Mal sein Gesicht. Er war viel jünger als gedacht.

Wir klopften uns den Sand aus den Kleidern, dann schnitt Mohammeds Bruder eine Melone für uns auf – das einzig wahre Essen bei diesen Temperaturen. Obwohl die Sandwolken die Sonne verdunkelten, war es unerträglich heiß.

»Ich will nach Pakistan«, versuchte ich zu erklären, »und später nach Indien.«

Mohammed setzte sich neben mich auf den Boden. Das Haus – es konnte höchstens aus zwei oder drei Zimmern bestehen – hatte innen die gleichen ockergrauen Lehmwände wie außen. Ein Teppich und ein betagter Fernseher stellten die gesamte Einrichtung.

»Nach Pakistan?«, wiederholte Mohammed und sagte etwas, wovon ich nur die Wörter »Bus« und »Kandahar« verstand.

»Nach Kandahar?«, fragte ich. »Mit dem Bus?«

»Ja«, sagte Mohammed und nickte. Ihr Dialekt unterschied sich deutlich von jenem in Teheran, doch war ich froh, dass sie überhaupt Persisch sprachen.

»Bus … wie viel Geld?«, hakte ich nach. So langsam kamen mir Bedenken, das Geld könne ausgehen; die hohen Visakosten sowie das viele Busfahren hatten meine Reserven angegriffen.

Mohammed kramte aus seiner Tasche ein Bündel Geldscheine hervor. Zehn blaue 20 000-Rial-Scheine – ungefähr achtzehn, neunzehn Euro – hielt er mir entgegen. So viel, vielleicht etwas mehr oder weniger, entnahm ich seiner Handbewegung.

»Und … wie viel Kilometer?«, wollte ich wissen.

»400«, antwortete er, wobei ich ihn wiederum erst verstand, als er mit den Fingern nachhalf. 400 Kilometer nur. Das war teuer. Bestimmt das Vierfache des iranischen Preisniveaus.

Gerade wollte ich fragen, ob es möglich sei zu trampen, da unterbrach uns Mohammeds Bruder.

»Bus – Kandahar – nicht gut …«, verstand ich. Und »bu, bu, bu, bumm!«. Dabei imitierte er eine Maschinengewehrsalve. So ähnlich hatte mich bereits jemand im Iran gewarnt. Wieder unterhielten sich die beiden Brüder. Nach einer Weile meinte Mohammed, er habe Freunde, die mir vielleicht helfen könnten. Wenig später befanden wir uns auf dem Weg.

Das Geschäft mit dem Opium konnte so schlecht nicht laufen, zumindest Mohammeds Auto nach zu urteilen; zwar war der bullige Geländewagen nicht mehr ganz neu, doch noch deutlich besser in Schuss als die meisten anderen Fahrzeuge auf der Straße.

Vor einem großen Tor blieben wir stehen. Die meisten Grundstücke waren von braunen Lehmmauern umgeben, durch welche die Häuser von der Straße aus oft nicht gesehen werden konnten, was aber weniger an den hohen Mauern als an der gedrungenen Bauweise der Gebäude lag. In beiderlei Hinsicht stellte dieses Anwesen eine Ausnahme dar. Trotz der höheren, massiven Mauer konnte man die zweite Etage des für hiesige Verhältnisse mächtigen Bauwerks darüber erblicken. Ein großgewachsener Mann mit Schnellfeuerwaffe bewachte das Tor.

Mohammed sprach ihn an. Über eine ungewöhnlich moderne Klingelvorrichtung gab der Wächter drinnen Bescheid, worauf wenige Sekunden später das Tor einen Spaltbreit geöffnet wurde. Mohammed schlüpfte hindurch, ich musste warten. Zu gerne hätte ich gewusst, was für Freunde wohl in dieser Festung wohnten.

Da kam Mohammed wieder. Er übergab mich einer weiteren bewaffneten Person, der ich folgen sollte. Mohammed selbst verabschiedete sich, was mich trotz seines optimistischen Kopfnickens verunsicherte. Wo war ich, und was sollten all die Waffen?

Normalerweise lösten Leute aus dem westlichen Kulturkreis eher selten Glücksgefühle bei mir aus. Je fremder und unbekannter Land und Leute, desto spannender empfand ich ihre Welt – Touristen und selbst Reisende so wie ich zerstörten da meist die Idylle.

Diesmal jedoch war es anders. Der Mann, zu dem ich geführt wurde, hieß Andrew. Er kam aus Kanada, und nach einem festen Händedruck fühlte ich mich sehr erleichtert. Er konnte offenbar Gedanken lesen und sagte, ich sei hier in Sicherheit. Gleich nachdem ich den marineblauen Kunstfaserteppichboden des geräumigen Foyers betreten hatte, stellte er mich seinen Kollegen vor. Paul aus Belgien, Jean-Pierre aus Frankreich, Clive aus England, im ersten Stock Magnus und Henrik, beide aus Schweden, und den Australier Robert.

Zum größten Teil arbeiteten sie als Praktikanten für die Vereinten Nationen, denen das Gebäude gehörte. Von meinem Vorhaben, nach Kandahar und weiter nach Pakistan zu ziehen, riet Andrew mir dringend ab. Dankbar hätte ich sein sollen, dass mich das Schicksal hierhergeführt hatte. Stattdessen war ich enttäuscht.

»Wie würdest du an meiner Stelle versuchen, nach Indien zu kommen?« Andrew konnte nicht viel älter sein als ich, allerhöchstens Ende zwanzig. Ein wirklich sympathischer Kerl.

»Zurückgehen in den Iran«, empfahl er. »Alles andere ist nicht nur äußerst gefährlich, sondern auch wesentlich teurer. Die Präsenz der Westmächte hat die Preise im Land rapide in die Höhe schießen lassen.«

Schweigend sahen wir uns an. Er war nicht der Typ, der zur übertriebenen Vorsicht neigte.

»Hast du schon überlegt, ein Schiff nach Indien zu nehmen?«, fragte er. Daran hatte ich tatsächlich noch nicht gedacht. Seit ich in Venedig erfolglos versucht hatte anzuheuern, hatte ich keinen Gedanken mehr daran verschwendet, auf ein Container- oder Frachtschiff zu kommen.

»Glaubst du, es gibt Schiffe von Iran nach Indien?«

»Oh, die gibt es auf jeden Fall. Ob sie jemanden mitnehmen, ist die andere Frage.«

Während ich mir diese neue Option durch den Kopf gehen ließ, machte Andrew folgenden Vorschlag: »Wenn du willst, bringe ich dich zu Freunden, bei denen du heute Nacht bleiben kannst. Morgen werden sie dir helfen wieder über die Grenze zu kommen.«

Aufgeben – umkehren – den gleichen Weg zurückgehen. Es fiel mir alles andere als leicht. Ich atmete tief aus.

Nach einem kurzen Telefonat fuhr mich ein afghanischer Mitarbeiter zu einem Kindergarten, der von einem Franzosen geleitet wurde. Dort bekam ich Essen und Trinken und seit langem mal wieder eine Dusche. Im Detail bestand diese aus zwei Eimern voll Wasser, die ich mir über den Kopf goss.

Übernachten konnte ich hier allerdings auch nicht, sondern wurde wiederum zu einem Freund gebracht. Nicht nur ich, auch mein dortiger Gastgeber und seine achtköpfige Familie standen beim Schlafengehen vor der Entscheidung zwischen den aufgeheizten, aber windgeschützten Räumen und dem kühleren, dafür sandigen Innenhof. Weil der Sturm gegen Abend endlich abflaute, entschieden wir uns für Letzteren.

So gerne hätte ich in den Straßen von Sarandsch Gitarre gespielt, doch redeten alle auf mich ein, es zu unterlassen. Es sei gefährlich und töricht, das Risiko einzugehen. So etwas hörte ich natürlich ständig, diesmal jedoch, sagte mir mein Gefühl, könne es womöglich stimmen.

Zurück in den Iran

Als erstes Land, in welchem ich keine Straßenmusik gemacht hatte, verließ ich Afghanistan wieder. Mein afghanischer Gastgeber fuhr mich zurück zum Fluss, ein alter Kahn brachte mich zum anderen Ufer. Da ich an diesem Tag der einzige Passagier war, stand ich auf der anderen Seite recht verloren da. In der Hoffnung, erneut auf ein Taxi zu treffen, ging ich querfeldein. Nach meinen Erfahrungen im jordanisch-israelischen Grenzgebiet hatte ich Bedenken, von der iranischen Grenzpolizei aufgegriffen zu werden.

Ich stieß auf eine Straße, der ich folgte, bis ein Lastwagen des Weges kam – also schnell Daumen raus und lächeln!

Welch großes Glück ich hatte, dass er anhielt, merkte ich erst, als wir nach zwei Kurven auf eine Polizeisperre stießen. Mir blieb fast das Herz stehen. Klar – hier besaß ich wieder ein Visum, doch konnte ich kein bisschen einschätzen, wie verdächtig ich sein würde, geradewegs von der Grenze kommend. Nach einem knappen Wortwechsel mit dem Fahrer ließ uns der Polizist jedoch passieren.

Der Lastwagenfahrer brachte mich bis zum Busbahnhof in Zābol und den ganzen langen Tag verbrachte ich im Bus, um schnellstmöglich zur Küste zu gelangen. Die Fahrt war zwar anstrengend, wegen der vielen interessanten Passagiere aber recht unterhaltsam. Am lebhaftesten erinnere ich mich an eine Gruppe waschechter Belutschen, welche Kräuter zum Markt brachten. Eine dicke, farbenfroh gewandete alte Belutschin verhandelte mit dem wenig begeisterten Fahrer, während die Männer mühsam die großen schweren Ballen Minze und Petersilie durch die enge Tür zwängten. Endlich im Mittelgang verstaut, machten die Kräuterballen ein Ein- und Aussteigen ohne Klettern unmöglich. Die würzige Luft erhielt noch eine weitere Note, als eine laut gackernde Hühnerschar zustieg.

Nur allzu deutlich waren die kulturellen und religiösen Unterschiede zu den Persern ersichtlich; beide Geschlechter hatten sich Haare oder Bärte genauso gefärbt wie ihre Hände, Finger und Fingernägel. Am auffälligsten empfand ich jedoch, dass offensichtlich die Frauen das Sagen hatten: Die Männer unterhielten sich bloß leise, während das gesamte übrige Geschehen von drei Matronen dominiert wurde. Ihnen hätte auch ich nur höchst ungern widersprochen.

Mit steifem Rücken und taubem Hinterteil erreichte ich tief in der Nacht die Tschahbahar. Die Luft roch salzig, und die Dunkelheit konnte die Hässlichkeit der Stadt nicht ganz verhüllen. Weil mir in den engen, schmutzigen Straßen überhaupt nicht danach war, im Freien zu übernachten, suchte ich eine Herberge auf, die mir der Busfahrer empfohlen hatte. Es gab keine Klingel. Ich musste erst mit mehrmaligem lautem Klopfen die nächtliche Stille zerreißen, bevor mir von einem verschlafenen jungen Burschen geöffnet wurde. Mein Schlafplatz: eine zu kurz geratene Matratze in einem kleinen Zimmer ohne Licht, zusammen mit fünf oder sechs laut schnarchenden Männern. Scharfer Schweißgeruch.

Nach einer kurzen unruhigen Nacht stand ich beim Anbruch der Morgendämmerung auf, um mich auf die Suche zu machen. Heute noch, so nahm ich mir fest vor, würde ich ein Schiff ausfindig machen, das mich nach Indien bringt.

Im Gegensatz zu den anderen Ortsteilen herrschte am Hafen bereits geschäftiges Treiben. Fischer schafften ihre vollen Netze an Land, Händler und Marktfrauen nahmen ihren Fang entgegen, und wer zu spät kam, musste sehen, was die anderen übrig gelassen hatten. Zwischen alten Schiffwracks und Bergen abenteuerlichen Mülls begann ich, nach einem geeigneten Ansprechpartner Ausschau zu halten. Am Ende eines langen Stegs, wo die größten Boote vor Anker lagen, versuchte ich mein Glück.

»Fährt dieses Schiff nach Indien?«, rief ich zu einem Matrosen hinüber, der dabei war, die Kajüte frisch zu streichen. Lange genug hatte ich diese Frage vorbereitet.

»Nein!«, sagte er und fügte etwas hinzu, was dem Ausdruck nach vermutlich hieß »hier gibt es keine Schiffe nach Indien«.

»Nein?«, fragte ich nochmals, um mehr aus ihm herauszulocken.

»Nein«. Er blieb dabei. Erst als ich mich zum Gehen abgewandt hatte, rief er mir nach: »Bandar Abbas.« Ich drehte mich noch mal um und sah, wie sein Arm Richtung Westen deutete.

So, oder so ähnlich erging es mir bis zum späten Vormittag – entweder verstand ich nichts, oder sie meinten, ich könne hier nicht fündig werden. Noch drei weitere Male wurde ich auf die Hafenstadt Bandar Abbas verwiesen.

Die Mittagssonne heizte den Küstenstreifen, von dem ich erhofft hatte, dass es dort kühler wäre als im Inland, auf bis zu fünfzig Grad auf. Ein Grund mehr, um die Suche vor Ort abzubrechen und sie weiter westlich in besagtem Bandar Abbas oder anderen Küstenstädten fortzusetzen.

Ich wusste nicht, dass es fast 700 Kilometer nach Bandar Abbas waren, und trampte einfach los. Meistens wollten mich meine Fahrer an entlegenen Abzweigungen gar nicht aussteigen lassen, weil sie fürchteten, ich könne hier draußen verdursten. Doch das war gleichzeitig der Vorteil, denn offenbar konnten es die Vorbeifahrenden mit ihrem Gewissen ebenso wenig vereinbaren, nicht anzuhalten. Und meistens bekam ich nach dem Einsteigen aufs Neue zu essen, und vor allem zu trinken.

So schenkte mir am Nachmittag eine Familie, welche auf der Strecke ihren Landsitz hatte, ein gutes Kilo frische Datteln. Ein Sohn erwies sich als wahrer Kletterkünstler, im Handumdrehen stieg er eine der hohen, üppig tragenden Dattelpalmen in ihrem Garten empor und warf ein paar schweren Rispen zu uns hinunter.

Als nächste Mitfahrgelegenheit stoppte ein überladener Bus, in welchem günstige Arbeitskräfte aus Bangladesch durch den Iran geschmuggelt wurden, mit dem Ziel, in Dubai für einen Hungerlohn Wolkenkratzer zu bauen. Bemerkenswert, dass die Menschenhändler für mich hielten und einen Umweg in Kauf nahmen, obwohl sie eigentlich in die entgegengesetzte Richtung unterwegs waren …

Am späten Abend erreichte ich Bandar-e Dschask, eine Ortschaft am Meer etwa 300 Kilometer vor Bandar Abbas. Selten hatte ich besser geschlafen als in dieser kühlen, stillen Nacht auf einer unmittelbar neben der Straße gelegenen Baustelle. Ausgeruht erreichte ich bald am nächsten Morgen mein Ziel. Ich war guter Dinge – umso mehr, da ich beim Umsteigen von einer Mitfahrgelegenheit zur nächsten auf Dattelpalmen stieß, die diesmal niedrig genug waren, dass ich die süßen Früchte selbst erreichte.

Seit langem schon schob ich es nicht mehr dem Glück, sondern dem Land in die Schuhe, dass ich stets so hilfsbereite Menschen traf. Diesmal jedoch musste etwas günstige Fügung dabei gewesen sein. Leider erfuhr ich nie seinen Namen, dafür erinnere ich mich noch genau an seine Reaktion auf meine Frage, wo es denn hier zum Hafen gehe. Obwohl ich auf Persisch gefragt hatte, antwortete er auf Englisch.

»Warte hier noch eine Minute, dann bringe ich dich dorthin.«

Erst heilfroh, bereute ich meine Frage, als er im nächsten Moment mit einem Taxi vorfuhr.

»Oh nein! … ähm, ich meine, ich wollte eigentlich zu Fuß …«

»Keine Angst«, roch er den Braten vollkommen richtig, »du brauchst nichts zu zahlen, ich muss sowieso dorthin.«

Noch bevor wir am Hafen ankamen, hatte er so großen Anteil an meiner Reise genommen, dass er, nachdem er seine zahlende Kundschaft befördert hatte, darauf bestand, mir bei meiner Suche nach einem Schiff zu helfen. Allerdings machte er mir wie alle anderen keine großen Hoffnungen; nie habe er etwas von einer Verbindung nach Indien gehört, und von einem Frachtschiff mitgenommen zu werden, hielt er für völlig ausgeschlossen.

»Aber jemanden zum Kartoffelschälen oder Putzen kann man dort bestimmt immer brauchen«, meinte ich, doch mit einem »wir werden sehen« unterstrich er abermals seine Zweifel.

Zunächst versuchten wir es in den Reisebüros. Die häufigste Verbindung ging nach Dubai, einige wenige nach Maskat im Oman und Doha in Katar, nach Indien jedoch keine einzige.

»Früher habe es wohl mal eine Fähre nach Mumbai gegeben«, übersetzte mein hilfsbereiter Taxifahrer die Worte des Angestellten der Seereiseagentur, »doch die schnelleren und billigeren Flugangebote hätten diese überflüssig gemacht. Es könne aber sein, dass von Dubai aus noch welche fahren, da ist er sich nicht so sicher.«

Nachdem wir eine halbe Stunde in brütender Hitze Hafen-arbeiter, Matrosen und einfache Passanten um Auskunft gebeten hatten, schlug er vor, mit zu ihm nach Hause zu kommen, um zu essen und zu duschen und, wenn ich wollte, meine Wäsche zu wa-schen. Außerdem habe er eine Internetverbindung, ich könne also nachsehen, ob es tatsächlich eine Verbindung gebe.

Satt, sauber und selig über solch umfassende Fürsorge saß ich zwei Stunden später in seinem Wohnzimmer vor dem Bildschirm und durchforstete das Netz noch brauchbaren Informationen. Ob-wohl schnell klar wurde, dass auch von den Vereinigten Arabischen Emiraten aus keine Passagierschiffe zum indischen Subkontinent ausliefen, freundete ich mich immer mehr mit dem Gedanken an, in Dubai weiterzusuchen. Die Anzahl der Frachtschiffe musste auf-grund des florierenden Handels zwischen Dubai und Mumbai er-heblich höher liegen. Ich setzte all meine Hoffnung in mein neues Ziel. Die nächste Fähre nach Dubai stach am frühen Abend in See.

Bis zuletzt wich der gastfreundliche Taxifahrer nicht mehr von meiner Seite. Er fuhr mich zum Hafen, kaufte mir Proviant – zwei Mangos, eine große Wassermelone und Brot – und wartete mit mir trotz der Verspätung von fast zwei Stunden bis zum Ablegen. Mit unerschütterlicher Selbstverständlichkeit, die keine Gegenleistung erwartete, gab er mir tatsächlich das Gefühl, *ihn* glücklich zu ma-chen statt andersherum.

Vereinigte Arabische Emirate

Bereits an Bord warf der bevorstehende Kulturwandel seine Schatten voraus. Die junge Mutter neben mir beherrschte nicht weniger als fünf Sprachen fließend, den Rest der Passagiere stellten im Wesentlichen indische Geschäftsmänner. Offen, interessiert und großzügig schenkte mir einer von ihnen gleich drei Paar Schuhe, von denen ich zwei leider kaum brauchen konnte; die letzten aber, ein Paar Flip-Flops, lösten endlich meine alten, vollkommen ausgelatschten und mehrfach reparierten Badeschlappen aus Athen ab.

Abgesehen von der Hitze hatte die Welt, in der ich am nächsten Morgen ausstieg, nichts mehr mit jener zu tun, welche ich sieben Stunden zuvor verlassen hatte. Auch schien es hier noch heißer zu sein. Alle Gebäude und Fahrzeuge waren derart klimatisiert, dass ich nach der raschen Passkontrolle das Gefühl hatte, gegen eine glühende Wand zu prallen, als ich das Hafengebäude verließ. Das Atmen fiel schwer. Sogar die Natur hatte sich verändert, wenn man die künstlich bewässerten, unwirklich grünen und sterilen Verkehrsinseln so nennen kann. Es gab am Hafen von Dubai nichts, was nicht künstlich auf mich gewirkt hätte. Die Gehwege sahen aus, als seien sie mit dem Lineal gezogen worden.

Ich stand allein auf dem geleckt wirkenden Gehsteig. Die einzigen Menschen sah ich in einiger Entfernung, vor einem monströsen Verwaltungskomplex. Dorthin ging ich, um jemanden nach Schiffsverbindungen oder der pakistanischen Botschaft zu fragen, denn das war inzwischen mein Plan B geworden: Sollten alle Stricke reißen und ich kein Schiff finden, das nach Indien ausläuft, wollte ich herausbekommen, ob die pakistanische Botschaft in den Emiraten nach denselben strengen Regeln wie die iranische arbeitet. Falls nicht, bestünde zumindest die Möglichkeit, mit einem pakistanischen Visum erneut in den Iran und dann weiter nach Pakistan zu reisen.

Nur Männer in Anzug und Krawatte betraten oder verließen das Gebäude. Der weiße Marmor blendete. Keiner nahm Notiz von mir. Den Nächstbesten sprach ich an.

»Darf ich Sie was fragen?«

Er war höchstens dreißig und sah sehr freundlich aus, leider hatte er es jedoch im Moment sehr eilig.

»Tut mir leid, ich habe gerade überhaupt keine Zeit«, meinte er, ohne stehen zu bleiben. »Fünf Minuten, dann kann ich dir weiterhelfen, okay?« Während der letzten Worte ging er rückwärts. »Bleib, wo du bist, ich bin gleich zurück!«, rief er.

Ich wartete also. Etliche Anzugmänner später erschien er wieder. Nun sah er deutlich weniger gestresst aus.

»Omar, hallo. Entschuldigung – war wirklich dringend.«

»Nun – eigentlich suche ich …«

»Bevor du weiterredest – hast du Hunger?!«

Keine Minute später saßen wir in seinem dicken weißen Audi.

»Nach Indien?!«, fragte er mit gerunzelter Stirn, »das dürfte schwierig werden über See.«

Während Omar all meine Befürchtungen bestätigte, zogen an uns die glamourösesten und zugleich maximal surreal wirkenden Wolkenkratzer vorbei, die diese Welt zu bieten hatte. Viele der bombastischen Glaspaläste befanden sich noch im Bau. Solange der Boom anhielt und das Erdöl sprudelte, wurden offenbar die Grundsteine für neuere, höhere, teurere Bauwerke gelegt, noch bevor das vorherige vollendet war. Egal wohin man sah, alles schien beweisen zu wollen, dass Geld keine Rolle spiele – oder die einzige.

Wir verließen den sechsspurigen Asphaltteppich und bogen in eine überschaubare Seitenstraße.

»Magst du Fisch?«, fragte Omar.

Wann immer es sein praller Terminkalender erlaubte, kutschierte Omar mich an den folgenden Tagen durch die Gegend, lud mich zum Essen ein oder fuhr mit mir zum Baden ans Meer. Er brachte mich zur pakistanischen Botschaft und holte mich wieder ab, enttäuscht, wie ich war – sie hatten hier die gleichen Vorschriften wie im Iran –, half mir bei der Suche nach einem Schiff Richtung Osten, welche ebenfalls erfolglos verlief, und zeigte mir den Goldmarkt, den einzigen Stadtteil Dubais, welcher für Straßenmusik in Frage kam. Denn anderswo gab es keine Menschen auf den Straßen. Alles spielte sich drinnen ab, als ob die Einwohner Dubais aus Butter wären und außerhalb ihrer zu groß geratenen Designerkühlschränke zerfließen würden. Auch Omar hielt die Temperaturen am Goldmarkt weder für mich noch für meine potenziellen Zuhörer für zumutbar, weswegen ich ihm zuliebe in einem der supermodernen XXL-Einkaufspaläste nachfragte, dort spielen zu dürfen. Leider hatte jedoch der Kaufhausparadiesdirektor etwas dagegen.

Omar fand das bedauernswerter als ich, schließlich war mir der Goldmarkt von Beginn an lieber gewesen. Also auf und dorthin.

Die erste Stunde war ich von dieser Entscheidung noch restlos überzeugt. Die Atmosphäre erinnerte mich an die syrischen und jordanischen Suks, wobei hier das Geschäft erwartungsgemäß besser verlief: Sage und schreibe sechzig Euro hatte ich eingespielt und eine ordentliche Zuschauermenge um mich versammelt, als nun schon zum dritten Mal ein Polizeiauto vorbeifuhr.

Wie die anderen Male zuvor versuchte ich, die Beamten mit einem unschuldigen Lächeln davon zu überzeugen, mich doch bitte weiterspielen zu lassen. Diesmal jedoch ohne Erfolg.

Der Wagen hielt genau vor meiner Nase. Zwei Polizisten stiegen aus, mit der mir leider nur allzu vertrauten Handbewegung, augenblicklich aufzuhören. Manche Zuschauer machten sich schnellstmöglich aus dem Staub, andere Neugierige kamen jetzt erst hinzu.

»Den Ausweis bitte«, raunzte der Beamte streng. Nur weil ich davor bei der pakistanischen Botschaft gewesen war, hatte ich diesen überhaupt bei mir.

»Ist das denn nicht erlaubt …«, fragte ich, während ich meinen Personalausweis aushändigte. Doch da klickten schon die Handschellen.

Vor einer Menschenmenge, von welcher ich kurz zuvor noch geträumt hätte, verstaute der zweite Polizist meine Gitarre samt Einnahmen im Kofferraum. Dann half er mir beim Einsteigen, indem er unsanft meinen Kopf hinunterdrückte und mich in den Wagen schob. Die Tür schlug zu.

Die Handschellen wurde ich erst wieder los, als ich nach zwei Stunden auf dem Polizeirevier sämtliche Fragen für das Protokoll beantwortet hatte und meine rechte Hand frei haben musste, um ein Papier zu unterzeichnen, in welchem stand, dass ich nie wieder in Dubai Straßenmusik machen werde. Ansonsten, so stand auf dem Papier, könne dies schwerwiegende Folgen für mich haben.

Omar war mächtig beunruhigt, als ich vom Revier aus anrief, er hatte bereits am Goldmarkt gewartet. Umgehend holte er mich ab. Ich bekam meine Gitarre, meinen Ausweis und sogar mein Geld zurück. Dann war ich wieder frei.

Die Tatsache, dass ich nicht mehr auf der Straße spielen durfte, nahm Omar derart mit, dass er mir noch am selben Tag – inzwischen der dritte – ein unfassbares Angebot machte.

»Max«, sagte er zu mir nach dem Abendessen, »ich weiß, du wirst es nur ungern annehmen. Aber falls du doch mit dem Flugzeug nach Indien willst, ich würde das Ticket für dich bezahlen.«

Erst als Omar seine Worte wiederholte, konnte ich meinen Ohren trauen.

»Omar … du – wir kennen uns noch nicht mal drei Tage, du kannst doch nicht einfach so …«

»Max, das ist nur ein Angebot, du kannst darüber nachdenken. Aber glaub mir – ich würde es nicht machen, wenn ich es nicht wollen würde.«

Es fiel schwer einzuschätzen, wie viel Geld Omar wirklich besaß. Er wohnte in Schardscha, dem Emirat, in welchem die meisten Menschen wohnten, die in Dubai arbeiteten. Seine Wohnung war klein, aber hübsch und in guter Lage, das Auto gehörte der Firma. Superreich war er bestimmt nicht.

Am meisten beschäftigte mich in dieser Nacht, wie die Alternativen zu Omars Vorschlag aussehen könnten. Auch wenn ich die Vereinigten Emirate weder interessant noch auf Dauer sonderlich beeindruckend fand, hätte ich problemlos eine ganze Weile hierbleiben können. Doch was dann? Nicht nach Indien, sondern wieder zurück Richtung Westen? Von den anderen Golfstaaten Bahrein, Katar oder Kuweit erwartete ich mir nicht viel mehr als von hier, und in Saudi-Arabien hätten sie mich wahrscheinlich genauso wenig wie in den Irak reingelassen. Mehr noch gefiel mir Jemen, wohin ich mit der Fähre in sieben, acht Stunden kommen könnte, aber auch damit wollte ich mich nicht zufriedengeben. So viel Zeit und Geld hatte ich in das indische Visum gesteckt. Nein, das sollte nicht umsonst gewesen sein. Außerdem hatte ich mir inzwischen insgeheim ein anderes Ziel gesetzt: Australien.

Am Nachmittag des folgenden Tages fuhren wir zum Dubai International Airport. Dabei stellte sich heraus, dass momentan die Flüge nach Indien außergewöhnlich teuer waren, da auf die heißen Sommermonate die Haupturlaubszeit der auf dem Bau arbeitenden Inder fiel. Und die nutzten selbstverständlich ihren Urlaub, um ihr sauer verdientes Geld an die zu Hause wartenden Familien verteilen zu können.

Günstigere Tickets gab es hingegen nach Bangladesch. Von dort aus durfte es nicht allzu schwer sein, nach Indien zu kommen. Noch für diesen Tag gab es Tickets für unter 250 Euro.

»Nun, was meinst du«, fragte Omar, als wir uns wieder auf dem Rückweg befanden.

»Hört sich schon verlockend einfach an.«

Ich überlegte lange, wog alles ab – vor allem meine ökologischen Bedenken –, am Ende aber war es doch zu reizvoll.

»In Ordnung, Omar. Ich fliege.«

Eine Nacht blieb ich noch bei Omar. So froh er anfangs über meine Entscheidung gewesen war, desto stiller wurde er, je näher der Abschied rückte.

Wir verbrachten die restlichen Stunden bis zum Abflug am Strand. Wir badeten und spielten Fußball und genossen die Zeit, die uns noch blieb. Dann fuhren wir erneut zum Flughafen.

Ich stellte mich in die Schlange des Check-ins.

»Nach Dhaka?«, fragte die Angestellte. Ich nickte und überreichte mein Flugticket samt Reisepass. Jetzt wurde es spannend.

»Sie sind aus Deutschland?«, wollte sie wissen, während sie im Visavermerk blätterte.

»Ja«, antwortete ich mit belegter Stimme, räusperte mich und wiederholte mit einem klareren »Ja«.

»Sie haben noch kein Visum …«, stellte sie fest.

»Das bekomme ich bei der Ankunft in Dhaka«, entgegnete ich, so ruhig es mein Herzschlag erlaubte. Sie vertiefte sich unendlich lange Sekunden in ihren Flachbildschirm, bevor sie sich wieder mir zuwandte.

»Fensterplatz?«

Ich atmete auf.

»Ganz egal«, sagte ich.

Erst in der Luft verlor ich die letzten Bedenken. Das Flugzeug drehte noch eine letzte Runde über das nächtliche Lichtermeer Dubais, dann ließen wir die arabische Halbinsel hinter uns.

Bangladesch

Sechs Stunden, 7000 Liter Kerosin und eine knappe Tonne an Pro-Kopf-CO_2-Emissionen später wachte ich auf. Die Maschine legte sich gerade steil in die Kurve, um die Landeposition einzunehmen. Verschlafen blickte ich aus dem Fenster – und war mit einem Schlag hellwach. Zwischen den weißen Nebelschwaden erblickte ich Land. Die eine Hälfte bestand aus graubraunem Wasser, die andere aus tiefgrüner üppiger Vegetation, welche hier und da von erdig braunen Wegen durchzogen war. Nur in den zahlreichen Reisfeldern versuchten sich die Farben miteinander zu vermischen. Jetzt erst wurde mir bewusst, wie karg die Landschaft im Nahen Osten gewesen war.

Wenige hundert Meter unter uns erkannte ich die ersten Häuser. Sie sahen wie Zementbunker aus, wie notdürftig improvisierte Unterstände aus Plastikmüll und Wellblech. Konnte das Dhaka sein, die Hauptstadt Bangladeschs?

Schnell wurde klar, dass meine Aufenthaltsgenehmigung kein großes Problem darstellte. Nachdem ich einige Minuten in der Reihe hinter dem Schalter der Einreisekontrolle gewartet hatte, stellte ich fest, dass es einen Extraschalter für entfernte Nationen gab. Ich war der Einzige, der in diese Kategorie fiel.

Deshalb dauerte es auch ein Weilchen, bis ich dort bemerkt wurde, dann ging jedoch alles sehr schnell. In fünfzehn Minuten waren alle Formalitäten abgewickelt; ein Stempel in meinem Reisepass erlaubte mir, vier Wochen in Bangladesch zu bleiben. Auch im Inneren des Flughafens ging es rege zu, hier draußen allerdings stand die Menge hinter der Absperrung so dicht an dicht, dass ein Durchkommen unmöglich schien. Sehnsüchtig wartende Familien. Ich sah mich um. Es gab noch eine Art VIP-Ausgang – ein Taxifahrer in blauer Uniform winkte mich von dort bereits mit aufdringlicher Freundlichkeit zu sich – doch Freikaufen konnte keine Lösung sein. Langsam näherte ich mich der Menschenmenge. Noch fokussierten die Wartenden das große Eingangstor, um möglichst als Erstes die lieben Heimkommenden zu erblicken.

Als mich bloß noch wenige Meter vom Durchgang der Eisengitterabsperrung trennten, wurde der Tumult plötzlich ruhiger. Mehr und mehr dunkle, große Augenpaare blickten stumm in meine Richtung. Instinktiv drehte ich mich um, doch da war natürlich keiner. Ich blieb stehen. Die Stille in diesen Sekunden kam mir unwirklich vor.

Dann bemerkten die Ersten, weshalb ich stehen geblieben war, und traten einen Schritt zurück, um mir den Weg frei zu machen. Bald hatte sich eine Schneise gebildet. Langsam, mit klopfendem Herzen setzte ich mich in Bewegung. Sie starrten mich an. Nicht böswillig, auch nicht besonders freundlich, einfach nur neugierig.

Ich hatte mich im vergangenen halben Jahr daran gewöhnt, fremde Blicke auf mich zu ziehen; doch das hier war von neuer Qualität. Mit einem Gesichtsausdruck, der nicht arrogant, sondern selbstsicher, aber dennoch freundlich wirken sollte, schritt ich mit weichen Knien durch den schweigenden Pulk.

Erst als ich die Menge hinter mir gelassen hatte, schwoll der Lautstärkepegel allmählich wieder an. Das Gefühl der Beklommenheit wich, auch wenn sich die Situation noch nicht ganz entspannte.

Eine Menschentraube – größtenteils Kinder – folgte mir, während ich planlos einen Weg in das Zentrum Dhakas suchte. Unter ihnen war eine Bettlerin, immer wieder holte sie mich ein, um mir ihre offenen Hände entgegenzurecken. Ich lächelte und schüttelte den Kopf, als könne ich nicht anders, als ihr nichts zu geben. Von nun an versuchte ich, sie zu ignorieren, was sich aufgrund ihrer Hartnäckigkeit aber als gar nicht so einfach erwies. Geld gab ich aus Prinzip nie, dafür versuchte ich, wann immer es die Situation erlaubte, mein Essen zu teilen.

Als ich daher bei meinem ersten Einkauf im Land an einem kleinen, von Fliegen umkreisten Straßenstand eine Mango erwarb, schnitt ich sie in zwei Hälften und reichte eine davon der Bettlerin. Ehrlich gesagt hatte ich nicht damit gerechnet, dass sie sie annehmen würde; die Mango sah überreif aus, und mein stumpfes Taschenmesser quetschte mehr als es schnitt und machte die Sache nicht viel appetitlicher. Nichtsdestoweniger nahm sie die Mangohälfte gierig entgegen, verbeugte sich beim Rückwärtsgehen noch zwei-, dreimal und war auf und davon. Mit offenem Mund sah ich ihr hinterher. Noch beim Umdrehen hatte sie in die Mango gebissen, samt Schale. Sie hatte wirklich Hunger gehabt.

Ich stand regungslos da. Rauchschwaden von den zahlreichen Feuerstellen zogen durch die Luft, über ihnen wurde hier und da Essen zubereitet. Die Gruppe Kinder war in sicherem Abstand ebenfalls stehen geblieben, einer lachte hinter vorgehaltener Hand. Auf der anderen Seite der matschigen Straße mühte sich ein Junge, seine vollbesetzte Rikscha durch einen überfluteten Teil der Straße zu fahren; er musste absteigen und schieben, wobei er bis knapp unter die Knie im graubraunen, nach Fäkalien stinkenden Wasser versank.

Wenige Meter weiter war zu sehen, woher dieser Gestank kam: Eine junge Mutter ließ ihr Kleines sein Geschäft verrichten; unweit daneben urinierte ein Mann am Wegrand, mit den Füßen im Wasser stehend, in selbiges. Drei grünlich schimmernde Fliegen machten sich unterdessen über meine Mango her.

Wenig schmeichelhaft, aber geografisch durchaus zutreffend, hätte man das Land tatsächlich als Abflussrohr des Himalayas bezeichnen können. Der Ganges und der Brahmaputra formten ein riesiges, nur wenige Meter über dem Meeresspiegel liegendes Flussdelta und transportieren jede Sekunde hunderttausende Liter Wasser aus Indien, Nepal und China in das Bengalische Meer. Jahr für Jahr werden bis zu fünfzig Prozent der Landesfläche während der regenreichen Sommermonate überflutet, was umso folgenschwerer ist, da Bangladesch, von Stadt- und Inselstaaten einmal abgesehen, die höchste Bevölkerungsdichte der Welt aufweist. Auch die große Armut wurde nur von wenigen Ländern übertroffen.

Bangladesch gehört zudem zweifellos zu den Hauptleidtragenden der Erderwärmung. Nicht nur weil das Land von Jahr zu Jahr von immer stärkeren Unwettern heimgesucht wird. Weitaus bedrohlicher ist der Anstieg des Meeresspiegels. Manche Klimaexperten prognostizieren, dass ein Drittel des Landes noch im Laufe dieses Jahrhunderts vom Meer geschluckt werde, jene weiten, tief gelegenen Ebenen, in welchem nicht nur die zwölf Millionen Einwohner Dhakas, sondern auch der Großteil der übrigen Bevölkerung lebt.

Neben der großen Armut leidet die Gesellschaft Bangladeschs zudem an einer ausufernden, nahezu alle Lebensbereiche betreffenden Korruption, von der ich als Tourist jedoch nicht viel mitbekam. Auch von den in anderen Ländern verbreiteten Touristenpreisen blieb ich verschont, dafür gab es wohl noch zu wenig Besucher.

Umgerechnet fünfzehn Cent hatte ich für die Mango in meiner Hand bezahlt, die trotz ihrer Überreife und der klebrigen Hände, die sie mir den restlichen Tag bescherte, vorzüglich schmeckte.

Fasziniert von den vielfältigen Eindrücken, schweifte mein Blick umher und blieb an einem alten Mann am Straßenrand hängen. Am Boden neben ihm lagen einige große, etwas stachlige grünbraune Gebilde, die mich in Form und Farbe im ersten Moment an kleine schlafende Robben erinnerten. Das wettergegerbte Gesicht des Alten war ganz den goldgelben Früchten zugewandt, die in einer großen runden Schale in seinem Schoß lagen; Stück für Stück holte er aus jedem der pflaumengroßen Fruchtstücke einen dicken, schwarz glänzenden Kern und schichtete sie zur Freude der vielen Fliegen auf ein verbeultes Tablett. Als er mich bemerkte, musterte er mich erst mit schräg gelegtem Kopf. Dann winkte er mich freundlich näher, um mir eine Kostprobe zu geben. Erst jetzt erkannte ich, dass das, was ich auf seinen Knien für einen Behälter gehalten hatte, in Wahrheit eine halbierte Robbenfrucht war. Unter der dicken, schuppenartigen Schale verbarg sich das so gegensätzlich scheinende, leuchtend gelbe Fruchtfleisch. Ein süßlicher, leicht verdorbener Geruch stieg mir in die Nase.

Nickend nahm ich das glitschige Stück Obst entgegen und knabberte vorsichtig daran. Der Mann lächelte wohlwollend über meine Skepsis.

»Ham ham!«, machte er und deutete an, ich solle das ganze Stück doch endlich in den Mund schieben. Ich tat es, ohne es zu bereuen. Es schmeckte sehr süß und saftig und hatte eine weiche, etwas faserige Konsistenz.

Später erfuhr ich, dass es sich dabei um eine Jackfrucht handelte, die Nationalfrucht Bangladeschs. Eine einzelne Frucht kann bis zu 35 Kilo auf die Waage bringen. Ich malte mir aus, wie riesig der Baum, an dem sie wächst, wohl sein musste, um dieses Gewicht auszuhalten. Als ich dann aber meinen ersten Jackfruchtbaum zu

Gesicht bekam, glaubte ich meinen Augen nicht zu trauen: Die Früchte hängen an relativ dünnen, zerbrechlich wirkenden Bäumchen. Die Natur hat es jedoch so eingerichtet, dass die Früchte direkt dem Stamm entwachsen.

Verpflegung und Unterkunft regelten sich, als sich der erste Bangladeschi traute, mich anzusprechen. Sein Name war Nixon. Er konnte nicht älter als sechzehn oder siebzehn gewesen sein und fragte mich geradewegs, ob er mich auf einen Drink einladen dürfe. Ich sagte, er dürfe, worauf er mich in ein kleines, überraschend sauberes Café führte.

»Willst du auch einen Lassi?«

»Einen was?«

»Einen Lassi. Weißt du nicht, was das ist? Dann musst du es probieren. Wäre es nicht das Nationalgetränk Indiens, wäre es bestimmt unseres.«

»Aus was besteht so ein Lassi?«, wollte ich wissen. Es war nicht bloß seinem guten Englisch zu entnehmen, dass Nixon offensichtlich aus einer höherer Bevölkerungsschicht stammte.

»Hauptsächlich aus Joghurt. Alle anderen Zutaten wie Milch, Wasser, Zucker, Salz, Gewürze oder Obst sind je nach Geschmack unterschiedlich. Ich trinke ihn am liebsten süß und auf Eis.«

»Ah – und so einen hast du uns auch bestellt?«

„Ja. Mit Mango.«

Da kamen schon unsere zwei Lassis. Nixon versicherte mir, dass für die Eiswürfel bestimmt kein Leitungswasser verwendet wurde, und obwohl mir dabei nicht ganz wohl war dabei, stießen wir auf meine Ankunft in Bangladesch, auf Deutschland und auf unser Zusammentreffen an.

»Wir gehören zur Mittelschicht«, meinte Nixon und hielt mir die hölzerne Gartentür zu ihrem Grundstück auf. Er wohnte hier zusammen mit seinen Eltern, seinen fünf Brüdern und drei Schwestern sowie einigen Neffen und Nichten. Genau wie die Betonplattenbauten ringsum sah auch ihr Haus erst halb fertig aus, unverputzt und provisorisch. Dafür stand es in einer Gegend, welche von größeren Überflutungen offenbar verschont geblieben war. Er stellte mich seiner Familie vor.

Um so spontan und unangekündigt die Nacht bei ihnen verbringen zu können, hatte ich Nixon versprechen müssen, vor seiner Mutter zu tun, als sei ich ein alter Bekannter von ihm, den er im Internet kennengelernt hatte und der ihn nun endlich besuchen kommt. Trotzdem beäugte sie mich argwöhnisch. Nur weil sie kein Wort Englisch konnte, blieb mir ein Kreuzverhör erspart. Die von Nixon für mich übersetzten Fragen stellte er wohlweislich so, dass ich nur richtige Antworten geben konnte.

Bald schon war das Eis gebrochen, ich bekam zu essen und durfte mich waschen – wenngleich beides in recht ungewohnter Form. Es ließ sich kaum ignorieren, dass der Reis das Aroma des Wassers in den Straßen angenommen hatte, weshalb ich nur so viel herunterbrachte, wie unbedingt nötig war, um nicht gänzlich unhöflich zu wirken. Auch aus der geplanten Dusche wurde nichts. Wahrscheinlich waren es Kakerlaken, die eilig das Weite suchten, als ich die Tür zum Badezimmer öffnete; ganz sicher war ich mir nicht, es gab drinnen kein Licht. Das Getier ließ sich in der Dunkelheit somit nur vage erahnen. In der Ecke stand eine große wassergefüllte Blechwanne, aus der ich nur so viel Wasser schöpfte, wie ich brauchte, um meine Hände zu waschen. Zu einer richtigen Dusche konnte ich mich nicht überwinden.

Später trafen wir uns mit ein paar seiner Freunde. Beinahe jeder von ihnen konnte Gitarre spielen und singen, und wie schön war es, wieder einmal gemeinsam Musik machen zu können! Im ersten Stock eines halb fertigen Rohbaus setzten wir uns im Kreis zusammen und musizierten und unterhielten uns, bis die Nacht hereinbrach. Obwohl auch Nixons Freundeskreis eher der äußerst dünnen Mittelschicht Bangladeschs angehörte, waren sie im Vergleich zu westlichen

Standards immer noch bettelarm. Umso mehr wunderte mich, dass jeder von ihnen ein Handy besaß. Und offensichtlich noch genug Geld, um sich zu berauschen – es dauerte nicht lange, bis der erste Joint die Runde machte. Doch dazu brauchte es nicht viel Geld, das Zeug hier war überall für einen Spottpreis erhältlich. Einer von ihnen drückte es drastisch aus: Die Flucht in die Betäubung sei die einzige Möglichkeit, um dem tristen Alltag und der hoffnungslosen Situation ihres Landes zu entkommen. Nixon machte hingegen einen etwas optimistischeren Eindruck. Schließlich war er der Einzige unter ihnen, der studierte. Er hatte sich für Betriebswirtschaft entschieden, und ihm bedeutete das Studium sehr viel.

Wieder zu Hause, legten wir uns zeitig schlafen und nach der wenig erholsamen Nacht im Flugzeug schlief ich bald tief und fest. Erst am Morgen bemerkte ich die unzähligen Mückenstiche, von denen mein Körper übersät war. Ich wusste nicht, dass ich mich in einem Malaria-Risikogebiet befand, sonst hätte ich mich mehr daran gestört, dass Nixon gestern vergessen hatte, mir von dem Moskitonetz über dem Bett zu erzählen. Heute Abend würde er aber daran denken, versprach er.

»Heißt das, ich darf noch einmal hier schlafen?«

»Ich denk schon. Ich muss zwar erst mit meiner Mutter sprechen, aber ich glaube, sie mag dich. Jetzt wo du schon mal hier bist, wäre es jedenfalls jammerschade, wenn du gleich weiter nach Indien ziehst.«

Nach einem kleinen Frühstück aus Jackfrucht und Reis besuchten wir Nixons Onkel. Er war verantwortlich für den relativen Reichtum der Familie. Eine T-Shirt-Fabrik mit 160 Angestellten konnte er sein Eigen nennen. Zusammen mit Nixon führte er mich durch das Unternehmen und erklärte mir die verschiedenen Arbeitsabläufe; hier wurden Stoffe abgemessen, dort geschnitten, wieder woanders zusammengenäht. Die gesamte Produktion wurde in die USA geliefert, an diesem Tag jedoch mit einer Ausnahme:

»Als kleiner Beitrag für deine weitere Reise«, sagte Nixons Onkel, als er mir das knallrote T-Shirt reichte. Tatsächlich konnte ich ein neues sehr gut gebrauchen, einzig jenes von Wasim aus Damaskus machte noch den Eindruck, die nächsten Monate zu überleben, meine beiden alten, von zu Hause mitgenommenen kurzärmeligen Unterhemden waren allmählich bereit für die Putzlappenabteilung.

Bis auf einen Büroangestellten gab es ausschließlich Arbeiterinnen in der Fabrik. Schätzungsweise ein Drittel war minderjährig, teilweise nicht älter als zehn, zwölf Jahre. Daran gibt es nichts schönzureden. Auch wenn, wie Nixon versicherte, die Jobs hier äußerst begehrt waren und die Alternative dazu nur härtere und schlechter bezahlte oder – noch schlimmer – gar keine Arbeit gewesen wäre.

Obwohl Nixon der Meinung war, es sei eine sehr schlechte Idee, ließ ich es mir nicht nehmen, auch in Dhaka Straßenmusik zu machen. In der Nähe der Universität fanden wir einen geeigneten Platz. Nach den ersten Liedern gestand Nixon zwar ein, dass die Sache doch nicht so schlimm war wie befürchtet; ganz beruhigte er sich aber nicht – bis zum letzten Ton stand er mit besorgter Miene an meiner Seite. Natürlich war der Andrang heftig, die Einnahmen kaum der Rede wert und das Ganze eine moralische Gratwanderung. Doch ging es mir schließlich um die Erfahrung, und darum, eine Vergleichsmöglichkeit zu den Straßenmusikbedingungen anderer Länder zu bekommen. Knapp einen Euro zählte ich nach einer Stunde, dazu drei Zettel mit E-Mail-Adressen. Die Studenten unter den zahlreichen Zuhörern waren äußerst kontaktfreudig.

Die folgenden Tage vergingen wie im Flug. Natürlich hatte mich Nixons Mutter bei ihnen schlafen lassen. Ich lernte viel über die Sitten und Bräuche des Landes, wobei Nixon nicht müde wurde, mir alles genauestens zu erklären und zu zeigen. Die Familie war mir so schnell ans Herz gewachsen, dass es mir am vierten Tag schwerfiel weiterzuziehen. Doch brannte ich darauf, endlich Indien zu erreichen.

Als der Zeitpunkt gekommen war, nahm die einst so misstrauische Mutter meine Hand. Sie küsste sie, während Nixon ihre Worte übersetzte: Allah möge mich auf allen meinen Wegen begleiten. Noch mehr bewegte mich aber, was Nixons Nichte, schüchtern und mutig zugleich, zu sagen hatte. Sie war ein hübsches Mädchen, vielleicht acht oder neun Jahre alt. Ihre großen, neugierigen Augen waren keine Sekunde von mir gewichen, als ich die vergangenen Tage im Kreise der Familie gesungen hatte. Ohne viel Englisch zu können, sagte sie etwas, was ich bis zum heutigen Tag nicht vergessen kann: »Your smile is beautiful.« Dann sah sie mich mit ihrem verzaubernden Lächeln an, welches ich die vergangenen Tage bloß stets zu erwidern versucht hatte, und ich bemerkte, wie ihr plötzlich die Tränen kamen.

Noch viele weitere Tränen flossen, bevor ich mich ein letztes Mal zu der vor dem Hauseingang stehenden, traurig winkenden Familie umdrehte. Eine nagelneue Jeans hatten sie mir noch zum Abschied geschenkt, und als mir Nixon, der mich zum Abfahrtsort des Busunternehmens begleitete, offenbarte, dass seine Mutter ihm Geld für meine Busfahrt nach Kalkutta gegeben hatte, konnte ich es mal wieder nicht fassen. Es half kein Diskutieren.

Bis sich der Bus außer Sichtweite befand, sah mir Nixon hinterher. Dass es wirklich auf der ganzen Welt so viele liebe und großzügige Menschen gab!

Die Reise dauerte den ganzen Tag und die ganze Nacht. An einem Stück brachten wir die lange, unbequeme Fahrt hinter uns, nur mit einer kleinen Toilettenpause am späten Nachmittag und einem weiteren ungewöhnlichen Halt kurz vor Mitternacht. Dieses zweite Mal dauerte es eine Weile, bis jemand den Bus verließ. Ich sah aus dem Fenster. Außer ein paar dunklen Gestalten konnte ich im fahlen Licht nichts erkennen. Dann setzte sich der Bus unvermittelt mit einem seltsam ächzenden Ruck in Bewegung. Ich blickte zum Busfahrer, doch sein Platz war leer. Auch der Motor lief nicht. Was passierte hier?

Die anderen im Bus zeigten sich offenbar von unserem nächtlichen Stopp relativ unbeeindruckt. Die meisten dösten vor sich hin, nur ganz hinten in der letzten Reihe drückten zwei Kinder neugierig ihre Nasen an der Fensterscheibe platt.

Dann öffneten sich die Türen. Erst als die Ersten den Bus verließen, wurde mir klar, dass wir wohl angehalten hatten. Dabei hätte ich schwören können, eine Beschleunigung gespürt zu haben. Ich folgte den anderen nach draußen. Es herrschte tiefschwarze Nacht. Metallisch hallten meine Schritte. Ein dumpfes Brummen war zu hören; noch ein, zwei Sekunden dauerte es, bis ich endlich ahnte, wo wir waren. Sanft schaukelnd verflogen mit dem milden Fahrtwind meine letzten Zweifel. Wir befanden uns auf einer Fähre.

Wir hatten den Brahmaputra erreicht, welcher sich wenige Kilometer flussaufwärts mit dem Ganges zu einem gigantischen Strom vereint hatte. An seiner engsten Stelle war er immer noch mehrere Kilometer breit. Gespannt tastete ich mich zur Reling und versuchte, das Ufer über dem mächtigen, schwarzen Fluss zu erspähen. Ich hätte jedoch nicht zu sagen vermocht, ob es ein Fluss oder das Meer war.

Die Fähre war nicht sonderlich groß, außer unserem Bus hatten sieben, vielleicht acht weitere Pkw darauf Platz. Ich hatte also bald gesehen, was es zu sehen gab, kehrte wieder in den Bus zurück und schlief, bis ich am nächsten Morgen am bengalischen Grenzposten erwachte.

Sie gaben ein bizarres Bild ab, die maroden Grenzgebäude inmitten des Urwaldes. Die Ausreiseformalitäten erwiesen sich als komplizierter als erwartet. Ich hatte Glück, überaus freundliche, hilfsbereite Grenzbeamte anzutreffen. Denn eigentlich wäre eine offizielle Erlaubnis vonnöten gewesen, um Bangladesch über den Landweg verlassen zu dürfen. Doch drückten die Beamten beide Augen zu.

Indien

Wie lange hatte ich diesem Moment entgegengefiebert! Jetzt, da es endlich so weit war, kam er mir beinahe unwirklich vor. Andächtig überschritt ich die Türschwelle des Grenzpostens. Nur etwas stärker. Erst die unangenehmen Fragen eines indischen Beamten bremsten meine Euphorie. Ich sollte die exakte Dauer meines Aufenthalts, die Regionen, die ich besuchen wollte, sowie die dortigen Herbergen angeben. Und da ich mittlerweile gelernt hatte, dass Ehrlichkeit an Grenzübergängen fehl am Platz war, galt es, mich vorzusehen. Statt einer Uniform war er in weite weiße Tücher gehüllt. Er wirkte pompös. Nicht nur sein Körperbau, auch seine Kleidung, vor allem aber der viele Goldschmuck war alles andere als dezent, so, als wolle er Neuankömmlingen mit aller Deutlichkeit zeigen, nicht mehr im armen Bangladesch zu sein.

Beim Ausfüllen der Reiseformulare war meine ganze Kreativität gefragt. Den Zeitrahmen setzte ich willkürlich auf fünf Wochen, als Zielorte fielen mir nur Kalkutta, Delhi und Mumbai ein. Am schwierigsten gestalteten sich jedoch die Adressen der Hotels. Passende Hotelnamen wären mir schon genügend eingefallen, doch hätten mich die falschen Straßennamen verraten können, wenn mir nicht ein Bangladeschi unter die Arme gegriffen hätte.

Ich weiß nicht mehr, wann ich das erste Mal das Gefühl hatte, dass sich mein Aufenthalt in Indien schwierig gestalten könne. Mir war zwar prophezeit worden, dass man Indien entweder hasst oder bedingungslos liebt; doch hatte ich eigentlich nicht vor, mich in dieses Schema einzuordnen. Vielleicht war es der Moment, in dem ich merkte, ab sofort nicht mehr im Mittelpunkt des öffentlichen Interesses zu stehen. Und dieser Moment war sehr schnell da. Von nun an musste ich mich selbst darum kümmern, wo ich blieb; darauf zu warten, bis mich jemand zu sich nach Hause einlud, hätte jedenfalls lange gedauert.

Die Taxifahrer und Hotelzimmervermittler waren die Einzigen gewesen, die sich für mich interessiert hatten. Jetzt zog das bunte Treiben vorüber, ohne dass jemand Notiz von mir nahm.

Ich stand allein inmitten dieser fremden, stinkenden Stadt. Schlechtere Luftverhältnisse hatte ich nur in Teheran erlebt. Schwer türmten sich die Abgaswolken über den Dächern. Ich machte mich auf die Suche, ohne eigentlich zu wissen, wonach. Ich versuchte, mich so gut es ging mit der ungewohnten Situation anzufreunden.

Aus mitteleuropäischer Sicht hätte Kalkutta absolut abenteuerlich gewirkt. Nach Bangladesch fand ich das Leben hier jedoch überaus zivilisiert. Die Straßen waren befestigt, und neben den allgegenwärtigen Kleinhändlern und Straßenkantinen auf den Gehwegen prägten große, massive Kolonialbauten das Stadtbild. Es hatte seinen Reiz, diese Kombination aus altem, englischem Baustil und modernem, indischem Leben. Bäume entwuchsen den altehrwürdigen Fenstern und Dächern, Affen schwangen sich von Giebel zu Giebel, während darunter in den Straßen der Stadtalltag vor sich hin plätscherte. Ich gönnte mir eine aufgeschnittene Papaya, serviert auf einem Stück Zeitungspapier, mit einer roten pulvrigen Gewürzmischung bestreut, welche mir den Spaß am Essen gehörig verdarb, und legte mich auf die Mauer eines Stadtparks, um mich ein wenig von der unbequemen Busfahrt zu erholen. Ich fühlte mich sicher hier. Das war einer der Vorteile, dass sich nicht mehr alles um mich drehte. Die Gitarre und meinen Rucksack neben mir, döste ich ein paar Stunden. Als ich aufwachte und feststellte, dass mich immer noch keiner angesprochen und zu sich nach Hause eingeladen hatte, beschloss ich endlich, Indien in Sachen Straßenmusik auszutesten. In einer breiten, viel zu lauten Straße, spielte ich den restlichen Nachmittag. Die indischen Rupien sahen fast genauso aus wie die bengalischen, wichtiger als die paar Münzen waren aber die Bekanntschaften, die ich machte. Vor allem eine: Sharon aus Australien hörte mir die letzten zwanzig Minuten zu. Sie war eine blonde, sommersprossige Frau, etwa im gleichen Alter wie ich, und weil ich zu diesem Zeitpunkt ohnehin genug gespielt hatte und wir uns bald tief im Gespräch befanden, begleitete ich Sharon auf dem Weg zu ihrem Hotel. Sie war schon über drei Monate in Indien und konnte mir allerhand über das Land erzählen; über das System der Kasten, dessen Auswirkungen auch heute noch überall spürbar waren, auch wenn es der Großteil der Inder leugnete; über den grünen Norden am Fuße des Himalayas und den heißen, unendlich vielschichtigen und weiten Süden.

Sharon wohnte im Touristenviertel Kalkuttas, in welchem sie mich in einer hübschen, aber viel zu teuren Teebar auf ein Glas Milchtee einlud. Auf einer von Sharons Karten sah ich das erste Mal, wo in Indien ich mich eigentlich befand. Am nördlichen Ende der Ostküste gelegen, war Kalkutta die größte Stadt Ostindiens und gleichzeitig die Hauptstadt des Bundesstaates Westbengalen. Dieser, von allen 28 indischen Bundesstaaten am dichtesten besiedelte, befand sich so wie Dhaka im Flussdelta des Ganges, also dort, wo ich schon vor der zwölfstündigen Fahrt gewesen war.

Wir rauchten eine starke indische Gewürzzigarette und tranken Tee, bis mich Sharon fragte, wo ich denn eigentlich übernachten wolle. Weil ich die Hoffnung, für heute noch irgendwo unterzukommen, inzwischen aufgegeben hatte, sprach ich aus, was mich seit Näherrücken der Dämmerung beschäftigte.

»Ich denke, ich werde mir ein nettes Plätzchen im Park suchen.«

»Wie … du willst draußen schlafen? Warum nimmst du nicht einfach ein Zimmer? Es ist doch so saubillig hier.«

»Ja? … Wie viel zahlst du denn für die Nacht?«

»Keine drei Dollar. Aber wenn du dich ein bisschen umsiehst, kannst du bestimmt ein Bett unter zwei Dollar finden.«

Es fiel mir nie leicht, den Leuten beizubringen, dass zwei oder drei Dollar eine Menge Geld für mich waren. Ich hatte zwar auch nach den vielen Visagebühren noch immer über 150 Euro bei mir, doch falls die Einnahmen in den nächsten Monaten genauso mager ausfallen sollten wie heute oder in Bangladesch, dann war es nur eine Frage der Zeit, bis meine Reserven aufgebraucht waren. Ich musste jeden Euro umdrehen. Letztlich verdankte ich es dieser Sparsamkeit, so weit gekommen zu sein. Mehr als 250 Euro hatte ich bisher für Reiseformalien wie Visa, Ein- und Ausreisegebühren und allerlei Taxen berappen müssen, und leider war nicht damit zu rechnen, dass diese Kosten in Zukunft geringer ausfallen würden.

Da rettete Sharon mir die Nacht.

»Wenn du willst, kann ich dir meine Mückenabwehrsalbe leihen. Mein Zimmer ist soweit ganz gut abgeriegelt, ich hab sie die letzten Tage sowieso nicht gebraucht.«

Zudem bot sie mir an, mein Gepäck bis morgen früh bei ihr zu lassen, um keine Angst vor Dieben haben zu müssen. So verdankte ich Sharon, dass ich diese Nacht seelenruhig schlummerte. Die Salbe stank zwar fürchterlich, aber deswegen half sie wahrscheinlich auch so gut.

Am nächsten Morgen wurde ich von Hufgeklapper geweckt. Ich hatte mich unwissentlich in einer Sportanlage einquartiert, gerade stand eine morgendliche Partie Polo an.

Sharon ließ mich in ihrem Hotel duschen und war, weil sie in wenigen Tagen wieder zurück nach Australien flog, so lieb, mir die Mückensalbe zu schenken, welche mir auch noch in Zukunft viele ruhige Nächte bescherte.

In der Stadt hielt mich nichts, und so begann ich, die nächsten Etappen meiner Reise zu planen. Die strikten Einreisebedingungen der umliegenden Länder nahmen mir die Entscheidung weitestgehend ab. Der direkte Weg nach Australien hätte mich über Myanmar geführt, doch weil die burmesische Militärdiktatur das Reisen dort ziemlich unbequem machte, erkundigte ich mich nach Schiffsverbindungen zu den in der Nähe Thailands, aber noch zu Indien gehörenden Nikobar-Inseln. Leider wurden die Inseln jedoch nur selten angefahren. Außerdem musste ich damit rechnen, dass sich das Weiterkommen von dort sehr schwierig gestalten könne, weshalb mir nur noch der lange Umweg über China blieb. Das chinesische Visum kostete zwar relativ viel und die Beantragungszeit war lang, aber wenn ich nicht noch einmal fliegen wollte, hatte ich wohl keine andere Wahl. Als ersten Schritt musste ich deshalb zur chinesischen Botschaft nach Delhi, was mir auch deshalb nichts ausmachte, weil ich sowieso unbedingt den Norden besuchen wollte, von dem Sharon so geschwärmt hatte.

Das günstigste Verkehrsmittel in Indien ist der Zug. In einem Reisebüro wurde mir nach langen, zähen Verhandlungen das günstigste Angebot unterbreitet, das es ihrer Auskunft zufolge gab. Dieses hätte umgerechnet knapp dreizehn Euro gekostet und eine Reservierung zweiter Klasse beinhaltet. Ohne Reservierung gehe es nicht. Selbstverständlich sind dreizehn Euro für eine 1500 Kilometer lange Bahnfahrt nicht viel Geld, doch so wie ich die Situation einschätzte, war das noch lange nicht das Ende der Fahnenstange.

Nachdem der Mann im Reisebüro einsah, dass ich kein Bahnticket kaufen würde, schlug seine aufdringliche Art in abweisende Arroganz um. Als ich am Ende nach dem Weg zum Bahnhof fragte, raunzte er mir nur »nach rechts« entgegen.

Am Bahnhof angekommen, gab es normale Schalter und solche für Touristen. Dort kostete das billigste Ticket nur noch knapp neun Euro. Nun wollte ich es aber wirklich wissen. Auch hier kaufte ich kein Ticket, sondern stellte mich an die lange Schlange der wartenden Einheimischen.

Dort herrschte ständiges Gerangel. Jeder Zentimeter wurde hart umkämpft, und dass ich bei dem Gedränge nicht mitmachen wollte, verlängerte meine Wartezeit erheblich.

»Einmal nach Delhi, dritte Klasse, ohne Reservierung«, sagte ich so selbstverständlich wie möglich.

»Schnellzug oder normal?«

»Normal.«

»Macht 270 Rupien.«

Ohne zu zögern, schob ich das Geld über den Schalter. 270 Rupien waren weniger als fünf Euro.

Der Zug sollte am Abend um halb acht an Bahngleis acht abfahren. Das war in drei Stunden. Bis dahin ging ich noch ein letztes Mal in die Stadt, um Proviant für die lange Fahrt zu kaufen. Nicht weit vom Bahnhof gab es einen kleinen Markt. Kurz bevor ich dort eintraf, klatschten die ersten dicken Regentropfen auf den Asphalt. Dann trafen die ersten meine Mütze, und wenig später goss es wie aus Kübeln. Klitschnass erreichte ich einen Unterstand. Die dampfige Gewitterluft mischte sich mit den fremden Düften der Speisen und Gewürze. Der Unterstand gehörte zu einer kleinen Kantine. Wie die meisten ihrer Art bestand sie nur aus einem langen Tisch, zwei Bänken und zwei großen dampfenden Kesseln daneben, in denen es blubberte.

Die Menschen saßen dicht aneinandergedrängt. Ich hatte mich schon mit einem Stehplatz – Hauptsache trocken – abgefunden, da wurde mir ein Platz auf der Bank angeboten. Ich bedankte mich, setzte mich und trocknete mit meinem Taschentuch mein nasses Gesicht.

Die Bedienung fragte mich auf Hindi, ob ich essen wolle, was ich nur verstand, weil er dabei auf einen der leeren, blechernen Teller deutete.

Es war zum Heulen, aber ich konnte einfach das Gefühl nicht loswerden, dass mir der Platz nur angeboten wurde, um mal wieder Geschäfte mit mir zu machen. Dabei hatte ich sogar Hunger und hätte mir wahrscheinlich sowieso etwas zu essen geleistet; ich ärgerte mich aber über mein Misstrauen, hinter jeder Freundlichkeit eine Abzocke zu vermuten. Das waren wohl die Nebenwirkungen meines Sparsports.

Eigentlich war es ja nur fair, wenn Urlauber, die im Durchschnitt ein Vielfaches der Einheimischen verdienten, auch mehr bezahlen mussten. Daheim in Oberbayern gab es diese unterschiedlichen Preise sogar ganz offiziell, noch dazu ohne finanzielles Gefälle. Doch offiziell oder nicht, als Betroffener fühlt man sich bei dieser ungleichen Behandlung nur selten wohl. Denn wollte man im Idealfall nicht am liebsten gar nicht als Fremder erkannt werden? Einfach ein Teil der anderen Welt sein? Der Versuch, nicht als Tourist aufzufallen, war hier jedenfalls zum Scheitern verurteilt. Mein Gesicht, meine Haarfarbe, mein Rucksack und meine Sprache mussten mich zwangsläufig verraten.

Ich nickte, und die Bedienung klatschte eine Schöpfkelle Kichererbsengemüse und Reis auf den Blechteller. Dann schwenkte er einen verbeulten Becher mit Wasser aus und reichte ihn mir. In der Mitte des Tisches stand für alle Gäste ein Wasserkrug. Ich schenkte ein, roch daran und probierte einen Schluck. Obwohl das Wasser klar und frisch schmeckte, trank ich nur vorsichtig.

Der Regen prasselte noch immer in voller Lautstärke auf die Plastikplane. Das Essen war mir viel zu scharf. Schwitzend und mit triefender Nase kämpfte ich mich bis zur letzten Kichererbse vor. Wenn Keime im Wasser seien, dachte ich, hätten sie bei diesem scharfen Essen wohl kaum eine Überlebenschance – und leerte den Becher in wenigen Zügen. Blöd nur, dass Wasser nichts half.

So schnell wie der Regen begonnen hatte, war er wieder vorbei. Einige Stände weiter kaufte ich als Proviant für die Zugfahrt eine kleine Jackfrucht. Sie wog zwar knappe drei Pfund, aber sie hatte mich so angelacht, dass ich nicht widerstehen konnte.

In dunklen Straßenecken vor dem Bahnhof bekam ich dann die unschönen Seiten des indischen Lebens zu Gesicht. Ob man noch von Leben sprechen konnte, war ich mir anfangs allerdings nicht sicher. Ein junger Mann, kaum älter als ich. In seltsamer Verrenkung erweckte sein nackter, dürrer Körper den Anschein, er sei tot. Offene Wunden, die mit Insekten darin noch furchteinflößender aussahen. Es stank nach Fäkalien. Als eine Fliege in den leicht geöffneten Mund kroch, rührte sich der Mann endlich doch. Sein Unterkiefer schnappte hoch, noch bevor die Fliege entkommen konnte. Der schmale Brustkorb hob sich, und mit heiserem Husten war die Fliege wieder in Freiheit. Es schien, als sei er zum Leiden geboren und warte darauf, endlich unter besseren Umständen wiedergeboren zu werden.

Ein weniger dramatischer, aber deswegen noch lange nicht besonders reizvoller Aspekt des indischen Alltags stellte das Spucken dar. Gespuckt wurde sozusagen bei jeder Gelegenheit: auf der Straße, im Restaurant, im Zug … einfach überall. Aber nicht einfach so, Grund ist zumeist die indische Volksdroge Nummer eins: Gutkha. Täglich konsumieren Millionen von Indern die in hübsche Glitzertütchen verpackte Kautabakmischung, deren Bestandteile hochgradig krebserregend sind. Indiens Mundkrebsrate ist deshalb weltweit die höchste. Die im Gutkha enthaltene Betelnuss macht das Spucken zu einer besonders farbenfrohen Angelegenheit. Tiefrot färbten sich Fußwege und Wände von Unterführungen. Der Geruch von Gutkha erinnerte mich an WC-Stein. Ein einziges Mal ließ ich mich dazu überreden, ihn zu probieren. Zu dem in kleine Alufolie gepackten Tabak mischten sie ein weißes Pulver, welches im Mund besagtes Aroma entfaltete. Ein bis zwei Minuten hielt ich durch, dann spuckte ich das eklige Zeug angewidert aus.

Bis zur Abfahrt des Zuges hatte ich immer noch eine halbe Stunde, aber bis ich Bahnsteig Nummer acht fand, verging eine halbe Ewigkeit. Ich kam gerade noch rechtzeitig an Bord. Der Schweiß lief mir von der Stirn. Vor mir war der Kampf um die Sitzplätze im vollen Gange.

Nach und nach waren Menschen und Gepäck verstaut. Die Türen standen offen und blieben es auch, was wegen der stickigen, dampfigen Luft ganz angenehm war. Endlich konnte ich mich wieder einigermaßen frei bewegen, ohne ständig hin und her geschoben zu werden. Trotzdem hatte ich noch nach allen Seiten engen Körperkontakt. Allmählich konnte ich mir vorstellen, wie es zu dem günstigen Fahrpreis kommen konnte.

Zwei Stunden verbrachte ich stehend. Ich war froh, zumindest für meinen Rucksack einen Platz auf der Gepäckablage gefunden zu haben. Dann quetschte ich mich zwischen den anderen auf den Boden. Ich lehnte an einem älterem kleinwüchsigen Inder, der wie ich nach Schweiß stank. Auf den Haufen Beine vor mir legte ich meine obendrauf, was keinen störte.

Der Zug fuhr langsam, hielt aber dafür relativ selten. An den Bahnhöfen kamen Essensverkäufer an die vergitterten, unverglasten Fenster. Noch wichtiger aber waren die Wasserverkäufer. Mit der Zeit wurde auch das Sitzen auf dem harten Untergrund sehr unangenehm. Als es dunkel wurde und die ersten Schnarcher zu hören waren, wurde mir klar, dass ich in dieser Position keinen Schlaf finden würde. Ich sah mich um und überlegte.

Die gelbe, matte Lampe an der Decke erhellte den Waggon nur schwach. Auf der Gepäckablage unter dem Dach erspähte ich ungefähr dreißig freie Zentimeter – genug, um dort eventuell sitzen zu können, was aber auch nicht bequemer als hier unten gewesen wäre. Dann kam mir eine Idee. Mein Rucksack nahm einen guten Meter der Ablage ein. Wenn man ihn aber zwischen dem Metallgerüst der Abteile und der Gepäckablage klemmte, passte er mit seiner Kraxe wie angegossen dazwischen. So positioniert, schwebte er praktisch über dem Durchgang, ohne Platz für sich zu beanspruchen. Mit Schnüren fixierte ich die ganze Konstruktion. Dann kletterte ich das Metallgerüst hinauf auf die Ablagefläche, wo ich nun ausreichend Platz hatte, um mich hinzulegen. Stolz auf meinen Erfindergeist streckte ich alle viere von mir. Die Gepäckablage schien stabil zu sein. Einziger Nachteil hier oben war die noch heißere und stickigere Luft. Beim Schlafen störte mich das allerdings kein bisschen.

So lange es ging, döste ich am nächsten Morgen weiter. Ich wollte so viel Zeit wie möglich totschlagen. Nach Sonnenaufgang wurde es unterm Dach jedoch bald so heiß, dass ich von meinem Schlafplatz kletterte und mich wieder zur schwitzenden Menge am Boden gesellte. Heute hatte ich das Glück, einen Sitzplatz angeboten zu bekommen – noch dazu einen am Fenster.

Endlich konnte ich etwas von der Landschaft Indiens sehen. Außer an Reisfelder erinnere ich mich vor allem an eine tote Kuh, die im Graben neben der Bahnstrecke lag. Wir fuhren gerade durch ein kleines Dorf, nicht viel schneller als Schrittgeschwindigkeit. Erst spät erkannte ich das schwarze Etwas, das dort zwischen den Müllhäufen verweste. Einige Körperteile waren schon von Tieren angefressen gewesen, aber zu weiten Teilen sah die Kuh aus, als würde sie schlafen. Dann drang der süßliche Geruch durch das Fenster. Lange noch nachdem das tote Tier meinem Blickfeld entschwunden war, hatte ich ihn noch in der Nase.

Erschöpft und schmutzig, mit salzverkrusteter Stirn und klebrigen Händen stieg ich am Abend dieses Tages nach 26-stündiger Fahrt am Hauptbahnhof in Delhi aus. Am liebsten hätte ich meine Hose ausgezogen, um zu sehen, ob sie von alleine gestanden hätte.

Delhi

Nach einem kurzen Fußmarsch, der nach dem langen Sitzen guttat, erreichte ich die engen verwinkelten Gassen des alten Stadtkerns. Hier hoffte ich, eine Herberge zu finden. Im Freien zu schlafen, schied aus, da es bereits zu spät und zu dunkel war, um etwas Passendes zu finden. Ich bog bei meiner Suche um eine finstere Ecke und erschrak. Vor mir stand, Auge in Auge, plötzlich eine riesige Kuh. Ich hatte mich offenbar immer noch nicht ganz an das Land gewöhnt. Die Kuh nahm es natürlich entspannter, sie wendete ihren gelangweilten Blick von mir ab und widmete sich wieder seelenruhig den Müllresten in der Ecke.

Erst das dritte Hotel entsprach meinen finanziellen Vorstellungen. Umgerechnet 85 Cent kostete das Zimmer pro Nacht. Als der Nachtportier knarzend die Tür öffnete, flüchtete über das versiffte Bettlaken noch schnell eine dicke Ratte – beeindruckend, wie souverän der Portier sie ignorierte –, dann führte er mich ins Badezimmer. Kein Kommentar zu dessen Zustand, immerhin gab es eines. Denn eine Möglichkeit, meine Sachen zu waschen, war aktuell mindestens ebenso wichtig wie ein Bett.

Die Kreativität einiger Inder schien unerschöpflich, wenn es darum ging, an das Geld der Touristen zu kommen. Ein krasses Beispiel dafür erlebte ich am nächsten Morgen. Endlich wieder sauber und ausgeschlafen machte ich mich auf den Weg zur chinesischen Botschaft. Ich hatte weder Stadtplan noch irgendeine Ahnung, wo sich die Botschaft befand, und ging ziellos zum nächstgrößeren Platz, um mich durchzufragen. Wie gewohnt musste ich dort erst drei aufdringliche Fahrer von Fahrradrikschas abwimmeln. Dann fragte ich einen Taxifahrer.

»To Chinese embassy – very, very far. No possible walk! But taxi very cheap … no much money!« Es war eigentlich klar gewesen, dass ein indischer Taxifahrer sich nicht das Geschäft durch die Lappen gehen lassen wollte und einem Touristen den Weg zu seinem Ziel verriet. Von ihm konnte ich keine Hilfe erwarten und sah mich weiter um. Da kam der nächste Fahrer einer Fahrradrikscha auf mich zu.

»Rikscha?! Rikscha?!« Ich ignorierte ihn.

»Rikscha, Mister?! Rikscha?!«

Weil ich immer noch keine Ahnung hatte, in welche Richtung ich musste, konnte ich schlecht fliehen. Ich stand stattdessen nur da, überlegte und versuchte, die Worte des Rikschafahrers an mir abprallen zu lassen. Doch er blieb hartnäckig.

»Rikscha, Mister! No money, Mister! I take you for free!«

»Wie bitte«, dachte ich, »er will mich kostenlos durch die Gegend fahren?« Da klappte das mit dem Ignorieren nicht mehr. »Sie würden mich also zur chinesischen Botschaft fahren, ohne Geld zu verlangen?!«, fragte ich ungläubig, während wenige Meter neben uns gerade eine große weiße Kuh langsam über die Straße trottete und dabei den Verkehr zum Erliegen brachte. Der Rikschafahrer nickte und forderte mich auf einzusteigen, doch ich blieb misstrauisch. Er sah untypisch aus für seinen Beruf. Seinen weißen, früher wohl mal gelb gefärbten Bart hatte er zu einem kleinen Knäuel unterm Kinn zusammengebunden, auf dem Kopf einen lila Turban. Am außergewöhnlichsten aber fand ich seine vollschlanke Figur; die meisten seiner Kollegen waren dürre, zähe Knochen.

»No money, I promise, Mister«, versprach er und winkte nochmals auffordernd, endlich einzusteigen. Das wollte ich dann doch mal ausprobieren.

»In Ordnung. Dann bringen Sie mich bitte zur chinesischen Botschaft. Kostenlos.«

Keuchend fuhr er los. Ich saß gespannt auf der kunststoffbezogenen Rückbank. Wir fuhren vorbei an Hindutempeln, alten stinkenden Bussen und verschleierten Frauen in bunten Gewändern, bis wir nach etwa zehn Minuten anhielten.

»Sind wir da?«, fragte ich.

»Nein«, antwortete der dicke Inder, »noch nicht. Bis zur chinesischen Botschaft ist es weit. Halbe Stunde – oder mehr.« Umständlich stieg er vom Fahrrad. »Wir machen kurz Pause.«

Er sah tatsächlich so aus, als müsse er dringend verschnaufen.

»Sie können sich inzwischen ruhig umsehen«, sagte er und deutete auf einen Souvenirladen genau zu unserer Seite. Genauer gesagt handelte es sich um ein Schmuckgeschäft. Golden und silbern schimmerten allerhand Ketten, Armreife und Ringe im Schaufenster, und in gläsernen Vitrinen warteten Edelsteine aller Art darauf, verkauft zu werden. Die Gefahr, hier etwas aufgeschwatzt zu bekommen, war gleich null. Denn was meine Hautfarbe versprach, konnte mein Geldbeutel unmöglich halten.

»Welcome to India!«, sprach mich ein Inder feierlich an und schüttelte mir die Hand, was sonst eher ungewöhnlich war.

»Woher kommen Sie?«

»Aus Middawoi«, entgegnete ich. Ich hatte inzwischen keine Lust mehr auf oberflächliche Standardfragen und Standardantworten. Vor allem nicht bei aufdringlichen Verkäufern.

»Ah, Middawoi, sehr schön!«, erwiderte er. Der Mann stellte sich als Inhaber des Ladens vor, führte mich an eine der großen Vitrinen, um mir, wie er sagte, »etwas *sehr* Schönes« zu zeigen. Ganz unverbindlich natürlich.

»Was wissen Sie über Edelsteine?«, fragte er mich. Mein Rikschafahrer verschwand währenddessen mit einem Mitarbeiter des Ladens in einen Raum hinter der Theke.

»Nicht viel«, sagte ich, »außer vielleicht, dass sie teuer sind.«

»Na gut«, antwortete der Verkäufer und räusperte sich. »Ich versuch mich kurz zu fassen. Edelsteine zählen zu den wichtigsten Exportgütern Indiens. Man unterscheidet echte Edelsteine und unechte Edelsteine. Von den echten sind die folgenden vier die berühmtesten: der Rubin, der Diamant, der Smaragd und der Saphir. Sie alle kennzeichnet ihr hoher Härtegrad, der auf der Skala von eins bis zehn auf über sieben Komma fünf liegt. Der Diamant ist am härtesten. Er besitzt als einziges Gestein den Härtegrad zehn und ist zugleich der kostbarste.« Während er sprach, hatte er ein Fach aus der Vitrine genommen und deutete nun auf eine der Halsketten, die auf dem roten Plüsch gebettet waren. »Diese Kette trägt den größten Diamanten, den wir im Moment vorrätig haben. Für den Preis sind jeweils vier Faktoren ausschlaggebend: das Gewicht, die Farbe, die Klarheit und der Schliff. In Ihrer Heimat würde diese Halskette mindestens 2000 Dollar kosten. Hier kostet sie nur 15 000 indische Rupien, das entspricht etwa 340 Dollar.«

Dann zeigte er mir die teuersten Exemplare des Rubins, des Smaragds und des Saphirs und ging dann zu den Halbedelsteinen über. Am Ende wusste ich über das ganze Geschäft so gut Bescheid, dass ich sofort selbst als Verkäufer hätte anfangen können.

Nach einem Glas Milchtee – den ich in den letzten Tagen sehr zu schätzen gelernt hatte – bekam ich noch die Visitenkarte des Ladens in die Hand gedrückt, dann verabschiedete mich der Juwelierhändler. Erstaunlicherweise genauso freundlich wie zu dem Zeitpunkt, als er noch hoffte, dass ich etwas kaufen würde.

Ich nahm wieder auf der Rikscha hinter meinem Fahrer Platz. Es ging weiter. Aber noch lange nicht zur chinesischen Botschaft, dort kamen wir erst zwei Stunden später an. Davor klapperten wir erst noch fünf weitere Geschäfte ab. In einem kaufte ich dann tatsächlich doch etwas: eine Fußschelle, mit der ich beim Musizieren den Takt schlagen konnte.

Wie erwartet hatte die chinesische Botschaft heute geschlossen. Es war Wochenende. Ich hatte mich daran gewöhnt, kein Glück bei Botschaften zu haben, weswegen ich gar nicht so richtig enttäuscht sein konnte. Auf dem Rückweg ins Zentrum stellte sich heraus, dass die Botschaft nur eine halbe Stunde Fußmarsch von der Altstadt entfernt lag. Was mich inzwischen wenig überraschte.

Nach einem superscharfen Linsencurry mit viel Brot machte ich Straßenmusik und lernte dabei einen Nepalesen kennen, bei dem ich übernachten durfte. Er wohnte zusammen mit seinen acht Geschwistern in äußerst bescheidenen Verhältnissen irgendwo in Delhis Elendsviertel. Weil vier von ihnen noch Kinder und er das älteste der Geschwister war, musste er die Familie ernähren. Zurzeit fiel ihm das besonders schwer, weil er gerade mal wieder arbeitslos war. Ihre Eltern waren damals in Nepal geblieben. Abends, bei einem Kanister scharfen Schnaps, der nach Spiritus schmeckte, erzählte er mir von ihrer Ausreise vor vier Jahren und ihrer einstigen Hoffnung, hier in Indiens Hauptstadt ein besseres Leben als in ihrer Heimat führen zu können. Ich teilte ein kleines Zimmer mit den zwei ältesten Brüdern. Es gab zum Glück keine Steckmücken. Nur einmal schreckte ich auf, als eine Ratte über unsere Beine huschte.

Meine Dusche am nächsten Morgen nahm ich unter einem Wasserhahn mit Blechkübel davor, meinen Morgengang verrichtete ich über einem Loch im Boden. Die Spülung war der Duschkübel.

Mein Ziel für heute: der Taj Mahal in Agra, etwa 220 Kilometer südöstlich von Delhi. Bei einem Touristenmagneten wie dem Taj Mahal war mein Sparprogramm besonders herausfordernd, hinter jeder Ecke lauerten Gefahren, Geld loszuwerden. Die größte Herausforderung stellte mal wieder ein Rikschafahrer dar: Nachdem ich sage und schreibe zehn Fahrer abgewimmelt hatte, fuhr ein Junge auch zwei Kilometer vom Bahnhof entfernt noch immer neben mir her und verhandelte mit mir über den Preis. Allerdings hatte ich anscheinend immer noch nicht genug aus den bisherigen Erfahrungen gelernt. Denn irgendwie schaffte es der Junge, mich zu überreden, auf seine Rikscha zu steigen, natürlich erst, nachdem er mir hoch und heilig versprochen hatte, kein Geld zu verlangen und mich auch nicht zu irgendwelchen Souvenirläden zu kutschieren. Mir hätte klar sein müssen, dass wieder etwas nicht stimmte. Allein aufgrund der Tatsache, dass er erst vierzehn Jahre alt war und trotz seiner Polio-Erkrankung die schwere Fahrradkutsche durch die Gegend fuhr, sträubte sich in mir alles. Doch genau das war seine Strategie. Kaum saß ich, begann er von seinem harten Los zu erzählen; dass er trotz seiner unheilbaren Krankheit schwer schuften müsse, weil er allein seine zwei kleinen Geschwister versorgte. Nebenbei versuche er noch, Geld für eine für ihn lebenswichtige Operation zu sparen. Unter seinen kurzen Hosen konnte man sein missgebildetes linkes Bein gut sehen. Auch wenn wir nicht schneller fuhren, als ich zu Fuß gewesen wäre, war es ein Wunder, dass er mit diesem dürren, verdrehten Bein überhaupt fahren konnte.

Als wir am Taj Mahal ankamen, hatte er seine Geschichte gerade zu Ende erzählt. Nur ein Unmensch hätte es in dieser Situation übers Herz gebracht, den Jungen ohne Bezahlung zurückzulassen. Seufzend über meine Naivität drückte ich ihm ein paar Münzen in die Hand – etwa so viel, wie der ursprüngliche Preis für die Fahrt gewesen wäre. Doch ihm war das zu wenig. Mit großen feuchten Augen und fordernder ausgestreckter Hand wollte er mich nicht so billig davonkommen lassen. Mit klaren Worten wies ich deshalb darauf hin, dass wir eigentlich eine kostenlose Beförderung vereinbart hatten, worauf er aber nur noch aggressiver mehr Geld verlangte. Meine Geduld war zu Ende. Ich drehte dem Jungen den Rücken zu und ging – heilfroh, nicht zu verstehen, was er mir auf Hindu hinterherrief. Ich fühlte mich wie ein Stück Scheiße.

Den Eintritt in den Taj Mahal konnte ich mir natürlich nicht leisten – der kostete satte 750 Rupien, der Preis für Einheimische lag bei umgerechnet vierzig Cent. Während ich darüber nachdachte, wie ich mich am besten als Einheimischer verkleiden könne, hatte ich bereits den nächsten Inder am Hals. Hinter vorgehaltener Hand bot mir der Schnauzbärtige an, für ein paar Rupien einen geheimen Platz zu zeigen, von wo aus ich den Taj Mahal kostenlos bewundern könne. Ich ignorierte ihn. Zum Diskutieren hatte ich keine Nerven mehr. Stattdessen beschloss ich, einmal um das gesamte Areal zu laufen, um mir den Taj Mahal so gut es ging von außen anzusehen. Der Schnauzbart redete immer noch auf mich ein. Ich ging die weißen Marmormauern entlang und versuchte von Zeit zu Zeit einen Blick auf die vielen Türmchen zu erhaschen. Der Marmor blendete. Der Schnauzbart plapperte. Da sah ich vor mir den Fluss Jamuna. Majestätisch führte er gewaltige graubraune Wassermassen mit sich. Auf der linken Seite stand der Taj Mahal nun in voller Größe. Fasziniert von dessen Anblick wollte ich verharren, doch der Schnauzbart zupfte mich am Ärmel.

»Gib mir bitte die zwanzig Rupien. Bitte! Zwanzig Rupien! Jetzt siehst du den Taj Mahal.« Der Akzent, den ich einst so lustig fand, tötete mir mittlerweile den letzten Nerv.

»Zwanzig Rupien bitte. Bitte. Bitte!«

»Darf ich fragen, wofür?!«, wollte ich wissen und zog ihm meinen Hemdärmel aus den Fingern.

»Ich hab den geheimen Platz gezeigt. Zwanzig Rupien. Wie ausgemacht.«

In derartige Situationen geriet ich immer wieder, aber sie überdeckten nicht die schönen Seiten dieses Landes.

Da war zum Beispiel der Sonnenmensch, der hier hinter dem Taj Mahal am Ufer lag. Ein Sadhu, wie die heiligen Männer der verschiedenen hinduistischen Orden genannt wurden. Er verkörperte die Sonne selbst. Seine wunderschönen wallenden Kleider leuchteten in den verschiedensten Gelbtönen, und sein gebräuntes, gut gelaunt blickendes faltiges Gesicht strahlte mit der Sonne nur so um die Wette. Zwischen den funkelnden Augen prangte ein gelbes Tilaka auf seiner Stirn, das typische indische Segenszeichen. Er erzählte von Karma und Freude und wedelte dabei enthusiastisch mit seinem hölzernen Stab in der Luft.

Tags darauf hatte die chinesische Botschaft geöffnet. Die Bearbeitungszeit für ein Visum betrug fünf Tage, die Gebühr umgerechnet 26 Euro. Die Wartezeit überbrückte ich im Norden, in der Stadt Shimla, wobei allein zwei Tage für die Anfahrt draufgingen. Nach einer Übernachtung auf halbem Weg an einem Bahnhof und einem kostenlosen Frühstück für alle Passagiere tuckerte der Zug in den letzten Stunden keuchend und stampfend durch unzählige Tunnel auf über 2000 Metern Höhe. Es regnete viel, doch so manches Mal lichteten sich die Nebelschwaden und gaben einen Blick auf die atemberaubende Berglandschaft frei.

Shimla

In Shimla übernachtete ich in einen Sikh-Tempel. Die Tatsache, dass in diesen Tempeln jeder einen Platz zum Schlafen und etwas zu essen bekommt, zählte ich zu den positivsten Überraschungen in Indien. Luxuriös waren die Unterkünfte natürlich nicht. In einem großen, mit Teppichen ausgelegten Schlafsaal suchte ich mir eine freie Schlafstelle. Zu dunkel, um einzelne Details zu erkennen, war doch offensichtlich, dass hier vor allem alte, kranke oder verletzte Menschen Zuflucht fanden. Viele von ihnen lagen den ganzen helllichten Tag in ihrem Lager. Gegen Bezahlung gab es Einzelzimmer, und es kam mir wie eine Erlösung vor, als mir ein junger aufgeweckter Inder anbot, mit in seinem Zimmer zu übernachten. Sein Name war Ram. Er kümmerte sich in diesen Tagen rührend um mich, war kühler, nur das Essen blieb leider genauso scharf wie bisher, beizeiten hatte ich sogar das Gefühl, meine Haut und mein Schweiß brannten und würden scharf schmecken.

Das dritte und letzte Mal kehrte ich nur nach Delhi zurück, um mein Visum für China abzuholen und nach Nepal weiterzureisen. Keine zwei Wochen war ich zu diesem Zeitpunkt in Indien gewesen. Obwohl ich laut Reisepass noch mehr als fünf Monate hätte bleiben können und es sicherlich noch viel zu sehen gab. Indien war kein Platz für Straßenmusiker und Reisende wie mich. Für Nepal gab es ein kostenloses Dreitagevisum. Das, dachte ich, müsse reichen, um zur chinesischen Grenze zu gelangen.

Kurz nach zehn Uhr morgens fuhr mein Zug Richtung Gorakhpur, etwa 200 Kilometer von der nepalesischen Grenze entfernt. Mittlerweile kannte ich mich am Hauptbahnhof in Neu-Delhi aus. Ich vertrug sogar das Leitungswasser, das es dort an öffentlichen Hähnen zu trinken gab, und obwohl ich endlich auch die Bettler souverän ignorieren konnte, hielt ich mich weiter an meinen Grundsatz, immer mein Essen mit ihnen zu teilen.

Dann fuhr der Zug ein. Wieder herrschte emsiges Gedränge, und bis ich in den Zug stieg, waren alle Sitzplätze belegt. Weil aber noch etwas Zeit blieb, stieg ich noch einmal aus, um in einem anderen Abteil nach einem freien Platz zu suchen. Dabei stieß ich am Bahnsteig auf einen Polizisten, der mich so freundlich grüßte, dass ich ihn kurzerhand fragte, ob er wisse, wo denn noch Plätze frei seien. Daraufhin winkte er mich kurz entschlossen hinter sich her und stieg in den Zug. Im nächstbesten Abteil raunzte er die dort sitzenden Passagiere laut an, woraufhin diese enger zusammenrutschten, um für mich Platz zu machen.

»Hier! Bitte setzen Sie sich!«, sagte der Polizist und deutete einladend auf den freien Sitzplatz.

»Oh ... äh, danke, ich ...«, stammelte ich hilflos und blickte in die verärgerten Gesichter der übrigen Passagiere. Doch ich hatte keine andere Wahl. Ich setzte meinen Rucksack und meine Gitarre ab, bedankte mich bei allen Beteiligten mit einem hilflosen Lächeln und nahm auf der harten Holzbank Platz. Der Polizist ging. Ich musste sitzen bleiben. Stille. Böse Blicke. Ich räusperte mich und rutschte unruhig auf der Bank hin und her. Da kam der Polizist noch mal an das Fenster.

»Na?! Alles klar?«, fragte er und strahlte mich, stolz auf seine Hilfsbereitschaft, an.

Bevor ich eine Antwort finden konnte, setzte sich der Zug in Bewegung. Er zeigte mit dem Daumen nach oben und winkte mir nach. Ich konnte nur mit erzwungenem Lächeln meine Hand heben. Derweil sprach immer noch keiner der Anwesenden ein Wort. Erst einige lange Minuten später brach ein junger Inder schräg gegenüber das Schweigen.

»Wie viel hast du ihm gezahlt?«

»Wie viel ich ihm gezahlt habe?« Ich verstand nicht gleich.

»Ja! Wie viel hast du dem Polizisten gegeben, damit er dir diesen Platz frei räumt?«

Er nahm mir offenbar kaum ab, dass ich den rabiaten Einsatz des Polizisten eigentlich gar nicht so wollte. Dennoch entspannte sich die Situation allmählich, und nachdem wir zehn Stunden gefahren waren und es langsam Nacht wurde, lagen wir so eng aneinandergekuschelt da, als seien wir die dicksten Freunde. Noch einmal musste ich umsteigen.

Dann, im frühen Morgengrauen, ging es mit einem kleinen Bus bis zur Grenze. Ich war in Nepal.

Nepal

Drei Tage hatte ich also für dieses Land Zeit. Ein Blick auf die Karte, und man sollte meinen, das müsse locker reichen, um von der Süd- zur Nordgrenze zu gelangen. Doch schon die erste Busfahrt nach Kathmandu belehrte mich eines Besseren.

Die Straßen waren in einem desaströsen Zustand. Der alte, klapprige Bus mühte sich langsam den Himalaya empor. Kurz bevor es dunkel wurde, hielten wir bei einem kleinen Straßenrestaurant. Das Abendessen dort war wieder übermäßig scharf. Ich griff zum Wasserkrug, um zwei Gläser des trüben Wassers in mich hineinzuschütten. Mein Wassersack war schon leer gewesen, und weil ich in Indien das Wasser gut vertragen hatte, dachte ich, dieses hier dürfe auch nicht schaden. Dummerweise lag ich da falsch.

Es ging immer steiler bergauf. Die Schlaglöcher wurden tiefer, und beim ersten merkwürdigen Gefühl in der Magengegend machte ich noch das Hin- und Herschaukeln und die vielen Kurven verantwortlich. Bald wurde klar, dass mehr dahintersteckte. Es regnete in Strömen. Das hatte den Vorteil, dass der Bus schnell wieder sauber wurde, als ich beim Erbrechen die falsche Kurve erwischte und den Bus ordentlich einsaute. Es hatte aber auch einen Nachteil. Durch den Regen waren mehrere Muren abgegangen, was für uns kurz nach Mitternacht vorerst das Ende der Fahrt bedeutete. Wir steckten fest auf dieser engen, dunklen Gebirgsstraße, während es weiterkübelte und der Fluss zu unserer Linken bedrohlich anschwoll. Von alldem bekam ich allerdings wenig mit. Ich war froh, dass der Bus endlich stillstand.

Von nun an entleerte ich mich mal oben, mal unten, und als wir bei Anbruch der Dämmerung weiterfuhren, ging es mir hundeelend. Jedes Schlagloch fühlte sich an wie ein Messerstich in meinen Unterleib. Mehr tot als lebendig erreichte ich Kathmandu. Beim ersten Stopp stieg ich aus. Wie ein Schluck Wasser ließ ich mich in den Straßengraben fallen. Einfach nur daliegen.

Ich spürte den Regen auf meiner Haut; Autos fuhren vorbei, Fußgänger gingen vorüber, blickten mich neugierig an. All das war im Moment vollkommen egal. Irgendwann schleppte ich mich zur nächsten Häuserzeile und blieb dort an die Wand gelehnt eine Weile sitzen – wie es der Zufall wollte genau neben einem kleinen Gästehaus. Hier hatte ich alles, was ich brauchte, ein Bett und ein Klo. Und noch dazu eine Familie, die sich um mich kümmerte. Ich teilte mir das Zimmer mit einer fünfköpfigen nepalesischen Familie, die mir unter anderem ihre Hausmedizin für solche Fälle verabreichte: ein großes Glas lauwarmes Wasser, in welches sie einen Löffel Maismehl rührte. Das war es zumindest, was ich verstand, woraus das Pulver wirklich bestand, erfuhr ich nie. Jedenfalls befand ich mich am nächsten Morgen wieder in so guter Verfassung, dass ich aufstehen und mich auf den Weg ins Stadtzentrum machen konnte. Schließlich drängte die Zeit.

Es ging von einem Reisebüro zum nächsten, doch für heute konnte ich keine Transportmöglichkeit zur tibetischen Grenze mehr bekommen. Was blieb mir also anderes übrig, als Straßenmusik zu machen? Auch wenn ich mich alles andere als in der Stimmung fühlte, belohnt wurde ich dafür mal wieder reichlich: umgerechnet vier Euro und viele nette Bekanntschaften. Darunter auch Sunil, ein junger Träumer, der am liebsten auf der Stelle Gitarre spielen gelernt hätte und aufgebrochen wäre, um mit mir in die weite Welt zu ziehen. Im echten Leben hingegen war er dem Alkohol verfallen und lebte in einem Kellerloch Kathmandus auf nicht mehr als zwei Quadratmetern, die er in dieser Nacht mit mir teilte. Ich konnte in dem Raum weder aufrecht stehen noch liegen, ohne dass Kopf und Füße gleichzeitig die Wände berührten.

Sunil begleitete mich am nächsten Morgen zu dem Bus, der mich weiter den Himalaya empor die 110 Kilometer bis zum Grenzort Kodari brachte. Nach wie vor war mir flau im Magen – alles, was ich seit zwei Tagen gegessen hatte, war eine Handvoll trockener Reis, und mit dem Gewackel über die Bergstraßen begann auch wieder die Übelkeit. Nach sechs langen Stunden erreichten wir endlich den nepalesischen Grenzposten. Somit hatte ich es geschafft, innerhalb der Drei-Tages-Frist auszureisen. Ich überquerte die steinerne Brücke, die das enge Gebirgstal überspannte. Viel weiter kam ich allerdings nicht. Der chinesische Grenzposten auf der anderen Seite der Schlucht teilte mir mit, dass für die Reise nach Tibet ein chinesisches Visum nicht ausreiche, sondern ein spezielles Tibetvisum vonnöten sei. Dieses könne er mir hier auch nicht ausstellen, ich müsse vielmehr zurück nach Kathmandu und dort die chinesische Botschaft aufsuchen. Ein herber Rückschlag. Doch mir blieb nichts anderes übrig.

China

Nach meinem zweiten Aufenthalt in Kathmandu und ausgestattet mit Tibetvisum konnte ich nach wiederholter Fahrt auf der bekannten holprigen Bergstraße die Grenze passieren und fand mich schlussendlich dann doch auf der anderen Seite der Schlucht wieder.

Der höchste Pass am Tag der Grenzüberquerung lag auf über 5000 Metern. Diese Höhendifferenz in so kurzer Zeit – von Kathmandu aus gerechnet etwa 3000 Meter – ging nicht spurlos an unserer Gruppe vorbei. Die es am schlimmsten erwischte, plagten starke Kopfschmerzen und Übelkeit, während der Großteil der Gruppe genau wie ich nur ein flaues Gefühl im Magen hatte und sich vielleicht etwas schwächlich fühlte. Andere wiederum blieben von alldem verschont, und die weniger Fitten wunderten sich nicht schlecht, als diese unweit des höchsten Passes bei einer kurzen Rast auf den kargen Wiesen ausgelassen Frisbee spielten.

Nur selten kamen wir an einzelnen Häusern vorbei, die Fachwerkhäusern verblüffend ähnelten. Sie waren jedoch viel niedriger als bei uns und meist einstöckig gebaut. An den Wänden klebten, genau wie an den weißen Mauern, die die Häuser umgaben, Yakfladen, die dort in der Sonne trockneten, um in den kalten Wintermonaten als Brennmaterial zu dienen. Dass die Tibeter darauf angewiesen waren, wunderte nicht, denn Bäume oder Sträucher gab es nicht, oder nur so wenig, dass es kaum wert gewesen wäre, diese letzte Vegetation dem kurzen Feuer zu opfern.

An langen Stangen befestigt flatterten oben an den Häusern bunte Gebetsfahnen im Wind, genauso wie an jedem Pass, den wir überquerten. »Der Wind soll die Gebete der Tibeter in alle Himmelsrichtungen tragen«, las mein Mitreisender aus seinem Reiseführer vor. In meiner Unwissenheit hatte ich beim ersten Anblick der bunten Fetzen gedacht, jemand hätte hier seinen Müll abgeladen. Jetzt sahen sie auf einmal schön und edel aus. Außerdem standen die Gebete auf kleinen bunten Zetteln geschrieben, die der Wind von den Anhöhen über weite Strecken verteilte.

Die wenigen Einheimischen, denen wir begegneten, fielen durch ihre vorwiegend schwarze Kleidung auf. Viele junge Männer trugen altmodisch spitze Hüte, unter denen ihr langes Haar zu sehen war, in welches sie bunte Stoffe und türkisfarbene Perlen hineingeflochten hatten. Mit ihren sonnenverbrannten Gesichtern sahen sie uns lange hinterher, wobei schwer zu erkennen war, ob Neugierde oder Traurigkeit in ihren Blicken lag.

Der erste Kontakt kam zwei Tage später zustande. Unsere Gruppe machte gerade Mittagspause in einer kleinen tibetischen Ortschaft, und wie gewöhnlich folgte jeder den Empfehlungen der Reiseleitung und aß in einem großen chinesischen Restaurant – abgesehen von Olaf und mir. Wir seilten uns ab, in der Hoffnung, irgendwo ein tibetisches Lokal zu finden. Dies erwies sich jedoch als nicht so einfach. Olaf wusste zwar inzwischen, was

»Essen« auf Chinesisch hieß, doch die meisten Einwohner verwiesen uns auf besagtes Restaurant und erst nach viel Gestikulation und Mimik standen wir endlich vor einem bunten Vorhang, der den Hauseingang eines unauffälligen Gebäudes verdeckte. Als wir eintraten, meinten wir erst, uns in der Tür geirrt zu haben. Der einzige Mensch in dem dunklen Raum war ein junger Mönch, der vor einer Tasse Yakbuttertee saß und uns freundlich hereinwinkte. Nachdem wir uns mit einer Verbeugung begrüßt hatten, führten Olaf und ich die Hand zum Mund, um zu fragen, ob es hier etwas zu essen gäbe. Daraufhin rief der Mönch in den Nebenraum, aus welchem wenig später eine kleine Frau mit rundlichem Gesicht und freundlichen Augen in der Tür erschien. Ihre Haare hatte sie zu einem Dutt zusammengebunden, die bunten Farben ihrer Schürze wirkten in dem schwachen Licht grau. Sie winkte uns in die Küche, um uns zu zeigen, was auf dem Speiseplan stand. Wir hatten die Wahl zwischen Instantsuppe und mit Yakfleisch gefüllten Teigtaschen, die Olaf »Momo« nannte. Ihm fiel die Wahl leicht, er war Vegetarier. Er hatte wahrlich ein hartes Los gezogen, da die tibetische Küche sehr auf Fleisch basiert, wurde aber dennoch satt.

Lhasa

Am fünften Tag erreichten wir Lhasa. Das Stadtbild war stark von chinesischen Einflüssen geprägt. Den breiten, von bunten Leuchtreklamen gesäumten schnurgeraden Straßen war in den letzten Jahrzehnten so manche traditionelle Häuserzeile zum Opfer gefallen. Weil sich unsere Gruppe ab heute offiziell auflöste, planten wir für diesen Abend noch ein letztes gemeinsames Essen. Wir verabredeten uns für acht Uhr in einem Lokal, und ich wollte bis dahin endlich mal wieder Straßenmusik machen.

Die erste Stelle wäre gut gewesen, wenn mich nicht der Besitzer des Restaurants, vor dem ich stand, schon nach wenigen Takten gestoppt hätte. Zu diesem Zeitpunkt hatte sich bereits eine gewaltige Menschentraube um mich herum gebildet, und ich konnte es kaum fassen, dass beinahe jeder von ihnen etwas in meine Mütze warf. Also versuchte ich es ein paar Meter weiter an einem deutlich schlechteren Platz. Dort war gerade Markt. Lautes Stimmengewirr schallte durch die Straße, doch hatte mich das Erlebnis von eben so motiviert, dass mir die widrigen Umstände egal waren. Zwischen zwei Gemüseständen begann ich mit *Bye, bye, Love*. Meine Fußschellen schepperten im Takt, die Leute blieben stehen, es wurde ruhiger. Ich strahlte begeistert ins Publikum. Waren es dreißig oder fünfzig? Egal – für das erste Stück jedenfalls umwerfend viele. Sie hörten aufmerksam zu, bis nach dem letzten Ton tosend der Applaus losbrach. Nach dem zweiten Stück war meine Mütze randvoll mit Scheinen. Ich war gerührt und wusste nicht, wie ich reagieren sollte. Also zog ich meine Mütze zurück und versuchte, zu der Menge zu sprechen. Das Einzige, was mir auf Tibetisch einfiel, war »Danke«. Darum sagte ich es mehrfach. Den Rest, dass ich aus Deutschland kam, Max hieß und froh war, dass ihnen meine Musik gefiel, und die nächsten Stücke ohne Mütze spielen wollte, sagte ich auf Englisch – obwohl eigentlich klar war, dass mich kein Mensch verstand. Dann, beim nächsten Stück *American Pie*, so gegen Ende der zweiten Strophe, legten die Ersten ihr Geld einfach vor mich auf die Straße. Singend konnte ich natürlich schlecht dagegen protestieren. Bei der dritten Strophe stellte der Händler von nebenan einen Karton vor mich und legte das Geld von der Straße hinein. Von da an ging es weiter wie bisher. Nach sieben Stücken hörte ich auf, obwohl ich musikalisch eben erst zur Höchstform aufgelaufen war. Denn auch der Karton drohte überzulaufen. Nur langsam begann sich die Menge aufzulösen. Der Händler brachte mir einen großen Plastikbeutel, in welchen ich das ganze Papiergeld stopfte, und legte noch zwei Pfirsiche obendrauf. Bis ich die Straße ganz verlassen hatte, hatten mir noch drei weitere Leute Geld zugesteckt. So etwas hatte ich noch nicht erlebt. Es schien, als wollte mich keiner gehen lassen, ohne etwas gegeben zu haben. Doch was waren die Gründe für die unvergleichbare Großzügigkeit der Tibeter? Sicherlich nicht ihr großer Reichtum, denn der Großteil der Bevölkerung lebte in äußerst bescheidenen Verhältnissen. Auch unwahrscheinlich, dass ihr Musikgeschmack ein vollkommen anderer war als in Nepal, Indien oder den Ländern zuvor. Ein Faktor, der sich möglicherweise auf das soziale Verhalten auswirkte, war die Bevölkerungsdichte. Je weniger dicht ein Land besiedelt war, desto höher lag meiner Erfahrung nach die Wahrscheinlichkeit, auf ein Volk mit stark ausgeprägtem sozialem Verhalten zu treffen und umgekehrt. Schien ja auch nachvollziehbar, dass der einzelne Mensch bei geringer Population mehr zählt als in überbevölkerten Regionen. Im Falle Tibets kam zu der niedrigen Bevölkerungsdichte noch die karge, schwer zu bewirtschaftende Landschaft hinzu. Ähnlich wie Beduinen in der Wüste war die tibetische Bevölkerung in ihrer Entwicklungsgeschichte auf ein starkes soziales Netz angewiesen.

Das nächste Mal spielte ich auf dem großen Platz vor dem berühmten Potala-Palast, dem früheren Sitz des Dalai Lama. Wie alle buddhistischen Tempel war auch er fest in chinesischer Hand. Die Voraussetzungen für einen guten Standort für Straßenmusik erfüllten sich hier noch viel weniger als zuvor – was wahrscheinlich genau der Grund war, weshalb ich ihn ausprobieren wollte. Gespannt darauf, wie es diesmal ablaufen würde, stellte ich mich in eine einsame Ecke und begann. Als Erstes entdeckten mich ein paar Leute von unserer Reisegruppe. Sie hörten zu und beobachteten gespannt, wie sich um uns eine immer größer werdende Menschenmasse ansammelte. Während ich spielte, herrschte Totenstille. Der Beifall fiel dafür umso heftiger aus. Es mussten weit über fünfzig Leute gewesen sein, als ein Polizist das Straßenkonzert resolut beendete. Es kam einer kleinen Revolution gleich, als die tibetische Menge unter lautstarker Unterstützung unserer Gruppe den chinesischen Beamten ausbuhte.

Nachdem er die Menge vertrieben und ich meine Gitarre eingepackt hatte, wies er mich in steifem Englisch auf die geltende Rechtslage hin: »Sie dürfen nicht mehr spielen, nicht hier und auch nicht anderswo. Straßenmusik ist in China verboten!«

»In China?!«, fragte ich nach, doch legte der Blick im versteinerten Gesicht des Polizisten nahe, dass er sich auf keine Diskussion über die Rechtmäßigkeit der chinesischen Grenzen einlassen würde. Somit waren meine musikalischen Aktivitäten vorerst beendet.

Abends, nach dem Essen, halfen einige der Gruppe meine Tageseinnahmen zu zählen. Obwohl wir zu fünft waren, benötigten wir eine knappe halbe Stunde. All die geordneten Stapel an Geldscheinen ergaben umgerechnet rund siebzig Euro.

Einen Tag blieb ich noch in Lhasa. Olaf und ich hatten uns in einer Jugendherberge eingemietet, und erkundeten am nächsten Tag die Stadt. Bald schon stand unser Plan, die kommenden Tage wandern zu gehen. Natürlich wussten wir genau, dass es verboten war. Außerhalb der Stadt benötigte man als Tourist eine Sondergenehmigung. Doch waren unsere Bedenken, erwischt zu werden, nicht groß genug. Und noch jemand kam mit: Anne, eine Frau aus Nürnberg, die einige Monate in einem Waisenhaus in Lhasa gearbeitet hatte, entschloss sich, uns anzuschließen. Ich hatte sie beim Musizieren auf der Straße kennengelernt.

So brachen wir also zu dritt auf, und weil uns gesagt worden war, die Polizei kontrolliere oftmals in öffentlichen Bussen, ob Touristen illegal durchs Land reisten, begannen wir wenige Kilometer außerhalb Lhasas zu trampen. Es ging Richtung Südosten. Unser erstes Ziel sollte ein Kloster in den Bergen sein, wo es heiße Quellen gab. So richtig wusste keiner von uns, wie man dort hinkam, doch kannten wir den Namen des Klosters und hofften, uns durchfragen zu können. Die Autos hielten bereitwillig, weil wir uns aber nicht trennen wollten, dauerte es etwas länger, bis wir jemanden fanden, der uns alle drei mitnehmen konnte. So hatten wir nicht allzu viele Kilometer zurückgelegt, als wir abends ein kleines Dorf erreichten. In einem alten Viehstall durften wir unser Lager aufschalgen. Olaf drehte sich einen Joint, während Anne und ich versuchten, drei warme Mahlzeiten zu organisieren. In einem Zelt, aus dem es nach Essen roch, wurden wir fündig – auch wenn die Kommunikation schwerfiel wie eh und je. Diesmal war das Fingerzählen das Problem. Denn anders als bei uns wurde hier mit dem Zeigefinger begonnen zu zählen und nicht mit dem Daumen.

Anstatt der – nach mitteleuropäischem System – bestellten drei Suppen kamen somit nur zwei. Doch wie so oft fügte sich auch nun das Schicksal, da sich in der Suppe anders als gedacht doch Fleisch befand. Wir mussten also ohnehin noch mal für Olaf eine Instant-Nudelsuppe bestellen.

Die Art des Pilgerns einer alten Tibeterin beeindruckte mich tief. Sie ging nicht, sie kroch. Jedes Mal, wenn sie ihre Knie bis vor zu ihren Händen gezogen hatte, stand sie auf und ließ sich dann mit den Ellenbogen und den Knien wieder auf den harten Asphalt fallen. Dort ging das Spiel von vorne los. An ihren Knien und Ellenbogen waren gepolsterte Holzscheite gebunden, um die gröbsten Verletzungen zu vermeiden. Wir waren ihr an diesem Nachmittag beim Trampen begegnet, unser Fahrer meinte, sie sei unterwegs zum Potala-Palast. Zu diesem Zeitpunkt befanden wir uns schon über fünfzig Kilometer von Lhasa entfernt. Wie viele Kilometer sie in diesem Tempo wohl am Tag schaffte? Zwei, vier, vielleicht fünf? Wir wussten auch nicht, wie viele Tage, Wochen, Monate oder Jahre sie bereits so unterwegs war. Doch welcher Glaube, welche Überzeugung, welch unvorstellbar starker Wille muss dahinter stehen?

Zweimal mussten wir am nächsten Morgen trampen, bevor wir an eine Straße kamen, ab welcher wir wandern wollten. Der letzte

Anhalter war ein Lastwagenfahrer, auf dessen Ladefläche Olaf und ich Platz nahmen. Großmütig überließen wir den einzigen Sitzplatz im Fahrerhaus Anne und nahmen die Abgase und den Staub der Straße in Kauf – in Wahrheit hatte wir es genau darauf abgesehen: Action, Abenteuer und eine umwerfende Aussicht. Bei einem alten Kloster wurden wir abgesetzt, wir füllten noch einmal unsere Wasserflaschen, schnürten unsere Schuhe und zogen los. Dichte Tannenwälder bedeckten die Füße der umliegenden Berge, welche sich mit zunehmender Höhe lichteten, bis nur noch zähe, niedrige Latschenkiefern der Witterung trotzten. Auf saftigen grünen Wiesen wuchsen Schafgarbe und Butterblumen, am Wegrand Brennnessel, Löwenzahn und Schlüsselblumen. Anne entdeckte eine Kolonie runder, weißer Boviste, umgeben von tiefblauen Enzianen, und sogar Edelweiß: Bevor wir am frühen Nachmittag abseits des Weges an einem kleinen Gebirgsbach rasteten und unsere Füße im kalten Wasser kühlten, stapften wir durch ganze Edelweißfelder. Nach einer Brotzeit, wie sie nur beim Wandern schmecken kann, lagen wir drei ausgestreckt im Gras und ließen uns von den warmen Sonnenstrahlen verwöhnen. Ich schloss die Augen. Die Luft roch so frisch würzig, wie ich es nur von daheim kannte. Es machte mich glücklich und traurig zugleich.

Nach weiteren Stunden des Wanderns wurden uns allmählich die Beine schwer, weswegen wir flugs den Daumen raushielten, als ein Motorengeräusch näher kam. Beim Anblick der Kiste schwanden allerdings unsere Hoffnungen; das alte Ding mit seinen drei mickrigen Rädern sah nicht aus, als ob es auch nur einen von uns hätte mitnehmen können.

»Ha tsche wuk pa!?«, rief uns der Fahrer zu, der überraschend angehalten hatte.

»Kamerasch!«, antwortete Olaf und deutete die Straße hinauf. So hieß der Ort des Klosters, zu dem wir wollten. Natürlich hatte Olaf den Mann genauso wenig verstanden wie wir, doch war er beim Raten am mutigsten. Der Mann forderte uns auf, die Kisten auf der kleinen Ladefläche hinaufzuklettern. Im Nu saßen wir, wenn auch etwas wacklig, und die Fahrt ging los.

In all den Kisten befanden sich Blechkannen – und nach einer Weile, in einem kleinen Dorf angekommen, wussten wir wozu. Er verriet uns, was »Kanne« bedeutete, und gemeinsam riefen wir wie er das Wort laut aus, um seine Ware bei den Dorfbewohnern anzupreisen. Kein Wunder, dass die Bewohner viel eher uns drei anstarrten – doch vielleicht half die Aufmerksamkeit doch ein wenig, immerhin hatten wir drei Kannen verkauft, bevor es weiter zum nächsten Dorf ging.

Erst spät am Abend erreichten wir das Kloster. Den letzten Teil der Strecke hatten wir wieder zu Fuß gehen müssen, nachdem uns der Kannenhändler an einer Abzweigung abgesetzt hatte. Müde, aber froh, endlich da zu sein, bekamen wir eine gemütliche kleine Kammer zugewiesen, die wir nur noch verließen, um ein Bad in den heißen Quellen zu nehmen. Dass dies keine allzu gute Idee war, merkten wir erst zu spät. Das heiße Wasser, die weite Wanderung und der Höhenunterschied waren zu viel für unsere Kreisläufe. Olaf verkraftete es noch am besten, mir hingegen wurde nach dem heißen Bad schwarz vor Augen und ich musste kämpfen, um auf den Füßen zu bleiben, was Anne leider nicht mehr gelang. Sie verlor das Bewusstsein und brach zusammen – glücklicherweise ohne sich ernsthaft zu verletzen. Den ganzen restlichen Abend war ihr übel.

Weil Anne auch am nächsten Morgen noch nicht ganz auf der Höhe war, beschlossen wir, einen Tag zu rasten, weshalb Olaf und ich die Zeit nutzten, um die Gegend zu erkunden. Das Nonnenkloster lag inmitten einer winzigen Siedlung, wunderschön an einem steilen Hang und war nur über den Weg Richtung Tal, welchen wir gestern gekommen waren, erreichbar. Alle Pfade oberhalb des kleinen Dorfes verliefen sich bald, sodass wir uns wenig später den Weg durch die

Wildnis bahnten. Wir kletterten in den umliegenden Felsen und stießen dabei auf eine Höhle, in welcher wir Brotzeit machten und mit nassem Holz vergeblich versuchten, ein Feuer zu entzünden.

Am nächsten Morgen ging es weiter. Mit Rücksicht auf Anne stiegen wir langsam, aber stetig jenen steilen Hang empor, den wir am gestrigen Tag ausgekundschaftet hatten. Olafs Karte zufolge musste uns das Tal hinter der vor uns liegenden Bergkette in ein oder zwei Tagestouren wieder zurück zu der Straße führen, auf welcher wir gekommen waren. Soweit wir Trampelpfade entdeckten, folgten wir ihnen, ansonsten versuchte ich querfeldein die günstigste Route zu wählen, während Anne hinter mir war und Olaf das Schlusslicht bildete. Gegen Mittag erklommen wir mit einem Bergkamm. Die letzten Meter waren die anstrengendsten gewesen. Mit jedem Schritt hatten wir das Gefühl, schwerer voranzukommen. Inzwischen mussten wir uns auf fast 5000 Metern Höhe befinden. Ich hatte den Eindruck, Blei an den Füßen zu haben. Oben blies ein kalter Wind, doch fanden wir einen geschützten Platz in der Sonne, an welchem es sich aushalten ließ und wir gemütlich und mit herrlichem Ausblick Brotzeit machten. Von nun an ging es nur noch bergab.

Am Fuße des Tals weidete eine Yakherde. Ein kleiner Gebirgsbach, dessen Lauf wir die nächsten Stunden folgten, zog sich murmelnd durchs Tal. Nach und nach schwoll er zu einem immer größer werdenden Fluss an, und da sich auch hier kaum Wege ausfindig machen ließen, mussten wir mehrmals die Uferseite wechseln, was uns jedes Mal nasse Füße bescherte. Das Zurücktrampen am nächsten Tag lief deutlich besser als bei der Anreise. Ein einziger Wagen fuhr uns bis nach Lhasa – allerdings mit zahlreichen Zwischenstopps bei jedem Kloster, welches auf dem Weg lag. Dort beteten unsere zwei Fahrer stets und füllten alle Butterschmalzkerzen des Klosters mit Ghee auf.

Anne ging ab Lhasa wieder ihrer eigenen Wege, Olaf und ich hingegen schmiedeten Pläne für eine weitere Wanderung. Erst mal jedoch musste Olaf seinen grippalen Infekt auskurieren, den er sich in den letzten Tagen eingefangen hatte, während ich neue D-Saiten kaufte und trotz Verbot noch einmal Straßenmusik machte – vorsichtshalber nur in den engen Gassen des Tibeterviertels, in denen chinesische Polizisten nur selten auftauchten. So herzlich wie dort wurde mein Gitarrenspiel nur selten aufgenommen.

Zwei Tage später brachen wir erneut auf. Wieder ging es Richtung Osten, diesmal jedoch hatte ich nicht vor, wieder nach Lhasa zurückzukehren, sondern wollte im Anschluss weiter nach Osten ins »echte« China ziehen, was ein langes und abenteuerliches Unterfangen verhieß. Ohne Ziel trampten wir los – erst mit einem alten Traktor, dann mit dem dicken Geländewagen einer chinesischen Touristenfamilie. Diese befand sich soeben auf Tibeturlaub, was für wohlhabendere Chinesen offenbar gerade sehr im Trend lag. Sicherlich hätten wir mit ihnen noch viel weiter fahren können, doch stattdessen schlugen wir die Einladung des Familienvaters zum Abendessen aus und ließen uns bei Anbruch der Nacht nahe eines winzigen tibetischen Dorfes aussetzen. Um die zehn, fünfzehn Häuser zählte die Ansiedlung. Nachdem wir jede der lehmigen, unebenen Straßen abgelaufen waren, klopften wir an einer schweren Holztür, die offensichtlich zum einzigen Laden des Dorfes gehörte. Dort wurden wir freundlich empfangen und zu unserer Überraschung das erste Mal in Tibet zum Essen eingeladen. Überraschend deshalb, weil der einheimischen Bevölkerung der Kontakt zu Ausländern eigentlich untersagt war. Es gab eine Gemüsesuppe, deren Fleischbeilage – zähe Yakfleischbrocken – Olaf mir komplett überließ. Zu schüchtern, um nach einem Platz zum Schlafen zu fragen, standen wir eine Dreiviertelstunde später wieder vor der Tür. Im letzten schwachen Licht des Tages erspähten wir ein Heulager, das auf Holzstempen in zwei Metern Höhe vor einem einfachen Haus stand. Wir kletterten hinauf und fanden diesen spartanischen Schlafplatz geradezu ideal. Das Heu duftete nach Schafgarbe und Beifuß, und sicherlich hätten wir wunderbar geschlafen, wenn nicht der Hund des Hauses unsere Anwesenheit gewittert und die ganze Nacht laut gekläfft hätte.

Dennoch blieben wir bis zum Morgengrauen unentdeckt. Dann krochen wir aus dem Heu und machten uns auf den Weg in die Wildnis.

Gegen Nachmittag schlugen wir am Ufer eines kleinen Baches unser Lager auf. Aus herumliegenden Baumstämmen, Ästen und Schieferplatten versuchten wir für die Nacht einen regensicheren Unterstand zu errichten. Als es dunkelte und über dem Feuer aus Yakfladen die Nudelsuppe in Olafs Campinggeschirr blubberte, besprachen wir die weitere Reise. Wäre es nach mir gegangen, hätten wir noch ein paar Tage so weitergemacht. Jedoch ging Olafs Flug schon in drei Tagen, weswegen er sicherheitshalber schon morgen die Rückreise antreten wollte. Unter sternenklarem Himmel zelebrierten wir also unseren letzten gemeinsamen Abend. Dann zog der Himmel zu, und die ersten Regentropfen fielen auf unser Lagerdach. Jetzt wurde es spannend. Wir verkrochen uns tief in unsere Schlafsäcke und warteten ab. Das Dach hielt.

Im »echten« China

Nachdem ich von Olaf Abschied nehmen musste, ging es weiter Richtung »echtes« China. Mehr Glück als Verstand hatte mir bei der Polizeikontrolle geholfen, einreisen zu können. Diese Polizeikontrolle hatte jedoch fatale Folgen für mich. Diese erkannte ich erst, als ich die Passkontrolle schon längst vergessen hatte, etwa 24 Stunden später. Den ganzen Tag hatte ich in verschiedensten Fahrzeugen gesessen, und das Trampen ging so schnell und einfach wie in den besten Zeiten. Etwas außerhalb einer kleinen Ansiedlung hatte mich mein letzter Fahrer abgesetzt, bevor dieser mit seinem alten Traktor in einen staubigen Feldweg eingebogen war. In der prallen Mittagssonne saß ich am Straßenrand. Ich suchte eine Tüte, in der sich mein gesamter Papierkram befand. All meine Siebensachen lagen ausgebreitet vor mir, und doch konnte ich die Tüte nicht finden. Ich ging den Inhalt in Gedanken durch: mein Notizbuch, die wenigen Fotos, die ich besaß, Liedtexte, meinen *Faust* und … meine Reisepässe! Dafür, dass ich sowohl meinen alten als auch meinen neuen Reisepass in ein und demselben Beutel aufbewahrt hatte, hätte ich mich im Nachhinein ohrfeigen können.

Das Bild der Straße verschwamm allmählich hinter den Tränen, die ich nicht länger zurückhalten wollte. Ich hatte den Beutel wohl in dem Auto liegen lassen, mit welchem ich am vergangenen Tag über die Grenze gekommen war. Die einzige realistische Chance, den Beutel wiederzubekommen, bestand also darin, dass der Fahrer meine Dokumente finden und auf irgendeine Weise Kontakt mit mir aufnehmen könnte. Doch für derartige Erkenntnisse fehlte mir im Moment jegliche Klarheit. Um irgendetwas zu tun, packte ich hastig meine Sachen zusammen und stellte mich auf die andere Straßenseite, um zurückzutrampen und nach dem Beutel zu suchen. Erst als ich in einem Auto saß, sah ich ein, dass das Vorhaben vollkommen aussichtslos war. Im nächsten Ort stieg ich aus, setzte mich wieder an den Straßengraben und dachte nach. Was tun? So langsam gelang es mir, meine Gedanken wieder zu ordnen. Ich beschloss, zur nächsten Polizeistation zu gehen. Das war im Nachhinein betrachtet das einzig Richtige, kostete mich aber nach dem wochenlangen Versteckspiel einiges an Überwindung. Wenigstens hatte ich von meinem ersten Pass eine Kopie in meiner Gürteltasche. Die war zwar schon mehrfach durchgeschwitzt und zerfleddert, vereinfachte aber natürlich das ganze Procedere. Ich staunte darüber, wie schnell und unkompliziert die chinesische Polizei arbeitete. Nach fünfzehn Minuten hatte ich ein vorläufiges, vier Wochen gültiges Visum bei mir und musste nur noch einen neuen Reisepass bei der deutschen Botschaft beantragen. Dieser zweite Schritt stellte sich als der deutlich schwierigere und aufwendigere heraus. Das erfuhr ich jedoch erst auf dem deutschen Konsulat in Chengdu. Bis dahin waren es noch drei Tagesreisen, und ich hatte gelernt, dass der Verlust des Reisepasses auch in Ländern, die von einer Demokratie meilenweit entfernt waren, noch lange keinen Weltuntergang bedeutete.

Die Provinz, in der ich mich zurzeit befand, gehörte zwar nicht mehr zu Tibet, wurde aber noch weitgehend von Tibetern bewohnt. Die strengen Vorschriften schienen hier jedoch nicht mehr zu gelten, denn die Kontaktfreude der Menschen hier war größer als je zu vor. Damit hatte das Lagerbauen ein Ende. Ich wurde wieder eingeladen und hatte endlich Gelegenheit, Einblicke in das tibetische Leben zu bekommen. Die Familien, bei denen ich übernachtete, hatten in ihren schönen, einfachen Steinhäusern weder Strom noch Wasser. Vielleicht war es gerade deshalb so gemütlich, als wir abends nach dem bescheidenen Essen aus Kartoffeln und Kraut am offenen Kamin zusammensaßen. Ein anderes Mal gab es gedämpfte Teigbälle und frischen Rettich. Die Kinder wollten englische Wörter von mir lernen, und alle lauschten aufmerksam, als ich Gitarre spielte. Im ersten Moment schien alles in Ordnung zu sein. Erst beim Spielen fiel mir die höhere Saitenlage auf. Der Hals hatte sich bei einem Sturz offensichtlich aus dem Korpus gelöst – ich konnte ihn ohne viel Kraft hin und her bewegen. Zwar hielt er noch, doch stimmte ich die Gitarre vorsichtshalber einen Ganzton tiefer, um den Saitenzug auf den Hals zu verringern.

Chengdu

Vier Tage nachdem ich Tibet verlassen hatte, war ich endlich in Chengdu. Chengdu heißt nicht nur die Stadt, sondern auch die Provinz, welche als sehr ländliche Gegend galt. Auch die Stadt selbst zählt mit ihren drei Millionen Einwohnern für chinesische Verhältnisse noch zu den kleineren Städten. Ich war froh, dass sich ausgerechnet in Chengdu das einzige deutsche Generalkonsulat befand, was mir den Umweg zur Botschaft nach Peking ersparte. Das Konsulat in Chengdu war da jedoch anderer Meinung. Dort wurde mir gesagt, Reisepässe – auch wenn sie nur vorläufig seien – könne nur die Botschaft ausstellen. Nach mehreren hartnäckigen Anlaufversuchen klappte es allerdings doch, und mir wurde gegen eine Gebühr von dreißig Euro zugesichert, den neuen Pass in zwei Wochen abholen zu können.

Zu viel Zeit in einer großen, fremden Stadt, in der mich niemand kannte. Das dachte ich zumindest am Anfang. Die ersten beiden Nächte schlief ich in einem klassischen Hostel. Obwohl der geringe Luxus dort sehr guttat und das Haus äußerst liebevoll eingerichtet war, fühlte ich mich nicht besonders wohl. Das lag auch daran, dass die Hostels immer ähnlich aussahen und nicht viel mit dem jeweiligen Land zu tun hatten. Dort zu wohnen, fühlte sich ein bisschen an wie ein All-inclusive-Urlaub, bei dem ich zwar Menschen aus aller Welt, aber keine Einheimischen kennenlernte. Das beste Mittel dagegen: Straßenmusik. Den Gitarrenhals hatte ich inzwischen mit Sekundenkleber an seinem alten Platz fixiert und spielte nun nach langer Pause endlich mal wieder in der Öffentlichkeit. Ich postierte mich in unmittelbarer Nähe des Bahnhofs und hatte schon nach zwei Liedern eine ordentliche Zuhörerschaft um mich versammelt – darunter zwei Menschen, denen ich verdanke, dass die Zeit in Chengdu zu einer der schönsten meiner Reise wurde. Die zwei stachen so sehr aus der Menge heraus, dass ich schon beim ersten Blickkontakt ahnte, keine weitere Nacht mehr im Hostel verbringen zu müssen. Yann war Franzose, zwei Jahre jünger als ich. Er studierte Architektur an der Uni in Chengdu und fiel durch sein dunkelblondes Haar und hellen blauen Augen sehr auf. Seine Freundin Xiaowei war Chinesin, und wenngleich etwas größer und dunkler als die Mehrheit der Umstehenden, fiel sie mir nur deshalb auf, weil sie mich von der ersten Sekunde an mit leuchtenden Augen anstrahlte.

Xiaowei und Yann wohnten in einer Wohnung gleich in der Nähe des Campus. Sie boten mir sofort an, bei ihnen zu übernachten. Bis ich Chengdu wieder verließ, verbrachte ich jede Nacht auf ihrer schwarzen Ledercouch im Esszimmer. Ich fühlte mich von der ersten Sekunde an nicht als Gast, sondern wie das Mitglied einer kleinen, harmonischen Familie. Einer stark französisch geprägten Familie, denn an wichtigster Stelle stand stets das gemeinsame, ausgedehnte Essen. Wenn wir nicht gerade bei einer der stundenlangen mehrgängigen Mahlzeiten saßen, standen wir in der Küche und schnippelten Obst und Gemüse oder kauften ein. Mit diesen Essgewohnheiten unterschieden sich Xiaowei und Yann genauso radikal vom Rest des Landes wie mit ihren Reaktionen auf meine Straßenmusik. Denn die Geschwindigkeit, mit welcher Chinesen zu speisen pflegten, brach alle bisherigen Rekorde. Gleichzeitig waren die Tischmanieren nach europäischem Verständnis die übelsten. Auf meine Frage, ob es in China auch so etwas wie Tischregeln gäbe, antwortete mir ein stämmiger Chinese, der mich ein Stück weit nach Chengdu mitgenommen und mich zum Essen eingeladen hatte: »Ja, früher gab es mal Tischregeln. Frauen durften damals nicht mit am Tisch sitzen. Heute ist das aber nicht mehr so streng.«

Xiaoweis und Yanns Wohnung befand sich im fünften Stock einer großen alten Wohnsiedlung. Unten im Hof hatten sie zwei alte Fahrräder stehen. Und weil Yann genauso gern Volleyball spielte wie ich, schlug er vor, mit den Rädern zum Sportgelände zu fahren. Wir schwangen uns auf die Sättel – und ich hatte das Gefühl zu fliegen. Nach sechs Monaten hatte ich ganz vergessen, wie schön Fahrradfahren war. Der Fahrtwind wehte mir um die Nase, und ich legte mich so tief es ging in die Kurven. Und dann erst Volleyball spielen! Zwar waren Yann und ich an diesem Tag allein, doch erfragten wir die Trainingszeiten und standen seitdem jeden zweiten Tag am Platz. Gemeinsam in einer Mannschaft spielten wir zwei langen Lulatsche nie vorne am Netz, sonst wären wir zu übermächtig gegen die kleineren Chinesen gewesen. Ansonsten mussten wir uns aber voll ins Zeug legen, damit wir bei dem Niveau mithalten konnten.

An anderen Tagen gingen wir zum Baden, sie zeigten mir die Sehenswürdigkeiten der Stadt oder leisteten mir Gesellschaft bei der Straßenmusik. Xiaowei setzte sich vor uns auf die Straße, während Yann versuchte, zu meiner Musik zu jonglieren. Interessanterweise waren die Menschen hier wieder relativ kontaktscheu, ähnlich wie in Europa. Wenn sich jemand traute, anzuhalten und mir in die Augen zu schauen, geschah dies aus sicherer Distanz. Brachte aber jemand von ihnen den Mut auf, mich anzusprechen, dann rückte die Menge auf einmal neugierig näher und versuchte, das Gespräch zu verfolgen. Es klingt komisch, doch in China hatte ich das meiste Publikum, wenn ich auf der Straße stand und redete.

Genauso ungewöhnlich war das hohe Interesse der Presse. Drei Zeitungen und ein Fernsehsender befragten mich über meine Tätigkeit als Straßenmusiker, und ich staunte nicht schlecht, als ich einige Tage später tatsächlich einen Artikel über mich in den Händen hielt. Zwar konnte ich kein Wort entziffern, doch das auf dem Bild war eindeutig ich, daneben jonglierte Yann.

Gespendet wurde relativ selten, mutmaßlich weil die meisten Chinesen dafür zu schüchtern waren. Wenn, dann fiel die Spende aber umso großzügiger aus, wohl auch weil es eine Eigenart des Publikums war, sich nach einer Spende ein Lied zu wünschen.

Straßenmusik machte ich bald immer seltener, denn Xiaowei und Yann vermittelten mir ein regelmäßiges Engagement: Im »Notting Hill«, einem neu eröffneten Café unweit unserer Wohnung, spielte ich ab sofort an zwei Abenden pro Woche. Als Gage schlug die sympathische junge Besitzerin umgerechnet vierzehn Euro pro Stunde vor, inklusive Essen und Getränke. Wie königlich die Bezahlung wirklich war, machten mir erst Xiaowei und Yann bewusst. Für einen Studentenjob sei eine Bezahlung von dreißig

Cent üblich, mit meinen vierzehn Euro lag ich da eher bei einem Managergehalt …

Zu einer derart hohen Bezahlung war es offensichtlich nur gekommen, weil ich Europäer war. Xiaowei meinte, die Diskriminierung von Einheimischen gegenüber westlichen Ausländern sei in China ziemlich verbreitet. Aber auch wenn in diesem Fall ich der Nutznießer war, fand ich diesen Zustand höchst ungerecht, ja fast rassistisch. Das Prinzip passte zu den Werbeanzeigen, auf denen die größtenteils westlichen Gesichter den vermeintlichen Zusammenhang zwischen Reichtum, Schönheit und westlichem Lebensstandard weiter in die Gehirne brannten.

Genau darauf zielte die Besitzerin des »Notting Hill« ausgerichtet. Sie war einige Monate in London gewesen, was sie zu der Namensgebung ihres Cafés inspiriert hatte. Die Einrichtung, die Speisekarte und die Preise – auf allen Ebenen setzte sich das Lokal soweit es ging von chinesischen Standards ab.

Abschied von Chengdu

Dann näherte sich der letzte gemeinsame Abend. Das letzte Volleyballmatch, der letzte Auftritt im »Notting Hill«, die letzte Fahrradfahrt – sogar das letzte Mal die vielen Steinstufen in den vierten Stock hinaufzusteigen, wurde zelebriert. Und natürlich das letzte gemeinsame Abendessen. In meinem neuen, 39 Euro teuren Reisepass prangte seit wenigen Tagen ein einmonatiges Visum für China. In keinem Land außer Syrien hatte ich bisher mehr Zeit verbracht.

Wir hatten inzwischen Ende September, und viel Zeit blieb mir nicht, wenn ich es wirklich im Laufe dieses Jahres noch nach Australien schaffen wollte. Mein Ziel war jetzt Kunming, die nächste und einzige große Stadt auf dem Weg Richtung Süden. Dort wollte ich in der laotischen Botschaft ein Visum beantragen, um durch Laos nach Thailand zu reisen. Kunming lag 400 Kilometer von

Chengdu entfernt, und ich entschied mich, den Zug zu nehmen. Wie so oft in den letzten Tagen drückte mir Xiaowei auch zum Abschied einen Strauß Blumen in die Hand. Yann hielt das Päckchen mit dem Reiseproviant, welches sie sorgsam für mich vorbereitet hatten. Zum Glück waren wir so spät dran, dass nicht viel Zeit blieb, uns in die Abschiedsszene hineinzusteigern.

Ich fuhr den ganzen Tag und die ganze Nacht. Der Zug war sauber und modern. Der Abstand der Sitzplätze hingegen war eindeutig für Fahrgäste chinesischer Körpergröße konzipiert. Beim Aussteigen in Kunming hatte ich vom vielen Sitzen geschwollene Beine. Auf dem Weg vom Bahnhof in die Stadt ließ ich mich deshalb bei der erstbesten Gelegenheit auf einer Grünfläche nieder und legte die Beine hoch. Ich döste eine Weile, die Schwellungen gingen zurück, und ich machte mich auf die Suche nach der laotischen Botschaft. Die Wartezeit für ein Visum betrug fünf Arbeitstage. Am liebsten wäre ich nach Chengdu zurückgefahren, um dort mit Xiaowei und Yann die Zeit zu überbrücken.

Stattdessen schlenderte ich durch die breiten, belebten Straßen Kunmings. Eine Handvoll älterer chinesischer Damen saß am Straßenrand vertieft in ihre Arbeit. Sie häkelten. Eine Weile stand ich da und sah ihnen zu. Wie schön, diese produktive Tätigkeit, aus einer simplen Schnur etwas Brauchbares herzustellen! Ich schlenderte weiter und kam kurz darauf in einer schmaleren Straße an einem Wollgeschäft vorbei. Dort erwarb ich Garn und Häkelnadel, ging zurück zu den alten Damen und setzte mich zu ihnen. Wie aller Anfang war auch dieser schwer. Es dauerte seine Zeit, bis die Maschen gleichmäßig wurden, und ohne die Anleitung meiner geduldigen Lehrerin hätte ich viel länger gebraucht. Dreimal trennte ich alles auf, bis ich endlich mein erstes Werk anfing. Meine Entscheidung stand fest. Es sollten Socken werden.

Als ich mich abends auf die Suche nach einem Nachtlager machte, hatte ich den ersten Socken bis zum Knöchel fertig. Die

Gegend sah nicht so aus, als hätte man sich einfach irgendwo hinlegen können. Darum wartete ich, bis es dunkel war, und breitete dann meine Isomatte unter den dürren Ästen eines Baumes im schmalen Grünstreifen vor einem Hotel aus. Genauso unbemerkt verließ ich den Platz am nächsten Morgen.

In der schönen großen Fußgängerzone Kunmings wollte ich mich in die Morgensonne setzen, um weiterzuhäkeln. Doch ich kam nicht so weit. Ein Mann um die fünfzig, in beigefarbenem Mantel und mit nur noch wenigen Haaren auf dem runden Kopf stoppte mich.

»Entschuldigung wenn ich störe, aber ich brauche dringend Ihre Hilfe.« Er wartete nicht auf eine Antwort, sondern redete weiter.

»Mein Name ist Kun Li. Ich bin Opfer eines ungerechten Systems.« Seinem Englisch war zu entnehmen, dass er sich in dieser Sprache nicht sonderlich wohlfühlte, seine Sätze jedoch bestens vorbereitet hatte.

»Bitte lesen Sie das hier.« Er reichte mir drei zusammengeheftete Blätter. Ich begann zu lesen: »Protokoll über die Verletzung der Menschenrechte von Herrn Kun Li.« Was folgte, war ein Bericht der letzten fünf Jahre seines Lebens. Angefangen hatte alles mit einem Verkehrsunfall. In jener verhängnisvollen Nacht war Kun Li dem Protokoll zufolge allein unterwegs gewesen und an einer Kreuzung von einem Pkw angefahren worden. Dabei wurde er leicht verletzt. Dann stiegen aus dem Auto drei alkoholisierte Personen aus und schlugen ihn brutal zusammen. Als sie mit ihm fertig waren, gaben sie ihm den Ratschlag, den Vorfall so schnell wie möglich zu vergessen. Das tat Kun Li nicht – was er später bereute –, sondern humpelte am nächsten Tag mit Schwellungen im Gesicht zur Polizei, um den Vorfall zu melden und Anzeige gegen unbekannt zu erstatten. Zwei Tage darauf meldete sich die Polizei wieder bei ihm. Ohne anzuklopfen, drangen die Ordnungshüter bei ihm ein und nahmen ihn kurzerhand mit. Drei Jahre verbrachte er daraufhin in verschiedenen Gefängnissen, ohne je zu erfahren, warum. Also reimte er sich seine Wahrheit selbst zusammen. Er vermutete, damals musste ein hoher Parteifunktionär am Steuer gesessen haben, der ihn durch seine Verhaftung mundtot machen wollte.

Es folgten die Beschreibungen über die schockierenden Zustände in den Gefängnissen. Schläge und Folter waren die offensichtlichen Misshandlungen, Einschüchterungen und seltsame Medikamente die versteckteren, vielleicht schlimmeren Methoden. Nach einer Freilassung vor zwei Jahren folgte eine weitere Verhaftung, aus welcher er erst vor wenigen Monaten erneut entkam.

Ich gab ihm die Papiere zurück. Der Text war gespickt mit Rechtschreibfehlern und unpassenden Ausdrücken, die Botschaft jedoch war nur allzu klar.

»Das hört sich übel an«, meinte ich, doch verstand er mich nicht. »Ich meine, das ist schlimm, was Ihnen passiert ist.«

»Ja, ja«, nickte er eifrig. Ich hatte ein wenig das Gefühl, dass er einen Teil seines Verstandes im Gefängnis verloren hatte.

»Aber das Schlimmste ist jetzt. Ich weiß nicht, wann sie wieder kommen und mich holen. Jeden Tag können sie kommen. Einfach so. Jede Stunde. Deshalb habe ich Angst. Und ich kann mit keinem darüber reden, weil alle zusammengehören. Wenn ich spreche, bin ich wieder weg. Meine einzige Hoffnung sind Ausländer wie Sie.« Ich hatte große Schwierigkeiten, ihm zu folgen, er sprach undeutlich und hektisch, immer mit gepresster Stimme, als habe er Angst, irgendjemand könne uns belauschen.

»Aber wie kann ich Ihnen helfen?«

»Sie müssen an meiner Stelle sprechen. Ihnen kann die Regierung nichts tun, vor Ausländern haben sie Respekt. Und Ihnen hört man auch eher zu. Sagen Sie der Welt, wie China mich behandelt hat. Bitte – ich brauche Ihre Hilfe, wirklich!« Mit großen, nervösen Augen sah er mich eindringlich an. Natürlich wollte ich ihm helfen. Doch ich hatte keine Ahnung, wo man anfangen könnte. Zudem war ich mir nicht ganz so sicher, ob ich als Ausländer wirklich gar nichts von der chinesischen Regierung zu befürchten hatte.

»Und wo fangen wir an?«

Zwei Tage und zwei Nächte verbrachte ich mit Kun Li. Ich übernachtete sogar bei ihm, auch wenn ich mich dabei nicht wohlfühlte. Es war schwer, mit ihm zusammenzuarbeiten. Nur selten und widerwillig wich er von seiner Meinung ab, war extrem ungeduldig und hatte äußerst genaue Vorstellungen, was wie zu tun war. Aber wenn seine Geschichte stimmte, konnte man ihm all das kaum vorwerfen.

Er wohnte in einer riesigen sterilen Wohnsiedlung aus Beton, die so ziemlich die hässlichste, menschliche Behausung war, die ich je zu Gesicht bekam. Die meiste Zeit verbrachten wir im Internetcafé. Zuerst befreiten wir seinen Bericht von Rechtschreibfehlern, brachten ihn in einigermaßen lesbares Englisch. Dann richtete ich ihm einen E-Mail-Account ein, von welchem aus wir den Bericht an verschiedene Menschenrechtsorganisationen verschickten. Darüber hinaus kam mir die Idee, mich an meinen Bruder Ferdinand zu wenden, der zu dieser Zeit als Journalist tätig war. Um keine Zeit zu verlieren, rief ich ihn direkt an, anstatt ihm zu mailen. Da es das erste und einzige Mal war, dass ich mit Ferdl während meiner Reise telefonierte, vergaß ich für eine Weile den eigentlichen Anlass des Gesprächs. Er nahm sichtlich Anteil an Kun Lis Schicksal, meinte jedoch, dass es – so tragisch es sei – zu vielen ähnlich ergehe und das Thema in den deutschen Medien schon recht ausgetreten sei. Dass mein Bruder damit sicherlich recht hatte, half uns im Moment aber wenig weiter. Am dritten Tage mit Kun Li ging der Elan so langsam verloren und unsere Wege trennten sich wieder. Zumindest, so hoffte ich, hatte ich ihm ein wenig geholfen, sich selbst zu helfen, vor allem, indem ich ihm den Umgang mit dem Internet etwas nähergebracht hatte.

Weil ich weder Lust hatte, Straßenmusik zu machen, noch ein zweites Mal im Freien übernachten wollte, nahm ich mir ein kleines Zimmer für die letzte Nacht in Kunming. Ich legte mich aufs Bett und häkelte weiter an meinen Socken. Am nächsten Tag holte ich mein Visum für Laos ab. Bis zur Grenze war es ein weites Stück. Die ersten Stunden nahm ich den Bus in Richtung Süden, dann trampte ich wieder. Die Landschaft wurde dabei zusehends tropischer. Der letzte Wagen an diesem Tag ließ mich an einer Gummibaumplantage aussteigen, an der ich übernachtete. In der Dämmerung zog ich durch die langen Reihen der dünnen Bäume auf der Suche nach einem Schlafplatz. An den Stämmen hingen Kübel, in denen der Pflanzensaft aufgefangen wurde.

Bald stieß ich auf eine kleine Bambushütte. Vor ihr saß ein betagter, wortkarger Chinese, der mich netterweise in seiner Hütte übernachten ließ. Bis ich am nächsten Morgen aufbrach, wechselten wir kaum ein Wort. Es fühlte sich erst ungewohnt an, doch das wenige, was wir uns zu sagen hatten, konnten wir uns auch ganz gut ohne Worte mitteilen.

Gegen Mittag erreichte ich eine Ortschaft, die gerade groß genug war, um endlich in die Tat umzusetzen, wovon ich seit Chengdu träumte: Ich kaufte mir ein Fahrrad. Sechs Euro zahlte ich für einen alten, schweren Drahtesel mit Rücktrittbremse, stabilem Gepäckträger, ohne Schaltung. Einen Expander bekam ich gratis obendrauf. Mit dem befestigte ich meinen Rucksack auf dem Gepäckträger, nur meine Gitarre trug ich mit Hilfe einer Schnur- und Klebebandkonstruktion am Rücken.

Bevor ich mich so auf den Weg machte, erstand ich in einem kleinen Haushaltswarengeschäft ein Moskitonetz. Denn trotz meiner Mückenabwehrsalbe war ich gestern Nacht auf der Gummibaumplantage übel von Stechmücken heimgesucht worden, und in Laos und Thailand würde das wohl nicht besser werden. Alles, was ich wusste, war, dass ich nach Süden musste und dass es nach Auskunft des Fahrradhändlers noch achtzig Kilometer bis zur Grenze waren. Hochmotiviert trat ich in die quietschenden Pedale. Es kam mir vor, als breche eine neue Ära meiner Reise an. Wie lange sie dauern sollte, konnte ich nicht sagen. Bis nach Thailand vielleicht oder länger, je nachdem, wie lange ich und das Fahrrad es mitmachen sollten.

Ein weiterer Vorteil beim Radeln war, dass ich jederzeit an guten Übernachtungsmöglichkeiten anhalten konnte. Wie oft schon hatte ich vom Auto aus irgendwelche Unterstände an mir vorüberziehen lassen müssen. Für die erste Übernachtung während meiner Fahrradtour konnte ich mir somit gemütlich mehrere Plätze ansehen. Der, für den ich mich entschied, befand sich an einem kleinen Flusslauf, dem ich schon seit geraumer Zeit gefolgt war. Durch dessen Tal wurde gerade eine breite Autobahntrasse gebaut, schwere Baufahrzeuge waren überall zugange, sich in die Hänge zu fressen oder neue Ebenen aufzuschütten. Ein ausgefahrener Lehmweg führte zum Fluss hinunter, wo eine Handvoll Bauwagen und Maschinen standen. Mein Ziel, eine winzige Hütte auf Bambusstelzen, lag am Hang auf der gegenüberliegenden Seite des Flusses.

Unten am Fluss angelangt, musste ich feststellen, dass sich in der Nähe weder eine Brücke noch eine Furt befand – einzig ein dünner Baumstamm führte einige Meter flussaufwärts von einem Ufer zum anderen. Ich wäre nie im Leben darauf gekommen, dass der Stamm begehbar war, wenn nicht just in diesem Moment ein junger Mann scheinbar mühelos hinüberspazierte. Ich stellte mein Fahrrad ab und wagte vorsichtig die ersten Schritte. Der Stamm maß nicht mehr als zwei Handbreit. Hinzu kam, dass ihn die vielen matschigen Schuhe nass und rutschig gemacht hatten. In der Mitte angelangt, machte ich kehrt und balancierte zurück. Das

Fahrrad hier rüberzumanövrieren, würde nicht gehen, allein mit Rucksack jedoch könnte es klappen. Gerade wollte ich mich auf die Suche nach einem geeigneten Versteck für mein Rad machen, da kam ein kleiner, stämmiger Chinese offensichtlich einer der Straßenarbeiter – von der anderen Seite genauso flink und behände herüber wie der Mann zuvor. Er hatte bemerkt, was ich vorhatte. Sofort bot er an, mir über den Fluss zu helfen. Ehe ich mich versah, hatte er mein Fahrrad auf den Schultern und spazierte mit nackten Füßen sicheren Schrittes zur anderen Seite – wohlgemerkt mit vollem Gepäck auf dem Träger. Waghalsiger und schneller als bei meinem ersten Versuch eilte ich ihm hinterher. Ich wollte nicht ganz so ängstlich wirken. Kaum hatte ich mich bedankt, befand er sich schon wieder am anderen Ufer.

Durch hohes Gras schob ich mein Fahrrad bis zur Bambushütte. Meinen Rucksack noch nicht abgeschnallt, kam der Straßenarbeiter noch mal zu mir. Nachdem er bemerkt hatte, was ich vorhatte, versuchte er mich davon zu überzeugen, bei ihnen im Bauwagen zu schlafen. Ich war von dieser Idee anfangs wenig begeistert, schließlich hatte es einige Mühen gekostet, überhaupt hierherzukommen. Doch seine Hartnäckigkeit siegte.

So endete mein Tag in der Karawane von Bauwagen zusammen mit über zwanzig chinesischen Straßenbauarbeitern. Meine Anwesenheit war für sie Grund genug, ein spontanes Fest zu veranstalten. Ein Feuer wurde entfacht, der Gasgrill angeworfen, und bald schon machte ein Kanister Reisschnaps die Runde. Einer von ihnen, der am besten Englisch sprach, stellte mir, wenn ich nicht gerade Gitarre spielte, unentwegt Fragen über mich und meine Reise und übersetzte meine Antworten für die anderen.

Als ich auch einmal zum Fragen kam, erfuhr ich, dass sie gerade dabei waren, eine Brücke über den Fluss zu errichten. Mittlerweile war es zu dunkel, um irgendetwas zu erkennen, doch morgen würden sie mir alles zeigen. Außerdem, schlug ein anderer vor, könne man morgen Nachmittag doch anstatt zu arbeiten eine Partie Basketball spielen, wenn ich Lust darauf hätte. Als ich seinem Vorschlag begeistert zustimmte, blieb dem Bauleiter, der mit seiner Brille unter all den anderen fast akademisch wirkte, nichts anderes übrig, als kopfnickend sein Einverständnis zu geben. Als das Feuer runtergebrannt und der Kanister Reisschnaps geleert war, bezog ich meine Pritsche im Wagen des Bauleiters, froh darüber, dass alles so gekommen war.

Bereits nach dem Kohlsuppenfrühstück am nächsten Morgen stand fest, dass ich eine weitere Nacht hier verbringen sollte. Mir wurde erklärt, wie die gigantischen Löcher für die Pfeiler der Brücke tief in den Boden gearbeitet wurden und wie die Autobahn eines Tages verlaufen würde. Irgendwann solle sie den Süden Chinas mit Thailand verbinden.

Gegen Mittag wurde die Arbeit dann eingestellt, und wir fuhren mit zwei vollbeladenen Lastwagen zu dem wenige Kilometer entfernt liegenden Basketballplatz. Diesmal brachte mir meine Größe die Centerposition ein. Vor lauter Spielfreude musste ich mich schon nach wenigen Minuten auswechseln lassen, so außer Atem war ich. Im zweiten und dritten Drittel teilte ich mir meine Kräfte besser ein. Am Ende gewannen wir mit knappem Vorsprung.

Der Abend verlief nicht weniger exzessiv als der gestrige – denn immerhin, so sagten sie, müsse ja mein Abschied gebührend gefeiert werden. Und das taten sie. Bis spät in die Nacht saß ich mit meinen neuen Freunden am Lagerfeuer beisammen, und als ich am nächsten Morgen mein Fahrrad den Hang hinaufschob, winkte mir die ganze Mannschaft hinterher.

Laos

Nach zweistündiger Fahrt hatte ich die Grenze erreicht. Ein Blick in meinen neuen Reisepass, ein Stempel – und ich war in Laos. im Gegensatz zu den soliden Teerstraßen Chinas bahnte sich ab sofort nur noch eine Schlammschneise durch den Urwald. Der Dreck spritzte mir beim Fahren um die Ohren.

Wenn ich es schaffte, in den breiten Fahrrinnen zu bleiben, kam ich eigentlich ganz gut voran, was im Wesentlichen daran lag, dass es meistens bergab ging. Gegen Mittag brachte ein kurzer, aber heftiger Regenschauer ein wenig Abkühlung in den schwülen Tag. Meine Siebensachen hatte ich sorgfältig wasserdicht verpackt, weshalb ich vor einer ordentlichen Dusche nichts zu befürchten hatte – im Gegenteil, so wurde ich endlich wieder sauber.

Bis auf die Schuhe trockneten meine Sachen im warmen Fahrtwind schnell, und abends stieß ich überraschend auf ein kleines, an einer Quelle gelegenes Gasthaus. Am darauffolgenden Tag zeigten sich die ersten Schwächeerscheinungen meines inzwischen so liebgewonnen Fahrrads. Noch keine Stunde unterwegs, brach ein Kettenglied. Mit Hilfe zweier Steine gelang es mir irgendwie, das gebrochene Glied zu entfernen und die Kette wieder funktionstüchtig zu bekommen. Somit ging die Fahrt weiter.

Das Land schien nicht sehr dicht bevölkert zu sein, selbst bei den größten Ansammlungen von Bambushütten konnte man noch lange nicht von einem Dorf sprechen. In solch einer Hütte kam ich heute zu meinem Mittagessen. Der junge Laote, der darin mit seiner Familie wohnte, sprach ein paar Worte Englisch. Es gab Reis mit Gemüse. Wir saßen im Schneidersitz am Boden auf einer Bambusmatte und aßen mit den Händen. Den Reis hatte der junge Laote in einem runden, geflochtenen Bambusbehälter gebracht, in welchem er warm und feucht blieb. Das Haus selber stand auf dicken Bambusstelzen, die mit dünnen Bambusstreifen verbunden waren. Der Boden und die Decke bestanden genauso aus Bambus wie die Wände und alle anderen Baumaterialien. Einzig das Dach war aus Stroh. Ich fragte mich, wie die Menschen hier wohl gelebt hätten, wenn es keinen Bambus gäbe. Leicht, schnellwüchsig und einzigartig stabil – kaum eine andere Pflanze auf Erden war wohl so vielseitig verwendbar. Und essbar war er auch – in ganz jungem Stadium, wenn er gerade mal fünf Zentimeter aus dem Boden sprießte.

Nachdem ich den ganzen Nachmittag geradelt war, fand ich meine nächtliche Unterkunft direkt am Wegrand. Es handelte sich um eine kleine, gemütliche Bambushütte, die leer und zum Glück offen stand. Das noch verbliebene schwache Tageslicht reichte nicht mehr aus, um den fensterlosen Raum zu beleuchten, weswegen ich eine Kerze entzündete, um ihn zu inspizieren. Während der vergangenen Tagen hatte ich bestimmt schon ein halbes Dutzend Schlangen und mindestens ebenso viele exotische Spinnen zu Gesicht bekommen und keine große Lust, mein Nachtlager mit diesen Tierchen zu teilen. Doch der Raum war vollkommen leer und sauber, an der Decke fand ich sogar einen Nagel, um mein Moskitonetz aufzuhängen.

Nach einer wunderbaren Nacht ging es am Morgen nicht ganz so weiter. Die Sachen waren gerade alle gepackt und die ersten Meter zurückgelegt, da hatte ich auch schon einen Platten. Jetzt konnten mir auch die Steine am Straßenrand nicht viel helfen. Ich hatte ja nicht einmal die Möglichkeit, das Rad abzumontieren. Somit blieb mir nichts anderes übrig, als den Daumen rauszuhalten und zu hoffen, dass jemand mich und mein Fahrrad mitnahm.

Wie auf Bestellung kam wenig später ein Kleinlaster, der mich bis zur nächsten Werkstatt brachte. Selbst ihnen fiel es nicht leicht, die rostigen, alten Muttern meines Hinterrads zu lockern. Doch sie brachten das Rad schnell wieder in Schuss, und es ging weiter.

Kurz nach dem mittäglichen Regenguss passierte ich eine Grundschule der Vereinten Nationen. Sie war das erste massive Gebäude, welches ich in Laos erblickte. Von nun an mehrten sich die Zeichen des westlichen Einflusses. Neben der deutschen Welthungerhilfe, von deren Jeep wir gerade überholt worden waren, engagierten sich offensichtlich auch zahlreiche andere Hilfsorganisationen in Laos. Die dicksten Autos, die ich antraf, gehörten ihnen.

Die Bevölkerung in Laos ist ohne Zweifel sehr arm. Trotzdem kam mir während meiner Zeit dort kein einziges Fahrrad unter die Augen, welches es vom Alter her auch nur annähernd mit meinem aufnehmen konnte. Und das lag nicht daran, dass es wenige Fahrräder gegeben hätte, im Gegenteil. Je weiter ich in den Süden kam, desto mehr hatte ich das Gefühl, die Spenden der Hilfsorganisationen bestünden hauptsächlich aus Mountainbikes. Auch hatte ich nicht den Eindruck, die Bevölkerung sei unterernährt. Das Land war fruchtbar, und die Backen der Kinder waren runder und voller als in den meisten anderen Ländern zuvor. Es herrschte eine andere, eher auf finanzielle Mittel beschränkte Armut. Essen, Trinken und ein Dach über dem Kopf hatte offenbar jeder, zumindest hier draußen, fernab der Städte. Ganz im Gegensatz zu der Armut, die mir in den Metropolen Nepals, Indiens und Bangladeschs begegnet war, wo zur finanziellen Not noch verpestete Luft, verseuchtes Wasser und knappe Lebensmittel dazukamen.

Nach einer Einladung zum Mittagessen mit Reis, etwas eigenartigem Fleisch – ich befürchte Hund – und in Schnaps eingelegten Hornissen, deren Stachel wir vor dem Verzehr entfernten, übernachtete ich bei einer fürsorglichen und herzlichen Familie. Während ein Onkel dabei war, lange Bambusstangen mit einer schweren Machete in dünne Streifen zu spalten und um ihn herum Kinder mit einem Reifen aus Bambus spielten, flickten der Vater und ich meinen Fahrradschlauch. Später beim Abendessen fiel es mir schwerer als sonst, mit den Fingern zu essen. Trotz ausgiebigen Händewaschens hatte ich immer noch so viel Fahrradöl an den Händen, um dem Essen ein gewisses Aroma zu verleihen.

Meine letzte Fahrradpanne hatte ich am Nachmittag des darauffolgenden Tages. Es war an diesem Tag bereits die dritte, und für eine weitere Reparatur fehlten mir die Nerven. Ich band meine Sachen vom Gepäckträger und packte meine Gitarre wie früher in meinen Rucksack. Dann lehnte ich mein Fahrrad gegen einen Baum am Wegrand und ließ es dort stehen. Ich wollte nicht trampen, ich wollte laufen.

Lang ging ich nicht, vielleicht eine knappe halbe Stunde. Ohne den Daumen rauszuhalten, hielt neben mir ein Wagen.

»Wo willst du hin?!«, rief mir der Fahrer aus dem Fenster zu.

»Nach Thailand!«, erwiderte ich, worauf die Insassen in lautes Gelächter ausbrachen.

»Nach Thailand?! Das ist viel zu weit! Da kommst du nie an bei dem Tempo!« Offenbar war ich das erste Mal auf etwas wohlhabendere Laoten gestoßen, sie machten daraus offensichtlich auch kein Geheimnis. Der silbergraue Honda sah trotz der schmutzigen Straße aus, als käme er soeben aus der Waschanlage.

»Also, genauer gesagt will ich nach Australien«, meinte ich auf Höhe der heruntergekurbelten Scheibe angekommen. Ich weiß nicht, ob sie nicht verstanden oder mich nicht ernst nahmen, jedenfalls zeigten sie diesmal nicht die geringste Reaktion.

»Wenn du willst, nehmen wir dich nach Luang Prabang mit.« Luang Prabang ist nach Vientiane die größte Stadt im Norden Laos' und lag ihrer Auskunft nach noch eine halbe Stunde entfernt. Also stieg ich ein und ließ mich bis nach Luang Prabang bringen. Schon wenig später blieben wir unvermittelt stehen.

»Warum halten wir?«, fragte ich.

»Wir sind da«, meinte der Fahrer. »Willkommen in Luang Prabang!« Er sagte dies in einem Tonfall, der mich loslachen ließ.

»Das ist Luang Prabang?« Ich sah mich um. Unter der größten Stadt des Nordens hatte ich mir wirklich etwas Größeres vorgestellt. Natürlich war es mit Abstand die bisher größte Siedlung, aber auch wenn hier den Zahlen nach fast 50 000 Menschen lebten, blieb es in meinen Augen nicht mehr als eine Siedlung.

Kurze Zeit spielte ich mit dem Gedanken, hier ein zweites Fahrrad zu kaufen, doch als ich tatsächlich ein Fahrradgeschäft fand und mich nach den Preisen erkundigte, verwarf ich ihn sofort wieder. Straßenmusik kam auch nicht in Frage, dazu war auf den Straßen viel zu wenig los. Darum setzte ich meine Reise unverzüglich fort und nahm den Bus nach Vientiane, der Hauptstadt Laos'.

Vientiane

Um drei Uhr morgens kam ich an. Es goss in Strömen. Verschlafen machte ich mich auf die Suche nach einem trockenen Schlafplatz, und weil mir die Gegend hier am Busbahnhof einigermaßen friedlich und sicher erschien, legte ich mich kurzerhand vor die überdachte Ladenzeile der Busunternehmen. Das Moskitonetz bot auch so etwas Ähnliches wie eine Privatsphäre. Da sich mein ganzes

Gepäck unter dem Netz befand und ich das untere Ende des Netzes beim Schlafen unter die Isomatte steckte, konnte mich so kaum jemand des Nachts unbemerkt bestehlen.

Als es um mich herum zu hell und laut wurde, um weiterzuschlafen, brach ich mein Nachtlager unter den Augen eines neugierigen Publikums ab und nahm ein Sammeltaxi ins Stadtzentrum. Der Regen hatte aufgehört, und die Morgensonne ließ die Dächer und Straßen dampfen. Bei den Sammeltaxis handelte es sich eher um überdachte Pick-ups, auf deren Ladeflächen sich harte Holzbänke befanden. Die Leute nannten sie »Tuk-Tuk«, sie prägten hier das Bild der Straßen.

Auch Vientiane sah, zumindest unter europäischem Blick, nicht wie eine typische Hauptstadt aus, eher wie ein etwas größeres Dorf. All diese Dimensionen nahm ich erst mit etwas anderen Augen wahr, als mir gesagt wurde, dass Laos insgesamt nur sechs Millionen Einwohner hat und die meisten davon auf dem Land lebten. Netterweise verzichtete der Tuk-Tuk-Fahrer auf die Bezahlung, er setzte mich vor einem Gästehaus ab, in welchem ich ein Bett in einem großen Schlafsaal nahm und genoss, das erste Mal seit einer Woche wieder fließendes Wasser zu haben.

Hätte ich Jimmy nicht getroffen, wäre ich am nächsten Tag wohl weiter nach Thailand gezogen. Die natürliche Grenze, der Mekong, lag in unmittelbarer Nähe, und unweit der Stadt führte die Friendship Bridge nach Thailand. Doch Jimmy überredete mich, noch einen Tag länger zu bleiben. Dabei wusste ich bis zum Schluss nicht, ob ich froh darüber sein sollte oder nicht. Jimmy war so etwas wie ein Laote der neuen Generation. Oder zumindest wollte er dies verkörpern. Obwohl schon über dreißig, trug er Plateauschuhe, nur die trendigsten Klamotten und machte kein Geheimnis daraus, dass er schwul war.

Seine Familie wohnte ein wenig außerhalb, die Fahrt dorthin kam mir allerdings länger vor, da ein großer Teil der Straße von den

Regenfällen der letzten Tage unter Wasser stand. Jimmy orderte drei Mofataxis, die uns fuhren, bis das Wasser zu tief wurde. Dann stiegen wir um auf einen Traktor, dessen Räder groß genug waren, um die Fluten zu durchqueren. Einige Kinder machten sich einen Spaß daraus, sich hinten an den Traktor zu hängen und durchs graubraune Wasser ziehen zu lassen.

Wie alle Hütten ringsherum stand auch Jimmys Haus auf Bambusstelzen – wozu, das konnte ich mir inzwischen ausmalen. Der Regen, auch wenn er oft nur kurz war, kam meist so heftig, dass im Nu alles unter Wasser stand.

Jimmy stellte mich seiner Mutter vor, einer kleinen rundlichen Frau mit milchigen Augen. Sie sah mich lange und eindringlich an, während Jimmy ihr erzählte, wer ich war und was ich hier machte. Er fragte mich, ob Ente zum Abendessen recht sei, dann zeigte er mir das Haus. Bis auf zwei abgetrennte Räume gab es keine Wände, der größte Teil stand also offen, womit die Nachbarn problemlos ins Wohnzimmer schauen konnten und man einen guten Blick über den Garten und die umliegenden Hütten hatte. Gerade konnten wir beobachten, wie unten im Hof die Mutter einer aufgescheuchten Ente hinterherjagte.

»Dein Mutter schlachtet eine Ente fürs Abendessen?«, fragte ich gespannt, während Jimmy mich ansah, als ob ich vielleicht irgendeinen Vorschlag hätte, wo man hier sonst eine Ente herbekommen könnte.

Jimmy und seine Freunde hatten jede Menge Alkohol besorgt – neben mehreren Flaschen Bier auch zwei Flaschen Schnaps, den sie anfangs noch mit Cola verdünnten –, und noch bevor das Essen fertig war, hatten wir ein halbes Dutzend Mal auf den »netten Besuch aus Deutschland« angestoßen.

Die Ente hatte sich inzwischen wieder etwas von dem Schlag erholt und begann, glucksende Laute von sich zu geben, bis sie mit einem weiteren Hieb ruhiggestellt wurde. Dann goss die Mutter kochendes Wasser über das bewusstlose Tier und begann es zu rupfen. Verbrüht und vollkommen nackt lag der dürre Vogel neben dem Kochtopf, als ich beklommen feststellen musste, dass er sich immer noch regte. Sogar nachdem die Mutter die Gedärme entnommen hatte, blinzelte mich die Ente noch müde an. Ganz verabschiedete sie sich von dieser Welt vermutlich erst, als sie im Topf schwamm.

Ich spielte ein paar Stücke auf der Gitarre und musste jedem von ihnen ein Passfoto schenken, die eigentlich für Visa bestimmt waren; dann brachte Jimmys Mutter das Essen. Neben der Entensuppe gab es den üblichen klebrigen Reis. Jeder griff mit den Händen in den runden Bambuskorb und nahm sich, so viel er wollte, während Jimmy die Suppe mit einer großen Schöpfkelle verteilte. Er meinte es sicherlich nett, als er mir den Entenkopf anbot.

»Ihr esst den Kopf in Deutschland nicht mit, oder?«

»Normalerweise nicht«, antwortete ich, »aber wenn es bei uns Ente gibt, schlachten wir sie auch selten selbst, sondern kaufen sie im Laden. Und da ist der Kopf meistens schon ab.« Die Dinge, welche mir am banalsten vorkommen, fanden die anderen oft am interessantesten. Mir ging es ja genauso.

Zum Nachtisch gab es einen weiteren kulinarischen Schocker: gebratenen Frosch. Es wäre mir deutlich leichter gefallen, davon zu probieren, wenn ich auf den Märkten in China und Laos nicht gesehen hätte, wie die Tiere behandelt werden. Auch hier galt das Prinzip des »Lange-am-Leben-Haltens«; so blieb das Fleisch frisch. Ohne Kühlkette war das Argument nicht von der Hand zu weisen. Zumeist wurden die Frösche an einem Bein festgebunden und zusammen mit anderen Leidensgenossen aufgehängt. Dort siechten sie oftmals der prallen Sonne ausgesetzt dahin, bis sie einen Käufer fanden. Hatten sie Glück, wurden sie von Zeit zu Zeit mit etwas Wasser besprizt. Manchmal jedoch warf ihre ausgetrocknete Haut bereits große Blasen, und einstmals von ihnen gejagte Fliegen labten sich nun seelenruhig an ihren Körperöffnungen, vorzugsweise den Augen.

Ich versuchte die Bilder zu verdrängen, als ich das weiße Fleisch von den Schenkeln nagte. Es erinnerte an zartes Hühnerfleisch mit leicht fischigem Aroma.

Am nächsten Morgen fuhr ich mit einem Tuk-Tuk zur Friendship Bridge. Ich ließ meinen Reisepass von dem laotischen Beamten abstempeln, womit ich ausgereist war, und spazierte über die Brücke. Unter mir floss breit und mächtig der Mekong. Erst als ich in der Mitte der Brücke angekommen war und meinen Blick noch einmal zurückwendete, fiel mir auf, dass ich gerade im Begriff war, neben Afghanistan das zweite Land meiner Reise zu verlassen, in welchem ich keine Straßenmusik gemacht hatte.

Thailand, Malaysia und Singapur

Der thailändische Beamte schenkte mir ebenso wenig Aufmerksamkeit wie sein laotischer Kollege. Er blätterte gelangweilt in meinem Reisepass, stempelte ihn ab und hieß mich in Thailand willkommen. Keine Fragen, keine Gebühren, keine sonstigen Probleme. Das wenige laotische Geld, das ich noch hatte, wechselte ich in thailändische Bath und machte mich auf den Weg, um eine geeignete Stelle zum Trampen zu suchen. Während ich noch von einer Welt träumte, in der jeder Grenzübergang für alle Menschen so leicht zu überqueren war, hielt das erste Auto – ein dänisches Pärchen, welches mich ein paar Kilometer mitnahm.

»Wohin willst du?«, fragten sie, nachdem ich auf dem Rücksitz Platz genommen hatte.

»Gute Frage. Was könnt ihr denn empfehlen?« Natürlich wollte ich langfristig in den Süden und von dort aus weiter nach Malaysia. Aber gegen ein paar Tage am Meer und Straßenmusik hatte ich natürlich auch nichts.

»Strandurlaub kann man südlich von Bangkok praktisch überall machen«, meinte die Frau am Steuer. »Aber wenn du uns fragst, unsere persönliche Lieblingsinsel ist Ko Tau, dort kommt man nur etwas umständlich hin. Und zum Straßenmusikmachen – puh … also davon würde ich dir hier in Thailand eher abraten. Ich kann mir nicht vorstellen, dass dafür irgendjemand etwas übrig hat.«

»Am ehesten in Bangkok«, meinte der Mann, »in der Khaosan-Road, da laufen wenigstens ein paar Touristen rum …«

Wenig später stand ich wieder am Rand des Highways. Diesmal wartete ich zwar deutlich länger, doch es lohnte sich. Beim ersten Mal war Bodo an mir vorbeigefahren, weil er mich zu spät gesehen hatte, doch nachdem er und seine Freundin bei der nächsten Gelegenheit gewendet hatten und zurückgefahren waren, fanden sie mich noch immer an derselben Stelle. Bodo kam aus dem Ruhrpott, doch mittlerweile fühlte er sich in Thailand mehr daheim. Mensch war das ungewohnt, mich mal wieder auf Deutsch zu unterhalten! Bodo wohnte mit seiner thailändischen Freundin etwa eine Stunde von hier entfernt, und genau wie ich kamen sie gerade von Laos. Allerdings hatten sie Thailand nur für ein paar Minuten verlassen, um an der Grenze ein neues Visum für Bodo ausgestellt zu bekommen. Bodo brannte darauf, alles von meiner Reise zu erfahren, und bis ich meine Geschichte erzählt hatte, saß ich satt und geduscht bei ihnen zu Hause. Meine unkonventionelle Art des Reisens faszinierte Bodo offenbar sehr, mehrfach fragte er, ob er noch irgendetwas für mich tun könne.

»Ich bin satt, wieder einigermaßen sauber und hab ein Dach überm Kopf. Danke, Bodo, aber du hast mir schon alles gegeben, was ich brauche.«

Er gab mir trotzdem ein paar neue Unterhosen, die ich wirklich gut gebrauchen konnte, eine kurze Hose und eine Landkarte von Thailand. Außerdem schlug Bodos Freundin vor, bei einem Freund in Bangkok anzurufen, der mich sicher gerne bei sich zu Hause aufnehmen würde. Der Freund hieß Ferd und freute sich über einen Besuch, jedoch sprach er kein Wort Englisch. Also gab mir Bodo noch ein deutsch-thailändisches Wörterbuch, womit ich am nächsten Morgen gut ausgerüstet nach Bangkok aufbrach.

Bangkok

Als ich am Abend am Bahnhof von Bangkok ankam, wartete Ferd auf mich. Bis ich die Stadt wieder verließ, kümmerte er sich um mich wie um einen Bruder, und dass wir uns kaum verständigen konnten, tat dem keinen Abbruch. Mit einer atemberaubend modernen Schnellbahn fuhren wir zu Ferds Wohnung. Ich hatte das Gefühl, die Zeit der Abenteuer sei vorerst vorbei. Seit der Grenze kam mir alles so viel normaler, geregelter und einfacher vor, dass es beinahe langweilig erschien. In der Schnellbahn waren beinahe ebenso viel deutsche oder englische Gesprächsfetzen zu hören wie thailändische. Wie in allen asiatischen Großstädten waren hingegen der beißende Smog und der ständige Lärmpegel eine ziemliche Belastung. Lange wollte ich auf keinen Fall in der Stadt bleiben, dachte ich mir, als wir die Stufen zu Ferds Wohnung im sechsten Stock erklommen. Außer den Transportkosten und den Preisen für die meisten Obstsorten musste man hier deutlich mehr bezahlen als in Laos, China und Indien, was sich auch auf den Umsatz bei der Straßenmusik auswirkte. Dabei waren die Plätze, an denen ich stand, alles andere als optimal. Am besten lief es zwischen den eng aneinandergedrängten Ständen eines riesigen Marktes, wo es zwar furchtbar laut, aber dafür voller

Menschen war. Und da die Thailänder keine Berührungsängste hatten und das letzte Mal Straßenmusik schon wieder so lange her war, hatte ich so richtig Spaß. Alte, mit Körben bepackte Damen, wippten im Takt, rotznasige Kinder starrten mich mit großen Augen an und Jugendliche im AC/DC-T-Shirt klatschten bei Faith laut mit.

Neben umgerechnet stolzen 25 Euro Tageseinnahmen bescherte mir die Straßenmusik-Session eine Telefonnummer und mehrere Essenseinladungen, von welchen ich jedoch nur eine einzige annehmen konnte. Bei meinen Gönnern handelte es sich um zwei Ladyboys – viel anfangen konnte ich mit diesem Begriff zu diesem Zeitpunkt allerdings noch nicht. Für mich waren die beiden einfach zwei Jugendliche, die sich noch nicht entscheiden konnten, zu welchem Geschlecht sie gehörten. Vor allem der etwas pummeligere von den beiden legte sich schwer ins Zeug, um seine weibliche Seite zu unterstreichen. Nach einer sagenhaft leckeren süßsauren Gemüsepfanne und einem Cocktail begleiteten sie mich noch bis zu Ferds Haustüre.

In den Süden

Nach drei Übernachtungen kehrte ich dem hektischen, lauten und stinkenden Moloch den Rücken zu und stieg in den Zug Richtung Süden. Mein dortiges Ziel: Ko Samui, eine Insel, die mir Bodo als schön, noch nicht allzu touristisch und von meinem Weg nach Malaysia aus als gut erreichbar empfohlen hatte. Da sich das Land im Süden zu einem sechzig Kilometer schmalen Landstreifen verengte, gab es nur eine Richtung und Bahnlinie, um zu den Inselparadiesen zu gelangen. Ein gutes Dutzend westlicher Touristen befand sich deshalb mit an Bord. Die Fahrt dauerte die ganze Nacht, und ein Vorteil der höheren Klassen war wohl, dass man die Sitze flach stellen konnte. Besser als ich konnte jedoch kaum jemand geschlafen haben: Der Boden war sauber und unter den Sitzen genügend Platz, sodass ich dort meine Isomatte ausbreiten und mir ein erstklassiges Nachtlager richten konnte. Zudem war ich in dem Abteil fast allein. Ich konnte also niemanden stören, als ich laut die Aussprache der wenigen thailändischen Wörter, die ich bis dahin gelernt hatte, übte und ein bisschen Gitarre spielte.

Die restliche Zeit im Zug nähte ich eine eingerissene Lasche meines Rucksacks und häkelte weiter an meinen Socken. Die Hälfte des zweiten Sockens hatte ich inzwischen fertig, und auch wenn ich auf die vielen kleinen Maschen unendlich stolz war, dämmerte mir langsam, dass weiße, dicke Wollsocken auf Reisen durch tropische Länder weder pflegeleicht noch besonders nützlich sein konnten. Wie wäre es mit Heimschicken? Das wäre doch mal ein etwas anderes Reiseandenken! Ich malte mir aus, wie meine Mutter oder mein Vater das Päckchen mit den Socken auspackten … mir wurde schwer ums Herz. Eine Melodie ging mir durch den Kopf, eine, welche ich zum ersten Mal vor ein paar Tagen in Bangkok im Bus im Ohr hatte. Schnell die Gitarre ausgepackt. Ich versuchte, die Töne festzuhalten und die Basslinie, welche ich mir schon in Bangkok dazu vorgestellt hatte, nachzuspielen. Ein Stück Musik auf Reisen war geboren.

Gegen Mittag erreichte der Zug Surat Thani. Wollte man nach Ko Samui, musste man dort aussteigen. Das tat ich und mit mir ein Teil der anderen Touristen, die zielstrebig in den vor dem Bahnhof wartenden Bus stiegen. Die Fahrt, dachte ich mir, könne ich auch günstiger bekommen. Nachdem der Bus abgefahren war, stellte ich mich an den Straßenrand, hielt den Daumen raus und wartete. Der erste Wagen stoppte erst eine gute halbe Stunde später. Noch schlimmer aber: Wir hatten ernsthafte Kommunikationsschwierigkeiten, weswegen er mich zwar am Meer, allerdings weit entfernt von meinem eigentlichen Ziel absetzte. Stundenlang irrte ich am Strand entlang und kam irgendwann an einer Garnelenfarm an.

Das Gelände sah trostlos aus, schmale Kanäle für die Wasserzufuhr durchzogen die zahlreichen riesigen Becken, und trotz der Brise, die vom Meer herzog, lag ein übler Geruch in der Luft. Eine ganze Weile lief ich über die Beckenränder und Kanäle, ehe ich den ersten Menschen zu Gesicht bekam. Er kniete vor einer Hütte mit Wellblechdach und besserte ein altes Netz aus. Erst als ich näher kam, bemerkte ich, dass er nicht allein war. Ohne von seiner Arbeit aufzusehen, redete er mit einem Mann, der vor der Hütte in einem Auto mit heruntergekurbelten Scheiben saß.

»He!«, rief mir der Mann aus dem Auto zu, »was machst du denn hier draußen?«

Seine Stimme hörte sich freundlicher an, als sein Gesichtsausdruck vermuten ließ.

»Ähh … ich muss mich wohl verlaufen haben … ich wollte eigentlich nach Ko Samui.«

»Ko Samui? Da bist du aber ganz schön falsch. Bis dorthin sind es gute zwanzig Kilometer – wahrscheinlich ein bisschen zu weit, um zu laufen!« Bei den letzten Worten fing er unvermutet an zu lachen und hörte ebenso plötzlich wieder auf, indem er emotionslos ins Thailändische wechselte, was nicht mir, sondern dem anderen Mann galt. Ohne dessen Antwort abzuwarten, zündete er den Motor.

»Steig ein! Ich bring dich zum Hafen.«

»Das ist nett, aber ich kann leider nichts bezahlen, Sie können mich auch einfach bis zur nächsten Straße bringen …«

»Keine Angst, du musst nichts bezahlen. Komm!«

Nach wenigen Minuten über eine holprige Straße fuhren wir am Ende eines kleines Fischerdorfes hinter einem anderen Wagen links ran. Er stieg aus, ging zu dem Wagen vor uns und wechselte ein paar Worte mit dem Fahrer.

»Das ist ein guter Freund von mir«, sagte er, als er zurückkam, »er wird dich zum Hafen bringen. Leider hat er nie Englisch gelernt, aber er weiß, wohin.«

Ko Samui

Von der Fähre ließ ich meinen Blick über das Meer und die tiefstehende Nachmittagssonne schweifen. Das Schiff erzitterte beim Anwerfen der Motoren, und nachdem der Schornstein riesige schwarze Rauchwolken in die Luft gejagt und das Schiffshorn dumpf und mächtig geblasen hatte, ging es los.

Ko Samui lag so idyllisch vor einem paradiesischen Sonnenuntergang im Wasser, dass ich kurz vor Ankunft in dem Hafenörtchen Nathon am liebsten die letzten Meter geschwommen wäre. Fünfzehn Gehminuten von der Anlegestelle entfernt stieß ich auf ein hübsches Stück Sandstrand und errichtete dort mein Nachtlager. Doch noch bevor ich meinen Rucksack geöffnet hatte, war ich schon ins lauwarme Wasser gesprungen. Endlich wieder im Meer baden!

Obwohl ich nicht länger als zehn Minuten geschwommen sein konnte, war es fast stockdunkel, als ich wieder an Land ging. Ich legte mich unter einen Baum, an dessen unterstem Ast ich mein Moskitonetz befestigte. Bis ich schlafbereit auf meiner Isomatte lag, hatte mich allerdings schon ein halbes Dutzend der aggressiven Blutsauger erwischt. Dabei bestand mein Stechmückenabwehrarsenal seit einigen Wochen nicht mehr bloß aus dem Moskitonetz und der stinkenden Mückensalbe aus Kalkutta, sondern auch aus spiralförmigen Raucherstäbchen, die zwar auch nicht gut rochen, aber die Stechmücken umso effektiver fernhielten und immerhin sechs, sieben Stunden glommen. Das erste Mal hatte ich diese Räucherspiralen in China gesehen, und als die Mückenplage in Laos und Thailand immer schlimmer geworden war, hatte ich mir davon einen Schwung zugelegt.

Mein Frühstück, eine Handvoll Babybananen, holte ich am nächsten Morgen an einem nahe gelegenen Markt in Nathon und machte mich im Anschluss auf die Suche nach einer abgelegenen Bucht, um dort ein Lager für die nächsten Tage einzurichten.

Vorbei an Palmenhainen, Werbeplakaten für blutige Thai-Box-Shows und knatternden Sammeltaxis, konnte ich nach einer halben Stunde Fußmarsch der Versuchung nicht widerstehen, ein morgendliches Bad zu nehmen. Kein Wölkchen am stahlblauen Himmel. Da es an dieser Stelle aber keinen Sandstrand gab, führte der Weg ins Meer über scharfkantige, glitschige Steine, weswegen ich, im knietiefen Wasser von einer Welle erfasst, ausrutschte und mir einen Stein in meine rechte Fußsohle bohrte. Obwohl ich dachte, es sei bloß eine stumpfe Verletzung, verlor ich die Lust am Baden und humpelte zurück an Land, wo ich versäumte nachzusehen, ob es sich um eine offene Wunde handelte oder nicht. Ich zog meine Flip-Flops wieder an und marschierte weiter den Strand entlang, bis ich im nordwestlichsten Zipfel der Insel die ideale Bucht für meine Pläne fand. Die Straße, welche am Meer entlang rund um die Insel führt, lag hier durch eine kleine Erhebung getrennt etwa 200 bis 300 Meter landeinwärts, wodurch die Bucht abgelegener und nur durch einen schmalen Pfad zwischen Meer und Klippen zu erreichen war. Zwischen der felsigen Umgebung öffnete sich ein etwa dreißig Meter breiter Sandstrand, der sanft ins Meer mündete. Dahinter erstreckte sich die üppige Vegetation bis auf den höchsten Gipfel der vielleicht vierzig bis fünfzig Meter hohen Erhebung.

Sogleich holte ich mein Bad an diesem versteckten Plätzchen nach. Als ich den ersten Fuß ins Wasser setzte, brannte die Wunde. Nach einer kleinen Schwimmrunde desinfizierte ich die Stelle, klebte ein Pflaster darüber und kümmerte mich nicht weiter darum, sondern begann unter den an den Strand grenzenden Bäumen mit dem Lagerbau. Das wichtigste Baumaterial waren große, abgestorbene Palmenblättern, die überall herumlagen. Sie waren mehrere Meter lang, und ihre fingerbreiten, stabilen Seitenblätter ließen sich hervorragend ineinanderflechten, woraus mit der Zeit ein kleiner, aber stabiler wind- und wetterfester Unterstand wurde. Das Dach deckte ich mit Plastiktüten und mehreren kürzeren Palmblättern ab, die Wände verstärkte ich mit Ästen und Steinen. Die Feuerstelle vor meiner Hütte erlosch in den folgenden Tagen nur ein einziges Mal nach einem gewaltigen Regenschauer; ansonsten gelang es mir immer, das Feuer am Abend so abzudecken, dass die Glut am nächsten Morgen ausreichte, um die Flammen erneut zu entfachen.

Die erste Person, die ich traf, war ein junger Einheimischer, der gegen Mittag des zweiten Tages in der Bucht auftauchte. Er zeigte mir, wie man Krebse fängt, indem wir Steine, die bei Flut im Wasser lagen, jetzt bei Niedrigwasser zur Seite rollten und blitzschnell nach den flüchtenden Schalentieren griffen. Um vor ihren scharfen Zangen in Sicherheit zu sein, mussten wir die Krebse ganz hinten am Körper erwischen. Hat man sie dort einmal gefasst, kann man sie problemlos zwischen Daumen und Zeigefinger halten, ohne gekniffen zu werden.

Am Ende bestand unsere Beute aus zwölf Krebsen mit einem Durchmesser von etwa zehn bis zwölf Zentimetern, die wir nun am Feuer grillten. Viel war an ihnen nicht dran, doch schmeckte die kleine Mahlzeit sagenhaft gut. Außerdem hatte der junge Thai in einer Plastiktüte ein Stück Brot und eine Handvoll kleine Tintenfische dabei, die er davor schon gefangen hatte und die wir auf den heißen Steinen brieten.

Der Lagerbau an dem paradiesischen Strand in Kombination mit dem Meer und dem traumhaften Wetter bereitete mir solch fieberhafte Freude, dass ich vergaß, genug zu essen und vor allem zu trinken. So machte ich mich erst am dritten Tag auf den Weg, um meinen Wassersack aufzufüllen und Proviant zu besorgen. Zu diesem Zeitpunkt hatte sich die Verletzung an meinem Fuß entzündet, das

Laufen fiel schwer, und die nächste Einkaufsgelegenheit lag ein gutes Stück entfernt. Der Rückweg mit den Einkäufen gestaltete sich als noch anstrengender und schmerzhafter. Ich hatte gerade die Hälfte des Weges zurückgelegt, als ich schwer bepackt zwischen Strand und anliegenden Residenzen wohlhabender Inselbewohner entlanghumpelte. Mit dieser Abkürzung, dachte ich, dauere der Weg nur halb so lang. Auf einmal Hundegebell. Drei Hunde schossen wie von der Tarantel gestochen auf mich zu. Die Attacke traf mich vollkommen unerwartet. Bis ich auf dem Absatz kehrtmachte und einige Schritte zurückwich, war es bereits zu spät – sie hatten mich bereits eingeholt. Der aggressivste von ihnen, eine hüftgroße Riesendogge, biss mich ohne zu zögern in den Allerwertesten. Schnell weg. Doch wohin? Die Hunde waren hundertmal schneller als ich. In der Hoffnung, sie würden sich nicht ins Wasser trauen, lief ich geradewegs ins Meer. Es funktionierte. Sie folgten mir nicht, sondern knurrten mich nur böse vom Strand aus an. Mein Herz schlug bis zum Hals, und ich hatte große Mühe, meine Einkäufe nicht zu verlieren. Langsam strauchelte ich weiter, ohne die Hunde aus den Augen zu lassen, bis ich mich in sicherer Entfernung wieder an Land wagen konnte.

Mit nassen Klamotten und letzter Kraft schleppte ich mich bis zum Lager. Der Hund hatte meine rechte Pobacke erwischt, was doppelt blöd war, denn die entzündete Stelle befand sich am linken Fuß. Somit wusste ich nicht mal mehr, auf welchem Bein ich nun humpeln sollte. Die Hose war durch den Biss zerfetzt worden, zum Glück befand sich darunter noch eine unversehrte Innenhose. Über Tollwut musste ich mir somit immerhin keine Sorgen machen.

Am folgenden Tag regnete es zum ersten Mal länger als fünf Minuten. Nach vier Tagen nur Salzwasser fühlte sich die Dusche im Regen unbeschreiblich gut an. Am fünften Tag konnte sich mein Unterstand allmählich sehen lassen. Ich hatte ein hübsches Vordach angebaut, welches mir genügend Schatten spendete, und in einer regenfesten Ecke befand sich Platz für Gitarre und Gepäck.

Es fiel mir schwer, alles so zurückzulassen. Doch es war Zeit, auf meinen Körper zu hören. Mein Fuß, mein Hintern, der ständige Kampf mit den Stechmücken und die dürftige Versorgung mit Essen und Trinken hatten mich zermürbt und meine Abenteuerlust getrübt. Über zwei freundliche Thailänderinnen, die am Strand Massagen für Touristen anboten, lernte ich den jungen Mann kennen, bei dem ich die restlichen Tage auf Ko Samui unterkam.

Seine kleine Holzhütte stand am Rande eines kleinen Dorfes. Eine Hütte sah aus wie die andere, manche etwas größer, manche etwas kleiner. Nachdem er mich mit seinem Moped zu sich gebracht hatte, schlief ich den ersten Tag durch, ohne einmal aufzuwachen. Auch wenn Fuß und Hintern noch schmerzten, fühlte ich mich wie neugeboren. Doch auch für den Fuß wusste mein neuer Freund um Rat. Er besorgte eine Antibiotikumtablette, zerkaute sie, spuckte sie aus und drückte sie in meine eitrige Wunde an der Fußsohle. Von einer Nachbarin borgte er sich ein Döschen Tigerbalsam, um meinen Allerwertesten, der inzwischen von einer Blau- zu einer Grünfärbung gewechselt hatte, einzureiben. Er wusch meine Sachen in der großen pinken Plastikwanne hinter der Hütte und kochte für mich.

Am dritten Tag schrieb ich *Ein Stück Musik auf Reisen* weiter. Ein B-Teil und weitere fünf Strophen kamen dazu, und spätabends hatte ich das Lied im schwachen Schein einer Kerze für vierstimmigen Chorsatz fertig arrangiert. Ich schickte es meinem Bruder Ludwig, der vor wenigen Wochen den Chor meines Vaters übernommen hatte, die Endversion lautete folgendermaßen:

Ein Stück Musik, das wollte einmal reisen,
um in der Welt zu suchen nach ein bisschen Glück;
Ein Stück Musik, das wollte einmal reisen,
es träumte davon fast in jedem Augenblick.

Ein Stück Musik begibt sich auf die Reise,
zieht über Berg und Täler, zieht durch Wald und Feld,
versucht die Herzen der Menschen zu erreichen,
sucht nach den Dingen, die sie zusammenhält.

Ein Stück Musik, klingt manchmal ernst getragen;
mal eher traurig, doch viel öfter fröhlich hell.
So manches Mal meint man, als wollt es fragen,
wie es im Leben singen soll.

Ein Stück Musik befindet sich auf Reisen,
weiß nicht, wohin es will, bleibt dort, wo's ihm gefällt.
Ist oft allein, doch sagt es zu sich leise:
Das ist der Preis für die große weite Welt.

Es kam der Tag, da wusst es nicht mehr weiter,
spürt tief im Innern drin, dass irgendetwas fehlt.
Was nie zuvor gedacht so wichtig sein kann,
ist jetzt das Einzige was zählt:

Ist die so weit entfernte, liebe Heimat,
das sind die Freunde, die dort warten ganz bestimmt,
und die Gewissheit, dass Menschen, die man gern hat,
nirgends auf der ganzen Welt ersetzbar sind.

So egozentrisch und herzzerreißend der Text auch war, er entsprach meiner aktuellen Gefühlslage und der Einsamkeit, die doch von Zeit zu Zeit stark an mir nagte. Und wenn ich einmal begonnen hatte, über Familie, Freunde und Bekannte zu Hause nachzudenken, so geriet ich in einen Sog, der mich hinunterzog und in dessen Stimmung ich auch das Lied geschrieben hatte. Nicht oft, aber dafür intensiv, sodass doch die ein oder andere Träne auf dem Notenpapier landete.

Noch drei Nächte verbrachte ich bei meinem thailändischen Freund. Tagsüber machte ich ein wenig Musik in den Straßen des Örtchens Chaweng und konnte, dank der Behandlungen meines Gastgebers, bald wieder am Strand eine Partie Volleyball wagen. Immer wenn ich kein Kleingeld mehr, sondern nur noch Scheine hatte, war ich besonders sparsam; im Extremfall – so wie gerade im Moment – besaß ich zwei Hundert-Dollar-Noten als eiserne Reserve und sonst gar nichts, was bedeutete, ich musste entweder alles, was ich wollte, erst auf der Straße erspielen oder darauf verzichten. Meine Fahrt nach Malaysia erspielte ich dementsprechend in vier Etappen – die muslimische Bevölkerung im Süden zeigte sich im Vergleich zum Norden noch mal deutlich großzügiger –, bis ich nach einer 36-stündigen Odyssee die Grenze zu Malaysia erreichte.

Malaysia

Ich kam mir vor wie in einer anderen Welt. Das, was ich vom Rest des Landes zu Gesicht bekommen hatte, unterschied sich von Thailand nicht maßgeblich; gegen Kuala Lumpur, die quirlige, multikulturelle Hauptstadt Malaysias, wirkte sogar Bangkok ländlich. Um die Füße atemberaubender Wolkenkratzer schlängelten sich futuristische Züge, Touristen aus aller Welt strömten durch die engen Gassen der Altstadt, und der chinesische Einfluss verschmolz mit der islamischen Staatsreligion zu einem exotischen Mix. Die zehn Ringit Übernachtungskosten für ein Mehrbettzimmer in einem Gästehaus erspielte ich am Rande eines Marktes, und weil das Geschäft so vorzüglich lief, gönnte ich mir einen Tag Urlaub. Ich häkelte meine Socken fertig, verzierte sie zu guter Letzt noch mit Stickereien und erkundete die Stadt. Höhepunkt war in jeder Hinsicht der Blick von den Petronas Twin Towers: Mit über 450 Metern waren sie fünf Jahre lang das höchste Gebäude der

Welt gewesen, und selbst die Aussicht von der 172 Meter hohen Verbindungsbrücke war immer noch beeindruckend.

Um das Geld für eine weitere Übernachtung zu sparen, nahm ich den Nachtzug nach Singapur. So viel Platz wie in Thailand hatte ich in diesem Zug nicht, müde und mit steifem Genick stieg ich am nächsten Morgen aus dem Zug.

Singapur

Land Nummer neunzehn also. Singapur war mein Sprungbrett nach Indonesien. Ganz entziehen konnte ich mich der Faszination der Stadt nicht; die geleckten Gehwege, die Skyline, die dicken Autos – nicht ganz so dick wie in Dubai vielleicht – und schicke, gehetzte Geschäftsfrauen und -männer. Hierbleiben wollte ich auf keinen Fall. Der Gegensatz war einfach zu krass, um ihn ignorieren zu können. Dabei waren die Singapurer keineswegs unfreundlich, dürfen sie ja offiziell gar nicht, schließlich gab es ein Gesetz, demzufolge man freundlich zu sein hatte; doch nach der herzlichen Zuvorkommenheit, die ich bei den Thais erfahren hatte, suchte ich hier vergeblich. Dementsprechend schwer fiel mir, in der U-Bahn meine Gitarre auszupacken und *All my loving* in die starren Mienen der Fahrgäste zu schmettern.

Sie blieben sichtlich unberührt. Dann kam das Kazoo-Solo, und da – Zack! – ein Lächeln. Eine junge Frau mit Pagenschnitt, Brille und grauer Aktentasche konnte es sich nicht verkneifen. Als sie sah, dass ich ihre Reaktion bemerkt hatte, hielt sie schnell die Hand vor den Mund und blickte weg.

Der letzte Ton verklang, und betretenes Schweigen setzte ein. Gut möglich, dass die junge Dame in einer anderen Umgebung hemmungslos gejohlt hätte. Hier allerdings begnügte sie sich mit einem Nicken, was immerhin genügte, um mich zum Weiterspielen zu ermutigen. Ich spielte nur noch, bis ich das Geld für das

Ticket eingespielt hatte, und legte mich dann noch ein wenig aufs Ohr, um den versäumten Schlaf von gestern nachzuholen. Ich fand ein ruhiges Plätzchen in einer U-Bahn-Station. Kaum hatte ich die Augen geschlossen, wurde ich von zwei Ordnungshütern geweckt. An öffentlichen Plätzen war es verboten zu campieren. Mir blieb nichts anderes übrig, als in einer weiteren Session in der U-Bahn mein Mittagessen zu erspielen.

In der Wartehalle am Hafen studierte ich an einer riesigen See-karte an der Wand die Schiffverbindungen für meine weitere Reise. Von hier bis zur Nordküste Australiens waren es noch über tausend Kilometer, und die vielen schwarzen Linien zwischen den unzäh-ligen indonesischen Inseln machten es vollkommen unmöglich, unter diesem Gewirr die günstigste Verbindung herauszusuchen. Obwohl es von Singapur aus sowieso nur eine einzige Verbindung nach Indonesien gab, machte ich mir bereits Gedanken, wie und vor allem in welcher Zeit ich all die Seemeilen bewältigen sollte.

Nach nur acht Stunden verließ ich Singapur. Ich hatte nicht das Gefühl, zu kurz dort gewesen zu sein. Ich freute mich auf Indone-sien, auch wenn ich keine Ahnung hatte, was mich dort erwartete.

Indonesien

Zwei Stunden hatte die Überfahrt von Singapur aus gedauert, und von hier liefen Schiffe in alle Richtungen aus nach Batam, zumindest wenn ihre Besatzungen nicht gerade streikten. Genau das taten sie aber diese Woche, um von der Regierung bessere Löhne zu bekommen. Ich erfuhr das allerdings erst, nachdem ich am Einreiseschalter ein Zehntagevisum erworben hatte, was natürlich auch ohne Streik viel zu wenig Zeit gewesen wäre, um bis nach Australien zu gelangen, ich schätzte die Geschwindigkeit der Schiffe vollkommen falsch ein. Klar war jedenfalls, dass die zehn Tage niemals ausreichen würden, wenn ich die ersten Tage auf dieser Insel festsaß. Es blieb nicht viel anderes übrig, als für 25 US-Dollar ein zweites Visum mit dreißig Tagen Gültigkeit zu bezahlen. Die fünfzehn Dollar für das erste Visum hatte ich somit in den Sand gesetzt. Das schmerzte umso mehr, da die Tickets für die Boote auf Dauer so teuer waren, dass jeder Cent bitter nötig war.

»Wissen Sie bereits, wo Sie heute Abend übernachten?«, fragte der Beamte in hellblauem Hemd und dunkler Hose. Von ihm hatte ich die beiden Visa als auch die Informationen über den Streik bekommen, leider in der falschen Reihenfolge. »Nein«, antwortete ich fast ein wenig überrumpelt von seiner Anteilnahme, »woher denn? Ich wollte hier ursprünglich gar nicht übernachten, am liebsten wäre ich gleich weiter nach Sumatra gefahren.«

Er vergrub seinen Kopf zwischen den Schultern und lächelte mich schuldbewusst an.

»Ja, ich weiß. Tut mir leid wegen des Streiks. Aber wenn Sie nichts dagegen haben, würde ich Sie gerne für diese Nacht zu mir nach Hause einladen. Unser Haus ist zwar nicht groß, aber einen Platz zum Schlafen finden wir.«

Zwanzig Minuten später saß ich auf dem Sofa meines neuen Gastgebers. Sein Name war Suhrial, er lebte als Moslem mit seiner Frau und zwei kleinen Kindern inmitten eines christlichen Dorfes.

Wie christlich die Dorfbewohner waren, erfuhr ich eindrucksvoll, als Suhrial am Dorfeingang hielt, um mir ihre Kirche zu zeigen: vier mit Wellblech überzogene Mauern und eine Erhöhung, die wohl der Kirchturm sein sollte. Doch bot sie unter der kühlen Neonröhrenbeleuchtung immerhin genügend Platz für gut 200 Besucher. Der Motor seines Rollers verstummte. Ich glaubte meinen Ohren nicht zu trauen und sah Suhrial verdutzt an.

»Wer singt denn da?«, fragte ich ihn. Mein Erstaunen gefiel ihm offenbar.

»Der Chor. Er probt für den Gottesdienst am nächsten Sonntag.«

»Das *Halleluja* von Händel?!«

»Du kennst das Stück?«

»Ich habe es oft genug gesungen. Meinst du, wir können kurz …?«

»Na klar! Die werden sich über deinen Besuch freuen.«

So lernte ich gleich zu Beginn den Jugendchor des Dorfes kennen. Die knapp dreißig Sängerinnen und Sänger waren alle so zwischen fünfzehn und dreißig Jahre alt, und sie sangen wirklich gut. Das *eigentlich* Faszinierende bestand darin, dass es neben dem Jugendchor hier in dieser 800-Seelen-Gemeinde auch noch einen Kinderchor, einen Erwachsenenchor und jeweils einen reinen Frauen- und Männerchor gab. Ich hatte sie gefunden, die musikalischste und singfreudigste Bevölkerung meiner Reise. Vom kleinsten Kind bis zum Greis sangen und klatschten sie bei jeder Gelegenheit. An Instrumenten hatten sie neben dem alten Keyboard des Pfarrers zwar nur eine Handvoll Gitarren, doch das reichte, um nach Sonnenuntergang aus vielen Häusern Stimmen und Saiten erklingen zu hören.

Das Dorf teilte sich auf in einen alten und einen neuen Teil. Der alte bestand aus verwitterten Bretterhütten, die sich kreuz und quer über einen Berghang verteilten und zwischen denen kleine lehmige Pfade führten. Der neue Teil des Dorfes war das Gegenteil: Die etwa hundert einstöckigen Gipshäuser standen oberhalb des alten Dorfes und glichen einander wie ein Ei dem anderen. Ein asphaltiertes Straßennetz durchzog die Neubausiedlung in rechten Winkeln, was bizarr erschien, da kein Dorfbewohner ein Auto besaß.

Suhrial konnte nicht verbergen, dass er stolz darauf war, in diesem Teil des Dorfes zu wohnen. Als Grenzpolizist verdiente er mehr als die meisten Dorfbewohner, doch würde es noch Jahrzehnte dauern, bis er den Motorroller und das Häuschen vollständig abgezahlt hatte.

Als am nächsten Tag und am Tag darauf der Streik immer noch andauerte, meinte Suhrial, ich dürfe so lange bei ihnen wohnen, wie ich wollte. Und so unglücklich ich erst über mein Festsitzen auf Batam gewesen war, so glücklich schätzte ich mich inzwischen, dieses Paradies gefunden zu haben. Ich brachte Suhrials neunjähriger Tochter etwas Englisch bei, was allein deshalb so viel Vergnügen bereitete, weil sie sich die Wörter so schnell merken konnte, sang mit der Gitarre für den sechsjährigen Sohn, wobei seltsamerweise *Ein Bett im Kornfeld* zu seinen Favoriten gehörte, und traf mich mit einigen jungen Dorfbewohnern jeden Nachmittag um fünf Uhr zum Volleyball auf dem Schotterplatz gegenüber der Kirche. Nur wegen meiner Größe konnte ich mit ihnen mithalten – man merkte, dass sie jeden Tag spielten. Viktor, dem Gemeindepfarrer und Leiter der meisten Chöre, fiel es nicht schwer, mich dazu zu überreden, den Chor als Bass am nächsten Sonntag zu unterstützen.

Nur einem Bruchteil der Einladungen konnte ich tatsächlich nachkommen, und wenn ich nicht gerade mit jemandem sang oder Volleyball spielte, war ich damit beschäftigt, Hände zu schütteln und für Fotos zu posieren.

Dann kam der große Auftritt. Das ganze Dorf putzte sich raus für den festlichen Sonntagsgottesdienst. Die Frauen und Mädchen steckten sich Blumen ins Haar, die Männer schlüpften in – soweit vorhanden – Sonntagsanzüge, und ein letztes Mal gingen wir in der engen Sakristei den Ablauf der Stücke durch. Auch ich hatte ein weißes Hemd und ein Jackett von Viktor bekommen, und so schick wie an jenem Tag sah ich während meiner Reise wohl kein zweites Mal aus. Das *Halleluja* von Händel war für den Einzug vorgesehen, dann folgten Lieder der anderen Chöre, denn auch die hatten sich für den heutigen Tag vorbereitet. Ganz zum Schluss sollte ich dann mein Stück spielen. Zusammen mit etwa fünfzehn Sängerinnen des Chores hatte ich das *Hallelujah* von Jeff Buckley, welches ich aus dem Film *Shrek* kannte, einstudiert. Auch wenn der Text unreligiös war, Viktor fand, es würde die Messe thematisch wunderbar abrunden und die vielen Hallelujas im Refrain seien genug, um den restlichen Text auszugleichen.

Die Kirche war bis auf den letzten Quadratmeter gefüllt. Alle, die keinen Sitzplatz mehr bekommen hatten, standen in den Mittel- und Seitengängen, und das Gemurmel nahm erst ab, nachdem das Keyboard uns die Töne gegeben hatte. Leider war es mir nicht gelungen, Suhrial zum Kommen zu überreden. Er war einer der wenigen Moslems im Dorf, vielleicht der einzige. Seine Berührungsängste anderen Religionen gegenüber konnte er anscheinend nicht überwinden.

Aus Leibeskräften schmetterten wir das *Halleluja* zum Einzug, und keiner, wirklich keiner der mindestens 300 Anwesenden hatte nach dem letzten Ton irgendwelche Bedenken davor, noch vor den ersten Worten des Pfarrers laut und ausgiebig zu applaudieren.

Abschied von Batam

Als es an der Zeit war weiterzureisen, bestieg ich ein hoffnungslos überfülltes Schiff. Die Mehrzahl der Menschen an Bord hatte genau wie ich nicht einmal einen Sitzplatz, sondern drängte sich überall dort, wo sich noch ein wenig Platz finden ließ: in den Gängen, den Toiletten und Waschräumen, ja sogar in den Rettungsbooten. Ständiger Körperkontakt war unvermeidbar, auch wenn es nicht ganz so eng zuging wie im Zug von Kalkutta nach Delhi. Ich suchte mir den ruhigsten Platz, den ich finden konnte, um meine Aufzeichnungen der letzten Tage weiterzuführen, was allerdings vollkommen unmöglich war, da ich ständig angequatscht wurde. Immerhin kam ich so zu einem ordentlichen Schlafplatz. Ein junger Indonesier war tatsächlich so freundlich, seine Koje mit mir zu teilen.

Ich fand es herrlich, endlich einmal wieder mit dem Schiff zu reisen. Wir passierten traumhafte Südseelandschaften, eine Gruppe Delfine begleitete uns ein Stück, wobei sie ausgelassene Luftsprünge vollführten, und ich steckte am obersten Deck zufrieden meine Nase in die salzige Meeresluft.

Am Nachmittag des zweiten Tages erreichten wir den Hafen von Jakarta. Abgesehen von meiner Reserve von derzeit 120 Euro, die ich in Dollarscheinen in meinem Geldgürtel aufbewahrte, hatte ich kein Geld bei mir; soweit es ging, wollte ich mich so durchschlagen.

Die erste Herausforderung war die Distanz vom Hafen bis zur Stadt. Entlang an schmutzigen, bestialisch stinkenden Straßengräben musste ich den entgegenkommenden, gefährlich nahe vorbeibretternden Fahrzeugen ausweichen. Mir wurde übel von der dicken Luft, die Abgase brannten in den Augen. An einer Tankstelle begegneten mir die ersten Menschen. Die Bezeichnung »Tankstelle« war übertrieben, es handelte sich vielmehr um eine kleine Holzhütte, vor der mehrere Kanister und ein paar Dutzend benzingefüllter Plastikflaschen standen. Ein kleiner älterer Herr mit ölverschmierten Händen und gutmütigem Blick machte mir mit Händen und Füßen klar, dass es viel zu weit sei, um bis in die Innenstadt zu laufen, zumindest wenn ich heute noch ankommen wollte. Er riet mir, den Bus zu nehmen, wozu mir natürlich das Geld fehlte. Da griff einer der Umstehenden, der unseren Kommunikationsversuchen gefolgt war, in seine Hemdtasche und drückte mir zwei indonesische 2000-Rupiah-Scheine in die Hand, und kurz darauf saß ich tatsächlich im Bus nach Jakarta-Zentrum. Als die Umgebung belebter und städtischer aussah, stieg ich aus. Es dämmerte bereits. Eine knappe halbe Stunde Straßenmusik brachten mir umgerechnet einen Euro zwanzig, zwei Einladungen und jede Menge Smalltalk. Höhepunkt waren einerseits eine Handvoll Polizisten, die frenetisch applaudierten und anscheinend nichts Besseres zu tun hatten, als mir eine Viertelstunde lang zuzuhören; andererseits eine Gruppe Punks. Eine Einladung lehnte ich ab, die andere hatte es dafür in sich. Sie kam von einem der Polizeibeamten und lief darauf hinaus, dass ich die Nacht in der Luxusvilla seiner Familie verbrachte. Seine Eltern und fünf Geschwister waren viel zu nett, das Essen viel zu lecker und die Dusche und das weiche, große Bett viel zu angenehm, als dass ich meinen strikten Zeitplan einhalten und das Angebot für eine weitere Übernachtung ablehnen konnte. Erst am dritten Tag zog ich weiter. Für ungefähr zehn Euro – ziemlich genau der Betrag, welchen mir meine Gastgeber zum Abschied mitgegeben hatten – nahm ich den Zug nach Surabaya, eine Stadt im Osten der Insel Java. Als ob mir der Luxus der vergangenen zwei Tage nicht bekommen wäre, wurde ich krank. Eine hartnäckige Bronchitis setzte sich in meiner Brust fest. Spätabends erreichte der Zug Surabaya. Aufgrund meiner körperlichen und der späten Uhrzeit blieb mir nichts anderes übrig, als direkt vor dem Bahnhofsgebäude zu nächtigen, auch wenn mir die Gegend alles andere als geheuer erschien.

Umgerechnet acht Euro kostete das Ticket zur nächsten Insel, dem Urlaubsparadies Bali. Ich beabsichtigte, es mal mit Segeltrampen zu versuchen. Das bedeutete, ich ging zu den vielen Segelbootbesitzern aus aller Herren Länder und fragte, ob sie zufällig nach Australien fuhren und wenn ja, ob sie dann Lust hätten auf etwas musikalische Begleitung. Zu dieser zweiten Frage kam es jedoch nie. Wir hatten inzwischen den dritten November, und um diese Jahreszeit, so erfuhr ich, sei die See zwischen Indonesien und Australien zu stürmisch für einen entspannten Segeltörn. Die Schiffe, die hier vor Anker lagen, fuhren fast alle nach Norden; eines, bei dem ich gute Chancen hatte, an Bord zu kommen, fuhr sogar nach Afrika. Kurz überlegte ich tatsächlich, meine Pläne spontan zu ändern. Das Angebot war verlockend, keine Frage. Doch stand mit Australien nicht irgendein Land als Alternative gegenüber, sondern *das* Eldorado der Straßenmusiker. Das »buskers paradise«, wie es mir von vielen Australiern auf meinem Weg beschrieben wurde. Das Paradies für Straßenkünstler. Selbst wenn nur die Hälfte davon stimmte.

Nach den Informationen der Segler stellte sich die Frage, ob bei so unruhiger See überhaupt Schiffe nach Australien fuhren, sei es von Bali oder sonst einer Insel aus. Angeblich seien zwischen Timor und Darwin einmal Passagierschiffe verkehrt, ob die aber wirklich noch fuhren, konnte mir keiner sagen. Timor aber sei, so waren sich alle einig, sicherlich der beste Ausgangspunkt für meine Suche.

Lombok

Die nächste Insel, die ich besuchte, war Lombok. Im Gegensatz zu Bali war der Tourismus dort noch kaum angekommen, überhaupt erstaunte mich, wie unterschiedlich zwei so nahe gelegene Inseln sein konnten: Während die Einwohner Balis zu achtzig Prozent dem Hinduismus angehörten, waren die Einwohner Lomboks genau wie die Javas vorwiegend muslimisch. So traf ich also auf Lalu, einen gläubigen Muslim, bei dem ich zwei Nächte blieb. Er lebte mit seiner Familie in Matara, der Hauptstadt Lomboks. Weil Ramadan war, saß Lalu beim Essen immer nur daneben und rührte keinen Bissen an. Er nahm die Fastenregeln so ernst, dass er nicht einmal einen Schluck Wasser zu sich nahm. Das stimmte mich nachdenklich. Vor allem, als ich bei einer kleinen Spritztour hinter ihm auf seinem Mofa saß und er meinte, er sehe irgendwie alles so verschwommen. Auf dem Rückweg ließ er dann zum Glück mich fahren. Vor Sonnenauf- und nach Sonnenuntergang wurde dann regelmäßig alles nachgeholt, worauf er bei Tageslicht verzichtet hatte.

Zugleich verdankte ich dem Ramadan, dass ich überhaupt zwei Nächte auf Lombok blieb. Denn am Tag nach meiner ersten Übernachtung war Eid al-Fitr, das Ende der Fastenzeit. An diesem hohen Feiertag liefen auch keine Schiffe aus, und anstatt weiterzufahren, genoss ich ein paar schöne Stunden am Meer. Der 3700 Meter hohe Vulkan Rinjani beschert Lombok tiefschwarze Sandstrände, weswegen ich mir erst mal ordentlich die Fußsohlen verbrannte. Nachmittags sah ich mir zusammen mit Lalu und seiner Familie die festlichen Umzüge an, die zu Eid al-Fitr traditionellerweise durch die Straßen zogen. Also durfte heute das erste Mal wieder auch bei Tageslicht gegessen werden.

Mit Lalu konnte ich mich gut auf Englisch unterhalten, und gleichzeitig lernte ich von ihm einige indonesische Wörter. Über Highlights wie »Knalpot« für »Auspuff« oder »Kulkas« für »Kühlschrank« kamen wir darauf, dass Indonesien vor seiner Staatsgründung im Jahre 1952 für über 300 Jahre niederländische Kolonie war.

Tags darauf fuhr mich Lalu auf seinem Roller zur Anlegestelle an der Ostküste, und ich verließ Lombok. Für zehn Euro kam ich mit der Fähre auf die Insel Floris, womit ich einige kleine Inseln auf dem Weg ausließ, unter anderem die Komodo-Insel mit deren berühmten Waranen.

Mit weiteren sechs Euro für die Fahrt über die Insel waren meine Geldreserven unter die Hundert-Dollar-Grenze geschrumpft. Das bedeutete, dass ich meine letzte kleingefaltete Hundert-Dollar-Note vollständig in Rupiah wechseln lassen musste. Der Wettlauf mit der Zeit und die vielen Rupiah in meiner Tasche verleiteten mich wohl dazu, von der Ostküste Floris' bis zur Insel Timor statt einer normalen Fähre ein Schnellboot zu nehmen, was mich umgerechnet weitere satte achtzehn Euro kostete. Dafür war ich bereits nach acht Stunden dort, von wo ich mir die besten Chancen für ein Schiff nach Australien ausrechnete: Kupang.

Kupang

Ein außergewöhnlich hartnäckiger Rollertaxifahrer fuhr nach Ankunft im Hafen so lange neben mir her, bis ich irgendwann hinter ihm Platz nahm.

»Wo in Kupang darf ich Sie hinbringen?«, fragte er laut schreiend zu mir hinter, um das Knattern des Motors zu übertönen.

»Ich suche ein Schiff nach Australien«, rief ich nach vorne.

»Nach Australien? Es gibt eine Linie, aber die fährt nur während der Wintermonate!«

Ich hatte schon beinahe wieder vergessen, dass ich mich inzwischen in der südlichen Hemisphäre befand. In sechs Wochen fing hier der Sommer an.

»Bist du sicher? Es müsste ja gar kein Passagierschiff sein!« Nach einer weitläufigen Kurve, in die er sich für meinen Geschmack viel zu tief hineinlegte, zeigte er mit seiner Rechten auf eine Häusergruppe an einer nahe gelegenen Hügelflanke.

»Da wohne ich!«, rief er, doch noch bevor ich seinem Finger folgen konnte, waren die Häuser hinter dem nächsten Hügel verschwunden.

»Gibt es denn keinen Yachthafen oder so was Ähnliches in Kupang?!«

»Wollen Sie segeln? Das dürfte auch schwierig sein um diese Zeit. Aber es gibt in Kupang zwei Australier, die ab und zu nach Darwin übersetzen! Der eine heißt Bob und besitzt ein Fischereiunternehmen, der andere, Garry, ist wahrscheinlich der bessere Ansprechpartner. Ich kenne ihn ein bisschen und weiß, wo er wohnt. Wenn Sie wollen, bringe ich Sie zu ihm!«

Klar wollte ich. Zuerst aber fuhr mich mein neuer indonesischer Freund zu einer Bar am Strand, wo sich des Öfteren nicht nur Garry, sondern womöglich auch andere Leute, die mir weiterhelfen könnten, aufhielten. In Europa wäre eine Bar wie diese ein Musterbeispiel misslungener Integration gewesen: ein westliches Lokal für westliche Gäste zu westlichen Preisen. Nur das Personal war einheimisch. Und das war im Vergleich zu den Besuchern klar in der Überzahl. Garry entdeckten wir nirgendwo, und weil die Sonne schon tief und die Aussichten auf Erfolg für den heutigen Tag schlecht standen, schlug mir mein indonesischer Freund vor, heute bei ihm zu übernachten und meine Suche morgen fortzusetzen.

Wenige Minuten später standen wir vor einer einstöckigen Holzhütte. Er bat mich, hier zu warten, um drinnen Bescheid geben zu können. Als er zurückkam, wurde ich allen vorgestellt: seinen Eltern, seinen vier Geschwistern, seiner Schwägerin und seinen zwei kleinen Neffen. Sie alle wohnten in dieser kleinen Hütte, auf nicht mehr als dreißig Quadratmetern. In einem der drei

Zimmer schliefen die Eltern, in einem anderen der älteste Bruder mit seiner Frau, im letzten schlief der Rest. Normalerweise. Weil aber heute ein Gast da war, wurde umdisponiert. Der älteste Bruder und seine Frau teilten sich das Zimmer mit seinen Eltern, der Rest — immerhin sechs Personen — kamen in das zweite, gleichzeitig kleinste Zimmer, im dritten, letzten und größten Zimmer schlief ich. Diskutieren war zwecklos, meine Einwände hätten sie in ihrer Ehre gekränkt.

Meine Isomatte behielt zwar über Nacht die Luft nicht mehr, immerhin reichte es normalerweise, um weich einzuschlafen. Trotzdem hatte ich mit ihr noch den komfortabelsten Untergrund. Soweit ich sehen konnte, lagen die anderen nur auf Schilfmatten, ausgelegt mit einer dünnen Decke. Weder Strom noch fließendes Wasser gab es in diesem kleinen Dörfchen, nur einen Gemeinschaftswaschraum, neben dem eine Wasserpumpe mit vielen großen und kleinen Waschschüsseln stand. Nach einer derartigen Morgendusche schwangen wir uns auf den Roller, um weiter nach Garry zu suchen. Leider erfuhren wir von Garrys Nachbarn, dass er selbst gerade für einige Tage unterwegs sei und erst nächste Woche wiederkomme. Dann aber wolle er in der Tat nach Australien, und am besten wäre es, direkt an Bord bei Garrys Crew anzufragen, ob sie noch einen Platz frei hätten. Daraufhin fuhren wir zum Strand, dort hatte mein indonesischer Freund Garrys Schiff bereits ausgemacht. Es war ein wirkliches Schmuckstück. Anmutig lag es etwa 150 Meter vom Festland entfernt vor Anker und schaukelte sanft in der Morgensonne. Doch wie sollten wir dort hinauskommen? Ein Boot zu mieten, wäre wahrscheinlich zu teuer gekommen, noch dazu wollte ich nicht warten, bis wir eines fanden. Also schwamm ich kurz entschlossen. In Unterhose sagte ich meinem Freund, er solle in der Zwischenzeit auf meine Sachen aufpassen. Da Kupang in einer natürlichen Bucht liegt, war das Meer ruhig und das Ufer so seicht, dass ich die Hälfte der

Strecke gehen konnte. Auch den Rest hatte ich schnell geschafft, und glücklicherweise schwamm neben dem Schiff ein kleines Beiboot, an das ich mich klammern konnte. Noch immer schien das Schiff verlassen.

»Hallo! Ist da jemand!«, rief ich laut. Nichts rührte sich. Glucksend schlugen die Wellen an den Kiel. Eine Möwe schrie heißer irgendwo in den Lüften. Ansonsten war alles ruhig. Bevor ich ein zweites Mal ansetzen wollte, hörte ich eine Tür, und wenig später erschien ein Mann mit Schirmmütze und Zigarre an Deck.

»Hallo!«, rief ich noch mal, als er mich nicht gleich entdeckte, und: »Ist das Garrys Schiff?«

»Ja«, antwortete er mit rauer Stimme und schüttelte lachend den Kopf. Anscheinend kamen nicht viele Leute hier rausgeschwommen. »Hier bist du richtig! Kletter auf das Boot und komm rauf!« Er war offensichtlich Indonesier, seine Wortwahl allerdings verriet, dass er regelmäßigen Umgang mit englischen Muttersprachlern pflegte.

»Na, Sportsfreund? Du bist auf der Suche nach Garry, versteh ich das richtig?«, fragte er und reichte mir ein Handtuch.

»Genau«, sagte ich, »aber der ist wahrscheinlich gerade nicht da.« In fünf Tagen aber, so erzählte der Mann, wolle er wieder hier sein. Dann brächen sie unmittelbar Richtung Darwin auf. Wie so viele Indonesier rauchte er Nelkenzigaretten, sie rochen und schmeckten süßlicher als normaler Tabak. Auf meine Frage, ob sie mich mitnehmen würden, bekam ich leider ein klares Nein zu hören.

»Früher nahm Garry mal Leute wie dich mit«, sagte er. »Seit einigen Jahren aber nicht mehr, das Ganze ist einfach zu viel Aufwand! Garry macht da auch keine Ausnahmen. Tut mir leid.«

Ich hatte verstanden, dass ich mich hier vergeblich abmühte. Wenn, dann musste ich Garry selbst sprechen, doch dessen Handynummer wollte er mir nicht geben. Zudem dürfte es schwer werden, Garry die wenigen Stunden, die er vor der Abfahrt in Kupang verbrachte, zu erwischen. Geschweige denn zu überzeugen. All meine Hoffnungen konzentrierten sich damit auf Bob.

Im Gegensatz zu Garrys Schiff lag Bobs nicht in der Bucht, sondern im Hafen, dort, wo ich gestern Nachmittag aus Floris angekommen war, etwa vier Kilometer von Kupang entfernt. Das hatte zur Folge, dass die Wellen hier ungleich höher schlugen. Schwimmend zu Bobs Schiff zu gelangen, war hier nicht ratsam.

Mein indonesischer Freund wechselte ein paar Worte mit dem Besitzer eines alten Kahns, der am Hafen mit Freunden Backgammon spielte. Daraufhin fuhr uns dieser zu Bobs Schiff hinaus. Leider hatten wir auch dort kein Glück. Uns wurde mitgeteilt, dass sich Bob zwar zurzeit in Kupang und ab und zu auch hier an Bord befände, die Chancen allerdings ebenfalls fast bei null stünden, von ihm mitgenommen zu werden. Schließlich sei es ein Schiffskutter und kein Passagierschiff. Man riet mir, weiter nach Dili, der Hauptstadt von Osttimor zu reisen. Dort hätte ich mehr Aussicht auf Erfolg.

Immerhin erfuhren wir, wo Bob wohnte und dass sie tatsächlich schon in drei Tagen Australien ansteuern wollten. Ermutigen konnte uns das nicht sonderlich, vor allem mein indonesischer Freund schien die Hoffnung vollkommen aufgegeben zu haben. Zurück an Land meinte er, es sei wohl tatsächlich sinnvoller, weiter nach Osttimor zu fahren.

Im Moment aber war ich anderer Meinung als er.

Er fuhr mich noch den Weg zurück in die Stadt, wo ich ihm noch knappe zwei Euro Benzingeld aufdrängen konnte, dann war ich wieder auf mich gestellt.

Die folgenden Nächte verbrachte ich in der Rumpelkammer eines Gästehauses für den ermäßigten Tarif von umgerechnet einem Euro. Bob wohnte etwas außerhalb in einer großzügigen Villa, ich hatte also ein gutes Stück zu laufen, als ich mich am nächsten Tag dorthin auf den Weg machte.

Zuerst machte ich mit Bobs Sohn Bekanntschaft, der in das Unternehmen seines Vaters eingestiegen war. Die Entscheidung, ob ich mit nach Australien fahren durfte, lag jedoch allein bei Bob. Ich musste eine Weile warten, bis der Seniorchef Zeit für mich hatte. Dann betrat ein großer, schwerer Mann das Eingangsfoyer. Vom ersten Augenblick war klar, dass ich kein leichtes Spiel mit ihm haben würde. Ich trug mein Anliegen vor und wartete mit klopfendem Herzen auf seine Antwort. Prüfend sah er mich an und überlegte.

Anstatt gleich nein zu sagen, fragte er mich, ob ich schon ein Visum hatte. Scheiße, dachte ich. Ich Volltrottel. Vor lauter Schiffsuche hatte ich komplett vergessen, mich um ein Visum zu kümmern. Ich versuchte ruhig zu bleiben und Bob davon zu überzeugen, dass das Procedere bei der Einreise für Europäer relativ unkompliziert sein sollte, was auch nicht ganz erfunden war. So etwas Ähnliches war mir schon mehrfach zu Ohren gekommen. Bob ließ sich dadurch aber wenig beeindrucken. Er sagte, ohne ihm ein gültiges Visum zu zeigen, könne ich es vergessen. Er werde nicht das Risiko einer illegalen Einwanderung eingehen. Anstatt mich zu sehr über mich zu ärgern, sah ich die Sache positiv: nämlich als Zusage, vorausgesetzt, ich bekomme das Problem mit dem Visum innerhalb der nächsten 48 Stunden in den Griff.

Ein Wettlauf mit der Zeit begann: schnell zurück in die Stadt, rein ins nächste Internetcafé – leider zu horrenden Preisen. Was ich finde, macht Mut, es gibt ein Online-Visum, zahlbar per Kreditkarte, gültig ab sofort. Mit diesen Infos schnell zurück zu Bob. Der ist inzwischen auf seinem Schiff, also hinterher, raus zum Hafen, diesmal ohne indonesische Hilfe. Erst joggend, dann schwimmend. Im Wasser kämpfe ich gegen die starke Strömung. Erschöpft, aber endlich an Bord. Neue Diskussionen mit Bob. Kann ihn halbwegs vom Online-Visum überzeugen. Mühsam und mit viel Druck auf die Tränendrüse vereinbaren wir fünfzig Dollar. Mehr besitze ich auch nicht mehr. Mit Bobs Beiboot zurück an Land und nach Kupang ins

Internetcafé. Woher eine Kreditkarte bekommen? Notruf nach Hause, wo es gerade mitten in der Nacht ist. Der Freund meiner Mutter bezahlt das Visum für mich, ich kann es hier ausdrucken. Internet und Telefon sind allerdings so teuer, dass mir nur noch 35 Dollar übrig bleiben. Ein netter Indonesier schenkt mir das fehlende Geld, ich erfahre jedoch erst im Lauf des Abends, dass er schwul ist und Gegenleistung wünscht. Bekommt er nicht. Am nächsten Morgen am Hafen ein herber Rückschlag. Bob meint, es sei zu spät und die Crewliste schon fertig. Zudem zweifelt er an dem Visum. Völlig außer mir kämpfe ich wie ein Löwe, und mir gelingt das Unmögliche: Er gibt nach. Heute Abend, so verstehe ich zumindest, soll es losgehen. Bezahle die fünfzig Euro und will zurück nach Kupang. Treffe aber auf den Fischer, der mich und meinen indonesischen Motorradtaxifahrer vor drei Tagen zu Bobs Schiff rausgefahren hat. Die damalige Freundlichkeit hat er vollständig abgelegt, jetzt besteht er auf dem Geld, welches ich ihm seiner Meinung nach schulde. Ein gutes Dutzend Fischerkollegen gibt seiner Forderung aggressiv Nachdruck. Keiner nimmt mir ab, dass ich kein Geld habe. Bekomme es mit der Angst zu tun und ergreife die Fluch. Ziehe aus der Rumpelkammer des Gästehauses aus und lerne Ben kennen, einen jungen Australier, der zum Surfen hier ist. Dem kann er momentan nicht nachkommen, weil er krank ist und Fieber hat. Er bittet mich, ihn ins Krankenhaus zu begleiten, damit er sich auf Malaria testen lassen kann. Denke, ich habe noch genug Zeit, und komme mit. Ein Blutcheck für zwei Euro fünfzig bestätigt ihm, dass es sich nicht um Malaria handelt. Mit dieser Erkenntnis geht es ihm gleich so viel besser, dass er mich zum Hafen begleitet, um mich zu verabschieden. Es ist später Nachmittag, als wir dort eintreffen. Das Schlimmste, was ich mir vorstellen kann, trifft ein: Das Boot ist nicht mehr da. Ist ohne mich abgefahren. Ich verstehe die Welt nicht mehr. Mir wird gesagt, Mittag wäre ausgemacht gewesen. Vor einer halben Stunde seien sie ausgelaufen, sie hätten sogar noch auf mich gewartet. Ich will heulen, alles aufgeben und hinwerfen. Aber zusammen mit Ben versuche ich, erneut das Unmögliche möglich zu machen. Es gelingt uns, per Funk Kontakt mit dem Boot aufzunehmen, und wir erfahren, dass sie sich erst zweieinhalb Seemeilen von hier befinden. Einer der Fischer, die heute Morgen Geld von mir wollten, bietet an, dem Boot hinterherzufahren – gegen eine saftige Prämie versteht sich. Habe keinen müden Cent mehr in der Tasche. Ben meint, er übernimmt das. Also rauf auf den Kutter, Motor an, und los geht's. Laut unserem Fahrer müssten wir das Boot in zwanzig Minuten eingeholt haben. Ben behauptet, das Abenteuer sei ihm die Sache wert. Er macht keinen sonderlich kranken Eindruck mehr. Es ist schon fast dunkel, als wir endlich ein Licht am Horizont erkennen. Noch fünf, sechs Minuten, dann sind wir da. Ich glaube es nicht. Ich kann es einfach nicht glauben. Der Marathon hat ein Ende, ich hatte es geschafft.

An Bord

Ben fügte sich also in die Reihe derer, die mein (Reise-)Schicksal einen Augenblick ganz allein in ihrer Hand gehalten hatten. Voller Dankbarkeit winkte ich dem schwächer werdenden Licht des Kahns hinterher, bis sein Schein ganz in der Dunkelheit verschwand. Klar, vielleicht hätte ich die Abfahrt des Schiffes gar nicht verpasst, wenn ich Ben nicht ins Krankenhaus begleitet hätte. Aber das ist Spekulation. Spannend genug wäre der Marathon jedenfalls auch ohne den nervenaufreibenden Endspurt gewesen. Allein der Gedanke, jetzt deprimiert in Kupang am Strand zu stehen, ohne Geld und Hoffnung, irgendwie noch nach Australien zu kommen … ganz konnte ich mein Glück immer noch nicht fassen. Ich war Passagier – der einzige natürlich – auf einem etwa fünfzehn Meter langen und sechs Meter breiten, rostigen und stinkenden Fischkutter mit Ziel Darwin, australische Nordküste. Mit an Bord: Ray, der Kapitän und neben mir einziger Nichtindonesier; Erika, die zaundürre, blasse Köchin mit zerzausten Haaren und schiefen Zähnen; und drei indonesische Matrosen. Ray sprach so einen derben australischen Akzent, dass ich anfangs kaum ein Wort verstand.

Erika sah zwar aus wie ein Gespenst, konnte aber ausgezeichnet kochen. Außerdem mit an Bord waren zwischen mehreren hundert Kilo Blockeis sieben Tonnen Fisch, die unter Deck lagen und der eigentliche Grund unserer Reise waren. Das Geschäftsmodell von Bobs Unternehmen schien relativ klar: in Indonesien dank billiger Löhne und geringen Fangvorschriften günstig Fisch aus dem Wasser holen und in Australien teuer verkaufen. Bobs Villa nach zu urteilen, lief das Geschäft gut. Ob dabei Fischbestände dezimiert wurden, spielte schätzungsweise keine allzu große Rolle. Die technischen Instrumente für eine maximale Fangausbeute besaß jedenfalls sogar dieser alte Kahn. Ray erklärte mir, wie das Echolot funktionierte, und als wir am dritten Tag tatsächlich einen Thunfischschwarm orteten, ließ er, ohne die Fahrt zu unterbrechen, eine lange Angelschnur samt Köder zu Wasser. Nach wenigen Minuten schon zuckte die Schnur. Ein dicker, etwa ein Meter langer Thunfisch wurde zappelnd an Deck gezogen. Daraufhin folgte das leckerste und gleichzeitig einfachste Fischgericht meines Lebens: rohe Thunfischstreifen mit einer von Erika zubereiteten Sauce.

Der Wellengang änderte sich von Tag zu Tag. Anfangs schlugen die Wellen etwa mittelhoch gegen die Schiffswand, und trotz steifer Brise kamen wir gut voran. Weil es für mich unter Deck keinen freien Schlafplatz mehr gab, übernachtete ich unter freiem Himmel, was mir auch viel lieber war. Ich vergaß in der zweiten Nacht sogar, mich auf meine Isomatte zu legen, und schlief trotzdem wunderbar – so sanft ließen mich die Schiffsbewegungen schlummern.

Am zweiten Tag wurde es zunehmend stürmischer, bis die Wellen über die Reling spritzten und unser Boot wie eine Nussschale hin und her warfen. Jetzt wurde mir klar, weshalb hier um diese

Jahreszeit kaum mehr Schiffe verkehrten! Allerdings störte mich das Wetter kein bisschen, im Gegenteil. Mein Gepäck lag sicher verstaut unter Deck, ich selbst aber stand ganz vorne am Bug, klitschnass bis auf die Haut und freute mich auf jede salzige Dusche, die auf mich hereinbrach. Keine drei Sekunden hätte ich mich auf den Beinen halten können, ohne mich irgendwo festzuhalten.

Die Ruhe nach dem Sturm am nächsten Morgen erschien beinahe unecht. Es war, als sei nichts gewesen. Das Meer lag spiegelglatt vor uns, Delfine begleiteten uns mit freudigen Luftsprüngen, und die Morgensonne trocknete die letzten Pfützen an Deck. Das Schönste für mich: der Bärenhunger, den ich hatte. Nach einem ausgiebigen Frühstück machte ich es mir im Schatten der Kajüte bequem und verbrachte den ganzen Tag lesend und schreibend an Deck. Abgerundet wurde der Tag von einem sagenhaften Sonnenuntergang, der mir die Tränen in die Augen trieb – so groß und schön kam mir die Sonnenscheibe beim Untergehen vor. Dann, kurz bevor sie die Meeresoberfläche zu berühren schien, schwoll sie in der Breite nochmals zu einem ovalen, tiefrot schimmernden Feuerball, der viel zu schnell mit dem Horizont verschmolz. Eine Dämmerung gab es praktisch nicht. Es war der letzte Abend an Bord. Um die Mittagszeit des kommenden Tages erreichten wir den Hafen von Darwin.

Australien

Dafür, dass nur eine sehr überschaubare Anzahl Reisender den Kontinent auf diese Weise betrat, gingen die Formalitäten überraschend unkompliziert vonstatten. Zwar musste ich einige Stunden Quarantäne über mich ergehen lassen, um die Gefahr zu bannen, irgendwelche Krankheiten oder Mikroorganismen einzuführen, dann aber war ich frei. Glücklich, wieder festen Boden unter den Füßen und meinen Traum vom australischen Kontinent erfüllt zu haben, machte ich mich auf den Weg in Darwins Innenstadt. Eigentlich war alles wie immer: Den Rucksack auf den Schultern, die Gitarre in der Hand, spazierte ich einem neuen Land, einem neuen Abenteuer entgegen. Und doch gab es diesmal einen entscheidenden Unterschied.

Bislang hatte ich von Land zu Land einen relativ stringenten Wandel der Zivilisationen erlebt. Je weiter ich mich von meiner Heimat entfernt hatte, desto fremder wurden die Kulturen, immer exotischer ihre Sprache, ihre Gesichtszüge und ihre Gepflogenheiten. Nicht selten hatten die – zwischen den Völkern oft nur geringen – Unterschiede auch irgendwie die jeweiligen geografischen Bedingungen des Landes widergespiegelt. Gleichzeitig waren gegenseitige Einflüsse benachbarter Länder offensichtlich.

Nach elfmonatigem Reisen Richtung Osten war ich nun zweifellos wieder im Westen angelangt. Über 12 000 Kilometer von Deutschland entfernt, am anderen Ende der Welt, wo das Leben so unterschiedlich wie nirgend anders hätte sein müssen, hatte ich das Gefühl, wieder daheim zu sein.

Natürlich war ich nicht davon ausgegangen, nur auf wilde Aborigines, Kängurus und Krokodile zu stoßen. Die Vertrautheit und das Heimatgefühl beim Anblick der Straßen, Häuser und Menschen überraschten mich dennoch.

Und noch eine Sache war anders: Meine gesamten Geldreserven waren aufgebraucht. Genau wie am Anfang meiner Reise fing ich wieder bei null an. Beunruhigen konnte mich das kaum, im Gegenteil, ich verspürte vielmehr ein Gefühl der Freiheit und nicht zuletzt auch der Aufrichtigkeit. Jetzt gab es kein Geld mehr zu verlieren oder zu stehlen, und jetzt musste ich meinen Notgroschen auch nicht mehr verheimlichen.

Um etwas gegen die Leere in meinem Magen zu tun, platzierte ich mich an der nächstbesten Straßenecke und erspielte mir meine ersten australischen Dollar. Die Menschen reagierten ähnlich wie in Europa – in der halben Stunde, die ich spielte, kam relativ viel Geld zusammen, fast niemand blieb hingegen stehen und hörte zu.

Hungrig stand ich vor dem Schalter eines Fastfoodrestaurants und konnte mich nicht so richtig entscheiden, welches der teuren Menüs ich meinem Magen zumuten wollte. Ein Blick auf die Essensreste eines leeren Tisches brachte mich jedoch auf eine bessere Idee. Klar, es kostete Überwindung, zumindest noch dieses erste Mal hier in Darwin. Ich achtete auch peinlich genau darauf, dass mich niemand sah, als ich mich an den Tisch setzte. Die Pommes waren sogar noch warm, und weil die Reste inklusive Salat und Chicken Wings der Menge nach wohl von mehreren Personen stammten, wurde ich davon auch gut satt.

Dass sich die Australier allen Wohlstandes und westlicher Kultur zum Trotz ein hohes Maß an Gastfreundschaft und Offenheit beibehalten haben, bekam ich wenig später zu spüren, als mir an einer Bushaltestelle ein älterer Herr, Mr. Wood, einfach so vorschlug, bei ihm und seiner Gattin zu übernachten. Das allein war schon bemerkenswert; wenn man aber bedenkt, dass ich zu diesem Zeitpunkt nicht nur aussah wie ein Schiffbrüchiger, sondern auch so roch – Seife hatte ich zuletzt irgendwo in Indonesien gesehen –, zeugte diese Einladung schon von wirklich selbstloser Nächstenliebe des guten Mister Wood.

Ich fühlte mich wie im Himmel in der Villa der Woods. Das weiche Bett, das Abendessen, ihre zuvorkommende, sympathische Art, nichts schlug jedoch die warme Dusche. Endlich den Schmutzfilm vom Leib zu schrubben, das warme Wasser auf meinem Kopf und meiner Haut – es tat unbeschreiblich gut!

»Und wohin geht's weiter?«, fragte mich Mrs. Wood, nachdem ich beim Abendessen meine Geschichte erzählt hatte. Diese Frage hatte mich auf dem Boot auch schon beschäftigt. Ich war am anderen Ende der Welt angelangt. Vielleicht hätte ich noch Neuseeland draufsetzen können, aber was dann? In weniger als drei Monaten würde meine geplante Reisezeit vorüber sein, sollte ich hier also noch die Zeit genießen und dann zurück nach Deutschland fliegen? Nein, das kam nicht in Frage! Abgesehen davon, dass ich mir keinen Flug von Australien nach Deutschland leisten konnte, wollte ich meine Reise so zu Ende bringen, wie ich sie begonnen hatte: langsam und beschaulich.

Mein neues Ziel konnte also nichts anderes sein als das kleine Bergdorf, von dem ich knapp zehn Monate zuvor aufgebrochen war. Wenn ich aber nicht denselben Weg zurückreisen wollte, den ich gekommen war, musste ich nach Australien und Neuseeland entweder das Schiff oder das Flugzeug nehmen. Ich wusste weder wie, noch welchen Weg ich einschlagen sollte, nur irgendwie weiter Richtung Osten, auch wenn dort außer Wasser erst mal nicht viel war. Und weil ich das Fliegen nach wie vor vermeiden wollte, hieß es kurz- bis mittelfristig wieder die Küsten nach einem Platz an Bord abzuklappern.

Die Antwort blieb ich Mrs. Wood an diesem Abend trotzdem schuldig. Erst im Laufe der Tage gewannen meine Gedanken an Klarheit, und mit ihnen mein neues und gleichzeitig letztes Ziel: Mittenwald.

Ich verließ Darwin am nächsten Tag und trampte ins Landesinnere. Die zweite Nacht verbrachte ich unter dem Vordach der örtlichen Bank mitten in der Stadt Katherine, 300 Kilometer südlich von Darwin. Dort machte ich erste Bekanntschaften mit Aborigines. Vieles war mir über ihre unglückselige Lage erzählt worden und wie schwer es ihnen falle, sich im westlichen System, das bei ihnen Einzug gehalten hatte, zurechtzufinden. Was das konkret für dieses entwurzelte Volk bedeutete, konnte ich aber erst jetzt erahnen, da drei von ihnen mit furchterregenden Alkoholfahnen wie kleine Kinder darum stritten, wer mich als Erstes umarmen dürfe. Wie viele Generationswechsel es wohl benötigen wird, bis die Wunden der Kolonialisierung verheilt sein werden? Die letzten diskriminierenden Gesetze wurden vor weniger als vierzig Jahren aus Australiens Gesetzbüchern verbannt. Ein Leben wie vor der Ankunft der ersten weißen Siedler aber wird es für die Aborigines nie mehr geben, auch nicht für die, die eingeschleppte Krankheiten, die Sklaverei und die zahlreichen Massaker überlebt hatten. Kein »National Sorry Day«, keine Entschädigungszahlungen, keine Wiedergutmachungspolitik – nichts kann den Aborigines ihre jahrtausendealte und einzigartige Lebensweise im Einklang mit der Natur wieder zurückgeben. Und dennoch können sich heutzutage einige Länder im Umgang mit ihren Ureinwohnern eine Scheibe von den Australiern abschneiden; denn trotz aller Tragik hatte ich das Gefühl, dass man hier aus den Fehlern der Vergangenheit gelernt hatte und alles versuchte, um geschehenes Unrecht wiedergutzumachen.

Tags darauf ging es weiter mit einem jungen israelischen Pärchen. Von ihnen lernte ich, wie man als Backpacker Australien im Normalfall erkundete: Mit dem *Lonely Planet*, dem Standardwerk für alle Rucksacktouristen, bewaffnet zogen wir von einer Sehenswürdigkeit zur nächsten, übernachteten auf den Campingplätzen, die das beste Preis-Leistungs-Verhältnis versprachen und diskutierten, welches der drei möglichen Ausflugsziele für den nächsten Tag das interessanteste sei. Wir einigten uns darauf, dass ich ein Drittel der anfallenden Spritkosten übernehme, was ich mir von meinem Ersparten aus Darwin genau drei Tage lang leisten konnte. Danach musste ich also wieder trampen, und das war mein Glück.

Townsville

Denn in einem der nächsten Autos saß Mark. Er war Sprengmeister von Beruf, um die vierzig und lebte mit seiner Frau und seinen zwei Söhnen in Townsville, einer kleinen Stadt an der Ostküste Australiens. Mein Glück bestand darin, dass Mark mich schnell in sein großes Herz schloss. Dabei hatte er mich beim ersten Vorbeifahren stehen gelassen und war erst ein paar hundert Meter weiter umgekehrt, um mich einzusammeln.

Dass ich mich bei Mark so wohlfühlte, lag nicht allein an seiner enormen Gastfreundschaft. Ausschlaggebend waren vor allem seine grenzenlose Neugierde und sein Humor. Niemand wollte mehr über mein früheres Leben in Mittenwald erfahren, und niemals wurde dabei so herzhaft und ausgiebig gelacht.

Im Gegenzug erklärte mir Mark voller Leidenschaft alles, was es seiner Meinung nach bedurfte, um die Aussis – so nannte er sich und seine Landsmänner – verstehen zu können. Jeden zweiten Abend wurde der Grill im Garten angeworfen und Nachbarn und Bekannte zum Barbecue eingeladen – an einem Kängurusteak kam ich dabei freilich nicht vorbei –, mit Ausflügen rund um Townsville bekam ich einige der zahlreichen, atemberaubenden Naturschauplätze zu Gesicht, und allabendlich diskutierten wir bis spät in die Nacht über Straßenmusik, Hitler, Biogemüse, Aborigines, das Oktoberfest und darüber, wie es sich am Ende der Welt lebte, wenn man sich sein Geld damit verdient, Tag für Tag Tausende Tonnen Gestein in die Luft zu jagen.

Ganze drei Wochen verbrachte ich bei Mark in Townsville. Sorgenfrei und wohlbehütet wie lange nicht mehr, blieb ich eigentlich deshalb so lange, weil meine chinesische Zahnbehandlung genau das hielt, was die Behandlungskosten von fünf Euro versprochen hatten: Seit Thailand hatte meine syrische Krone auf Zahn einssechs wieder zu wackeln begonnen, und weil sie, anders als damals im Iran, nicht vollständig herausgebrochen war, hatte sich die Behandlung hinauszögern lassen, bis ich in Australien war.

Ich holte mir also von verschiedenen Zahnarztpraxen Kostenvoranschläge ein, um auszurechnen, wie lange ich dafür Straßenmusik machen musste. Mein Tagesverdienst in der Townsviller Innenstadt betrug zwischen zwanzig und fünfzig Euro, ich ging also mal von 35 aus. Lange hatte ich nicht zu rechnen, bis mein Ehrgeiz dahin war – es handelte sich eher um einen Fall für meine Auslandskrankenversicherung als für Straßenmusik.

Damit sich der bürokratische Aufwand mit der Krankenversicherung lohnte, brachte ich bei dieser Gelegenheit alles in Ordnung, was sich seit Beginn meiner Reise in meiner Mundhöhle an etwaigen Bohrmöglichkeiten angesammelt hatte, und kam damit auf eine satte 1500-Euro-Rechnung. Ich ließ mir das Geld, das am

Tag der Behandlung auf dem Tisch liegen musste, über Western Union von zu Hause zukommen. So große Scheine in den Händen zu halten, fühlte sich doch recht seltsam an. Ich war ja eher an Kleingeld gewöhnt. Viel mehr berührte mich im Vorfeld der Zahnbehandlung aber ein Telefonat mit meiner Heimat: Das erste und letzte Mal während meiner Reise sprach ich nun mit meinem Vater. Was genau ich am Telefon sagte, weiß ich nicht mehr, nur, dass es schwerfiel, die richtigen Worte zu finden. Das lag nicht nur an der Situation an sich, erschwerend kam hinzu, dass ich die Worte erst mal auf Deutsch übersetzen musste, so sehr war mein Denken und Fühlen auf Englisch umgestellt. Ich versicherte meinem Vater, dass es mir sehr gut ging und ich mich schon jetzt auf das Wiedersehen freute. Es war schon fast Dezember, zu Hause lag Schnee, und die Adventskränze wurden gebunden. Auch die Schaufenster in Townsville kündigten die Weihnachtszeit an, jedoch nur mit kitschigen Leuchtreklamen und in meinen Augen geschmacklosen Weihnachtsmännern. Zusammen mit den vorherrschenden hochsommerlichen Temperaturen stellte sich bei mir alles, bloß kein Gefühl von Besinnlichkeit oder Andacht ein. Wie anders es bei uns daheim in Mittenwald jetzt sein musste, dachte ich, nachdem ich aufgelegt hatte, und bekam Heimweh. Nur das Wissen, mich bereits auf dem Nachhauseweg zu befinden, tröstete mich.

Dennoch fiel das Abschiednehmen von Townsville wieder schwer. Lee, Marks Frau, weinte, als mich die zwei an einer Straßenkreuzung, von der aus ich weitertrampte, zurückließen.

In Byron Bay, einem idyllischen Hafenstädtchen mit Althippieflair, traf ich auf Philipp, einen Südtiroler, der mit seinem Bus namens Rosi in die gleiche Richtung unterwegs war wie ich. Ich hatte ihn vor einigen Wochen schon einmal am Strand von Townsville getroffen, als ich mich dort nach einem Platz auf einem Schiff umsah. Philipp gehörte zu der Sorte Mensch, bei der ich vom ersten Augenblick an wusste, dass wir mehr gemeinsam hatten als nur das

Äußere: Er war so alt wie ich, hatte schulterlanges, dunkelbraunes Haar und wie ich einen spärlichen Vollbart. Als ob das nicht genügte, trug er ebenfalls eine Gitarre um die Schulter. So kam es, dass ich die nächsten Wochen mit ihm und seiner Rosi reiste. Nachts hatte ich neben ihm im ausgebauten Hinterteil von Rosi einen Schlafplatz, tagsüber saß ich auf dem Beifahrersitz und wir übten während der Fahrt gemeinsame Stücke ein, um einen Traum von ihm zu verwirklichen: Philipp wollte auch Straßenmusiker werden, er hatte sich bislang nur noch nicht getraut.

Sydney

Bis wir nach einigen Tagen Sydney erreicht hatten, umfasste unser Repertoire immerhin sieben Stücke, bei denen zumeist ich die Melodie sang und er die Akkorde spielte. Meine Gitarre funktionierte ich dabei zum Bass um, stimmte die unterste Saite einen Ganzton tiefer und brachte ihm für die Refrains die zweite Stimme bei. Leicht fiel ihm das Singen nicht gerade, doch die langen Fahrzeiten in Australien gaben uns ausreichend Probezeit.

Zwar stießen von Zeit zu Zeit andere Backpacker zu uns – teilweise übernachteten wir zu viert eng zusammengedrängt auf der ausgebauten Liegefläche –, den harten Kern aber bildeten stets Philipp und ich, und so waren es auch wir zwei, die gemeinsam den 24. Dezember verbrachten. Nachmittags stellten wir am Eingang einer U-Bahn-Station die Spendenbereitschaft der Sydneyer auf die Probe; wir gingen eigentlich davon aus, dass sie an Heiligabend besser sein musste als sonst. Wahrscheinlich lag es aber am schlechten Standort oder daran, dass noch schnell die letzten Weihnachtsgeschenke gekauft werden mussten und keiner Zeit hatte zuzuhören – meine Mütze blieb jedenfalls spärlicher gefüllt als in den Tagen zuvor. Etwas geknickt kehrten wir zurück zu Rosi, die treu auf einem Parkplatz am Bondi Beach, dem Stadtstrand Sydneys, auf uns wartete. Die allabendliche Suche nach einem Standplatz begann, denn nachts wurde der Parkplatz gesperrt und im Auto übernachten durfte man offiziell nirgendwo in der Stadt. In einer kleinen Seitenstraße unweit des Strandes fühlten wir uns sicher.

Wenig später blubberte über Philipps Campingkocher eine Gemüsepfanne. Ich schmeckte sie ab, während sich Philipp um die Ravioli kümmerte. Das entsprach etwa unserem Standardessen. Zur Bescherung gab es eine Flasche Rotwein, die wir uns von unseren mageren Tageseinnahmen geleistet hatten. So wurde es ein sogar etwas besinnliches Weihnachtsfest; denn in Gedanken saßen wir beide daheim unterm Christbaum in den verschneiten europäischen Alpen, er im südlichen, ich im nördlicheren Teil, und packten im Kreise unserer Lieben Geschenke aus.

Viele Stunden verbrachte ich während unserer Zeit in Sydney in den Hafengegenden, um auf einem Segel- oder Frachtschiff anzuheuern. Bekam ich nach allerhand mühevollem Durchfragen mal den einen oder anderen Bootsbesitzer zu Gesicht, scheiterte es aber letztlich immer daran, dass ich entweder keine Seemannsausbildung oder nicht genügend Segelerfahrung hatte. Mehrfach bekam ich den Ratschlag, mein Glück auf Tasmanien zu versuchen. Tasmanien ist, als größte Insel und kleinster Bundesstaat Australiens, Ziel eines alljährlich stattfindenden und weltweit bekannten Segelwettbewerbs, der Sydney-Hobart-Regatta. Am zweiten Weihnachtsfeiertag starteten die Schiffe traditionellerweise in Sydney. Ziel war Hobart, die Hauptstadt Tasmaniens ganz im Süden der Insel. Dort sollten zwei Tage nach dem Start die ersten Mannschaften aus aller Welt eintreffen, und da deren Segelboote im Anschluss oft irgendwie wieder zurück in ihre Heimathäfen mussten, war das *die* Gelegenheit, irgendwo an Bord unterzukommen.

Am besten erreicht man Tasmanien über Melbourne, was gut passte, denn Philipp hatte dort ohnehin vor, eine alte Bekannte –

Jenny – zu besuchen. Am zweiten Weihnachtsfeiertag machten wir uns also auf den Weg, in der Hoffnung, die 850 Kilometer an einem Tag zurückzulegen und abends bei Jenny zu sein. Aus verschiedenen Gründen klappte das nicht.

Einer der Gründe war Rosi. Gegen Nachmittag hatte Philipp mit der Müdigkeit zu kämpfen, also setzte ich mich für ein paar Stunden hinters Steuer. Riskant kam mir das trotz des ungewohnten Linksverkehrs nicht vor, denn es ging auf den monotonen, im Vergleich zu deutschen Autobahnen menschenleeren Fernstraßen so ruhig zu, dass es ein Kunststück gewesen wäre, einen Unfall zu bauen. Fünfzig Kilometer vor Melbourne aber – Philipp döste seelenruhig auf dem Beifahrersitz – wurde Rosi langsamer. Bis Philipp erwachte, standen wir bereits mit Warnblinker da. Obwohl Philipp meinte, genug getankt zu haben, konnte er nicht ausschließen, dass es doch an einem leeren Tank lag. Wir stellten uns mit erhobenem Daumen neben die Termitenhügel am Straßenrand, um weiterzutrampen und nach einer Nacht bei Jenny morgen mit einem Kanister Benzin zu Rosi zurückzukehren.

Zwar hielt schon wenige Minuten später das erste Auto, doch kamen wir damit nur vom Regen in die Traufe: Spätestens als unser Fahrer seine zweite Dose Bier (innerhalb einer halben Stunde!) aufmachte, wünschten wir uns wieder zurück zu Rosi. Offensichtlich hatte er aber Routine darin, volltrunken Auto zu fahren, immerhin klingelten wir eine Stunde später wohlbehalten an Jennys Haustüre.

Dort erwartete uns die nächste Überraschung. Nichts rührte sich im Haus, auch nicht nach dem dritten Klingeln. Wie wir später erfuhren, war Jenny für einige Tage verreist. Uns blieb angesichts der Uhrzeit nichts anders übrig, als ein notdürftiges Nachtlager auf Jennys Terrasse aufzuschlagen. Vorbereitet waren wir darauf nicht, glücklicherweise hatte wenigstens ich meine Schlafsachen dabei. Wir einigten uns darauf, dass Philipp die Isomatte und ich den Schlafsack bekam.

Schnarchend lag Philipp die erste Zeit neben mir, während ich mich hin und her wälzte und auf dem harten Terrassenboden keinen Schlaf finden konnte. Ich hatte das Gefühl, keinen besonders guten Deal gemacht zu haben. Mit fortgeschrittener Stunde wurde es aber so kalt, dass ich bald recht froh um meinen Schlafsack war. Im Endeffekt hatte ich dann sogar ein schlechtes Gewissen, als ich bei Anbruch der Morgendämmerung sah, wie Philipp vor lauter Kälte versuchte, sich irgendwie in die Isomatte einzurollen. So eng es ging, rutschten wir zusammen, und am Ende hatten wir beide wohl gleich wenig Schlaf bekommen.

Nach einem faden Imbissbuden-Frühstück warteten wir bald an der Ausfahrt einer Tankstelle mit einem Zwanzig-Literkanister Benzin in der Hand auf einen Wagen, der uns zurück zu der Stelle brachte, an der wir gestern liegengeblieben waren.

»Willst du jetzt eigentlich auch ohne Jenny in Melbourne bleiben, oder hast du Lust mitzukommen nach Tasmanien?«, fragte ich Philipp, den immer noch die Sorge plagte, Rosi könne mehr fehlen als nur Benzin.

»Also ehrlich gesagt«, meine er, »habe ich nach der letzten Nacht keine große Lust mehr, noch weiter in den Süden zu fahren, wo es noch kälter ist. Und wenn es blöd läuft, muss ich mich erst um Rosi kümmern und sie reparieren lassen. Wer weiß, wie lange das dauert!«

Seit Sydney waren wir dazu übergegangen, Deutsch miteinander zu reden. Das lag auch daran, dass wir seitdem fast ausschließlich unter uns gewesen waren.

Zurück bei Rosi stellten wir erleichtert fest, dass es tatsächlich nur am Benzin gelegen hatte. Nach Tasmanien kam Philipp trotzdem nicht mit, er wollte ein paar Tage in Melbourne bleiben und dann weiter in den Westen des Landes ziehen.

Ich ging davon aus, Philipp, wenn überhaupt, dann nicht so bald wiederzusehen, als wir am Hafen von Melbourne E-Mail-Adressen tauschten und uns verabschiedeten. In Wahrheit sollte es stattdessen nur ein paar Tage dauern, bis ich meinen Südtiroler Halbbruder im Herzen wieder in den Armen hielt.

Tasmanien

Zehn Stunden benötigte die Fähre über die Bass-Straße, der Meerenge zwischen Tasmanien und dem australischen Festland, hinüber zum Hafen von Devonport, einem Städtchen ganz im Norden der Insel. Per Anhalter kam ich zügig bis nach Hobart, wo die ersten Segelschiffe der Sydney-Hobart-Regatta bereits vor Anker lagen. Das schnellste Team kam, wie ich dort erfuhr, aus Australien selbst. Es hatte für die knapp 1200 Kilometer weniger als zwei Tage gebraucht. Die Yacht hieß »Wild Oats«, ein monströses Segelschiff, das zwar nicht schön, aber offensichtlich teuer und sehr schnell war. Überhaupt machte die ganze Veranstaltung keinen übermäßig bescheidenen Eindruck.

»Segelyachten aus Neuseeland?«, fragte ein sportlicher junger Mann ganz in Weiß nach und deutete auf die vor sich hin schaukelnden Schiffe im Hafen. »Siehst du die ›Alfa Romeo‹ 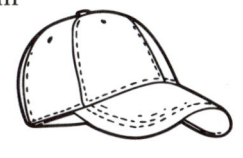 da hinten? Die, und … ah ja, dort, die ›Konica Minolta‹, die gehört auch einem Kiwi.«

Was ich sah, ermutigte mich nicht gerade. Beide Schiffe gehörten zur selben Klasse wie das Siegerschiff, alles Super-Maxi-Yachten über dreißig Meter Länge, die genauso superteuer wie superunsympathisch waren und bei denen ich mir schlechte Chancen ausrechnete. Das bestätigte sich bald.

»Das ist kein Volkswagen, das ist ein Ferrari!«, bekam ich zu hören oder »Eine falsche Handbewegung, und dein Finger ist ab. Auf den Seilen ist bei diesen Dingern so dermaßen viel Zug drauf …«. Wenn ich Glück hatte, wurde mir für mein Vorhaben wenigstens Respekt gezollt. Im gleichen Atemzug wurde mir von den sechs verstorbenen Seglern erzählt, die vor sieben Jahren während der Regatta bei stürmischer See ums Leben gekommen waren.

Ganz von meinen Segelkenntnissen abgesehen, hatten die großen Yachten die Rückfahrten ohnehin meist schon fest geplant und die Plätze an Bord belegt. Meine Hoffnung lag deshalb auf den kleineren Schiffen, von denen die meisten allerdings erst im Laufe der Tage ankommen sollten. Unter diesen befand sich laut Teilnehmerliste noch genau eines aus Neuseeland; solange dieses aber noch nicht im Ziel war, versuchte ich es auch bei anderen; bei diesen trüben Aussichten konnte ich ja schlecht wählerisch sein, und Afrika war mir eigentlich genauso recht wie Nord- oder Südamerika.

Drei Tage verbrachte ich am Hafen von Hobart. Nachts schlief ich in verschiedenen Parks, tagsüber mischte ich mich wieder unter das Segelvolk, welches wohl auf der anderen Seite der Skala, in den nobelsten Hotels der Stadt genächtigt hatte. Doch ich gewöhnte mich langsam daran und legte meine Scheu sogar so weit ab, dass ich direkt an den Anlegestellen meine Gitarre auspackte. Statt meiner Mütze lag zu meinen Füßen ein Schild: »Segeln mit Livemusik macht mehr Spaß!« Und etwas kleiner darunter: »Suche Mitfahrgelegenheit an Bord nach Egal-wo-hin«.

In der zweiten Nacht in Hobart wurde ich erneut beklaut, diesmal traf es die Umhängetasche, die mir Xiaowei in China geschenkt hatte, samt Inhalt. Betroffen machte mich das deshalb so sehr, weil der Dieb seine Beute im Gegensatz zu mir beim besten Willen nicht brauchen konnte: meine Zahnseide, meine Zahnbürste (schon zu diesem Zeitpunkt meiner Reise das mit Abstand am häufigsten geklaute Utensil), meine Reisenotizen – zum Glück nur ab Sydney, den Rest hatte ich dort in einem Internetcafé abgetippt –, mein Kazoo und, der wohl bitterste Verlust, meine Fußschellen aus Indien. Ich konnte mir gar nicht mehr vorstellen, ohne sie Straßenmusik zu machen.

Die Gitarre selbst hatte ich, wie jede Nacht im Freien, sicherheitshalber an meinen Knöchel gebunden. Auch sämtliches Geld trug ich am Körper, in der Tasche hatten sich nur Dinge befunden, die objektiv betrachtet keinen oder nur wenig Wert besaßen. Wie viel sie mir eigentlich bedeuteten, merkte ich erst jetzt bei dem Gedanken, dass sich alles, von meiner Zahnbürste bis zu Xiaoweis Tasche, in irgendeiner Mülltonne befand.

Erfolglos suchte ich die Umgebung am nächsten Morgen ab. Zumindest stieß ich dabei auf ein Musikgeschäft, in dem ich nicht nur ein neues Kazoo, sondern vor allem einen Schellenstab fand, der sich an meinem Schuh befestigen ließ und der mein indisches Fußschellenband zumindest einigermaßen ersetzen konnte.

In der öffentlichen Toilette, die in diesen Tagen zu meinem Badezimmer wurde, tröstete ich mich beim Wäschewaschen mit dem Gedanken, der Dieb könne vielleicht doch Musiker sein und für die Sachen irgendeine Verwendung haben.

Im Laufe des Tages kam das letzte neuseeländische Schiff an, die »Nevenka«. Probleme auf See hatten das Team dazu gezwungen aufzugeben, weswegen sie so spät und ohne Wertung Hobart erreichten. Verständlicherweise war die Mannschaft etwas geknickt, trotzdem bekam ich aus ihnen mehr heraus als die ganzen letzten Tage zusammen. Gute Verlierer.

»Bei den großen Yachten hast du schlechte Chancen«, meinte eine junge Seglerin der »Nevenka«. »Die haben meistens einen fixen Zeitplan, wann sie wo sein müssen. Und die Crew dafür steht natürlich auch meistens schon …«

»Aber heißt das«, bohrte ich nach, »dass alle Plätze belegt sind und wirklich niemand mehr drauf passt? Ich meine nicht als Mitglied der Crew, sondern als Passagier, der ja vielleicht auch was dafür zahlt.« Bei ihr hatte ich endlich den Mut, all die Fragen zu stellen, die mich seit Tagen beschäftigten.

»Nein, am Platz liegt's normalerweise nicht. Bei Wettkämpfen sind auf den Super-Maxis bestimmt dreimal so viele Leute wie bei normalen Überfahrten. Auf der ›Konica Minolta‹ waren sie zum Beispiel zu siebzehnt. Aber das haut nur hin, weil in Schichten gesegelt wird: Die eine Hälfte schläft, die andere segelt. Das Problem ist eher, dass du seekrank werden könntest und sie deswegen einen Hafen ansteuern müssen. Ganz davon abgesehen, dass sie sich unterwegs um dich kümmern müssten, wenn's dir so richtig dreckig geht.«

Seit meiner letzten Schifffahrt wusste ich, dass dieses Szenario bei mir nicht ausgeschlossen war.

»Mit Geld kannst du die Eigentümer dabei kaum umstimmen«, erzählte sie weiter. »Und wenn, dann mit Summen, die grenzenlos überzogen sind … kannst du dir ja wahrscheinlich vorstellen.«

Das Thermometer überstieg hier im tiefsten Süden Australiens die Zwanzig-Grad-Marke nicht einmal während der Mittagsstunden. Dazu kam die frische Brise, die mich den Reißverschluss meiner schwarzen Fleecejacke bis unters Kinn zuziehen ließ, als ich nach dem Gespräch auf dem Kai saß und den Wellen draußen auf dem Meer zusah, wie sie die Nachmittagssonne glitzernd reflektierten. Die Möwen nahmen völlig ungefragt mal auf diesem, mal auf jenem Segelboot Platz, und ich beneidete sie darum.

Auch die »Nevenka« hatte mir kein Glück gebracht. Zwar war ich, was das Segeln anbelangt, ein klein wenig schlauer geworden; mitnehmen jedoch konnten oder wollten auch sie mich nicht.

Ich weiß nicht, wie lange ich dort saß und nachdachte. Es fiel schwer aufzugeben. Sollte ich nicht einfach Straßenmusik machen, bis ich das Geld für einen Flug nach Neuseeland beisammenhatte? Oder doch eine Seemannsausbildung beginnen und auf einem Containerschiff anheuern?

Ich kehrte dem Hafen endgültig den Rücken zu und tat, was ich in Hobart normalerweise zuallererst gemacht hätte. Vor einem leerstehenden Geschäft in der Fußgängerzone spielte ich mir volle vier Stunden lang den ganzen Frust vom Leib und fühlte mich danach schon erheblich besser. Die gespendeten 75 Euro waren weit weniger wichtig als die Begegnungen. Cassidy und ihre drei Freundinnen hörten erst ein paar Stücke zu, dann kamen wir ins Gespräch, und schließlich hatte ich die nächsten Tage ein neues Zuhause.

Den Silvesterabend verbrachten wir gemeinsam und sahen um Mitternacht das Feuerwerk an. Superangenehm empfand ich, dass privates Böllern nicht erlaubt war und sich auch fast alle daran hielten. Stattdessen sorgte die Stadt selbst für die Unterhaltung: Eine zehnminütige Show ließ mich den Begriff Feuerwerk neu definieren. Die Palette der Pyrotechniker reichte von verschiedensten Mustern, Herzen und aufeinanderfolgenden Explosionen, die am Nachthimmel über Hobart ganze Geschichten erzählten.

Am vierten Januar verließ ich Tasmanien und kehrte wieder zurück nach Melbourne. Ich hatte mich zu der schweren Entscheidung durchgerungen, Musik zu machen, bis ich mir den Flug nach Neuseeland verdient hatte.

Melbourne war Hobart in Sachen Straßenmusik genauso überlegen wie bei den Flugverbindungen. Ich musste demnach nicht lange überlegen. Zudem hoffte ich, Philipp noch einmal zu treffen, um wieder gemeinsam zu spielen.

Die Rückfahrt verlief noch problemloser als die Hinfahrt, was ich Cassidys Familie und deren Freundeskreis verdankte. Erst brachte mich ein alter Freund der Mutter in seinem cremefarbenen, sechzig Jahre alten Cadillac zu einem Milchwerk außerhalb der Stadt. Dann brachte mich ein weiterer Bekannter, der dort als Lkw-Fahrer arbeitete, mit seinem nigelnagelneuen Riesentruck zusammen mit zehn Tonnen Milch zurück nach Devonport, von wo ich einige Stunden später die nächste Fähre nahm.

Connie

Zurück in Melbourne traf ich nicht nur Philipp wieder, sondern noch eine andere Person, eine, die nicht nur meine Reise, sondern auch mein Leben danach bereichern sollte. Connie. Wir begegneten uns, als ich mit Philipp durch die Straßen zog, um nach einem Platz zum Musizieren Ausschau zu halten. Erst ärgerten wir uns, dass sie mit ihrem Kollegen ausgerechnet dort stehen musste, wo wir uns gerne platziert hätten. Connie spielte Gitarre und sang, während ein junger Typ neben ihr auf seiner Djembe alles gab, um sie zu übertönen. Natürlich blieben wir stehen und lauschten und – wie konnte es anders sein – spielten wir das nächste Stück zu viert: *Hotel California*. Ich hätte damals schwören können, deutsche Reisende auf den ersten Blick zu erkennen, spätestens beim Sprechen. Bei Connie mit ihren hüftlangen Rastazöpfen war das zum ersten Mal anders. Den deutschen Akzent konnte man bei ihr höchstens heraushören, wenn man wusste, woher sie kam. Erst nach unserer gemeinsamen Session erfuhr ich, dass sie aus Lüneburg war. Nach der gemeinsamen Session begleiteten wir Connie und Jonas – so hieß der Djembenspieler, ebenfalls ein Deutscher – zurück zu ihrem Hostel gleich um die Ecke.

Je länger wir uns miteinander unterhielten, desto mehr Parallelen fanden wir zwischen ihrem und meinem Leben. Sie stand auf A-cappella-Gesang, ihr Sport war, was man bei ihrer Größe nicht erwartet hätte, ebenfalls Volleyball, wobei sie allerdings ein paar Ligen über mir spielte. Ihr eigentliches Instrument, Klavier, war für die Reise zu sperrig gewesen, und sie hatte eine ähnliche Route wie ich vor sich: Neuseeland und Amerika.

Am Ende des Tages blieben Philipp und ich bei ihnen im Hostel. Diese Nacht und auch die nächste. Je besser wir uns kennenlernten, desto klarer wurde, dass es neben den vielen Gemeinsamkeiten auch jede Menge krasse Gegensätze zwischen Connie und mir gab. Connies Leben war bisher so geradlinig und idealtypisch verlaufen wie meines schräg und ungewöhnlich. Ihrem Vater gehörte eine Softwarefirma, weswegen bei ihr zu Hause Geld keine Rolle spielte, was bei uns definitiv anders ist. In der Schule sehr gut, wunderte sich niemand über ihren Eins-Komma-Sieben-Abi-

Schnitt, während man sich bei mir höchstens wunderte, wie ich es bis zur neunten Klasse Gymnasium geschafft hatte, ohne durchzufliegen. Warum ich sie so gern mochte, lag jedoch nicht an solchen Oberflächlichkeiten. Es war schlicht und einfach sie selbst. Ihre Lebensfreude, die sie versprühte und die so ansteckend auf alle um sie herum wirkte; ihren Mut, den sie in ihrem jungen Alter hatte – vor Australien hatte sie sich in Indien ganz allein für mehrere Wochen per Anhalter durchgeschlagen; ihre Bescheidenheit, die sie dabei stets behielt; und nicht zuletzt, wie sie es verstand, beim Erzählen über sich selbst mit den größten Knallern immer erst ganz spät herauszurücken. Und wie neugierig sie immer war! Oft musste ich den Kopf schütteln über ihren unbändigen Wissensdurst. Dahingehend beeinflusste sie mich wohl am nachhaltigsten … sie brachte mich wirklich so weit, mit ihr alle Hauptstädte Afrikas auswendig zu lernen.

Natürlich lag der Gedanke nahe, die nächsten Etappen gemeinsam zu bestreiten. Connie hatte ihre nächsten Flüge allerdings schon gebucht, der nächste ging in zehn Tagen von Melbourne nach Neuseeland. Ich hingegen, nachdem ich aufgegeben hatte, weiter nach Schiffen zu suchen, wollte so bald wie möglich losfliegen. Was mir nur noch fehlte, war das nötige Kleingeld. Mit Philipps und Connies Hilfe hatte ich das jedoch im Nullkommanichts zusammen. Obwohl wir mit *Follow me* von Uncle Cracker nur ein einziges Stück hatten, lief es wie am Schnürchen, was auch daran lag, dass wir statt auf der Straße in den S-Bahnen spielten. Connie sang die dritte Stimme und schüttelte das Shake-Ei, Philipp hatte ohnehin schon die zweite Stimme und die Akkorde drauf, ich spielte Bass und sang die Melodie. Wir waren eine richtige Band.

In vier Stunden hatten wir sage und schreibe 180 Euro zusammen, und noch am selben Tag stand ich mit Connie vor dem Schalter eines Reisebüros.

»Einmal nach Neuseeland. Einfach, am besten gleich morgen!«
Ich spürte, wie heiß ich nach fast zwei Monaten Australien war,
wieder Neuland zu betreten.

»Nord- oder Südinsel?«

»Egal, das billigere.«

»Hin und zurück?«

»Nein, einfach.«

»Hm, also gleich morgen klappt«, meinte die Dame hinter dem
Schalter, »bei dem ›einfach‹ hab ich allerdings Bedenken. Es kann
sein, dass es ohne Rückflugticket Probleme bei der Einreise gibt.«

Das Argument, welches ich dann zu hören bekam, war, dass
die Einwanderungsbehörde sichergehen wolle, dass ich das Land
auch wirklich wieder verlasse. Das kam mir jedoch wenig schlüssig
vor. Wollte ich tatsächlich ohne Aufenthaltsgenehmigung in einem
Land bleiben, wäre es allzu einfach gewesen, mir das billigste Ticket für einen Weiterflug nach irgendwohin zu besorgen und dieses
dann verfallen zu lassen. Oder noch besser: stornieren.

Genau zu dieser Strategie wurde ich tags darauf genötigt, als
ich beim Check-in in der Tat abgewiesen wurde. Glücklicherweise
konnte ich meinen Flug kostenlos auf den morgigen Tag verschie-
ben, bis dahin musste ich noch mal 110 Euro für ein Ausreiseticket
berappen – das günstigste Angebot ging zu den Fidschi-Inseln.
Diesmal spielten wir das Geld nicht mehr ein. Es kam von Connies Kreditkarte.

Am Flughafen winkte mir Connie hinterher, bis ich auf der anderen Seite der Gepäckkontrolle aus ihrem Blickfeld verschwunden
war. Obwohl wir uns schon in einer Woche wiedersehen sollten,
vermisste ich sie bereits jetzt schon.

Neuseeland

Es goss wie aus Kübeln, als mein Flieger spätabends in Christchurch landete. So stark, dass ich keinen Schritt aus dem Flughafengebäude wagte. Also verbrachte ich die erste Nacht im Wartebereich des Flughafens – leider ohne viel Schlaf zu bekommen. Denn die Ordnungskräfte führten pflichtbewusst den Auftrag aus, keine Leute am Boden schlafen zu lassen.

Nach einer Mitfahrgelegenheit in die Stadt und Straßenmusik mit unausgeschlafener Stimme lernte ich am nächsten Tag Juliette kennen, deren offene und nette Familie mich für zwei Nächte ganz nach ihrer anthroposophischen Überzeugung liebevoll beherbergte. Obwohl es frisch und immer etwas regnerisch und windig blieb, brach ich am vierten Tag von Christchurch auf, um zu wandern.

Von meinen Straßenmusikeinnahmen besorgte ich Proviant für die Wanderung und hob mir exakt zwei neuseeländische Dollar auf, um mir den Bus raus aufs Land leisten zu können. Der Abschied von Juliettes Familie fiel mal wieder alles andere als leicht. Immer noch tief bewegt von ihrer Gastfreundschaft, stand ich in der Schlange neben dem Bus und wartete darauf, einzusteigen. In der Hand meine aufgesparte Zwei-Dollar-Münze, sinnierte ich darüber, wie ich ohne Regenmantel die nächsten Tage trocken überstehen sollte, und schob das runde Metall in der Handkuhle gedankenverloren von Finger zu Finger – bis sie mir entglitt. Wie es das Schicksal wollte, stand ich ausgerechnet über einem Gully. Gnadenlos schluckte der mein gesamtes Vermögen.

Fassungslos starrte ich auf die kalten Gitterstäbe und das schwarze Dunkel dahinter. Kurz dachte ich, die Welt wäre untergegangen. Dann musste ich schmunzeln. Noch einen Atemzug später lachte ich in mich hinein. Zwei läppische Dollar, bloß weil sie Teil meines Planes waren! Ein Bus war für meine Verhältnisse doch sowieso nur unnötiger Luxus, vor allem in einem Land, in dem das Trampen bestens funktionierte. In puncto Hilfsbereitschaft und gegenseitigem Vertrauen – waren die Neuseeländer kaum zu schlagen, zumindest was die westliche Welt betraf.

Ich versuchte mein Glück also am Straßenrand. Es war der neuseeländische Priester der Antarktis, der als Erster anhielt. Er erzählte ein wenig über seine seelsorgerische Tätigkeit für Wissenschaftler und Forscher aus aller Welt dort unten im ewigen Eis, bis wir an eine Stelle kamen, die mir als Startpunkt für meine Wanderung geeignet erschien. Querfeldein ging es über Wiesen und Felder, vorbei an herrlich malerischen Landschaften, immer weiter Richtung Norden. Von nun an sah ich die nächste Zeit keine Menschenseele, nur noch viele, viele Schafe.

Gegen Abend erreichte ich einen Fluss, der meinen Weg jäh zu beenden schien. An Durchwaten oder Durchschwimmen war nicht zu denken. Wie es der Zufall wollte, fand ich nur wenige hundert Meter flussaufwärts eine alte Holzbrücke, mitten im Niemandsland. Weder auf dieser noch auf der anderen Seite konnte man erkennen, dass einmal ein Weg oder eine Straße hingeführt hatte. Es schien Jahrzehnte her zu sein, dass sie das letzte Mal betreten worden war. Ein Teil der morschen Holzplanken fehlte bereits. Ursprünglich war sie wohl einmal stabil genug gewesen, um Fahrzeuge von einem Ufer zum anderen zu bringen; in ihrer Breite maß sie bestimmt über zwei Meter, und die tragenden Balken der Holzkonstruktion waren dick wie Baumstämme. Eine mit Flechten bewachsene Steintafel zeigte das Baujahr 1909.

Ich fasste mir ein Herz, stellte meinen Rucksack ab und testete mit vorsichtigen Schritten, ob das übrig gebliebene Holz mein Gewicht trug. Das Geländer schien noch intakt zu sein, ich hangelte mich daran entlang. Es knarrte und knackte im Gebälk – aber es hielt. In der Mitte angekommen, probierte ich auch auf den normalen Planken zu laufen, und auch die hielten mehr, als ihr Äußeres versprach. Ich kletterte zurück, holte mein Gepäck und stand bald darauf mit meinem Hab und Gut auf der anderen Seite des Flusses. Weil es schon fast Abend war, erwies mir die Brücke noch einen zweiten Dienst, diesmal als regensicheres Nachtlager. Bald blubberte über einem kleinen Feuer das, was in den nächsten Tagen mein Hauptnahrungsmittel wurde: Bohnen in Tomatensauce aus der Dose. Sie machten satt, schmeckten – zumindest im Moment noch – ganz gut und waren vor allem billig. Die nächste Dose gab es zum Frühstück, nur lauwarm, an der Resthitze des gestrigen Feuers erwärmt. Mehr hatte ich nicht dabei, deswegen zwang mich der Hunger gegen Mittag zurück in die Zivilisation. An einer Straße angekommen, fuhr ich per Anhalter bis zu einem Lebensmittelgeschäft und spielte neben dem Eingang für die nächste Portion Bohnen. Nach der Straßenmusik mit Connie und Philipp hatte ich nicht die geringste Lust, mehr zu spielen als unbedingt nötig – so ganz allein machte es viel weniger Spaß. Gleichzeitig freute ich mich darauf, in ein paar Tagen Connie vom Flughafen in Auckland abzuholen. Bis dahin war es aber noch ein weiter Weg, ich musste mit der Fähre zur Nordinsel und dort ans andere Ende.

Auf zur Nordinsel

Genau ein Lied musste ich vor der Anlegestelle für das Überfahrtsticket trällern. Nach einer vierstündigen, atemberaubend schönen Fahrt durch die Fjorde erreichte ich Wellington, die Hauptstadt Neuseelands. Ein weiteres Lied bescherte mir meine tägliche Ration Dosenbohnen, und in einer hübschen Grünanlage vor einem marmornen Regierungsgebäude rollte ich meine Isomatte auf einer Parkbank aus.

Ich war gerade eingeschlafen, da wurde ich unsanft aus dem Reich der Träume gerissen. Die Rasensprengeranlage trat ihren nächtlichen Dienst an. Bis ich mich und meine Siebensachen in Sicherheit bringen konnte, hatte ich bereits eine ordentliche Dusche abbekommen. Verschlafen machte ich mich auf die Suche nach einem anderen Nachtlager, wurde jedoch nicht so recht fündig. Etwas abseits der Straße ließ ich mich müde vor einem geschlossenen Geschäft nieder.

Der neue Tag begann ähnlich ungemütlich. Es nieselte, und ein kalter Wind blies durch die Straßen Wellingtons. Als Frühstück hätte meine letzte Dose Bohnen dienen sollen. Meine wirklich letzte. Denn allmählich hingen sie mir zum Hals raus. Ich hatte nie einen Dosenöffner besessen, sondern mir eine eigene Technik angeeignet, um die Büchsen aufzubekommen. Mit zwei Steinen, einem spitzen kleineren als eine Art Meißel und einem großen schweren, hämmerte ich für gewöhnlich den oberen Rand entlang, bis ich den Deckel aufklappen konnte. Mit zwei abgebrochenen Zweiglein pickte ich dann in asiatischer Manier die Bohnen heraus. Momentan scheiterte es sowohl am einen als auch am anderen. Sosehr ich auch suchte, ich konnte keine geeigneten Steine und keinen Busch oder Baum mit passenden Zweigen finden. Ungeduldig schaffte ich es irgendwie, mit kalten, steifen Fingern an einer Bordsteinkante ein Loch in die Dose zu hauen, wobei ein Teil des Inhalts auf die Straße, ein anderer auf mein Hemd und meine Hose spritzte.

Frierend, hungrig und mit Tomatensauce besudelt saß ich an einer Straßenecke und schlürfte die kalten Bohnen. Es schmeckte erbärmlich. Menschen in Anzügen und Aktentaschen gingen vorbei. Keiner würdigte mich eines Blickes. Ich fühlte mich elend. Es kam mir vor, als ob mich die ganze Welt verlassen hätte. Einer der seltenen Tiefpunkte meiner Reise, dafür hatte er es in sich. Um nicht ganz in Selbstmitleid zu versinken, packte ich ein paar Meter weiter meine Gitarre aus. Ich wollte spielen, um auf andere Gedanken zu kommen. Und um mir vielleicht was Anständiges zum Essen kaufen zu können. Oder, um jemanden kennenzulernen, der mir aus meinem Tief half. Doch scheiterte ich mit meinem Vorhaben kläglich. Meine Stimme versagte einfach. Ein schmerzender Kloß in meinem Hals schnürte die ersten Töne ab, ohne dass ich irgendetwas dagegen hätte tun können.

Besser wurde der Tag erst, als ich weiter in den Norden trampte. Es war nicht allzu lange her, dass *Der Herr der Ringe* hier vor Neuseelands eindrucksvoller Kulisse verfilmt worden war. Ich hatte die Szenen noch gut im Kopf, als ich bei einem netten Typ ins Auto stieg, der als Stuntman arbeitete und Elijah Wood bei den Dreharbeiten gedoubelt hatte. Er schlug vor, gemeinsam Mittag zu essen – was natürlich genau das war, worauf mein Magen gewartet hatte. Wir fuhren zu einem Freund, der ebenfalls bei den Filmaufnahmen mitgespielt hatte, als Double für Gimli, den Zwerg. Es passte gut, er war höchstens anderthalb Meter groß.

Ähnlich viel Glück bescherte mir das nächste Auto auf meinem Weg nach Auckland. Am Steuer saß Eddie, von Beruf Lebenskünstler und eine exotische Mischung aus Maori – den neuseeländischen Ureinwohnern –, britischen Einwanderern und eines nordamerikanischen Ureinwohnerstammes. Sein Häuschen südlich von Auckland wurde in den nächsten Tagen zu meinem Zuhause. Und nicht nur für mich – nachdem wir am nächsten Tag gemeinsam Connie vom Flughafen abgeholt hatten, zog sie natürlich auch mit ein. Was war das für ein Wiedersehen! Schon bald aber machten wir uns daran, unser gemeinsames Repertoire auszubauen, denn wir hatten uns als Ziel gesteckt, nicht nur gemeinsam so bald wie möglich auf der Straße zu stehen, nein, die Erfahrung in Melbourne hatte uns mutig genug gemacht, um auch mein Flugticket zurück nach Europa einzuspielen. Im Kreise von Eddies Familie und Bekannten erfuhren wir viel von den Traditionen und der Kultur der Maori und gaben bei einer Barbecue-Einladung unsere ersten einstudierten Stücke zum Besten.

Bevor unser Straßenmusikmarathon begann, wollten Connie und ich noch ein paar Tage ganz im Norden an der Küste verbringen. Proviant dazu erspielten wir uns in Aucklands Straßen, dann trampten wir weiter bis zu einem idyllischen Sandstrand, an welchem wir im Freien bis zum Morgen dem leider nicht so idyllischen Wetter trotzten. Es schüttete, was das Zeug hielt. Mal kam der Regen von der einen, mal von der anderen Seite, zeitweise hatte ich das Gefühl, er käme von unten. Sosehr wir uns auch in Connies Regencape mummelten, auf Dauer konnten wir nichts gegen die Nässe ausrichten.

Klitschnass und am ganzen Körper bibbernd vor Kälte überwanden wir schweren Herzens unseren Abenteurerstolz und bezahlten die komplette Übernachtungsgebühr von umgerechnet zwölf Euro eines nahe gelegenen Campingplatzes, nur um den dortigen Wäschetrockner benutzen zu können – wieder einmal ermöglicht durch Connies Kreditkarte.

Richtig warm wurde uns an diesem Tag erst, als wir weitertrampten und in dem Örtchen Kawakawa von einem betagteren englischen Touristenpaar zu einer Tasse heißen Tee eingeladen wurden. Das hob unsere Stimmung, um einsatzbereit für eine Session Straßenmusik zu sein. So lernten wir Taima und Jimmy kennen. Schon nach dem dritten Stück kamen sie auf uns zu und fragten, ob wir uns bei ihnen einquartieren wollten. Wollten wir.

Während unserer Zeit bei Taima und Jimmy begannen wir, die Kosten für mein Ticket einzuspielen. Unser Repertoire vergrößerte sich mit jedem Tag, und diesmal wechselten Connie und ich uns von Lied zu Lied mit der Melodie ab. Bestimmt die Hälfte der Stücke waren ihre Vorschläge, was für mich, nach den ewig selben Sachen, die ich seit Monaten spielte, eine willkommene Abwechslung bedeutete. Richtig viel Geld ließ sich hier im hohen Norden allerdings nicht verdienen, wir wollten deshalb in Auckland unser Glück versuchen.

Wieder einmal ergab sich unser nächster Übernachtungsplatz beim Trampen. Fast eine ganze Woche lang blieben wir bei Ken und Dianna, einem älteren Ehepaar, das etwas außerhalb von Auckland lebte. Die Begegnung mit den beiden wirkte tatsächlich lange nach: Seither hatte ich mir als Lebensziel gesetzt, im hohen Alter auch noch so offen und unkompliziert zu sein wie Ken und Di. Wir kamen und gingen, wann wir wollten; ab und zu fragte Di, ob wir abends bei ihnen mitessen wollen, und ihre generelle Unverbindlichkeit machte die Zeit mit ihnen kein bisschen weniger herzlich.

Die Straßenmusik verlegten Connie und ich währenddessen in die Straßenbahnen. Wir hatten ein wundervolles Publikum, selbst die Fahrscheinkontrolleure spendeten großzügig. Die Linie zwischen Auckland und Ken und Dis Zuhause bespielten wir so regelmäßig, dass wir die Hälfte der Fahrgäste kannten, als wir das Geld für das Ticket beisammen hatten. Alles in allem hatten wir dafür keine zehn Tage gebraucht. Der günstigste Flug ging von Wellington nach London, wobei ich bis zu zwei Zwischenstopps frei wählen konnte, sowohl den Ort als auch die Zeit, solange es den Rahmen von drei Monaten nicht überschritt. Und natürlich kostete ich den Zeitrahmen voll aus – in vier Tagen schon sollte es losgehen. Erst nach Tahiti, dann zwei Wochen später weiter in die USA. Da Ankunft- und Abflug-Flughafen in einem Land nicht zwangsweise identisch sein mussten, wählte ich für die Ankunft Los Angeles und für die Ausreise nach London, zweieinhalb Monate später New York. Das traf sich vor allem deshalb so gut, weil Connie mit ihrem Around-the-world-Ticket in ein paar Wochen ebenfalls nach L.A. fliegen wollte, und wir planten also, uns dort wieder zu treffen.

Natürlich fiel der Abschied schwer. Nicht nur von Connie, auch von Ken und Di, und überhaupt von diesem wunderbaren Land. Trösten konnte mich allerdings der Gedanke an meine nächste Etappe: Tahiti. Sagenumwobenes Südseeparadies mitten im Pazifik. Schon morgen, dachte ich zudem am Flughafen, nachdem ich mich von Connie verabschiedet hatte, würde ich meiner Heimat ein ganzes Stück näher sein.

Französisch-Polynesien

Zunächst einmal musste ich feststellen, dass der Flug offiziell gar nicht nach Tahiti, sondern nach Papeete, Hauptstadt Französisch-Polynesiens ging. Das änderte an sich nicht viel, da Papeete auf Tahiti liegt; dieses ist jedoch kein eigenständiger Staat, sondern nur eine Insel von einem ganzen, zu Frankreich gehörenden Sammelsurium aus Archipelen und Atollen, die sich quer über den südlichen Pazifik verteilten. Als mir bei den Formalitäten am Flughafen bewusst wurde, dass ich gerade dabei war, in Gebiete der Europäischen Union einzureisen, ging doch ein wenig vom Südseezauber verloren.

Wettgemacht wurde das durch die außergewöhnliche Begrüßung am Flughafen. Jeder Ankömmling bekam eine Blumenkette um den Hals gelegt, und drei beleibte Musiker schmetterten mit Ukulelen bewaffnet ihre Lieder. Auch das Wetter war paradiesisch – strahlend blauer Himmel bei angenehmen 25 Grad – das war's dann aber auch schon. Papeete selbst erinnerte mich äußerlich eher an ein Problemvorstadtviertel einer europäischen Metropole als an ein Urlaubsparadies. Weil ich keine Fußgängerzone finden konnte, stellte ich mich an eine Straßenkreuzung im Zentrum und packte meine Gitarre aus. Funf Stücke lang versuchte ich, gegen den Lärm der Straße anzukommen. Dann entschied ich, dass die wenigen Münzen in meiner Kappe der Mühen nicht wert waren, und wollte von dannen ziehen. Da sprach mich ein schnauzbärtiger Einheimischer auf Französisch an. Abgesehen von einem aufdringlichen Perlenverkäufer hätte dies mein erstes Gespräch auf der Insel werden können, wenn ich bloß das nötige französische Vokabular parat gehabt hätte. So brachte ich nur ein paar »Oui« und »Non« heraus, stellte aber immerhin fest, dass ich ihn zumindest rudimentär verstand. Das verdankte ich weniger meinen drei Jahren Schulfranzösisch als den Wochen mit Asis und Saber in Syrien.

Nüchtern betrachtet war alles, was der (etwas einseitigen) Unterhaltung folgte, Routine. Ich wurde zum Abendessen eingeladen und blieb anschließend zwei Wochen bei Viktor und seiner Familie. Vierzehn Tage schliefen Viktor und seine Frau zusammen mit ihren vier Söhnen im Kinderzimmer, nur damit ich allein und ungestört in ihrem Ehebett schlafen konnte. Sie wollten es so.

Auch wenn mich eine derartig aufopferungsvolle Gastfreundschaft inzwischen nicht mehr überraschen konnte, so bestärkte sie doch die Gewissheit, dass selbst in den entlegensten Winkeln dieser Erde Menschen zu finden sind, die schon nach wenigen Stunden Bekanntschaft alles für einen taten. Diese Gewissheit, das wusste ich, gehörte zu den größten Schätzen, die ich von meiner Reise mitnahm. Denn wer sich über all die Güte in dieser Welt im Klaren ist, braucht sich eigentlich vor nichts mehr zu fürchten.

Bei den meisten Gastgebern hatte ich immerhin die Möglichkeit, etwas zurückzugeben, indem ich von meinen Abenteuern berichtete; denn Neugierde hatte bei so manchen sicherlich den

Ausschlag für die Gastfreundschaft gegeben. Viktor und Désiré hingegen konnte ich, obwohl mein Französisch von Tag zu Tag besser wurde, auch am Ende unserer gemeinsamen Zeit noch nicht viel erzählen.

Dennoch verstanden wir uns gut, wir brauchten nicht viele Worte. Das Haus von Viktors Familie lag etwas abseits vom Meer vierzehn Kilometer außerhalb der Stadt am Hang des Mont Orohena. Die Insel besteht aus zwei erloschenen Vulkanen, die nur durch eine kleine Landbrücke miteinander verbunden sind. Auf der Karte sieht die Insel deshalb aus wie eine Acht.

Morgens kam ich stets mit, wenn Viktor seine Söhne mit dem Pick-up nach Papeete fuhr. Zuerst brachten wir den Jüngsten in den Kindergarten und den Zweitjüngsten in die Grundschule. Dann stiegen noch mal drei bis fünf weitere Schulkinder zu, womit wir oft zu acht hinten auf der Ladefläche saßen.

Der Wind wehte in meine Haaren links lag das Meer, rechts zogen die atemberaubenden Gipfel des Mont Orohena vorbei. Ich hatte mich ins Zeug legen müssen, um Viktor davon zu überzeugen, dass ich viel lieber hinten saß als neben ihm im Fahrerhäuschen. Dabei lohnte es sich nicht nur für mich. Die Kinder hatten einen Heidenspaß, wenn sie es mal wieder geschafft hatten, mich zu überreden, Gitarre zu spielen. Sie klatschten und sangen mit, und je mehr verwunderte Blicke wir damit auf uns zogen, desto mehr alberten sie dabei herum.

Ein paar Vormittage probierte ich noch, Musik auf der Straße zu machen, viel besser wurde es jedoch nicht. Die restliche Zeit verbrachte ich meist irgendwo in der Nähe der großen Markthalle im Herzen Papeetes. Gern hätte ich mir mehr von den vielen Köstlichkeiten dort gegönnt, wenn es nicht so teuer gewesen wäre. So wie alles andere auch. Ich erinnere mich nur noch an eine Dreiviertelstunde Internetcafé, die mich knapp zehn Euro kostete. Nachvollziehen, wie Tahiti zu seinem Ruf als Südseeparadies kam, konnte ich bis dato nicht. Die Landschaft war zwar – vor allem rund um Viktors Haus – wirklich schön anzuschauen. Gleich hinterm Haus wuchsen Mangobäume, den Blick auf das Meer hatte man überall. Was aber fehlte, waren die Strände. Die, so wurde mir verraten, gab es auf der kleinen Nachbarinsel Moorea, siebzehn Kilometer nordwestlich gelegen. Als ich genug Geld für die Überfahrt beisammen hatte, machte ich mich deshalb auf, um dort ein paar Tage zu verbringen. Und tatsächlich – ich fand das versprochene Paradies.

Wild und anmutig erhoben sich die Gipfel Mooreas bei der Einfahrt in die gewaltige natürliche Bucht der Insel. Kein Taxifahrer, kein Perlenverkäufer interessierte sich für mich, ich spazierte einfach die Küste entlang, bis ich an einem einsamen Stück Strand stoppte. Hier wollte ich ein paar Tage bleiben. Ich war dort wirklich vollkommen allein. Zu beiden Seiten erstreckte sich ein weißer, palmengesäumter Sandstrand – so weit das Auge reichte, wie aus dem Bilderbuch. Und das Wasser erst … Vor mir lag eine etwa hundert Meter lange, schätzungsweise 500 Meter breite Badewanne mit einer Wassertiefe von etwa einem Meter fünfzig. Glasklares türkis schimmerndes Wasser, laue 29 Grad Celsius warm; das Riff, welches den Rand meiner Badewanne markierte, hielt jede Strömung und jeden Wellengang ab. Wundersame Fische und bunte Korallen sorgten dafür, dass es beim Baden nicht langweilig wurde.

Keine fünf Meter vom Wasser entfernt baute ich mir aus Schnüren und Palmblättern einen kleinen Unterstand, der mich die nächsten drei Tage vor Sonne und Regen schützte. Zum Essen gab es: viele, viele Kokosnüsse.

Einige Kilometer weiter fand ich am Rande einer kleinen Siedlung ein Lebensmittelgeschäft, in dem ich das Nötigste – vor allem Wasser – besorgen konnte. Ansonsten verbrachte ich die Zeit damit, Kokosnüsse zu schälen, Lager zu bauen und zu schwimmen. Ohne Werkzeug hatte ich mit jeder einzelnen Nuss lange zu kämpfen, was sich erst änderte, als ich von einem jungen Einheimischen die richtige Technik lernte. Alles, was man dazu braucht, ist ein dünner Holzpfahl mit einem Durchmesser von fünf bis acht Zentimetern und einer Länge von einem bis anderthalb Meter. Diesen rammt man mit einem schweren Stein in den Boden und spitzt das obere Ende flach an. Darauf spießt man die Kokosnuss, sodass sich das spitze Ende zwischen die zähen Fasern der äußeren Nussschale bohrt. Stützt man sich mit dem ganzen Gewicht auf die Nuss, kann man so nach und nach die äußere Schale abrupfen. Die eigentliche harte innere Schale lässt sich dann mit einem Stein relativ leicht knacken.

Um endlich wieder etwas Warmes im Magen zu haben, warf ich am Abend des zweiten Tages eine Handvoll Kartoffeln in meine kleine Feuerstelle und würzte sie anschließend mit Meerwasser. Das letzte Glimmen der Glut neben mir, lag ich noch lange im Sand und bewunderte den sternklaren Nachthimmel.

Wie hell die Sterne hier leuchteten! Und so anders als daheim – kein Wunder, hier sah man ja ganz andere Sternbilder. Keine Spur vom großen Wagen, stattdessen prangte das Kreuz des Südens am Horizont, welches fast auf jeder Landesflagge Ozeaniens zu sehen war und das den Sternguckern der nördlichen Hemisphäre ganzjährig verborgen bleibt. In Neuseeland, ein paar tausend Kilometer südlicher, hatte es noch deutlich höher am Himmel gestanden. Auch der Mond sah wieder ganz anders aus. Von Neuseeland aus betrachtet stand der Halbmond ähnlich geneigt wie bei uns zu Hause – jedoch nur in der Momentaufnahme. Im Verlauf verhielt er sich genau andersherum: War die Rundung rechts zu sehen, dann nahm er nicht zu wie bei uns, sondern ab. Hier auf Tahiti hingegen erkannte man die Nähe zum Äquator daran, dass er gerade am Himmel stand wie ein U. Die Rundung war hier also weder links noch rechts, sondern nur unten oder oben zu sehen.

Ich lag so da, putzte mir die Zähne und dachte darüber nach, ob der Moment noch schöner gewesen wäre, wenn ich ihn mit jemand hätte teilen können. Nach der langen Zeit mit Philipp in Australien und Connie in Neuseeland hatte ich fast vergessen, wie hart es manchmal war, die Einsamkeit zu ertragen. Und wie schön zugleich. Ich wusste, die Tage hier im Paradies gehörten nur mir allein. Vielleicht würde ich irgendwann einmal anderen davon erzählen, davon, wie es sich angefühlt hat, der Sand, die Luft, das Wasser, der Kokosölfilm auf meiner Haut, auf meinen Haaren …

Ein anderer Hunger, nämlich der nach Gesellschaft, veranlasste mich am nächsten Tag, meinen Lagerplatz auf Moorea zu verlassen, um wieder zu Viktor nach Tahiti zurückzukehren. Drei Tage noch, dann ging mein Flieger nach Los Angeles. Ich verbrachte sie ruhig und entspannt im Kreise meiner Gastfamilie – und das wohl nicht zuletzt, weil ich ahnte, was mich in Kalifornien erwartete. Noch einmal durchatmen, bevor ich eintauchte in die Menschenmassen, den Smog … einen heftigeren Kontrast als Moorea – L.A. hätte ich mir nicht ausmalen können. Doch ich freute mich darauf.

Vereinigte Staaten von Amerika

Beim Landeanflug genügte ein Blick aus dem Fenster, um zu ahnen, was mich erwartete. Auf der rechten Seite der Pazifik, auf der linken ein Häusermeer, so weit das Auge reichte. Inmitten des Häusermeeres ragte mit steilen Klippen eine Insel dem dunstigen Stadtmorgenhimmel entgegen: Downtown L.A., Standort Dutzender Wolkenkratzer, Herz und ältester Teil von Los Angeles.

Nur in Israel hatte ich noch länger warten müssen, um an die Reihe zu kommen. Glücklicherweise befand die Dame am Schalter zu guter Letzt, dass ich der Einreise würdig war, und ich wurde – mit dem eindringlichen Hinweis, dass Trampen in Kalifornien illegal sei – in die Hände der Zollbeamten zur Leibesvisitation gegeben.

Ich nahm den Bus, der mich geradewegs ins Zentrum der Stadt brachte, wo ich am Fuße der Wolkenkratzer die amerikanische Gebebereitschaft auf die Probe stellen wollte. Auf dem Weg: brennende Autos am Straßenrand, von denen pechschwarze Rauchschwaden aufstiegen, aufheulende Polizeisirenen und Passanten, die die Szenen gelangweilt verfolgten, weil sie wohl Alltag für sie waren.

Zwei Stunden wandelte ich durch die Straßenschluchten; zuerst auf der Suche nach einem Spielort, dann nur noch, um staunend die Eindrücke in mich aufzusaugen. Dass Kontraste so nah beieinanderliegen konnten: atemberaubende Glaspaläste, blank gewienerte Marmorböden, Anzugmenschen in Lackschuhen in der einen Straße; und in der nächsten nur zwanzig, vielleicht dreißig Meter weiter in Lumpen gehüllte Gestalten. Zu Hunderten, wenn nicht zu Tausenden, auf den Gehsteigen lungernd, mich misstrauisch musternd, als ich an ihnen vorüberging. Es roch nach Cannabis und Urin. Von Menschen in Anzügen keine Spur.

Um hier zu spielen, fehlte mir der Mumm, also versuchte ich es im Revier der Banker, Manager und Geschäftsleute. Offenbar scheuten aber all die Menschen, die irgendwo in den riesigen Gebäuden sitzen mussten, die offene Straße, denn selbst an der belebtesten Stelle, die ich fand, konnte man die Passanten an einer Hand abzählen.

Ich begann mit *American Pie*, kam aber über die erste Strophe nicht hinaus. Der breitschultrige Mitarbeiter einer privaten Sicherheitsfirma wies mich darauf hin, dass ich mich auf Privatgelände befand, und schickte mich ein paar Meter weiter, wo der öffentliche Bürgersteig begann. Dort versuchte ich es aufs Neue. Die Bilanz nach einer halben Stunde war ernüchternd: drei Spender, knappe drei Dollar, aber immerhin einen gutgemeinten Ratschlag, wenn ich in L.A. irgendwo spielen wollte, dann am besten in Venice Beach, dem Stadtstrand.

Ich hatte jedoch das Gefühl, hier noch nicht fertig zu sein. Ich wollte den ultimativen Test. Also zurück zu den Obdachlosen. Nicht ganz hinein, nur so weit, dass man mich dort hören konnte, ganz am Anfang der Straße.

Und siehe da, dort klappte es besser! Ab und zu blieb jemand stehen, und eine alte Zahnlose mit grauer Strickmütze machte sich sogar die Mühe, mit ihrem schwerbeladenen Einkaufswagen um-zuziehen, um ihr Lager in meiner Nähe aufzuschlagen.

Später bekam ich den Tipp, in einer Mission für Obdachlose zu übernachten. Dort stellte ich mich wenig später in die Reihe der Anstehenden, alles Männer. Die Mission für Frauen lag in einem anderen Viertel. Alle warteten darauf, dass um achtzehn Uhr die Tore der Mission öffneten. Ich fiel nicht allein dadurch auf, dass ich nicht schwer mit vollen Plastiktüten bepackt war. Auch sonst kam ich mir vollkommen fehl am Platz vor. Meinen Bedenken zum Trotz wurde ich eingelassen, jeder gab seinen Namen an, dann wurde man routinemäßig im Intimbereich erst auf Läuse, dann auf Waffen untersucht. Das Gepäck wurde am Eingang abgegeben. Nur das Allernotwendigste durfte für die Nacht mitgenommen werden, und auch das wurde streng kontrolliert. Zum gemeinsamen Abendessen gab es Suppe. Im Anschluss mussten alle duschen, wobei das Betreu-ungsverhältnis es durchaus mit deutschen Kindergärten aufnehmen konnte. Hier, wie auch zu jedem anderen Zeitpunkt des Procederes, kam im Schnitt ein bewaffneter Wächter auf etwa zehn Obdachlose. Jeder erhielt nach dem Duschen einen dunkelblauen Pyjama, und spätestens jetzt sahen wir alle aus wie Häftlinge.

Naiv versuchte ich in der kurzen Zeit, bis das Licht ausgemacht wurde, Kontakt mit dem ein oder anderen aufzunehmen. An den bösen Blicken, die ich erntete, merkte ich aber schnell, dass daran, gelinde ausgedrückt, wenig Interesse bestand.

Bald schon begann ein imposantes Schnarchkonzert. Schlafen konnte ich dennoch ganz gut – eine ganze Meute an Schnarchern empfand ich deutlich angenehmer als ein einzelner. Der Lärmpegel war einfach viel konstanter …

Da es sich um eine christliche Einrichtung handelte, musste am Morgen an einem Gottesdienst teilgenommen werden. Der Haken daran: die Länge. Zweieinhalb Stunden mussten wir ausharren. Das war also der Preis für die Übernachtung. Langweilig wurde es trotzdem nicht, denn die zum Kirchengang gezwungenen Obdachlosen schienen es teilweise doch ernst zu nehmen – spontane Statements und Beipflichtungen gaben dem Event eine gewisse Würze. Baff bestaunte ich, wie immer wieder jemand aufstand und laut in die Menge rief:»Halleluja!«, oder»Amen!« Einfach so, unaufgefordert und ganz selbstverständlich. Als Zwischenrufe während der Predigt vor allem beliebt:»He's right!«, und»I knew it! I knew it!«

Mindestens genauso unterhaltend waren die musikalischen Einlagen. Was da für die vierzig, fünfzig Zuhörer aufgefahren wurde, war wirklich beachtlich! Mitreißende Rhythmen, Vorsänger mit Wahnsinnsstimmen, und selbstverständlich klatschte die Obdachlosengemeinde bei den Liedern mit.

Die Intention dahinter wurde mir erst richtig klar, als anschließend im Foyer einer der Seelsorger auf mich zukam. Er fragte mich nach meinem Namen und ob er mit mir ein Gebet sprechen dürfe. Dann nahm er mich bei der Hand und begann:

»Heiliger Vater im Himmel! Wir bitten dich, lass unseren Bruder Max wieder auf den rechten Pfad der Tugend zurückkehren! Gib ihm die Kraft und die Zuversicht, das Gute in den Menschen und in der Welt zu erkennen, und vergib ihm die Schuld seiner Sünden, die er in Gedanken, Worten und Werken auf sich geladen hat …«

Zuerst musste ich fast losprusten. Doch während er so sprach, verstand ich langsam, welchen Platz ich in der amerikanischen Gesellschaft eingenommen hatte. Ich war ein Penner. Eigentlich hätte mich das nicht überraschen dürfen. Ich sah ja aus wie ein Penner.

Unrasiert, mit meinen inzwischen schulterlangen Haaren und abgetragenen Kleidern. Ich lebte wie ein Penner und war nur von Pennern umgeben.

Trotzdem war ich leicht gekränkt. Irgendwie hatte ich erwartet, dass man mir irgendwie ansah, kein weltverdrossener krimineller Pessimist zu sein. Sei es durch Körpersprache oder Ausdruck der Augen. Mit etwas Abstand dann sah ich es jedoch fast als Privileg, einmal unerkannt in diese Rolle schlüpfen. Und vor allem, die Erfahrung machen zu dürfen, wie man in dieser Rolle behandelt wird und wie man sich dabei fühlt; zu spüren, wie sehr doch das Sein das Bewusstsein bestimmt. Und es fühlte sich wirklich nicht gut an, selbst in dem Wissen, nur auf Zeit ein Obdachloser zu sein.

Immerhin bekam ich ab heute Gesellschaft von einer anderen Obdachlosen auf Zeit: Connie. Die wusste nichts von ihrem Glück, als ich sie vom Flughafen abholte, doch mutig wie eh und je war sie sofort mit von der Partie. Wir fielen uns glücklich in die Arme und erzählten uns alles, was wir in der Zwischenzeit erlebt hatten. Ich auf Tahiti, sie in Neuseeland. Von der Idee, gemeinsam in die tiefste Unterschicht der amerikanischen Gesellschaft abzutauchen, war Connie von Anfang an begeistert. Wie konsequent sie jedoch ihre Rolle auslebte, erfuhr ich erst tags drauf. Kurz vor sechs Uhr abends kehrte ich wieder zur Mission von gestern zurück, und Connie machte sich auf die Suche zu der Frauenmission. Zumindest anfangs. Denn auf dem Weg dorthin hatte sie ein paar Obdachlose kennengelernt und übernachtete kurzerhand bei ihnen im Zelt. Um sie herum wurde gedealt, gebumst und gekokst. Und leider auch geschossen. Wie viele Tote es diese Nacht bei Schießereien gab, konnte wohl keiner genau sagen, im Schnitt waren es im Stadtgebiet von Los Angeles zwei pro Tag. Hauptverantwortlich waren die vielen Banden, die sich auf den Straßen bekriegten und für die höchste Kriminalitätsrate der USA sorgten. Connies

Gastgeber gehörten ebenfalls einer Bande an, was die Sache für sie allerdings eher sicherer machte. Denn während der Zeit bei ihren neuen Bekannten stand sie unter deren Schutz.

Als mir Connie am nächsten Morgen von ihren Erlebnissen erzählte, wurde mir klar, dass das hier kein Spiel war. Sie hatte die Hoffnungslosigkeit und Verzweiflung der Menschen hautnah miterlebt.

Wir wendeten der Innenstadt von Los Angeles also den Rücken zu und verbrachten die kommenden Tage am Venice Beach. Auch keine heile Welt, wie wir feststellten. Doch die Atmosphäre war schon deutlich entspannter, und vor allem konnten wir hier wieder auf der Straße Musik machen. Was die Reaktionen der Menschen anbelangt, hätte der Gegensatz zu Neuseeland allerdings größer kaum sein können. Nur sehr mühsam konnten wir die Leute begeistern. Finanziell reichte es gerade aus, um unsere täglichen Ausgaben zu decken. Wir schliefen am Strand unter freiem Himmel, lernten einige nette und verrückte Typen kennen und hatten manchmal das Gefühl, hier am Meer wehe eine Brise von San Francisco zu uns herunter.

Kaum hatten wir die paar gemeinsamen Tage verbracht, stand Connie und mir schon wieder der nächste Abschied bevor. Ihr Flug in die Hauptstadt Mexikos ging in zwei Wochen; wollte ich um dieselbe Zeit wie Connie dort ankommen, musste ich mich beeilen, um die 3000 Kilometer zurückzulegen. Connie brachte mich zu einer Haltestelle, dann fuhr ich allein mit der Tram weiter in die Nähe eines Highways, der Richtung Süden führte, um von dort aus zu trampen. Ich dachte an die Einreise zurück. Ich hatte damals die Unwahrheit gesagt. Denn im vollen Bewusstsein befand ich mich auf dem Weg, eine Straftat zu begehen und zu trampen.

Irgendwann, nach langem Warten, hielt endlich ein Auto, ein Pick-up. Lang dauerte die Fahrt nicht, wenige Kilometer südlich von L.A. ließ mich der Fahrer an einer Raststätte aussteigen. Für mein Seelenheil bekam ich von ihm zum Abschied noch ein kleines Büchlein mit Bibelversen, dann versuchte ich weiter mein Glück beim Trampen. Und diesmal erfolgreicher. Drei junge Hippies nahmen mich in ihrem VW-Bus mit bis nach San Diego, von dort aus fuhr ich noch eine knappe Stunde mit der Bahn bis zur Grenze und befand mich wenig später bereits in Mexiko.

Mexiko

»Und sonst nichts …?«, fragte ich, als mir der Grenzbeamte meine abgestempelte Einreisekarte aushändigte.

»Nein, das war's. Gute Reise!«

Keine Gepäckkontrolle, keine Fragen über meine Reiseabsichten – in weniger als zehn Minuten hatte ich den Grenzübergang hinter mir. Die Stadt direkt hinter der Grenze heißt Tijuana, und nichts Gutes wurde über sie berichtet. Die Kriminalität sei hoch, die Bevölkerung darauf aus, so viel Geld wie möglich aus dem reichen Nachbarland zu pressen, sei es durch Drogenhandel, illegale Einwanderung oder Prostitution. Von all dem meinte ich nichts zu spüren. Ich ging durch die Straßen und wollte mir ein eigenes Bild machen.

Sogleich machte ich Bekanntschaft mit einem netten jungen Mexikaner, er nannte sich José und interessierte sich sehr für meine Reise, vor allem für die Art und Weise, wie ich sie durch Straßenmusik finanzierte. In dem noch neuen, fremden Land tat es gut, gleich mit einem Einheimischen in Kontakt zu kommen, noch dazu, wenn er wie José auch noch gut Englisch sprach. Es gab für mich keinen Zweifel, Mexiko war viel gastfreundlicher als die USA und ich fand es durch José bestätigt. Er fragte, ob ich ihm ein Stück auf der Gitarre vorspielen könne, und ich ließ mich natürlich nicht lang bitten. Nach dem Lied klatschte er laut in die Hände und wollte selbst einmal versuchen zu spielen. Ich hängte ihm also die Gitarre um den Hals und zeigte ihm ein paar Akkorde. So schlenderten wir durch die Straßen. Die Sonne stand schon tief am Himmel, da blieb José plötzlich stehen und fragte: »Ach Max, übrigens, suchst du eigentlich einen Platz zum Übernachten? Gleich um die Ecke wohnt ein guter Freund von mir, in einer Riesenwohnung. Er hätte sicher nichts dagegen, wenn du für eine Nacht bei ihm bleibst. Wenn du magst, schaue ich schnell, ob er zu Hause ist.«

Selbstverständlich hatte ich nichts dagegen. An einer schmalen Einfahrt, die zu den Hinterhäusern führte, sagte José, ich solle kurz hier warten, er wolle nur schnell hinter zur Haustür seines Freundes, um zu sehen, ob er zu Hause sei. »Was habe ich doch immer für ein Glück!«, dachte ich und winkte José lächelnd zu, der sich ganz hinten an der Einfahrt noch einmal zu mir umdrehte, bevor er mit meiner Gitarre hinter einer Ecke verschwand. Waren es zehn Sekunden, die ich so an der Straße stand? Oder zwanzig? Ziemlich bald jedenfalls fragte ich mich, weshalb ich eigentlich nicht mit zur Haustür kommen sollte, und ging doch ein wenig in die Einfahrt hinein. Erst langsam, dann immer schneller. Das mulmige Gefühl im Magen wuchs. Doch der eigentliche Schlag traf mich erst am Ende der Einfahrt. Die war eigentlich gar keine; denn eine kleine Unterführung führte von dort geradewegs hinaus zu einer anderen Straße. Er hatte mich verarscht! Wie vom Blitz getroffen sprintete ich los. Doch wohin? Gegenüber der Straße führte eine weitere Gasse zwischen den Häusern hindurch, dorthin rannte ich wie von

Sinnen, achtete nicht auf den Verkehr oder sonst was. Tränen quollen aus meinen Augen, mein Hals schnürte sich zu, ich merkte,
dass ich bei einer Verfolgungsjagd nicht die geringste Chance hatte.
Am Ende der Gasse wusste ich nicht, ob links oder rechts, schrie
den Leuten in der Nahe zu, ob sie jemanden mit Gitarre gesehen
hatten, und merkte gar nicht, dass hier ja keiner mehr Englisch
sprach. Ich rannte noch einmal sinnlos im Kreis, bevor ich verzweifelt am Straßenrand zu Boden sank. Meine Gitarre! Mein Ein und
Alles. Meine Kreditkarte, meine Lebensversicherung, meine Übernachtungsvermittlung, mein treuester Weggefährte, mein Schlüssel
zu den Herzen der Menschen, meine Freude. Meine 43 Jahre alte
kleine Wandergitarre, die mir mein Vater für die Reise mitgegeben
hatte. Er hatte einst auf ihr seine ersten Akkorde gelernt. Liebevoll hatte ich auf ihren Zargen den Namen jeder einzelnen Stadt
und jeder Ortschaft meiner Reise geschrieben, in welcher ihre Saiten erklungen waren. Sie war weg. Wie konnte er nur, wie konnte
José mir das antun? Er wusste doch, was mir die Gitarre bedeutete!
Ich hatte es ihm erzählt. Und was konnte sie ihm bedeuten? Sie
war materiell gesehen Schrott, die Bundreinheit war ein Graus, sie
schepperte und hatte so viele Risse, dass man für eine Reparatur
fünf neue Gitarren hätte kaufen können. Nie im Leben würde
José – oder wie auch immer er in Wahrheit hieß – auch nur zehn
Dollar für sie bekommen. Für mich hingegen war sie unbezahlbar.
Warum nur? Warum tut ein Mensch so etwas?

Da saß ich und heulte. Leute blieben stehen und sahen mich
an. Eine Mexikanerin sprach mich an. Ohne ihre Worte zu verstehen, deutete ich auf die leere, dunkelgrüne Gitarrenhülle und
sagte: »Meine Gitarre!« Offensichtlich erregte ich Mitleid. Ein etwas älterer Mexikaner drückte mir einen Fünf-Dollar-Schein in die
Hand, und auch ein junger Reisender aus der Schweiz schenkte
mir, nachdem ich von dem Diebstahl erzählt hatte, zehn Dollar.
Das tat gut. Zum einen natürlich seelisch, zum anderen, weil es das

einzige Geld war, welches ich besaß. Fünfzehn Dollar, aber keine Gitarre. Wie lange das reichte?

In einem Musikgeschäft in Tijuana sah ich mich um, ob es für das Geld schon ein billiges Instrument gab. Doch keine Chance, unter vierzig Dollar war keine Gitarre zu haben. Ich musste also meine ohnehin geringen Ausgaben auf annähernd null reduzieren, zumindest für die nächsten zwei Wochen. Dann, wenn ich es bis Mexiko-Stadt geschafft haben sollte, würde ich Connie wiedersehen, und mit ihrer Gitarre wären wir zumindest wieder spielfähig. Dass ich mit so wenig Geld durchkommen konnte, lag unter anderem an den zahlreichen Notunterkünften für Obdachlose, die es in Nordmexiko gibt. Die meisten Menschen, die ich in diesen Unterkünften traf, waren illegale Einwanderer, die von den USA wieder in ihre Heimat abgeschoben wurden – oftmals ohne einen Cent in der Tasche. Hier bekamen sie zumindest ein Dach über dem Kopf und etwas Warmes zu essen.

Noch wichtiger aber waren die vielen hilfsbereiten Menschen, denen ich auf dem Weg begegnete. Zum Beispiel Frederico: Tagsüber kümmerte er sich in Tijuana als eine Art »mobiler Krankenpfleger« um die Gesundheit der Ärmsten, nachts wohnte er in einer kleinen, baufälligen Garage außerhalb der Stadt, ohne Strom und fließendes Wasser. Nie war mir der Kontrast zwischen einem armen und einem reichen Land und der dazugehörigen Mentalität heftiger aufgefallen als an diesem, meinem ersten Tag in Mexiko. So viele offene, hilfsbereite und gastfreundschaftliche Menschen wie in den letzten Stunden hatte ich in den USA die ganzen vergangenen zehn Tage nicht getroffen. Von Frederico lernte ich meine ersten spanischen Wörter, denn er plapperte wie ein Wasserfall, obwohl ich kein Wort verstand.

In den nächsten Tagen trampte ich Richtung Osten in die Grenzstadt Mexicali. Von dort aus, so wurde erzählt, fuhren täglich Güterzüge in den Süden. Ich aß und übernachtete in verschiedenen Obdachlosenunterkünften und informierte mich über die genauen Abfahrtszeiten. Jeden Tag um die Mittagszeit verließ ein Güterzug Mexicali. Es fiel nicht schwer, auf das Gelände des Güterbahnhofs zu gelangen, obwohl es untersagt war. Denn kurz bevor ich auf den wartenden Zug aufsteigen wollte, geriet ich in die Hände der Bahnpolizei. Meine Hände wurden mit Handschellen über dem Rücken gefesselt, eine gute Stunde wurde ich verhört, mein Gepäck bis ins letzte Detail auseinandergenommen. Als hätten sie den letzten Beweis meiner Schuldigkeit gefunden, steckten sie mein kleines Taschenmesser in eine Plastiktüte. Immer und immer wieder fragten sie, weshalb ich ein Messer bei mir habe, grob, laut und unfreundlich. Die Antwort, damit ich mir mein Essen aufschneiden kann, genügte ihnen nicht. Ich hatte Angst. Nach einer Stunde Warten fuhr ein Polizeiwagen vor, um mich der örtlichen Polizeibehörde zu übergeben. Dort musste ich abermals lange warten, glücklicherweise aber nicht mehr in Handschellen. Dann erst wurde ich endlich entlassen, allerdings ohne Taschenmesser. Der Besitz eines solchen sei illegal, deshalb war es konfisziert worden.

Am nächsten Tag um die Mittagszeit startete ich einen neuen Versuch. Ich wartete diesmal außerhalb des Bahnhofs in unmittelbarer Nähe der Gleise gut in einem Gebüsch versteckt. Wenn ich Glück hatte, fuhr der Zug hier noch langsam genug, um aufspringen zu können. Gestern war mir aufgefallen, dass es auf den Waggons kaum Platz zum Liegen gab. Neben mir im Gras lag aus diesem Grund ein großer, zusammengefalteter Karton, den ich auf der Straße gefunden hatte. Mit diesem wollte ich mir auf dem Zug ein Lager zum Schlafen bauen, denn die Fahrt in den Süden sollte mehrere Tage dauern.

Endlich setzte sich der Zug in Bewegung. Als die Lok an mir vorbeigerollt war, wartete ich noch den ersten Waggon ab, dann kam ich aus meinem Versteck. Meinen Rucksack auf den Schultern und den sperrigen Karton in der Hand, konnte ich noch ganz gut mit der Geschwindigkeit des Zuges mithalten. Ich sah, wie weiter vorne auch andere Personen aufsprangen. Ich war also nicht der einzige blinde Passagier an Bord. Am hinteren Ende des dritten Waggons bekam ich im Laufen die Geländerstange eines Aufstiegs zu fassen. Da hörte ich plötzlich jemanden hinter mir rufen. Das Herz rutschte mir in die Hose. Einer der Bahnpolizisten eskortierte den Zug im Laufschritt. Er hatte mich anscheinend erkannt. Jetzt gab es kein Zurück mehr. Nach den gestrigen Erfahrungen wollte ich nicht wissen, wie sie mit einem Wiederholungstäter umgingen!

Der Gegenwind zerrte an dem Karton und raubte mir Geschwindigkeit und Gleichgewicht. Doch mit einem Satz bekam ich zumindest einen Fuß auf die unterste Stufe des Aufstiegs. Wenn ich nur die andere Hand frei gehabt hätte! Loslassen wollte ich meine Schlafunterlage aber auch nicht. Mit aller Kraft zog ich mich an dem Geländer hoch, was mir irgendwie gelang.

Der Zug verließ Mexicali und fuhr geradewegs in die Wüste. Die Fläche, auf welcher ich mich bewegen konnte, bestand aus einem Gitterrost und je schneller wir fuhren, desto stärker bliesen mir Wind und Sand um die Ohren. Ich hatte mir wahrhaftig nicht den komfortabelsten Wagen ausgesucht!

Mit einer Pflasterrolle aus meiner Notapotheke und ein paar Schnüren gelang es mir, den Karton so zu fixieren, dass eine Liegefläche entstand, auf der ich genug Platz zum Schlafen fand. Das Messer fehlte mir dabei sehr, die Schnüre musste ich mit den Zähnen umständlich auf die richtige Länge beißen.

In der Dämmerung kroch ich tief in meinen Schlafsack. Mit Sonnenuntergang wurde es hier draußen in der mexikanischen Wüste empfindlich kalt, und der Fahrtwind tat sein Übriges. Noch lauter als der Wind dröhnten die Räder des Zuges in meinen Ohren: Keinen Meter von meinem Kopf entfernt schmetterten die gewaltigen Metallscheiben über die Schienen, und nicht selten wurden vom Räderwerk kleinere Steinchen wie Geschosse nach oben geschleudert. Das erste Mal seit langer Zeit benutzte ich zusätzlich zu meinem Daunen- auch den Innenschlafsack, den ich komplett über den Kopf zog.

Nach einer extrem unruhigen und frostigen Nacht erwachte ich am nächsten Morgen gründlich paniert mit einer feinen Sandschicht. Ich blieb im Schlafsack, um mich aufzuwärmen. Wenig später hielt der Zug in einem kleinen Städtchen. Überrascht blickte ich auf den sandigen Bahnsteig. Wie gern wäre ich abgesprungen, um mir die Beine zu vertreten und etwas zu essen zu besorgen. Die letzten Reste meiner Vorräte hatte ich gestern Abend gegessen. Doch woher sollte ich wissen, ob der Zug nicht gleich weiterfuhr? Selbst als ich andere Mitfahrer auf dem Bahnsteig sah, traute ich mich nicht herunter. Erst als mich einer von ihnen ansprach und andeutete, dass ich keine Sorge haben müsse, stieg ich ab. Rein äußerlich sah der Mann mit seinem schiefen Kinn, dem unrasierten Gesicht und den fehlenden Schneidezähnen wenig vertrauenswürdig aus. Doch fürsorglich nahm er mich mit zu einer sozialen Einrichtung, an welcher jeder ein kostenloses Frühstück bekam: ein frittiertes Gebäckstück, eine Tasse Reismilch und sogar eine kleine Brotzeit für unterwegs. Der Mann sah mir meine Kälte offensichtlich an. Er zog aus seiner Tasche einen warmen, dunkelroten Strickpulli, den er mir für die Weiterfahrt schenkte.

Gleich nach dem Frühstück ging es weiter. Diesmal suchte ich mir jedoch einen Wagen weiter hinten, der deutlich komfortabler war als mein erster. Der Mexikaner mit dem schiefen Kinn versuchte zwar, mich davon zu überzeugen, weiter vorne Platz zu nehmen. Dabei fuchtelte er mit den Händen in der Luft umher, als wolle er etwas unglaublich Wichtiges sagen, doch ließ ich mich nicht von meinem Plan abbringen. Das Beste an meinem neuen Platz nämlich war, dass man von dort mit einer Leiter aufs Dach klettern konnte. Und das tat ich, sobald wir das Städtchen hinter uns gelassen hatten.

Die unglaubliche Aussicht dort oben ließ mein Herz schneller schlagen. So weit das Auge reichte, erstreckten sich um mich endlose Weiten. Nur ganz im Osten konnte man die Ausläufer der Sierra Madre als feine Silhouette erkennen. Aus der Wüste von gestern war eine mit Kakteen übersäte Steppe geworden, manche der stachligen Gewächse ragten haushoch in den Himmel, andere wiederum verrenkten sich in den abenteuerlichsten Formen. Gemächlich-bizarr tanzten am Horizont drei Windhosen um die Wette. Es sah aus, als versuchten sie, auch den Himmel in die ockergelben Farbtöne des Landes zu hüllen.

Mit zusammengekniffenen Augen saß ich auf dem Dach des Zuges, blickte in die Ferne und genoss den Strom an Glückshormonen, der sich in mir ergoss. Erst jetzt hatte ich den Verlust meiner Gitarre gänzlich verdaut. Keine drei Dollar hatte ich die letzten fünf Tage ausgegeben, und es ging in den Süden mit dem besten Transportmittel, das ich mir hätte wünschen können. Dass die schönsten Dinge im Leben kostenlos sind! Und was für eine Erfahrung, dass es auch ohne Gitarre funktionierte! Ja, in der Tat, im Moment freute ich mich sogar, endlich nicht mehr so viel schleppen zu müssen.

Besonders schnell fuhren wir nicht, schätzungsweise siebzig oder achtzig Kilometer in der Stunde. Der Fahrtwind ließ zu, dass ich aufstehen und auf dem Dach umherspazieren konnte. Es gelang mir sogar, von einem Wagendach zum nächsten zu springen. Einen knappen Meter lagen die Dachkanten etwa auseinander. Mit dem Fahrtwind klappte es besser als in die andere Richtung, ich musste meinen ganzen Mut zusammennehmen, um den Sprung gegen den Wind zu wagen. Mein Übermut wurde erst gebremst, als knapp über meinem Kopf ein durchhängendes Kabel vorbeirauschte …

Die zweite Nacht an Bord verlief wesentlich angenehmer. Entweder fuhr dieser Waggon deutlich leiser, oder ich hatte mich nur an den Lärm gewöhnt. Wohl eher Letzteres, denn wie sehr ich mich an den Lärm gewöhnt hatte, merkte ich am nächsten Morgen. Ich wachte auf, weil das Fahrgeräusch fehlte. Offensichtlich gab es einen weiteren Zwischenhalt, doch da es noch dunkel und ich entsprechend müde war, drehte ich mich um, genoss die Ruhe und versank noch mal tief ins Reich der Träume. Als ich zum zweiten Mal erwachte, schien die Sonne vom Himmel. Der Zug stand immer noch. Ich lugte zwischen den Waggons hervor. Kein Mucks war zu hören. Keine Menschenseele weit und breit. Ich kletterte die Stiege hinunter, blickte umher … Ich stand allein mit drei anderen Zugwaggons auf dem Abstellgleis eines riesigen Hafengeländes. Nur zwanzig Meter vor mir lag das Meer. Vom Rest des Zuges nicht die geringste Spur.

Wo in aller Welt war ich? Anscheinend hatte der Zug heute früh hier gehalten, um die letzten Waggons abzukoppeln und die Ladung verschiffen zu lassen. Langsam dämmerte mir, was der Mexikaner mit dem schiefen Kinn gestern hatte erklären wollen.

Was blieb mir anderes übrig, als meine Sachen zu packen und einen Weg aus dem Hafengelände zu suchen? Mein Magen knurrte erbärmlich. Glücklicherweise konnte ich nicht weit vom Hafen eine Mission für Obdachlose ausfindig machen.

Weiter ging es per Autostopp. Ich erfuhr, dass ich in der Nacht in der Nähe von Obregón gelandet war, einer Stadt nahe dem Golf von Kalifornien. Das erzählte mir Pedro, der mich fast den ganzen restlichen Weg bis nach Mexiko-Stadt fuhr, etwa 1500 Kilometer weit. Sechs Tonnen Thunfisch hatte er geladen, um ihn Großabnehmern anzubieten. Pedro hatte einen recht eigenwilligen Charakter, zumeist machte er ein grimmiges Gesicht, und obwohl er fast so groß war wie ich, wog er bestimmt das Doppelte. Angehalten hatte er aus demselben Grund wie die meisten: Ihm war langweilig, und er brauchte jemanden zum Reden. Dabei dachte er anfangs, ich sei ein »Gringo«, hatte mich aber bemerkenswerterweise trotzdem mitgenommen. Denn sehr beliebt waren die Gringos bei ihren mexikanischen Nachbarn in der Tat nicht. Meiner Erfahrung nach scherten die Mexikaner jedoch keineswegs alle über einen Kamm, hauptsächlich gegenüber reichen Amerikanern in dicken Jeeps hatten sie Vorbehalte. Gegenüber armen, zerrissenen Gringos am Straßenrand verhielten sie sich – zumindest meinen Wartezeiten nach zu urteilen – äußerst hilfsbereit. Und nach den Erfahrungen in den USA machte das Trampen hier wieder richtig Spaß. Unverkennbar weniger Spaß machte hingegen Pedro die Unterhaltung mit mir, kein Wunder, ich verstand ja schließlich gar nichts. Um ihn bei Laune zu halten, tat ich deshalb so, als verstünde ich, was er sagte. Nur antworten, versuchte ich ihm mit Händen und Füßen beizubringen, könne ich leider noch nicht. Tagein und tagaus quasselte er also auf mich ein, und ich passte auf, um im richtigen Moment »Si, si!« zu sagen. So lernte ich also Spanisch.

Im Laufe des dritten Tages erreichten wir eine Stadt, deren Namen ich auch im fünften Anlauf noch nicht aussprechen konnte: Guadalajara, nach Mexiko-Stadt die zweitgrößte Stadt des Landes. Dort hoffte Pedro, einen Großteil seines Thunfischs verkaufen zu können. Wie lange wir dort blieben, konnte Pedro schlecht einschätzen, das hing davon ab, wie schnell die Geschäfte über die Bühne gingen. Doch die Zeit drängte. Das Eis im Inneren des Lasters schmolz dahin, unter der Ladeklappe tropfte es hinaus und bildete auf der Straße ein nach Fisch riechendes Rinnsal.

Pedros Laune wurde mit jedem Tag schlechter. Die meiste Zeit befand er sich auf Achse, um mit potenziellen Großabnehmern Preise auszuhandeln. Mir blieb währenddessen nichts anderes übrig, als in der Nähe des Lastwagens zu warten und weiter Spanisch zu lernen. Weil mir die Vokabeln ausgingen, begann ich, verschiedene Begriffe aufzumalen, sie den Leuten auf der Straße unter die Nase zu halten und zu fragen: »Wie heißt das?«

Erst am dritten Tag verließen wir Guadalajara wieder. Pedro hatte zumindest den größten Teil seiner Ladung verkaufen können, sodass sich seine Stimmung wieder deutlich verbessert hatte.

Querétaro

Tags darauf trennten sich unsere Wege. Pedro fuhr nördlich an Mexiko-Stadt vorbei, ich musste mich dementsprechend weiter südlich halten. Er setzte mich in Querétaro ab, etwa 200 Kilometer nordwestlich der Hauptstadt. Pedro bestand darauf, mir seine Landkarte von Mexiko sowie ein paar Pesos mit auf den Weg zu geben. Von der Strecke her hätte ich eigentlich gar nicht in die Stadt hineingemusst. Weil Connie aber erst in fünf Tagen ankam und Querétaro Pedros Meinung nach die schönste Stadt Mexikos war, wollte ich ein bisschen dortbleiben. Ich spazierte durch die Straßen und verstand, was Pedro meinte. Die Häuser, das Kopfsteinpflaster, die schönen alten Kirchen …

Die Innenstadt Querétaros wäre perfekt für Straßenmusik gewesen, und aus Gewohnheit konnte ich auch nicht anders, als jede Ecke auf Akustik und Publikumsverkehr hin zu überprüfen. Anstatt zu spielen, dachte ich darüber nach, ob und wie ich für die nächsten Tage Arbeit finden könne. Weniger aus Geldnot – von den fünfzehn Dollar hatte ich immer noch elf übrig plus das Geld von Pedro –, sondern wegen der Frage, was ich hier mit meiner Zeit anfangen solle.

Beides wurde jedoch hinfällig, da ich auf der Straße Jesús Gerardo kennenlernte. Jesús, 24 Jahre alt, homosexuell, groß, mit schulterlangen Haaren, lebte noch bei seinen Eltern und verdiente sein Taschengeld als Tangolehrer. Er stellte mich zu Hause vor, und seine sympathische Familie nahm mich für die nächsten Tage herzlich auf. Schon verrückt, dass ich auch ohne Gitarre solches Glück hatte!

Jesús' Vater arbeitete als Architekt, sein jüngerer Bruder war passionierter Rammstein-Fan – sämtliche Liedtexte sollte ich für ihn übersetzen –, und Jesús' Mutter schloss mich so fest ins Herz, dass es dicke Tränen gab, als ich Querétaro verließ, um das restliche Stück nach Mexiko-Stadt zu trampen. Sie wollten mir Geld schenken, doch ich lehnte ab. Erst Tage später entdeckte ich in der Seitentasche meines Rucksacks einen Zehn-Peso-Schein.

Nicht ablehnen dagegen konnte ich ein Angebot von Jesús. Der Stoff meines T-Shirts von Wasim aus Syrien begann sich langsam zu zersetzen, die Turnschuhe von Olaf hatten zwar beste Dienste geleistet, seit einigen Wochen hatte sich jedoch eine der Sohlen halb abgelöst, und als eines meiner letzten Kleidungsstücke von daheim war meine Unterhose inzwischen so weit ausgeleiert, dass sie mir unter der Hose ständig hinunterrutschte. Und weil Jesús etwa die gleiche Figur wie ich besaß, wurde ich kurzerhand von Kopf bis Fuß neu eingekleidet.

Wiedersehen mit Connie

Es war der 27. März, als ich mich auf den Weg nach Mexiko-Stadt machte. An diesem Abend sollte Connies Flieger ankommen. Nach zwei Autos erreichte ich in einem alten, wackeligen Lkw die Vororte der Hauptstadt. Es dämmerte bereits, und nach der Uhr des Lasters musste Connie bereits angekommen sein. Vor uns in einer Senke lag die Stadt. Grau und trüb, so weit das Auge reichte. Trotzdem vergingen noch anderthalb Stunden, bevor ich endlich am Flughafen eingetroffen war und das richtige Terminal gefunden hatte. Glücklicherweise hatte Connie ebenfalls Verspätung, und kaum hatte ich die Empfangshalle betreten, kam Connie aus dem Sicherheitsbereich spaziert.

Das Erste, was wir taten, war, die nächstbeste Kneipe anzusteuern und unser Programm zum Besten zu geben. Natürlich fehlte die zweite Gitarre ein bisschen, doch das war nicht weiter tragisch, wir wechselten uns mit dem Spielen ab und der jeweils andere schüttelte Connies Shake-Ei. Wir wurden zu einer Runde Freibier eingeladen, leider jedoch nicht wie erhofft zu einer Übernachtung, weshalb wir, nachdem wir ausgetrunken hatten, zurück zum Flughafen gingen und uns in eine ruhige Ecke zum Schlafen legten. Kaum eingeschlafen, kamen auch schon die ersten Flughafenmitarbeiter und wiesen uns an, im Sitzen auf den Stühlen zu schlafen.

Übermüdet besuchten wir am nächsten Tag die Ruinenstadt von Teotihuacán, knappe fünfzig Kilometer nordöstlich der Hauptstadt. Wir hatten bestes Wetter, und die uralten Tempelanlagen versetzten uns in eine andere, längst vergangene Welt.

Die Hinfahrt, der Eintritt und unser Mittagessen verschlangen unsere verbliebenen Geldreserven. Zurück mussten wir also wieder trampen. Den letzten Dollar auszugeben, fiel jetzt aber nicht mehr schwer, denn – wir hatten ja eine Gitarre. Und uns. Na ja, und der Vollständigkeit halber auch Connies Kreditkarte, aber nur für den Notfall.

Die den Statistiken zufolge sehr kriminelle Stadt kam uns gar nicht so kriminell vor. Das lag auch daran, dass es, gerade in der Innenstadt, wo wir uns herumtrieben, genug andere Touristen gab, die die Aufmerksamkeit von uns ablenkten.

Sorgenfrei richteten wir unser Nachtlager in einem Park nahe dem Zentrum unter einem Kinderkarussell. Es begann zu regnen, dumpf trommelten die Regentropfen auf das Blechdach des Karussells. Wir rückten eng zusammen.

Am nächsten Morgen brachen wir auf zu unserer letzten großen gemeinsamen Etappe. Unser Ziel: Panama. Mit Connie an der Seite klappte das Trampen natürlich noch viel besser als allein. Nach zwei Tagen landeten wir abends in einem kleinen Örtchen, in welchem um diese Uhrzeit sicherlich kein Auto mehr zu bekommen war. Unter einem Baum direkt am Rande der breiten, sandigen Straße schlugen wir unser Nachtlager auf. Wir lagen noch nicht mal in den Schlafsäcken, da bekamen wir schon Besuch. Eine Meute Hunde näherte sich bellend und böse knurrend.

Mit Connies Taschenlampe leuchteten wir in die Dunkelheit. Besonders beeindrucken ließen sich die Hunde durch das Anleuchten nicht, aber zumindest sahen wir, dass es sich um etwa vier ausgemergelte, dürre Köter handelte, die langsam näher kamen. Auch mit ein paar Steinwürfen ließen sie sich nicht vertreiben.

»Und wenn wir doch auf das Dach von dem Schuppen da drüben klettern …?«, fragte Connie. Es sah wirklich nicht so aus, als ob wir so ein Auge zutun konnten.

»Soll ich mal schauen, ob es uns aushält?«, fragte ich. Nur ein paar Schritte weiter stand ein mannshoher Schuppen, doch sah er wirklich nicht aus, als sei er dafür gebaut worden, bestiegen zu werden. Ich drückte etwas fester an eine der Schuppenwände. Sie gab nach.

Über einen Zaun hinter dem Schuppen schaffte ich es, mich auf das Dach zu ziehen. Es knarrte und knackte, doch es hielt mein Gewicht. Vorsichtig schritt ich die etwa zehn Quadratmeter große Fläche ab. »Es könnte klappen!«, rief ich zu Connie hinunter.

Wenig später lagen wir also eine Etage höher, und zwar wagten sich die Hunde bis an den Schuppen heran, zu uns heraufklettern konnten sie jedoch nicht. Langsam zogen sie von dannen, und wir hatten Ruhe. Bis zum nächsten Besuch. Der war weniger Furcht einflößend, dafür umso nerviger: Moskitos. Hier oben gab es leider keine Möglichkeit, das Moskitonetz aufzuhängen, und das Summen um unsere Ohren herum war immer deutlicher zu hören. Sollten wir doch wieder hinuntersteigen? Wir hatten die Wahl zwischen Pest und Cholera.

Wir blieben oben, schmierten uns dick mit Anti-Stechmücken-Creme ein und verkrochen uns tief in die Schlafsäcke. Wie auf dem Zug zog ich meinen Innenschlafsack ganz über den Kopf, sodass kein Stückchen Haut mehr herausschaute. Und dennoch – irgendwie schafften es die kleinen Blutsauger, mir Gesicht, Arme und Schultern mit Stichen zu übersähen. Doch als ich Connie am nächsten Morgen erblickte, dachte ich keine Sekunde daran zu jammern. Die Arme war in der Nacht übel zugerichtet worden. Die Augenpartie hatte sie beim Eincremen verständlicherweise ausgelassen, und genau dort hatten die Mistviecher angesetzt. Ihre Augen waren so zugeschwollen, dass sie kaum mehr sehen konnte.

Oaxaca

Dass dennoch schon bald ein Auto für uns anhielt, sprach dafür, dass die Mexikaner nicht nur nach dem Äußeren gingen, denn Connie sah wirklich aus wie ein kleines Monsterchen. Die Schwellungen vergingen zum Glück fast so schnell, wie sie gekommen waren, und als wir am Nachmittag in der Stadt Oaxaca abgesetzt wurden, konnte man Connie schon wieder einigermaßen erkennen. Oaxaca gehört zu den Städten, die in jedem Mexiko-Reiseführer ganz oben stehen, nicht nur wegen der umliegenden archäologischen Sehenswürdigkeiten, auch aufgrund der wunderschönen Altstadt – die sich zudem bestens für Straßenmusik eignete. Vor uns einen Pappkarton, auf dem stand »Suchen Platz zum Schlafen«, spielten wir an einer belebten Straßenecke. Die ersten Peso-Münzen landeten in Connies Gitarrenkoffer, da kam ein Typ, der sich ganz entspannt über den Gitarrenkoffer beugte und einen Peso stibitzte. Ganz cool, ohne Anstalten zu machen wegzulaufen. Eher aus Zufall hatte ich so genau hingesehen. Die Situation gehörte zu den wenigen, in denen ein Lied unterbrochen werden durfte. Drei große Schritte, und ich hatte ihn eingeholt.

»Hey, gib das Geld her!«, rief ich auf Englisch und packte ihn bei der Schulter. Ich war selbst ein bisschen überrascht von meiner Entschlossenheit. Der Mann durfte etwa so alt sein wie ich, war jedoch zwei Köpfe kleiner. Er sah mich unschuldig an. Wahrscheinlich verstand er nicht, was ich sagte, doch was ich wollte, das musste er verstehen. »Geld her!«, sagte ich nochmals, ergriff seine Hand und knöpfte ihm die Münze wieder ab. Völlig unbeeindruckt ging der Typ weiter. Er hatte es wohl einfach mal probieren wollen.

Noch zwei Stücke, und wir brauchten den Pappkarton nicht länger. Unsere neuen Gastgeber waren Lamar und Esmeralda, ein junges Pärchen aus Oaxaca. Genau genommen waren es nicht sie, sondern Esmeraldas Familie, die uns beherbergte, doch da sowieso alle unter einem Dach wohnten, kam das in etwa auf dasselbe hinaus. Sie wollten alles wissen, bis ins letzte Detail. Wir erzählten und erzählten, von unserer Reise, wie Connie und ich uns in Australien getroffen hatten, von unseren Leben in Deutschland, unseren Familien und unseren Zukunftsplänen. Und natürlich auch die Geschichte mit meiner Gitarre, was eine Welle der Empathie auslöste. Da passierte es. Lamar sagte, er habe noch eine alte Akustikgitarre zu Hause, sie sei zwar etwas kaputt, aber wenn ich wolle, könne ich sie haben. Ich konnte mein Glück kaum fassen. Ich hatte wieder eine Gitarre. Die Reparatur stellte kein großes Problem dar, in meinem Gepäck befanden sich noch Sekundenkleber und Gitarrensaiten, und in einer halben Stunde war die Gitarre spielfertig. Natürlich wurde sie auf der Stelle mit einem kleinen Konzert für unsere Gastfamilie eingeweiht. Connie und ich strahlten über beide Ohren … Dass wir so schnell und so plötzlich wieder musizieren konnten wie früher, hätten wir uns nie im Leben träumen lassen. Von ihrer Eignung als Reiseinstrument her konnte die Gitarre zwar nicht mit meiner alten mithalten, sie war schwer und groß und auch nicht sonderlich hübsch. Dafür hatte sie aber einen vollen Ton, vor allem in den Tiefen, was unserem »Bandsound« entgegenkam, da ich wie gehabt meistens die Basslinien spielte. Eine passende Gitarrentasche hatte Lamar nicht. Ich steckte sie einfach in zwei große Plastiktüten. Damit sank zumindest das Risiko, nochmals Opfer eines Gitarrendiebstahls zu werden.

Die wundervollen Tage in Oaxaca verliehen uns Flügel für die weite Reise in den Süden. Und die brauchten wir auch, denn für

die knapp bemessene Zeit bis zu meinem Flug nach Europa war
unser Ziel recht ehrgeizig. Zwei Tage lang trampten wir bis in den
südlichsten Zipfel Mexikos. Die Straßen wurden immer schlechter, die Natur um uns tropischer und die Menschen fast noch ein
Stückchen freundlicher. Weil es für eine Ausreise zur Zeit unserer
Ankunft an der Grenze schon zu spät war, übernachteten wir noch
ein letztes Mal in Mexiko, bevor wir am nächsten Morgen guatemaltekischen Boden betraten.

Guatemala, El Salvador, Honduras, Nicaragua, Costa Rica und zurück in die USA

Von nun an ging es Schlag auf Schlag von einem Land zum nächsten. Die Visa gab es an den Grenzen, kostenlos und ohne Schwierigkeiten. Nur Ein- und Ausreisegebühren wurden an den jeweiligen Schlagbäumen verlangt – und netterweise von Connie übernommen. Viel bekamen wir von Land und Leuten nicht mit, die meiste Zeit verbrachten wir in Autos oder Lastwagen.

In Guatemala fuhren wir zunächst in die Hauptstadt, Guatemala-Stadt. Wir überlegten kurz, Straßenmusik zu machen, entschieden uns aber doch für die Weiterreise. Gute 24 Stunden und 500 Kilometer nach unserer Einreise erreichten wir den Grenzübergang zu El Salvador.

El Salvador hielt einige Überraschungen parat. Wir packten am Eingang eines riesigen Einkaufszentrums unsere Instrumente aus, doch schon nach zwei Liedern bat uns das Sicherheitspersonal, bitte auf die Straße auszuweichen. Wir zogen also um. Dort lief es auch ganz ordentlich, nur wunderte uns, weshalb nur US-Dollar in Connies Gitarrenkoffer landeten. Wie uns später erzählt wurde, lag das daran, dass El Salvador den US-Dollar eingeführt hatte, eine eigene Währung gab es nicht mehr.

Um nach Nicaragua zu kommen, mussten wir ein kurzes Stück durch Honduras, keine hundert Kilometer waren es von Grenze zu Grenze. Alles glich wieder eher guatemaltekischen Verhältnissen. Vor allem in Erinnerung geblieben sind mir die großen Werbetafeln am Straßenrand: Nicaragua hatte Plakattafeln, die um Aufmerksamkeit für HIV-Tests und die Verwendung von Kondomen warben, die USA warben für Coca-Cola.

Costa Rica

In Nicaragua ging es über die Hauptstadt Managua und weitere 500 Kilometer zur Grenze Costa Ricas. Dort kamen uns zum ersten Mal Zweifel, ob Panama eine gute Idee sei. Seit nunmehr neun Tagen waren wir pausenlos unterwegs gewesen, wir sehnten uns danach, irgendwo anzukommen und zu bleiben, wollten unsere letzte gemeinsame Zeit genießen, statt mit Blick auf den Kalender von einem Land zum nächsten zu hetzen. In einem Monat musste ich in New York sein. Das allein wäre prinzipiell nicht so wild gewesen, doch gab es dabei zwei Haken. Zum einen musste ich ohne Connie trampen;

zum anderen durch weite Teile der USA. Es konnte also sein, dass ich für die Strecke sehr lange brauchte. Drei Wochen wollte ich dafür mindestens einplanen. Das bedeutete, uns blieb noch eine Woche für Costa Rica, falls wir unseren Plan mit Panama abbliesen. Das taten wir dann auch, und angesichts der schönen Strände, die wir hier fanden, fiel es uns auch nicht sonderlich schwer. Fünf Tage verbrachten wir an einem kleinen Ort an der Pazifikküste. Wir genossen das Meer und den Strand, unser leibliches Wohl erspielten wir auf der Straße, und Unterschlupf fanden wir bei einem ausgewanderten Franzosen, der dort eine Surfschule betrieb.

Es war Gründonnerstag, als wir uns auf den Weg zurück in den Norden machten. Connie plante, mich noch zurück bis Tegucigalpa zu begleiten, der Hauptstadt von Honduras. Sie wollte eine Freundin aus Deutschland besuchen, die dort gerade ein Auslandsjahr verbrachte.

Unser erster Anhalter, ein leidenschaftlicher FC-Bayern-Fan, fuhr uns bis über die Grenze Nicaraguas. Auf der Suche nach einem Nachtlager stießen wir auf eine Kirche, in deren umliegendem Park wir unsere Isomatten ausrollten. Das Risiko, ausgeraubt zu werden, war uns bewusst, vorsichtshalber behielten wir deshalb alle Wertgegenstände am Körper. Die Gitarren legten wir zwischen uns und banden sie mit Tüchern und Schnüren fest an unsere Handgelenke. Connie nahm ihre Handtasche als Kopfkissen. Dass einem beim Schlafen das Kissen unterm Kopf geklaut wird, hielten wir für recht unwahrscheinlich.

Kaum eingeschlafen, weckte mich ein leises Geräusch neben mir. Dann hörte ich nur noch die davoneilenden Schritte. Blitzschnell war ich auf den Beinen und rannte hinterher. Keine zehn Meter entfernt verschwand die Gestalt hinter der Kirchenmauer. Ein Schrei aus meiner Kehle zerriss die Stille der Nacht. Noch bevor ich ebenfalls die Ecke der Kirche erreicht hatte, hörte ich, wie Connies Tasche fallen gelassen wurde und sich der Inhalt über die

Pflastersteine verteilte. Dann sah ich ihn wieder. Er war auf die andere Straßenseite gerannt, bog in eine Seitenstraße und entzog sich abermals meinem Blickfeld.

Wozu noch weiterlaufen, dachte ich und blickte mit pochendem Herzen auf die herumliegenden Sachen. Connie stand im nächsten Augenblick hinter mir.

»Krass, wie schnell du aufgesprungen bist! Ich glaub, dem hast du ganz schön Angst eingejagt!«

Beim Einsammeln aber fiel ihr auf, dass einige Dinge fehlten. Darunter ihre Brille. Die hatte sie zwar selten auf, aber manchmal brauchte sie sie eben doch dringend.

»Dann hat er die Tasche wohl weniger aus Angst fallen gelassen, sondern aus Taktik. Wahrscheinlich um Zeit zu gewinnen«, vermutete ich.

»Das ist ihm ja auch gelungen«, antwortete Connie und klopfte den Staub aus ihrer Handtasche.

Noch bevor wir uns auf ein neues, sichereres Nachtlager geeinigt hatten, näherte sich uns ein junger Mann.

»Sind Sie gerade ausgeraubt worden?«, fragte er in gebrochenem Englisch. Wir bejahten, worauf er versuchte, uns Folgendes weiszumachen: Er habe den Dieb weglaufen sehen und beobachtet, wie er einige Dinge verloren hätte. Daraufhin habe er die Sachen an sich genommen und wolle uns nun fragen, ob wir sie wiederhaben möchten. Er würde sie uns gerne zurückgeben – gegen einen angemessenen Finderlohn versteht sich.

Ich konnte es nicht fassen. Einem so unverhohlen ins Gesicht zu lügen. Dass er der Täter oder zumindest ein Komplize sein musste, war allzu offensichtlich. Doch so dämlich, wie ich im ersten Moment dachte, war sein Vorgehen nicht. Was hätten wir schon tun sollen. Die Polizei anrufen? Unter welcher Nummer, und was hätten wir ihnen sagen sollen? Wir wussten ja noch nicht mal den Namen der Ortschaft.

Moralisch betrachtet waren wir in einem Dilemma. Entweder für ein paar Dollar Connies Sachen zurückkaufen und dazu beitragen, dass Diebstähle dieser Art weiterhin ein lukratives Geschäft waren; oder das Angebot ablehnen und den Verlust in Kauf nehmen. Für Letzteres jedoch war Connies Brille zu teuer und der Rückkaufpreis, den wir angeboten bekamen, zu niedrig. Also kam der Kerl wenige Minuten später mit den geklauten Dingen zurück, und der Deal wurde gemacht.

Die zweite Nacht in Nicaragua verlief nicht weniger unruhig und nebenbei noch recht bizarr. Eine alte, geistig verwirrte Alkoholikerin nahm uns bei sich zu Hause auf. Nachts wurde die Frau von schweren Albträumen heimgesucht. Mal hörte es sich an, als ob sie weinte, mal murmelte sie irgendetwas vor sich hin, dann wieder schrie sie so laut, dass es einem durch Mark und Bein ging. Wie am Abend, erzählte sie auch am Morgen immer und immer wieder zusammenhangslose Geschichten von ihrer Tochter und bettelte um Geld für Alkohol. Wir waren froh, endlich weiterzufahren.

Abschied von Connie

Noch am selben Tag erreichten wir Tegucigalpa. Dort hieß es Abschied nehmen. Connie hatte vor, noch einige Zeit in der Gegend zu bleiben. Im Anschluss wollte sie zurück nach Deutschland, um Ethnologie zu studieren. Wir wussten nicht, wann und wo wir uns wiedersehen sollten. Doch dass sich unsere Wege irgendwann wieder kreuzen werden, versprachen wir uns hoch und heilig.

Allein fuhr ich also mit einem kleinen Stadtbus in den Norden Tegucigalpas, um einen geeigneten Platz zum Trampen zu suchen. Verkehrstechnisch hatte ich den auch bald gefunden, Nachteil war nur, dass die Stelle zum kriminellsten Teil der Stadt gehörte. Und auch meine euphorische Aufbruchsstimmung anlässlich der letzten großen Etappe auf diesem Kontinent konnte nicht über die angespannte Atmosphäre hinwegtäuschen. Misstrauische Blicke von allen Seiten, kein einziges fröhliches Gesicht … Doch ich hatte Glück. Schon nach kurzer Wartezeit befreite mich ein Feuerwehrmann mit seinem Kleinlaster aus meiner unglücklichen Lage. Seinen Worten zufolge grenzte es an ein Wunder, dass ich zu diesem Zeitpunkt noch nicht ausgenommen worden war wie eine Weihnachtsgans.

Bis zum Abend hatte ich einen Vorort von Guatemala-Stadt erreicht, Santa Rosa. Ich fragte mich durch bis zu einer Mission. Die Übernachtungsgebühr betrug gerade mal fünf Cent. Dafür musste ich mein Zimmer mit etwa vierzig Leuten teilen. Der Standard war in jeder Hinsicht recht niedrig – es kümmerte beispielsweise niemanden, dass im Zimmer geraucht wurde. In dieser Situation empfand ich das allerdings eher als angenehm. So wurde wenigstens der penetrante Gestank von Käsefüßen, Schweiß und Urin etwas überdeckt. Dennoch war ich froh und dankbar, überhaupt ein Dach über dem Kopf zu haben – man hätte mir als »Westler« eine Unterkunft ja schließlich auch verwehren können. Platt dargestellt missbrauchte ich immerhin das guatemaltekische Sozialsystem, um meinen Geldbeutel zu schonen. Sozusagen als deutscher Sozialschmarotzer auf Kosten der guatemaltekischen Kirchensteuerzahler. Keine Bürokratie, kein Formular, ja nicht einmal einen Ausweis hatte ich zeigen müssen. Ich war bedingungslos willkommen. Und welch schöne Erfahrung, dass die Gastfreundschaft zwischen Deutschland und der weniger industrialisierten Welt zumindest in diese Richtung funktionierte!

Was mir kulinarisch bei längeren Trips per Anhalter häufig fehlte, war frisches Obst. Üblicherweise wurde ich von meinen Mitfahrern durchgefüttert, was meistens auf das recht deftige und einseitige Essen der Straßenimbisse hinauslief. So gesehen war mein nächster Anhalter ein echter Volltreffer: ein kleiner Lastwagen, der bis obenhin Honigmelonen geladen hatte. Ab sofort gab es bei jedem Zwischenstopp Honigmelone. Sicherheitstechnisch allerdings hatte der Melonenlaster einen erheblichen Nachteil, denn die Bremsen funktionierten nicht. Das führte dazu, dass wir nur im Schneckentempo vorwärtskamen, um im Notfall mit der Handbremse bremsen zu können. Angesichts der schweren Ladung hatten wir auch bei Tempo dreißig noch einen beachtlichen Bremsweg. Außerdem mussten wir alle höheren Gefälle großräumig umfahren, sodass wir für die hundert Kilometer bis Guatemala-Stadt sage und schreibe zwei Tage brauchten.

Nachts legte sich der Fahrer auf die Sitzbank im Fahrerhäuschen und ich ... ja, ich schlief tatsächlich hinten auf der Ladefläche, ganz oben auf dem Berg aus Honigmelonen.

Endlich in Guatemala-Stadt angekommen, wollte ich vor der Weiterreise Straßenmusik machen und ein paar Dinge erledigen. Zum Beispiel Gitarrensaiten kaufen und meine Schuhe reparieren lassen. Dummerweise fehlte mir zum Spielen bereits die hohe E-Saite, und um eine zu kaufen, besaß ich nicht das nötige Geld. Daher blieb nichts anderes übrig, als in einem Musikgeschäft zu fragen, ob sie mir eine Saite auf Pump geben konnten. Die Leute im Geschäft waren supernett, und so ließ ich in ungebrochener Vertrauensseligkeit all mein Hab und Gut als Pfand im Laden zurück.

Im Handumdrehen hatte ich mehr eingespielt, als ich brauchte. Ich bezahlte die Saite, bekam meine Schuhe für fünfzig Cent repariert und saß schon bald in einem Auto Richtung Mexiko – in meiner Brust die felsenfeste Überzeugung, dass es sich lohne, ab und zu ausgeraubt zu werden, wenn man nur zwischendurch Menschen fand, die einem Offenheit und entgegengebrachtes Vertrauen hundertfach entlohnten.

Echte Highlights bestanden für mich als ehemaligen Bioladenbesitzer stets darin, exotische Früchte in ihrer natürlichen Umgebung zu entdecken – schon seit dem ersten Orangenbaum in Griechenland. Gekrönt wurden solche Momente, wenn ich die Früchte eigenhändig vom Baum pflückte und hineinbiss. Genau das geschah an meinem ersten Cashewbaum, kurz vor der mexikanischen Grenze. Auf irgendeiner Cashewkern-Tüte hatte ich schon mal gesehen, dass sich die Kerne unterhalb des Cashewapfels befanden, der eigentlichen Frucht des Baumes. Dessen rötliches Fruchtfleisch machte einen appetitlichen, saftigen Eindruck. Vorsichtig knabberte ich ihn an einer Ecke an. Er schmeckte süß, allerdings auch ein bisschen fad. Trotzdem hätte ich gerne weitergegessen. Doch um auf Nummer sicher zu gehen, wartete ich einige Zeit ab, um zu sehen, wie mein Körper darauf reagierte. Also packte ich den Cashewapfel ein und aß ihn erst ein paar Stunden später weiter, nachdem Bauchkrämpfe oder sonstige Vergiftungserscheinungen ausgeblieben waren.

Dann war der Cashewkern an der Reihe. Den Kern umhüllte eine zähe dunkelgrüne feste Schale, die sich nicht mit bloßen Fingern öffnen ließ. Nach wie vor hatte ich noch keinen Ersatz für mein Taschenmesser gefunden, das mir von der mexikanischen Polizei abgenommen worden war. Ich stand am Straßenrand, inzwischen irgendwo im Süden Mexikos, wartete auf ein Auto und spielte mit den Fingern an der Nuss herum. An der Stelle, an welcher sie mit dem Cashewapfel verbunden gewesen war, sah man so etwas wie eine Narbe. Dort müsse sie sich doch irgendwie öffnen lassen, dachte ich. Einen kurzen Moment biss ich so an der Nuss herum. Dann plötzlich spürte ich ein pelziges Gefühl an der Lippe und setzte verwundert ab. Von Sekunde zu Sekunde wurde es nun heftiger. Ein brennender Schmerz zog mir den Mund zusammen. Ich suchte meine Wasserflasche im Rucksack. Meine Speicheldrüsen öffneten alle Schleusen, um loszuwerden, was da an meine Mundschleimhaut gelangt war. Endlich fand ich die Flasche und spülte meinen Mund aus, so gründlich es ging. Das ernüchternde Ergebnis: Es wurde kein bisschen besser. Vornübergebeugt verbrachte ich die nächsten Minuten damit, würgend und schniefend gegen den Brechreiz anzukämpfen. Mit meinem Taschentuch versuchte ich das Teufelszeug von Zunge und Lippen zu bekommen. Meine Augen tränten, meine Nase lief. Nur ganz langsam wurde es wieder besser.

So heftig das Erlebnis war, ich konnte von Glück reden, nichts verschluckt zu haben. Noch mehrere Stunden später fühlte sich mein Mund taub an. Trotz allem hatte ich den Kern im Anschluss nicht weggeworfen, sondern ihn wieder zurück in meine Tasche gesteckt. Je mehr Zeit verstrich und der unschöne Moment verblasste, desto größer wurde meine Neugierde. Was war das bloß für ein seltsames Zeug in der Cashewschale? Dass ich schon ein paar Tage später ein weiteres Experiment wagte, lag mit Sicherheit auch an den vielen langweiligen Stunden am Straßenrand.

Wenn man den Kern fest quetschte, konnte man beobachten, wie etwas Flüssigkeit an den beschädigten Stellen austrat. Zwischen den Fingern fühlte sie sich schmierig an, wie Öl. Die Sonne brannte auf mich herab. Autos fuhren hier so selten, dass ich zwischendurch immer ein paar Meter abseits im Schatten eines Baumes Schutz suchte. Inzwischen hatte ich fast die Höhe von Mexiko-Stadt erreicht, plante aber, die Hauptstadt westlich liegenzulassen, um die Atlantikküste entlang Richtung Norden zu trampen. Mein Blick fiel auf meinen Daumen und Zeigefinger. Die Stellen, an denen meine Haut in Kontakt mit dem Öl gekommen war, hatten sich dunkel verfärbt. Schmerzen hatte ich nicht, abschälen ließ sich die Haut auch nicht. Um gezielt die Reaktion auf der Haut zu testen, quetschte ich die Nuss so fest es ging und tropfte vorsichtig die austretende Flüssigkeit auf meinen Handrücken. Etwa eine Minute ließ ich es einwirken, dann wischte ich die Stelle mit dem Taschentuch sauber. Ich spürte nichts, kein Brennen – nichts. Das Gleiche wiederholte ich auf meinem linken Unterarm, diesmal mit einer etwas längeren Einwirkungszeit. So unmittelbar das Öl auf der Mundschleimhaut wirkte, so verzögert trat der Effekt auf der dünnen Haut meines Unterarms ein. Am ersten Tag spürte ich noch gar nichts. Am zweiten Tag brannte die Stelle in wenig. Am dritten Tag begann sie zu nässen. Erst am vierten Tag begann sie zu bluten, und die starksten Schmerzen kamen etwa am Tag fünf. Wochenlang trug ich am linken Arm eine längliche, hässliche Wunde, die Narbe konnte man gar nach einem Jahr noch erkennen. Erst später erfuhr ich, dass es sich bei dem Wirkstoff um Cardol handelte, eine toxische Substanz, die unter anderem zur Herstellung von Schiffslacken verwendet wird. In der Lebensmittelindustrie werden deshalb die Cashewkerne vor dem Öffnen hitzebehandelt, um das Cardol unschädlich zu machen.

Fünf Tage trampte ich durch Mexiko und wurde dabei von den Menschen wie auf Händen getragen: kein langes Warten auf den nächsten Anhalter; freundliche Gesichter, regelmäßige Essenseinladungen, ich durfte bei Leuten übernachten und bekam neue Kleider geschenkt.

Straßenmusik machte ich nur einmal, als ich eines Abends hungrig und ohne einen Cent in der Tasche in einem dunklen Vorort ausgesetzt wurde. Die Stadt hieß Coatzacoalcos. Trostloses Grau in Grau, wenig Menschen, schmale Gehwege – kurz, ein denkbar ungünstiges Viertel, um die Gitarre auszupacken. Ein paar Kinder spielten auf der Straße. Sonst war es ganz still. Kein Lüftchen regte sich. Mit mulmigem Gefühl stimmte ich die Gitarre. Leiser als sonst, es fühlte sich an, als störten meine Töne die Ruhe der Straße. Nur selten war es mir schwerer gefallen anzufangen. Die Situation erlaubte zum Auftakt eigentlich nur ein einziges Lied: *The Sound of Silence*. Die Kinder verharrten in ihrem Spiel und drehten sich zu mir um. Ein Fenster öffnete sich, der Kopf einer älteren Dame erschien darin. Ein alter Mann mit hölzerner Krücke schleppte sich an mir vorbei. Die Kinder waren die Ersten, die ein paar Pesos auf meine Gitarrentasche legten. Das Eis schmolz, meine Stimme wurde sicherer und ich spürte bald, dass die Stille um mich herum mein Freund war. Menschen kamen aus ihren Häusern, um zu spenden, von den wenigen, die vorüberkamen, gab fast jeder zweite etwas. Als ich nach dem fünften Stück eine gefüllte Tortilla und eine Dose Cola geschenkt bekam, hörte ich auf, ich hatte ja schon mehr, als ich brauchte.

Back in the USA

Die Einreise in die USA verlief wie erwartet deutlich komplizierter als die Ausreise. Unter anderem musste ich umgerechnet sechs Euro Bearbeitungsgebühr zahlen – die ich nicht besaß. Nur fünf Euro hatte ich noch in der Tasche, und so platzierte ich mich einige Meter vor dem Grenzübergang, um den Rest einzuspielen. Noch vor Ende des ersten Liedes wurde ich von einem amerikanischen Grenzpolizisten aufgefordert aufzuhören; Musizieren sei hier untersagt. Ich fürchtete schon, zurück zur nächsten mexikanischen Ortschaft zu müssen, da drückte mir ein Mann, der die Szene verfolgt hatte, das fehlende Geld in die Hand. »Wir wollen doch nicht, dass du wegen einem Dollar in Mexiko versauerst!«, meinte er süffisant. Er war mir auf Anhieb unsympathisch. Ich bedankte mich, dann trennten sich unsere Wege – vorübergehend. Denn als ich eine halbe Stunde später auf US-amerikanischem, oder genauer: texanischem Boden am Straßenrand den Daumen hob und die Türe des ersten Autos öffnete, da blickte ich in dieselben schmalen, eng beieinanderliegenden Augen.

»Jetzt helfe ich dir schon ein zweites Mal aus der Patsche, wie? Wohin willst du?«

»Nach New York. Zum Flughafen, wenn's geht«, antwortete ich frech. »Ich kann dich höchstens nach Kingsville bringen, spätestens da fliegst du raus!« Dass wir so weit nie kommen würden, wussten wir da beide noch nicht. Beim nächsten Drive-in bog er ab und bestellte sich ein paar Burger und einen Becher Cola.

»Endlich wieder was Anständiges zu futtern!«, meinte er schmatzend, »den Fraß in Mexiko kriegt kein Schwein hinunter.« Wie unterschiedlich die Geschmäcker doch waren.

Außer abfälligen Bemerkungen über Mexiko erzählte er stolz, wie viel Kohle er in Mexiko gemacht habe. Er sprach von 200 Dollar in »Boystown«. Ich wollte gar nicht wissen, wie genau er zu dem Geld gekommen war. Der Gedanke, dass seine Geschäfte möglicherweise nicht legal sein könnten, drängte sich erst auf, als in unserem Rückspiegel Blaulichter zu sehen waren.

»Scheiße«, fluchte er, »die wollen, dass ich rechts ranfahre.« Kurz fürchtete ich schon, in eine Verfolgungsjagd verwickelt zu werden, doch lenkte der Mann den Wagen ganz brav an den Straßenrand. Die Polizeibeamten verlangten unsere Ausweise, gaben mir meinen aber rasch zurück. »Bei Ihnen alles klar.« Zum Fahrer hingegen meinte er: »Und Sie steigen bitte aus und kommen mit!«

Ich musste wieder trampen, was miserabel lief. Klar, ich hatte ja diese wundersame Verwandlung hinter mir: In den Augen der Menschen war ich nicht mehr der wohlhabende, Neugier erweckende Rucksacktourist, sondern ein lästiger, höchstwahrscheinlich sogar gefährlicher Penner, der Drogen nahm und den seltsamen Wunden zufolge sicherlich irgendwelche ansteckenden Krankheiten hatte. Verständlich, dass mich niemand in sein Auto steigen lassen wollte.

Letztendlich landete ich auf der Ladefläche des Geländewagens eines religiösen Pärchens, das mit mir nur mittels Bibelsprüchen kommunizierte. Danach wieder stundenlanges Warten. Diesmal aber lohnte es sich. Das verdankte ich Robert, einem jungen Trucker-Fahrer. Er stieg auf die Bremse und kam gefühlte hundert Meter weiter zum Stehen. Ich kletterte ins Fahrerhäuschen und bekam schnell zu spüren, dass er aus demselben Grund wie Pedro angehalten hatte. Auch er brauchte dringend jemandem zum Reden. Oder besser: jemanden, der ihm zuhörte.

Wenn Robert nicht mit seinem Truck unterwegs war, lebte er in Nashville, was genau auf meinem Weg lag. Dorthin fuhren wir auch, wenngleich über Umwege. Es ging durch Louisiana, weiter nach Mississippi, dann, nach einem Tag Aufenthalt dort, weiter nach Alabama bis nach Tennessee. Am fünften Tag erreichten wir Nashville, Hauptstadt von Tennessee und Amerikas Country-Metropole. Dort landete ich in einem kleinen sympathischen Vorort namens Franklin. Über 4000 Kilometer war ich in den letzten vierzehn Tagen getrampt, pro Tag also um die 300 Kilometer. Wir hatten inzwischen den 27. April, und mir verblieben noch genau zwei Wochen für die restlichen 1300 Kilometer. Grund genug, eine Pause einzulegen. Franklin eignete sich gut für einen Zwischenstopp, es gab fast so etwas wie eine Innenstadt, wo ich für ein paar Stunden Straßenmusik machte. Dabei lernte ich John kennen. Er handelte mit Parkettböden, erst vor wenigen Monaten hatte er sich selbständig gemacht. Seine ruhige und liebenswerte Art machte ihn zu einem sehr angenehmen Zeitgenossen. Er lud mich von der Straße weg auf ein Bier ein. Wir hatten gerade angestoßen, da folgte auch schon die Einladung zur Übernachtung. Ich blieb bei ihm einige Tage, lernte seine WG und seinen Freundeskreis kennen, wir besuchten zusammen ein Bluegrass-Konzert – alles wie im Film, fünf latzhosige Burschen mit Banjo, Mandoline, Geige und Kontrabass, es wurde getanzt und mitgesungen – und gingen am Sonntag in die Kirche. Das Letzte war ein Muss. John sprach schon die ganze Woche davon. Zweieinhalb Stunden dauerte die Show und ging doch schneller vorbei als so manch einstündiger Gottesdienst, den ich von zu Hause gewohnt war. Denn wie schon bei meinem Kirchenpflichtbesuch in L.A. war wieder alles dabei: Comedy, Meditation, erstklassige Musik und viel Bewegung und Interaktion. Sie verstanden es hier wirklich, die Menschen in die Kirchen zu locken. Wären wir nicht zwanzig Minuten vor Beginn da gewesen, hätten wir keinen Platz mehr bekommen.

Im Großen und Ganzen konnte ich mich mit der fanatischen Religiosität von John und seinen Freunden gut arrangieren. Schwierig wurde es nur, wenn wir über die Evolutionstheorie diskutierten. Sie glaubten tatsächlich, die Erde sei nicht älter als 10000 Jahre. Das ging mir nicht in den Kopf. Dass so jemand wie John, gebildet, bodenständig, mit gesundem Menschenverstand, allseits anerkannte wissenschaftliche Erkenntnisse ablehnt, nur weil es in der Bibel – noch dazu im Alten Testament – so geschrieben stand, konnte ich nicht nachvollziehen. John zitierte dabei oft einen US-Wissenschaftler, der angeblich nachweisen konnte, dass all die Indizien für ein Erdalter von rund vier Milliarden Jahren in Wahrheit keine solche waren, sondern dass die Existenz von meterlangen Stalaktiten, versteinerter Dinosaurierskelette und fossiler Meerestiere im Himalaya-Gestein auch im Rahmen eines biblischen Erdalters erklärbar seien. Aber da ich bei all den Diskussionen irgendwann an die Grenzen meiner Englischkenntnisse stieß, liefen wir nicht Gefahr, uns fundamental zu streiten.

Bei den Amischen

Eines Tages schlug John vor, Bekannte zu besuchen, die in einer Gemeinschaft der Amischen lebten. Ohne Strom und fließendes Wasser, inmitten der Natur, genau wie vor 200 Jahren. Ich war sofort dabei. Nach anderthalb Stunden Autofahrt, erreichten wir ein Tal. Dort wohnten in einem winzigen, kuscheligen Häuschen die West Girls: drei Schwestern – Hanna, Cecilia und Jasmine – zusammen mit ihrer Mutter Victoria, die alle Vickie nannten. Große Salatköpfe wuchsen im Garten, Frühlingszwiebeln, Kartoffeln, Bohnen rankten sich empor. Dazwischen scharrten Hühner am Boden. In einiger Entfernung grasten zwei Pferde. Direkt neben dem Häuschen rauschte ein kleines Bächlein, aus dem man trinken konnte und über das eine kleine Holzbrücke führte. Zudem hatten sie eine eigene Quelle mit klarem Wasser, welches nach dem chlorhaltigen Leitungswasser in Johns WG einfach göttlich schmeckte. Am Hang hinter dem Haus begann ein lichter Buchenwald mit dicken, silbrigen Stämmen. Im Haus selbst knisterte ein Feuer in dem großen Herdofen. Das Schönste aber für mich war das Wohnzimmer voller Musikinstrumente. Denn die West Girls waren leidenschaftliche Musikerinnen. Vor allem deshalb hatte John überhaupt die Idee gehabt, mit mir hierherzukommen.

Die West Girls lebten nicht vollkommen autark, manche Dinge kauften sie. Das nötige Geld verdienten sie durch den Verkauf von Salben, Seifen und Kerzen aus Bienenwachs, die sie selbst herstellten.

Eine Woche blieb ich bei den West Girls – allerdings nur tagsüber, denn die Amischen leben nach strengen religiösen Vorschriften, ohne Trauschein bei einem Mädchen zu übernachten, wäre unvorstellbar gewesen. Einen halben Kilometer flussabwärts jedoch lebten ein paar Junggesellen der Gemeinschaft. Dort fand ich ein Bett und wurde zudem noch morgens und abends verköstigt.

Tief ins Gedächtnis eingebrannt hatten sich bei mir auch die regelmäßigen Frage-und-Antwort-Stunden bei ihnen. Unaufhaltsam löcherten mich die Burschen und hingen an meinen Lippen, wenn ich von Deutschland, meinem Leben und meiner Reise erzählte. Kein Wunder. Ohne Fernseher, Radio, Telefon und geschweige denn Internet hatten sie noch die ursprüngliche Neugierde, die anderen Menschen durch die ständige Flut an Informationen längst abhandengekommen ist. Besonders spannend war, sowohl für sie als auch für mich, ihre Sprache. Natürlich konnten sie alle auch Englisch. Doch untereinander sprachen sie Pennsylvania Dutch, einen alten Dialekt, eine Art Altpfälzisch, wie alles andere ebenfalls ein Relikt aus früheren Zeiten der Einwanderung. Mich erinnerten viele ihrer Wörter ans Schwäbische.

Tagsüber half ich den West Girls bei der Arbeit, schliff und entrostete ihre Werkzeuge und reparierte die Türe ihres Gewächshauses.

Wenn ich müde in mein Bett sank und die Kerze am Nachtisch ausblies, fühlte ich mich zufrieden. Ja, vielleicht war ich in meinem Leben nie so glücklich wie in diesen Tagen.

Am meisten fielen die Amischen durch ihren Kleidungsstil und ihre Frisuren auf. Während alle Frauen Kopftücher und lange Kleider mit Schürzen anhatten, trugen die Männer Bärte, lustige Topffrisuren und Hosenträger. Die West Girls hingegen trugen keine Kopftücher. Das war auch einer der Gründe, weswegen sie in der Gemeinde der Amischen als Außenseiter galten. Auch sonst hatten die West Girls eher liberale Ansichten, obwohl sie immer noch sehr fromm lebten. Vor jeder Mahlzeit wurde gebetet. Eines Tages war ich an der Reihe.

»Max«, sprach Vickie, »willst du heute für uns das Tischgebet sprechen?« Alle Augen richteten sich auf mich. Ich musste wohl etwas irritiert dreingeschaut haben, denn sie fügte eilig hinzu: »Natürlich nur, wenn es sich gut für dich anfühlt.«

»Auf Englisch?«, fragte ich verunsichert.

»Wie du willst, gerne auch auf Deutsch«, meinte Vickie, »Gott wird schon verstehen, was du ihm sagen willst.« Das Einzige, was wir noch einfiel, war ein Tischgebet, welches wir vor vielen Jahren immer in meiner Familie gebetet hatten, als meine Oma noch lebte. Ich fing also an.

»O Gott, von dem wir alles haben, wir preisen dich für deine Gaben. Du speisest uns, weil du uns liebst, drum segne auch, was du uns gibst. Amen.« Victoria nickte mir zufrieden zu. Dieses Gebet veränderte mein Leben. Obwohl sich die Worte leer und künstlich anfühlten, weckten sie Erinnerungen an eine Zeit, zu der ich die Existenz Gottes nie in Frage gestellt hatte. Es war, als schließe sich ein Kreis. In Gedanken saß ich in unserem alten Haus am Esstisch, zusammen mit meiner Oma, meinen Geschwistern und meinen Eltern. Vertrautheit, Geborgenheit. Ich spürte, wie meine Oma mir beim Abschied immer mit ihrem Daumen ein Kreuz auf die Stirn malte, mich küsste und sagte: »B'hüt dich Gott.« Hier am Tische dieser Amisch-Familie fühlte ich plötzlich meine Wurzeln, die Ursprünge meiner Gefühle, Werte und Überzeugungen.

Ich prüfte mich selbst. Was blieb von Gott übrig, wenn ich alle religiösen Erfahrungen meiner Kindheit wegnahm? Ich sprach das Tischgebet noch einmal still in mich hinein. Nichts regte sich. Nochmal. Immer noch nichts. So ein Glück, dachte ich.

Auch deshalb war ich vor inzwischen fast fünfzehn Monaten von zu Hause aufgebrochen. Ich wollte Gott finden. Oder eben nicht. Jetzt hatte meine Suche ein Ende. Keine Widersprüche mehr, Herz und Verstand im Einklang, endlich Gewissheit. Ich konnte getrost den Heimweg antreten.

Seit diesem Erlebnis bezeichnete ich mich als Atheist. Ich glaubte, dass es keinen Gott gibt, genauso wenig wie übernatürlichen Kräfte oder Mächte. Stattdessen war ich überzeugt, dass alles, was uns übernatürlich und unerklärbar erschien, darin begründet war, dass wir zu wenig über die Dinge und deren Zusammenhänge wussten. Sich mit Unwissenheit abzufinden fiel natürlich schwer. Denn ebenso wusste ich natürlich nicht, ob meine gewonnene Überzeugung tatsächlich der Wahrheit entsprach. Aber ich hatte sie unabhängig von meinen persönlichen Wurzeln gemacht. Und das kam meinem Verständnis von Wahrheit schon wesentlich näher.

Nach dem Essen arbeitete ich weiter an der Tür des Gewächshauses. Sie bestand aus Zedernholz, immer wieder musste ich meine Nase an sie drücken, um den würzigen Duft einzusaugen. Ich dachte in den kommenden Tagen noch viel nach. Sosehr mich meine Wandlung auch bereicherte, bedeutete sie gleichzeitig Verluste. Ich musste mich fortan mit der Ungewissheit über die Entstehung des Universums zufriedengeben; bei der Suche nach dem Sinn des Lebens war ich fortan auf mich allein gestellt; und nicht zuletzt resultierten daraus in letzter Konsequenz auch der Ausschluss aus der Glaubensgemeinschaft und der, zumindest teilweise, Verlust christlicher Kultur und Traditionen. Zugegeben, Letztere spielten in meinem Alltag keine große Rolle. Manches jedoch wollte ich in meinem zukünftigen Leben keinesfalls missen, darunter die geistliche Chormusik. So viele schöne Erinnerungen verband ich damit, teilweise aus meiner Zeit bei den Regensburger Domspatzen, teilweise von Auftritten mit dem Madrigalchor meines Vaters in Mittenwald. Allerdings blieb es ja mir überlassen, wie konsequent ich meinen Atheismus ausüben wollte – ich war ja deswegen kein strikter Kirchengegner. Im Gegenteil, es bestanden für mich keinerlei Zweifel daran, dass Glaube und Religionen ein wichtiger Bestandteil menschlicher Kultur waren, sei es, um gemeinsame Werte zu vermitteln, den Menschen Hoffnung und Lebenssinn zu spenden, oder sei es, Traditionen und Bräuche zu bewahren und weiterzugeben.

Ich blieb bis zum Vortag meines Rückfluges bei den Amischen. John holte mich wieder ab und zahlte mir das Busticket nach New York. Nach einer zwölfstündigen Nachtfahrt in einem komfortablen Reisebus erreichte ich die Stadt der Städte. Dort hatte ich gerade noch genug Zeit für einen Spaziergang durch den Central Park. Dann, am Nachmittag ging mein Flieger. Zurück nach Europa.

England

Ich war noch nie in England gewesen. Umso verwunderlicher, dass ich mich vom ersten Moment an wie zu Hause fühlte. Das lag sicher nicht am Empfang. Es regnete Bindfäden, und die Menschen, die ich auf dem Weg in die Londoner Innenstadt nach der Richtung fragte, gaben mir eher widerwillig Antwort – sie hatten offensichtlich wenig Lust auf ein Gespräch. Nein, schuld war schlicht die Tatsache, dass ich mich wieder in Europa befand.

Die Häuser, die Menschen, ja selbst die Straßen und Autos schienen mir trotz des Linksverkehrs so viel vertrauter als noch in den Vereinigten Staaten. Bislang hätte ich wohl jedem, der behauptet hätte, England könne Heimatgefühle in mir auslösen, einen Vogel gezeigt. London – Mittenwald, gegensätzlicher ging es ja kaum. Erst jetzt, aus der globalen Perspektive, wurde mir klar, wie ähnlich sich Mittenwalder und Londoner in Wirklichkeit waren.

Vier Nächte verbrachte ich in London. Die erste schlief ich unter einem niedrigen Bäumchen im Hyde Park, gerade mal zehn Gehminuten vom Buckingham-Palast entfernt; die restlichen Nächte schlief ich bei Rose, mit der ich in Syrien für einige Tage gemeinsam gereist war. Sie selbst weilte momentan zwar in Marokko, doch ihre Mutter und ihre Schwester nahmen mich herzlich auf. Beim Musizieren in den Katakomben der Londoner U-Bahn verdiente ich trotz erstklassiger Konkurrenz und wenig begeisterungsfähiger Zuhörer ganz ordentlich, und am vierten Tag saß ich schließlich in der Tube Richtung Londoner Süden, um von dort nach Dover zu trampen. Ich plante, von dort über den Ärmelkanal auf das Festland überzusetzen und über Paris weiter nach Barcelona zu trampen. Von Barcelona aus wollte ich dann meine letzte Etappe Richtung Deutschland einschlagen. Ganz langsam, mit dem Fahrrad oder zu Fuß.

Bis ich den südöstlichsten Zipfel Englands erreicht hatte, dauerte es. Zwar hielten hin und wieder Fahrer an, und ich kam auch einigermaßen voran, dennoch stellte ich in diesen Stunden einen neuen, etwas traurigen Rekord auf. An keinem anderen Flecken dieser Erde erntete ich am Straßenrand mehr Stinkefinger.

Die Sekundenbruchteile, die man hatte, um die Fahrer vom Anhalten zu überzeugen, waren kurz, aber intensiv – vor allem bei so wenig Verkehr wie an diesem Tag. Die Hoffnung auf ein Ende des Wartens, die Neugierde darauf, wer da anhält, aber auch der Mut, sein Schicksal in die Hände anderer, noch unbekannter Menschen zu geben, das Machtverhältnis und das Ausgeliefertsein … alle Gefühle und Gedanken fokussierten sich auf diesen einen kurzen Moment. Diesen Augenblick, in dem man für einen Wimpernschlag in Verbindung mit den Menschen hinter den Windschutzscheiben trat, nutzte man am besten, wenn man alle Offenheit, Überzeugungskraft und Leidenschaft hineinlegte. Dies machte verletzlich.

Der erste Mittelfinger war wie ein Schlag ins Gesicht. Auch der zweite schmerzte noch, und ich regte mich tierisch auf über so ein

Verhalten. Beim dritten und vierten schüttelte ich den Kopf und wunderte mich, und ab dem fünften konnte ich langsam darüber lachen.

Am Ende kam ich dann aber doch bis nach Frankreich. Wir waren nicht allein, die unzähligen Wagen am Fährhafen von Dover warteten darauf, um mit der Fähre über den Ärmelkanal zu schippern. Und da sich die Gebühr für die Überfahrt nach der Länge des Fahrzeugs und nicht nach der Anzahl der Mitfahrer richtete, musste ich meine französischen Mitfahrer nicht lange überreden, mich bis nach Frankreich mitzunehmen.

Frankreich, Belgien und wieder Frankreich

Weiter nach Paris fuhren die Leute allerdings erst morgen. Obwohl es bereits dämmerte, versuchte ich mein Glück am Straßenrand und saß tatsächlich wenig später in einem dicken Laster. Der gleichermaßen dicke Fahrer meinte, er fahre nach Antwerpen, und anscheinend musste ich von meinem Glück an dem heutigen Tag so sehr überzeugt gewesen sein, dass ich fest davon ausging, Antwerpen läge auf dem Weg nach Paris. Tut es leider nicht. Aber das merkte ich erst, als es zu spät war und wir die belgische Grenze passierten. Na schön, dann halt Belgien.

Tief in der Nacht stieg ich irgendwo am Stadtrand von Antwerpen aus und verkroch mich zum Schlafen auf die Terrasse einer geschlossenen, baufälligen Tankstelle. Mit Belgien verband ich zum damaligen Zeitpunkt nur eines: das Atomium, jenes Gebäude in Brüssel, welches mit seinen neun Kugeln das Molekül eines Eisenkristalls nachbildete. Wenn ich schon versehentlich in Belgien gelandet war, so wollte ich zumindest das Atomium sehen.

Gegen Mittag des nächsten Tages spazierte ich also in der Tat um die Füße des Riesenmoleküls ... und staunte nicht schlecht. Ich hatte nicht gedacht, dass es so riesig sein würde! Etwa hundert Meter über dem Erdboden schwebte die oberste der neun Kugeln, jede von ihnen mit einem Durchmesser von achtzehn Metern. Über Aufzug und Rolltreppen konnte man sechs der Kugeln sogar betreten – doch leider nur gegen einen Eintrittspreis, der mein Gesamtbudget bei weitem überstieg. Die paar Pfund, die ich in London eingespielt und auf der Fähre in Euro umgetauscht hatte, hatten am Morgen gerade noch für ein Frühstück und etwas Proviant gereicht. Sorgen machte ich mir deswegen nicht. Denn am Abend, so der Plan, würde ich bei Alexis zu Hause in Paris ein Dach über dem Kopf haben, ein weiches Bett und wahrscheinlich auch reichlich zu essen. Alexis hatte ich in Tibet kennengelernt. Als Teil der Reisegruppe, mit der ich vor neun Monaten von Kathmandu nach Lhasa unterwegs gewesen war, hatte er mir damals bereits angeboten, bei ihm zu übernachten, falls ich auf meiner Reise mal in Paris vorbeikommen solle. Drei Autos und fünf Stunden später war dieser Moment gekommen.

Alexis kam aus einer Anwaltsfamilie und lebte noch bei seinen Eltern, die mitten in Paris im 6. Arrondissement, nur fünf Gehminuten von der Seine entfernt in einem stattlichen Jugendstilhaus wohnten. Nach der herzlichen Begrüßung zeigte mir Alexis das Gästezimmer, welches ich für zwei Nächte bezog. Gemeinsam aßen wir königlich zu Abend, und ich erzählte, was ich die letzten neun Monate seit unserem Treffen in Tibet erlebt hatte. Es dauerte ein wenig, bis ich ihn annehmen konnte, den Luxus bei Alexis. Doch andererseits liebte ich diese Kontraste: am einen Tag wie ein

König, am anderen wie ein Bettler. Es schärfte die Sichtweise und hatte etwas Zentrierendes. Denn durch die verschiedenen Extreme erfuhr ich am eigenen Leib, was es bedeutete, auf essenzielle Dinge des Lebens verzichten zu müssen, während auf der anderen Seite vieles von dem, was in unserer Wohlstandsgesellschaft als wichtig und notwendig angesehen wurde, eigentlich vollkommen überflüssig war.

Nach einem Tag Sightseeing und Straßenmusik in der Pariser Innenstadt brachte mich Alexis am Morgen des dritten Tages an eine Stelle, die sich seiner Meinung nach ideal zum Trampen in den Süden eignete. Und tatsächlich, seit Mexiko war ich nicht mehr so schnell und unkompliziert vorangekommen wie in den folgenden Stunden. Schon das dritte vorbeifahrende Auto, ein schwarzer Mercedes S-Klasse, fuhr vor mir rechts ran. Drinnen saß ein deutscher Geschäftsmann, der mir – wenn er nicht gerade telefonierte – erklärte, wie man mit Spekulationen auf Kaffeepreise reich wird. Kurz vor Marseille stieg ich aus und wenig später wieder ein. Diesmal in einen spanischen Lkw, der mich noch bei Tageslicht mitten in Barcelona absetzte.

Spanien

Die Tage in Barcelona hatten etwas Melancholisches. Eigentlich wollte ich Fran besuchen, wie Alexis ebenfalls eine Reisebekanntschaft. Wir hatten uns im Iran kennengelernt und schon damals geplant, uns bei ihm zu Hause in Barcelona wieder zu treffen. Aber ich erhielt keine Antwort auf meine E-Mails.

Ich schlief auf öffentlichen Parkbänken mitten im Zentrum, in der Stadt, die selbst nie zu schlafen schien. Einmal wurde ich bei der Straßenmusik aus einem Fenster mit einer Wasserbombe attackiert. Wohl vor allem deshalb, weil es bereits halb vier morgens war – in der pulsierenden Metropole hatte ich vollkommen die Zeit vergessen. Da fiel mir wieder ein, was mir mein Freund Benni vor meiner Abreise über Barcelona erzählt hatte: dass er gehört habe, es sei dort ein Straßenmusiker von einem Anwohner aus dem Fenster heraus erschossen worden. Ich packte schnell meine Sachen zusammen, erleichtert darüber, nur eine Wasserbombe abbekommen zu haben, und ließ es seitdem lieber bleiben mit der Straßenmusik.

Ich befand mich am finalen Wendepunkt meiner Reise. War ich bereit für die letzte Etappe? Ich hing in der Luft, unsicher, ob ich noch hierbleiben oder aufbrechen sollte. Als ich am dritten Tag immer noch nichts von Fran gehört hatte, durchstöberte ich Online-Inserate nach einem günstigen Fahrrad. Schon wenige Stunden später war ich stolzer Besitzer eines roten, klapprigen Damenrades. Ich benannte es nach seiner Vorbesitzerin: Aurora, »Morgenröte«. Statt der fünfzig Euro in der Anzeige bekam ich es für vierzig Euro, womit mir noch etwa fünfzehn Euro für die Reisekasse blieben.

Noch vor Sonnenaufgang verschnürte ich am nächsten Morgen meine Siebensachen auf Auroras Gepäckträger. Wenn Barcelona mal kurz innehielt, dann in diesen frühen Morgenstunden. Die noch frische Luft um die Nase, schnauften Aurora und ich aus Barcelonas Talkessel empor, die Pyrenäen direkt vor Augen. Bis wir die letzten Häuser der Stadt hinter uns gelassen hatten, stand die Sonne schon hoch am Himmel. Am frühen Nachmittag erreichten wir Vic, ein kleines Städtchen mit hübschem historischem Zentrum. Weil ich die Hälfte meiner Reisekasse bereits verfuttert hatte, nutzte ich die Gelegenheit für eine Runde Straßenmusik. Knappe sechs Euro hatte ich nach einer halben Stunde verdient, meine treuesten Zuhörer aber waren eine Handvoll Kinder, für die mein Straßenkonzert eine Attraktion gewesen sein musste.

Borgonyà

Wieder ging es bergauf, über enge, sich schlängelnde Teerstraßen, auf denen ich im Laufe des Tages schon ein gutes Dutzend toter Schlangen gesehen hatte. Auf der Suche nach einer Bleibe für die Nacht entdeckte ich am Ortsausgang eines kleinen Weilers, etwas abgelegen hinter hohen Buchsbaumhecken, einen alten Friedhof.

»Borgonyà« las ich auf dem Ortsschild. Als ich Aurora um den Friedhof schob, begegnete ich einer Frau, die mich geradeheraus ansprach.

»Entschuldigung, ein bisschen langsamer bitte«, versuchte ich auf Spanisch zu antworten, worauf sie mich noch breiter anstrahlte. Etwas frustrierte mich schon, dass ich hier in Katalonien oft nicht mal unterscheiden konnte, ob die Menschen Spanisch oder Katalanisch sprachen, so unterschiedlich hörte sich das Spanisch im Gegensatz zu Zentralamerika an.

»Wo willst du hin mit deinem Fahrrad?«, fragte sie, diesmal gleich auf Englisch.

»Nach Deutschland.« Sie runzelte die Stirn und musterte Aurora über die dicken, schwarzen Ränder ihrer Brille hinweg.

»Nach Deutschland? Mit diesem Fahrrad?!« Wir blickten uns kurz an und mussten beide laut auflachen.

»Na ja, zum Glück hab ich ja viel Zeit!«, entgegnete ich. »Und bisher hat's ganz gut geklappt.«

Ich spürte erst jetzt, wie sehr ich in den letzten Tagen auf sozialem Entzug gewesen war. Zwar hatte es in Barcelona keinesfalls an Leuten gemangelt, Gespräche mit mehr als zwei Wortwechseln konnte ich jedoch an einer Hand abzählen.

»Und das da hinten ist deine Gitarre?«, fragte sie und deutete auf den Gitarrenhals, der, eingepackt in einer blauen Mülltüte, aus meinem Rucksack ragte. Weil der Versuch, die Gitarre samt Gepäck auf Aurora zu verstauen, gescheitert war, trug ich sie beim Fahren stets auf dem Rücken. Für mein sonstiges Hab und Gut reichte inzwischen das Deckelfach des Rucksacks völlig aus, weswegen ich dieses vom Rucksack abgetrennt hatte. Der eigentliche Rucksack diente seither nur noch als Gitarrentasche, und auch der hatte in den letzten Monaten kräftig abgespeckt, vor allem, seit ich die Kraxe entfernt hatte. Bei dem bisschen Inhalt war das Metallgestänge irgendwann überflüssig geworden, zwar hing er seitdem etwas schlapp am Rücken, war aber noch mal ein halbes Kilo leichter.

Die Frau stellte sich als Mon vor, eine Abkürzung für Montserrat. Direkt hier um die Ecke führte sie ein Restaurant, und als sie erfuhr, dass es sich bei dem Ding auf meinem Rücken tatsächlich um eine Gitarre handelte, schlug sie direkt vor, mich als Musiker anzustellen – gegen freie Kost und Logis.

Wenig später saß ich an einem Tisch von Mons hübschem, sehr liebevoll eingerichtetem Restaurant vor einem großen Teller voller Köstlichkeiten. Als ich fertiggegessen hatte und sich das Lokal allmählich mit Gästen füllte, bezog ich eine Ecke des Gastraumes und begann zu spielen.

Was für ein Glück ich mal wieder hatte! Mon und ihre Familie nahmen mich mit so überwältigender Gastfreundschaft auf, dass ich Mons Angebot, noch eine weitere Nacht hierzubleiben, gern annahm.

Borgonyà gehörte ohne Zweifel zu jenen Orten meiner Reise, bei denen nicht viel gefehlt hätte und ich wäre einfach dortgeblieben. Das Angebot dazu hatte mir Mon bereits gemacht. Doch wie bei Pferden auf dem Weg zurück in den heimischen Stall drängte es mich. Ich wollte meine Heimreise fortsetzen, und so brach ich am nächsten Morgen bei strahlendem Sonnenschein auf, um die Pyrenäen zu bezwingen.

Den ganzen Tag ging es bergauf. Sowohl Aurora als auch ich kamen an unsere Grenzen, stellenweise wurde es so steil, dass ich schieben musste.

Gegen Nachmittag wurde die Luft frischer, und der Himmel zog sich zu. Als es zu tröpfeln begann, packte ich mich und mein Gepäck so gut es ging in Plastiktüten und strampelte weiter. Es wurde kälter und kälter. Bald fing es an zu schneien. Damit hatte ich Ende Mai in Spanien nicht gerechnet. Es musste mittlerweile mindestens zwanzig Grad kälter gewesen sein als noch am Morgen, und ich zog die Ärmel meines Pullovers soweit es ging über meine Hände – eine Jacke besaß ich schon lange nicht mehr. Ich bekam langsam riesigen Hunger, doch meinen letzten Proviant hatte ich bereits mittags aufgegessen. Das Einzige, was ich in dieser menschenleeren Gegend finden konnte, waren kleine, trockene Croissants, die ich in einem winzigen Lädchen eines Weilers kaufte. Meine Wasserflasche konnte ich zum Glück regelmäßig mit frischem, klarem Wasser aus den zahlreichen Bergbächen füllen, wobei ich bei allen Pausen, die ich einlegte, sehr darauf achten musste, zügig weiterzufahren, um nicht auszukühlen.

Die Suche nach einem Nachtlager gestaltete sich schwierig. Zwei Stunden waren inzwischen vergangen, seit ich die letzte Ortschaft hinter mir gelassen hatte, und die Hoffnungen auf eine warme, trockene Herberge schwanden mit jeder Minute. Es begann zu dämmern und ich spielte schon mit dem Gedanken, wieder umzukehren, bevor es ganz dunkel wurde. Da entdeckte ich im dichten Schneetreiben am Straßenrand ein Loch im Erdboden von der Größe eines kleinen, flachen Fensters. Sofort lenkte ich Aurora rechts ran. Bei näherer Inspektion handelte es sich offenbar um einen verfallenen, alten Militärbunker, dessen Grau der Wände und niedrige, schneebedeckte Betondecke sich unauffällig in der steinigen, schneeweißen Berglandschaft versteckten. Auf allen vieren kroch ich über das Geröll hinab ins Innere des Bunkers. Auf einer Fläche von etwa zwei auf drei Metern erstreckte sich ein fensterloser Innenraum, an dessen höchster Stelle ich mit eingezogenem Kopf gerade noch stehen konnte. Mit meiner Taschenlampe suchte ich den steinigen Boden ab. Er war weitgehend sauber und eben genug, um mich der Länge nach hinzulegen. Heilfroh machte ich mich schnell daran, ein Nachtlager herzurichten. Draußen tobte mittlerweile ein Schneesturm, der die Flocken bis weit in den Bunker hineinblies. Mit Gitarre, Rucksack, Schuhen und Plastiktüten verschloss ich den Eingang, so gut es ging, und packte mich selbst in alles ein, was ich dabeihatte.

Irgendwann, Stunden später, fasste ich dann den Entschluss, am nächsten Morgen wieder zurück nach Borgonyà zu fahren. Gründe dafür fand ich viele – in erster Linie natürlich den plötzlichen Temperatursturz, bei dem es wohl wenig Sinn hatte, weiter an Höhe zu gewinnen.

Als ich am nächsten Morgen mit steifen Gliedern aus meiner Höhle kroch, lag vor mir im strahlenden Sonnenschein eine schneeweiße Winterlandschaft. Wenig später saß ich auf Aurora und rollte über die fast unberührte Schneedecke den Berg hinunter. Nach wenigen Metern musste ich schon wieder stehen bleiben, denn mir wurde unvorstellbar kalt. Mein unterkühlter Körper, die eisige Luft, der Fahrtwind, meine klammen Klamotten – ich musste noch mal gründlich umdisponieren, um wirklich weiterfahren zu können. Den Rucksack als Windschutz auf dem Bauch, mein zweites Paar Socken als Handschuhe und in allem eingepackt, was mich irgendwie vor dem Fahrtwind schützte, versuchte ich es ein zweites Mal. So ging es zwar schon wesentlich besser, doch musste ich immer wieder kurz anhalten, um mich in der Sonne aufzuwärmen. Ich kann mich nicht erinnern, jemals so gefroren zu haben.

Mit jeder Minute, die ich weiter bergab fuhr, wurde es wärmer, und mit den Temperaturen stiegen auch meine Laune und meine Vorfreude auf Mon und all die anderen lieben Menschen, die ich in Borgonyà kennengelernt hatte.

Auch dieses Mal wurde ich herzlich von Mons Familie aufgenommen.

Sechs weitere Tage verbrachte ich in Borgonyà. Ich wurde kurzfristig als Küchenjunge eingestellt, durfte wieder zu Hause bei Mon in ihrem alten, knarzigen Bauernhaus übernachten und feierte mit Kuchen und einem katalanischen Ständchen meinen Geburtstag, der auf diese Tage fiel.

Ich ließ mich von Mon überzeugen, dass es genügte, nur ein Mal mit Aurora die Pyrenäen hinaufgestrampelt zu sein, und wur-

de am Tag meines zweiten Aufbruchs zum nächstgelegenen Bahnhof gefahren, um mit dem Zug ungefähr zu der Stelle zu kommen,
an welcher ich vor knapp einer Woche umgekehrt war.

Ich fuhr nach Puigcerdà. Ein Ort, der direkt an der Grenze zu
Frankreich lag, aber das wusste ich nicht. Darum fragte ich Passanten nach dem Weg, fuhr über kleine Wanderwege und Trampelpfade; merkte mir, als auch diese immer kleiner und unwegsamer
wurden und ständig die Richtung änderten, die grobe Himmels-
richtung; trug Aurora über Gräben und Wiesen, bis ich endlich
wieder einen festen Weg unter den Reifen hatte; und fragte bei der
nächsten Gelegenheit abermals nach, in welcher Richtung denn
Frankreich läge. Auf Spanisch selbstverständlich. Die Antwort erhielt ich auf Französisch: »La France? C'est ici!«

Frankreich

Frankreich also. Mit leicht übermütigem Gefühl in der Brust, ein neues Land zu erobern, kam ich nach ein paar Kurven an ein Dorf und wurde dort schwer enttäuscht. Überall nur spanische Straßenschilder und Autokennzeichen. War ich im Kreis gefahren? Ich wollte beinahe schon wieder umkehren, doch der Sonnenstand ließ keine Zweifel: Der Weg führte nach Osten. Tatsächlich befand ich mich bloß in einer kleinen spanischen Exklave, schon ein paar hundert Meter weiter reiste ich ein zweites Mal aus Spanien aus.

Ich kam zügig voran und erreichte gegen Nachmittag einen letzten steilen Pass. Ab dann wäre es nur noch bergab gegangen. Doch leider kam ich nicht so weit. Seit einigen Kilometern hatte mein linkes Pedal seltsam zu eiern angefangen, was sich mit jedem Kilometer verstärkte. Als ich mich in einer steilen Kurve mit voller Kraft in die Pedale stemmte, brach es ganz ab.

Ich ließ mich also wieder den Hang zurückrollen und suchte in der nächstgelegenen kleinen Ortschaft nach Hilfe. Menschenleere. Es dauerte eine gute Viertelstunde, bis ich den ersten Menschen auf der Straße erblickte. Die Dame meinte, es gäbe hier weit und breit kein Fahrradgeschäft, und wollte mich schon fast so stehen lassen. Da erkannte sie offenbar meine missliche Lage, gab sich einen Ruck und rief einen Bekannten von ihr an, welcher mir womöglich helfen konnte.

So gelangte ich zu Bernard, einem drahtigen, sonnengegerbten Bergführer, der schon die halbe Welt bereist hatte und für hiesige Verhältnisse bestes Englisch sprach. Er meinte, ich hätte riesiges Glück, überhaupt jemanden in dem Dorf gefunden zu haben, denn von den 134 Einwohnern seien um diese Jahreszeit fast alle unten im Tal. Erst zur Ferienzeit im Hochsommer und zur Skifahrsaison fülle sich das Dorf wieder mit Leben.

In Nullkommanichts hatte Aurora ein neues Pedal. Zudem stellte er mir die Sattelhöhe neu ein – ein Unterschied wie Tag und Nacht. Tatsächlich war die Sattelstange bis dahin ganz eingefahren gewesen, und selbst die Maximalhöhe, so Bernard, sei eigentlich immer noch zu niedrig für meine langen Stelzen.

Bernard schlug vor, mich bis zur Stelle zu fahren, an welcher das Pedal abgebrochen war, und lud Aurora in den Kofferraum seines Autos. Dort angekommen kam Bernard eine noch bessere Idee: In einer halben Stunde würde es dunkel sein, es windete stark, und die Temperaturen hier oben sprachen nicht gerade für eine Übernachtung im Freien, und so meinte er, wäre es eigentlich besser, ich würde heute Nacht bei ihnen zu Hause bleiben.

Bald darauf saßen Bernard, seine Frau und ich bei einem üppigen Mahl und erzählten uns gegenseitig die Abenteuer, welche wir in der Welt erlebt hatten. Geschlagene zwei Stunden tischte Bernards Frau eine Köstlichkeit nach der anderen auf – in Erinnerung geblieben ist mir vor allem der Artischockensalat und die gebratene

Ente – und die Art und Weise, wie sie das Abendessen zelebrierten, ließen keine Zweifel mehr zu, wirklich in Frankreich zu sein.

Der nächste Tag schaffte es locker unter die Top Zehn meiner Reise. Am Morgen fuhr mich Bernard wieder ein Stück mit dem Auto, diesmal allerdings zu einem anderen Pass, welcher seiner Meinung nach deutlich schöner zu fahren sei. Beim herzlichen Abschied drückte mir Bernard noch eine Tüte Kirschen in die Hand, dann fuhr ich im allerschönsten Sonnenschein weiter bergauf, machte Brotzeit an einem Pass auf 1700 Metern vor einer traumhaften Bergkulisse und düste nach einem Nickerchen auf sich schlängelnden Straßen das Pyrenäenmassiv hinunter. In den wildromantischen Schluchten traf ich auf Aude, die mich die nächsten zwei Tage begleiten sollte. Oder ich sie. Aude ist ein Fluss, der zum Zeitpunkt unseres Zusammentreffens noch recht klein war, jung und wild, dabei aber überaus schön anzuschauen. Je länger sie neben mir und Aurora das Tal hinabsprudelte, desto größer und zahmer wurde sie. Die Temperaturen stiegen wieder, und als ich am Abend den Fuß der Pyrenäen erreicht hatte, wurden Audes Kurven runder und gefälliger. An einer besonders schönen dieser Kurven fand ich abseits der Straße ein idyllisches Fleckchen Erde, an welchem ich mein Nachtlager aufschlug.

Von meinem Proviant war außer zwei Kartoffeln und einer Dose Bohnen nicht mehr viel übrig. Auf der Suche nach Feuerholz musste ich aufpassen, um nicht auf die vielen Weinbergschnecken zu treten, die hier überall herumkrochen. Sie waren kleiner als die Artgenossen, welche ich von zu Hause kannte, hatten ein dunkleres, geflecktes Gehäuse und sahen ihren asiatischen Verwandten, die man auf den Märkten in China kaufen konnte, sehr ähnlich. Ob es an dieser Assoziation lag oder an meinem Hunger – jedenfalls beschloss ich, eine Handvoll Schnecken für das Abendessen zu sammeln. Wenig später knisterte neben meinem Nachtlager ein kleines Lagerfeuer, die Kartoffeln lagen in der Glut, und die

Dose Bohnen blubberte über den Flammen. Im Dosenöffnen mit Steinen hatte ich inzwischen Routine. Indem ich beim Aufhauen etwa ein Viertel des Deckelrandes unbeschädigt ließ, konnte ich ihn beim Öffnen so verbiegen, dass ich einen praktischen Griff hatte, um die Dose beim Umrühren festzuhalten. Für die Weinbergschnecken fehlte mir ein Gefäß, sodass ich nebenbei ständig damit beschäftigt war, sie wieder einzufangen. Als die Bohnen kochten und ich so viel davon gegessen hatte, dass genug Platz in der Dose war, wusch ich die Schnecken ab, warf sie in die Dose und ließ sie eine Zeitlang garen. Dann der spannende Moment. Mit zwei Zweigen, meinem Standardbesteck nach asiatischem Vorbild, holte ich die erste Schnecke heraus und probierte. Sie schmeckte anfangs ganz in Ordnung, doch als ich auch das Innere aus dem Schneckenhaus zog und zerkaute, knirschte es – anscheinend sandige Überreste ihrer letzten Mahlzeit.

Es fiel mir am nächsten Morgen nicht leicht, diesen schönen Platz wieder zu verlassen. In Quillan, wenige Kilometer von meinem Nachtlager entfernt, frühstückte ich etwas und fuhr weiter ins Tal hinab. Am Nachmittag erreichte ich Carcassonne, wo ich mich am Markt mit einem deutschen Erdbeerbauern unterhielt. Kurz nach Carcassonne trennten sich die Wege von Aude und mir, und ich fuhr noch zwanzig Kilometer weiter, bis ich etwas unfreiwillig auf meine nächste Übernachtungsgelegenheit traf. Ein alter, dicker Witwer, früher als Metzger tätig und offenbar sehr einsam, lud mich, nachdem ich ihn eigentlich nur nach dem Weg fragen wollte, kurz entschlossen zu sich nach Hause ein.

Er hatte sehr, sehr viel zu erzählen. Für mich hatte das den Vorteil, leichter den Switch vom Spanischen zum Französischen zu schaffen, obwohl mir sein derber Akzent anfangs echt Schwierigkeiten bereitete. Bei der Verabschiedung am nächsten Morgen hatte mein eigenwilliger, seltsamer, aber doch irgendwie liebenswerter Gastgeber tatsächlich Tränen in den Augen.

Es ging wieder aufwärts. Vor mir lag das Zentralmassiv, dessen südlichsten Ausläufer, die Montagne Noire, ich mich mühsam emporkämpfte. Dicke, rote Kirschen hingen an den Bäumen am Straßenrand, und ich kam nur langsam vorwärts, weil ich an keinem Baum vorbeifahren konnte. Sie schmeckten sagenhaft, und ich schlug mir den Bauch so voll, dass ich mich irgendwann an den Wegesrand legen musste und tief einschlief.

Wieder auf dem Sattel wurden die Wege kleiner und steiler, die Straßenschilder immer weniger und bald blieb mir nur noch die Sonne, um mich zu orientieren. Ich hatte mich ordentlich verfahren. Ich schob Aurora über kleine Trampelpfade und musste sie Stellenweise sogar tragen, so steil und unwegsam wurde das Gelände. Die Sonne brannte heiß vom Himmel. Schwer vorzustellen, dass ich noch vor zehn Tagen bitterlich im Schneesturm gefroren hatte. Bis auf eine halbe Flasche Wasser war all mein Proviant aufgebraucht. Ich hatte Hunger. Irgendwann erreichte ich wieder eine Straße, welche, dem Sonnenstand nach zu urteilen, ungefähr Richtung Nordosten führen musste. Über sanfte, bewaldete Hügel kam ich wieder zügig voran, doch Gelegenheit, Essen einzukaufen gab es in dieser einsamen Gegend weit und breit keine.

Da stand ein Schild am Straßenrand: „Fromage de chèvre". Jawohl, dachte ich, Ziegenkäse, hielt an, lehnte Aurora an einen Baum und ging die lange Einfahrt hinab. Vor mir lag am Hang ein wunderschöner, alter Hof mit dicken Steinmauern und einer idyllischen Aussicht über die umliegenden Hügel und Täler, mit einem kleinen Hofladen für den Käse. Als mir der Bauer ein Stück abschnitt, kamen wir ins Gespräch. Er hieß Ingo und hatte an meinem Akzent ziemlich schnell bemerkt, dass ich aus Deutschland kam.

Und ich blieb – ganze zehn Tage lang. Abends saßen wir nach den reichhaltigen wie leckeren Mahlzeiten stets lange am Esstisch zusammen. Ich berichtete von meiner Reise und Ingo erzählte, wie es ihn damals als Schafhirte in die Gegend verschlagen hatte und wie er durch seine Eltern zu dem alten Hof gekommen war. Dann musizierten wir gemeinsam, Ingo spielte gut und leidenschaftlich Klavier. Als Ingo eines Tages wieder zu einem Markt fuhr, um dort Käse zu verkaufen, begleitete ich ihn und machte in dem kleinen Örtchen Straßenmusik – zum letzten Mal. Das lag an Sonja, die vor eine paar Tagen aus Lübeck angereist war, um bei Ingo und Carole im Rahmen ihrer Ausbildung ein Praktikum zu absolvieren. Sonja hatte schon immer davon geträumt, Gitarre zu lernen, und als ich sah, wie eifrig sie die Akkorde übte, die ich ihr nach und nach beibrachte, entschied ich mich am Tag meiner Abreise, meine Gitarre, die ich selbst in Mexiko geschenkt bekommen hatte, hier bei ihr zu lassen. Ich brauchte sie nicht mehr. Bald würde ich daheim sein. 35 Euro besaß ich noch, und selbst wenn das nicht ganz für die letzten 1200 Kilometer reichen sollte, war ich zuversichtlich, mich irgendwie durch zu schlagen. Außerdem wollte ich mich freimachen und nicht mehr so viel Gepäck herumschleppen.

Schweiz

Nach einer einer mehrtägigen Radtour durch das Rhonetal hieß es, die Alpen zu bezwingen. Ich machte Station in Grenoble, um dann weiter nach Genf zu reisen. In puncto Gastfreundschaft hatte sich die Mentalität in den letzten Wochen massiv verändert. An die letzte Essenseinladung konnte ich mich kaum mehr erinnern, geschweige denn an eine Übernachtung. Dass ich meine Gitarre als Schlüssel zu den Herzen der Menschen nicht mehr mit mir führte, kam wohl erschwerend hinzu.

Ich musste oft an die Gastfreundschaft der Araber und Perser denken, an die Offenheit der Australier und Neuseeländer. Dennoch ließ sich die Einsamkeit ganz gut ertragen. Denn zum einen rückte die deutsche Sprach- und Landesgrenze mit jedem Tag näher, unweigerlich verbunden mit einer wachsenden Spannung und Vorfreude. Zum anderen wegen Röbi. Röbi heißt eigentlich Robert, wir hatten uns vor einem Dreivierteljahr in Kunming getroffen. Als strohblonder Hüne in Birkenstock-Latschen war er mir damals sofort ins Auge gestochen, und sein Angebot von damals, ihn auf meinem Rückweg bei sich zu Hause in Zürich zu besuchen, stand nach wie vor.

Bis dahin lagen aber noch einige Tagesrouten vor mir, und für diese brauchte ich deutlich länger als erhofft. Diesmal lag es an Aurora. Den ersten Platten hatte sie am zweiten Tag am Vorderreifen kurz vor der deutsch-französischen Sprachgrenze. Mit dem Zug fuhr ich bis zur nächsten Ortschaft mit Fahrradladen und hätte dabei fast achtzig Franken Strafe zahlen müssen – die ich natürlich nicht gehabt hätte –, weil ich kein Ticket für Aurora gelöst hatte und prompt kontrolliert wurde. Auch beim Fahrradladen kam ich günstig davon, ich durfte selbst Hand anlegen und musste nur das Flickzeug zahlen. Aber schon wenig später bekam Aurora den zweiten Platten, diesmal am Hinterreifen. Zwar hatte ich auch den bald wieder geflickt, doch die Serie riss nicht ab, und noch am selben Abend platzte abermals der Hinterreifen mit lautem Knall. Der Mantel war durchgefahren. Alle Geschäfte hatten inzwischen geschlossen. So musste ich die Nacht in Murten bleiben, dem ersten Ort nach der Sprachgrenze – und ich hätte es deutlich schlechter bekommen können. Die hübsche historische Innenstadt, vor allem aber die idyllische Lage direkt am Murtensee luden zum Verweilen ein. Nebenbei war es allerhöchste Zeit, mich mal wieder ausgiebig zu waschen, und das war selten angenehmer als bei einem Bad im traumhaft klaren Wasser des Murtensees.

Die alte, verwinkelte Stadtmauer Murtens bot ein ideales Versteck für mein Nachtlager. Auf einer schönen, weichen Wiese rollte ich in der Dämmerung meine Isomatte aus, schlüpfte müde in meinen Schlafsack und inspizierte den Himmel nach Regenwolken. Drei Platten, viel Geld und Nerven – ein langer Tag, nicht nur gefühlt, sondern auch kalendarisch: Es war Sonnenwende und deshalb – anders als es das verbliebene Tageslicht suggerierte – schon reichlich spät und eigentlich schon lange Schlafenszeit für einen müden Fahrradfahrer.

Ich fühlte mich zwischen den hohen Mauern gut geborgen und musste an zu Hause denken, wie so häufig in diesen Tagen. Es konnte meine Einsamkeit nicht lindern, dass die Menschen um mich herum zum ersten Mal seit achtzehn Monaten wieder Deutsch sprachen. Im Gegenteil, dadurch, dass die Möglichkeit zum Gespräch zwar bestand, dies aber durch die Distanz und Verschlossenheit der Schweizer kaum zustande kam, fühlte ich mich noch isolierter. Da freute es mich im ersten Moment noch, als ich an dem Abend Besuch bekam. Allerdings dauerte die Freude nicht lange. Denn die Umrisse einer Uniform meines späten Besuchers verhießen nichts Gutes.

»Einen schönen guten Abend wünsche ich!«, begrüßte mich eine Stimme, die ihrer Tonlage zufolge nur einem Polizeibeamten gehören konnte. »Darf ich fragen, was Sie hier machen?«

Ich versuchte, an seinen Gesichtszügen abzulesen, wie ernst die Lage war, konnte in der Dunkelheit aber nicht viel erkennen. Was ich hier machte, hätte man in dem schwachen Licht trotzdem erahnen müssen.

»Ich, äh … wollte mich hier ein bisschen ausruhen …«, stakste ich herum.

»Campieren ist hier leider nicht erlaubt«, entgegnete der Polizist entschieden. »Bitte nehmen Sie sich ein Hotel, wenn Sie sich ausruhen möchten!«

Ohne zu diskutieren, kroch ich aus meinem Schlafsack und packte, seine Blicke im Rücken, meine Sachen. Ich verspürte keine Wut. Nur Trauer. Welches Recht, welches Gesetz konnte einem müden Menschen die Freiheit nehmen, sich auf ein Stück Wiese zu legen und zu schlafen? Wessen Freiheit, wessen Gefühle wurden dadurch so sehr beeinträchtigt, dass diesem Grundbedürfnis, auch im öffentlichen Raum, nicht nachgegangen werden durfte?

Erst als ich alles im Rucksack hatte und das Deckelfach festzurrte, schien der Polizist zufrieden zu sein und verabschiedete sich mit einem »Dann wünsche ich noch eine angenehme Nacht«.

Auf der Suche nach einem alternativen Nachtlager spazierte ich umher. Am Strand, nahe der Stelle, an welcher ich zuvor gebadet hatte, fand ich eine krumme Weide, deren Äste bis auf den Boden hingen. Die nächsten Häuser befanden sich gut 200 Meter entfernt, und man konnte inzwischen kaum mehr die Hand vor Augen sehen. Ich legte mich unter die Weide, und als es wenig später tatsächlich zu tröpfeln anfing, war ich dem Polizisten schon fast wieder dankbar, denn so trocken wie hier hätte ich es an der Stadtmauer nicht gehabt.

Zwanzig Euro hatte ich noch bei mir, und genauso viel kostete am nächsten Morgen der neue Fahrradmantel. Aurora rollte wieder. Doch einige Kilometer hinter Murten geriet ich ins Zögern. Ich hatte Hunger, weder Cent noch Rappen in der Tasche und musste an ein Schild denken, welches mir kurz nach Murten aufgefallen war. »Biogemüse Werner Amrein«. Ich wusste nicht, was für ein Unternehmen Herr Amrein genau dort führte – nach Bioladen sah es jedenfalls nicht aus –, aber wenn ich Lust hatte, irgendwo etwas Geld zu verdienen, dann in diesem, meinem früheren Metier.

Ich kehrte also um, klopfte an das große Metalltor, erfuhr, dass das Unternehmen Großhändlerzulieferer von Biogemüse für Supermärkte war, und wurde nach einigem Warten zum Chef gebracht. Der zeigte sich wenig begeistert von meinem Vorschlag, für ein paar Tage im Betrieb mitzuarbeiten. Vor allem, weil eine schwarze Lohnauszahlung für ihn nicht in Frage käme. Doch ich ließ nicht locker. Unter anderem bot ich ihm eine Auszahlung in Naturalien an. Schließlich willigte er ein, ich konnte sofort mit der Arbeit beginnen.

Das Geschäftsmodell von Werner Amrein bestand darin, loses Obst und Gemüse in kleine Gebinde zu verpacken, um es damit »aufzuwerten«. Ich verbrachte die Tage damit, Gemüsekisten in verschiedene automatische Verpackungsmaschinen zu kippen, verdorbene Ware auszusortieren und einzelne Gebinde abzuwiegen und auszuzeichnen. Wenn die Ware nicht den Ansprüchen genügte, wurde sie vollständig entsorgt. Da kamen über einen ganzen Tag schnell mal eine Tonne Abfälle zusammen. Kurzum, besonders sinnvoll erschien die Arbeit nicht, Bio hin oder her.

Zwei Tage arbeitete ich bei Werner Amrein. Dann war Wochenende, und auch wenn ich mich in Murten wohlfühlte und unter der Weide am See fast schon so etwas wie ein Zuhause gefunden hatte, wollte ich die zwei Tage bis Montag nicht hier absitzen. Röbi wartete schließlich. Und Mittenwald auch.

Herr Amrein zahlte am Ende doch. 120 Franken drückte er mir in die Hand – so viel Geld hatte ich zuletzt in Neuseeland besessen, wobei es im Unterschied zu heute damals allein für mein Flugticket bestimmt war. Ich fühlte mich also entsprechend reich, als ich, den Rucksack voller Gemüse, noch am Abend weiter Richtung Zürich radelte.

Nach zwei Tagen Pause trat man wieder ganz anders in die Pedale. Ich fuhr bis in die Dunkelheit und stieg nur einmal von Aurora, als ich am Straßenrand eine Deutschlandflagge liegen sah. Keine besonders großformatige. Ich würde mich sicherlich nicht als Patrioten bezeichnen. Doch die letzten achtzehn Monate fernab der Heimat, das Entbehren meiner Freunde und Familie und die Sehnsucht nach einem Zuhause waren doch unweigerlich verbunden mit diesem dreifarbigen Stück Stoff auf dem Asphalt. Weit war es nicht mehr, dieses Land. Ich konnte nicht einfach vorbeifahren, ich musste stehen bleiben und sie aufheben. Ich betrachtete sie. In einer Lasche eingenäht steckte eine Fahnenstange aus Plastik, um die Flagge schwenken oder irgendwo befestigen zu können. Kurzerhand klemmte ich sie an meinen Gepäckträger und fand, dass sie sehr schick auf Aurora aussah und überaus gut passte für die letzten Kilometer bis zur deutschen Grenze.

Erst jetzt fiel mir auf, wie ruhig es auf den Schweizer Straßen geworden war. Denn auffällig oft wurde ich nun, seitdem ich so unter deutscher Flagge unterwegs war, wieder von den vorbeifahrenden Autofahrern angehupt. Häufiger noch als in Frankreich und Spanien, wenn auch nicht ganz so penetrant wie damals in Laos. Dabei nicht unfreundlich, im Gegenteil. Nicht selten kurbelten sie die Fenster runter und feuerten mich an, einmal kam aus einem dieser Autos sogar selbst eine Deutschlandfahne zum Vorschein und wurde mir laut grölend zugeschwenkt.

Die Nacht verbrachte ich auf einer Wiese am Rande eines kleinen Dorfes. Ich hatte zurzeit Glück mit dem Wetter, die Luft war mild und der Himmel klar, als ich in der Dämmerung unter einem Baum mein Nachtlager aufschlug. Die Grillen zirpten, und außer ein paar vorbeifahrende Autos und einer Gesellschaft, die in einem nahe gelegenen Garten unter freiem Himmel offenbar ein Fußballspiel ansah und ab und zu aufjubelte, war es ganz ruhig.

Am Abend des nächsten Tages erreichte ich Zürich. Es war ein herzliches Wiedersehen und verblüffend anzusehen, wie vertraut mir Röbi erschien, obwohl uns doch nur ein kurzes Treffen in China verband. Röbi wohnte mit fünf Mitbewohnern in einer recht wilden und kreativen Wohngemeinschaft. Auf dem Speicher hatte sich ein Mitbewohner ein Lehmhaus gebaut, in dem er wohnte, im Keller wurde Bier gebraut, und im Garten wuchs Marihuana. Ich wurde so offen und freundlich aufgenommen, als sei ich mit jedem von ihnen aufs dickste befreundet. Bis spät in die Nacht erzählten Röbi und ich uns gegenseitig, was wir seit unserem Treffen in Asien erlebt hatten. Weil meine Hose aus Syrien sich langsam auflöste, bekam ich von Röbi eine neue Hose mit selbst genähten Flicken darauf, in die ich mich sofort verliebte. Ich hätte noch viel länger hierbleiben können, wenn mich meine Ungeduld nicht zur Weiterfahrt bewogen hätte.

Am Zürichsee und Walensee entlang radelte ich mit Aurora über Liechtenstein und Österreich, bis ich nach zwei Tagen die deutsche Grenze erreichte.

Deutschland

Mein Herz schlug bis zum Hals. Deutschland. Bayern. Heimat. Die Luft schien frischer und würziger zu riechen, das Grün der Wiesen und Wälder, das Blau des Himmels stärker zu leuchten als alles, was ich die letzten Monate gesehen und gerochen hatte. Dennoch – einiges hatte sich geändert, und zwar nicht nur ich selbst. Es war nicht mehr das Land, welches ich vor anderthalb Jahren verlassen hatte.

Der letzte Tag mit Aurora stand bevor. Mit dem Rad ging es mir inzwischen zu schnell, ich machte immer längere Pausen und nahm auch mal einen Umweg in Kauf, wenn der Weg versprach, deutlich schöner zu sein als über Landstraßen. Gegen Nachmittag lag vor mir im herrlichsten Sonnenschein der Große Alpsee. Mit der Alpenkulisse im Hintergrund konnte ich mich nicht sattsehen an dieser Schönheit der Natur. Fast allein an diesem Ort badete ich ausgiebig und lag lange am Ufer, bevor ich weiterfuhr. Mit Immenstadt erreichte ich die erste größere Ortschaft. Rein zufällig landete ich im Jugendzentrum, wo ich herzlich aufgenommen wurde und sogar übernachten durfte. Ein Jugendlicher zeigte sich besonders neugierig, er lauschte meinen Reiseerzählungen und wollte mehr und mehr wissen. In seinen Augen war ein Feuer entfacht. Ohne es direkt auszusprechen, war zu spüren, dass mit unserer Begegnung der Samen für eine weitere große Reise gesät wurde. Ihm schenkte ich Aurora. Ich hätte mir keinen besseren Besitzer für sie wünschen können. Darum verspürte ich tatsächlich Dankbarkeit dafür, dass er Aurora annahm, und mehr noch dafür, dass er sich davon abbringen ließ, mir für sie Geld zu geben. Der monetäre Wert Auroras hielt sich sowieso in Grenzen …

Ab sofort also zu Fuß, so wie ich die Reise begonnen hatte. Kontrastreicher hätten die Umstände im Vergleich zu damals kaum sein können: Heimweh statt Fernweh, zwei Kilo Gepäck anstatt 22 und statt Schneetreiben strahlender Sonnenschein. Von Mittenwald trennten mich noch gute hundert Kilometer, auf meinem Zettel standen die Wegpunkte Rettenberg, Wertach, Nesselwang, Füssen, Reutte und Grainau. Ab dort war ich zuversichtlich, den restlichen Weg auch so zu finden.

Nach dem vielen Radfahren tat das Wandern unwahrscheinlich gut. Ich genoss jeden Schritt durch die Landschaft, nach der ich mich so lange gesehnt hatte. Ich schlief unter freiem Himmel und träumte von Menschen, die daheim auf mich warteten und wussten, dass ich nicht mehr weit war. Zwischen Nesselwang und Füssen stieß ich in der Mittagshitze auf eine Gartenwirtschaft, und obwohl nicht mehr viel von meinem Schweizer Lohn übrig geblieben war, konnte ich dem Drang nach einer Apfelschorle nicht widerstehen. Hunger hatte ich natürlich auch. Und der wurde nicht weniger, als das Pärchen am Nachbartisch nach dem Zahlen seine halb vollen Teller abservieren ließ. Hinterher oder nicht? Hemmungen gegen Bauchgefühl. Die Überzeugung siegte. Lebensmittel vor der Tonne zu bewahren, darf keine Schande sein.

Möglichst unauffällig folgte ich der stämmigen Kellnerin im Dirndl und fragte drinnen in der Küche, ob es möglich sei, die Essensreste zu bekommen. Sie schüttelte vehement den Kopf: »Na! Na, des goht it! Tuad m'r leid, wirklich.« Klare Ansage. Zurück am Tisch kam ich gerade noch rechtzeitig, um zu verhindern, dass eine andere Bedienung meinen letzten Schluck Apfelschorle abservierte. Desillusioniert rechnete ich herum, ob mein Budget nicht doch noch eine Kleinigkeit erlaubte, da kam nach einer Weile die Bedienung auf mich zu und meinte: »D'Chefin hot gmoint, wenn Sie wänd, kenned mir Ihna a Paar Wienerle macha.« Wow. Das kam überraschend. Ich zögerte und überlegte, ob das jetzt schon einer Einladung gleichkam. Was sie anscheinend ahnte.

»Naa, zahla brauchn S' id!«, meinte sie schroff. »Aber bitte hockat S' nei, des braucht ja id a jeda mitkriega.«

Zehn Minuten später saß ich also in der leeren Stube und aß heimlich einen Teller Pommes mit Wienern. Das war sie also, Gastfreundschaft auf Schwäbisch. Aber immerhin: Es gab sie. Klar, der Verdacht lag nahe, dass ich die Mahlzeit eher schlechtem Gewissen als Gutmenschentum verdankte. Nebenbei hatte mein Magen mit den zu kämpfen, denn der war bei meiner aktuellen Kost eher auf Obst und trockenes Vollkornbrot eingestellt.

Das letzte Geld meiner Reise ließ ich in einem kleinen Bioladen in Füssen für etwas Obst, ein halbes Kilo Haferflocken und ein großes Glas Früchtejoghurt. Nach zwei Tagen Wandern begannen meine Schuhe, die ich in Mexiko von Jesús geschenkt bekommen hatte, gewaltig zu drücken. Außerdem hatte sich die rechte Sohle halb abgelöst. Unterhalb von Schloss Hohenschwangau trennte ich mich dann von ihnen – ich steckte sie kurzerhand in einen Mülleimer – und ging barfuß weiter.

Dann geschah etwas Seltsames. Am Alpsee – der gar nicht viel kleiner war als der Große Alpsee, in dem ich vor Immenstadt gebadet hatte – stieß ich auf einen Mann, etwa Mitte dreißig. Da er den gleichen Weg wie ich hatte, liefen wir zusammen und erzählten uns gegenseitig unsere Geschichten. Seine ging etwa so: Er hatte früher jahrelang mit Drogen- und Alkoholproblemen zu kämpfen gehabt, nun aber zu Gott gefunden und fühlte sich als Christ glücklich und befreit von weltlichen Lastern. Ich machte gleichermaßen kein Geheimnis aus meinem Atheismus, worauf er zwar mit Bekehrungsversuchen reagierte, diese fielen jedoch dezent genug aus, um nicht übermäßig zu nerven. Und klar – durch mein Bedürfnis, überhaupt mal jemanden zum Reden zu haben, nahm ich ein paar Kommentare über mein Seelenheil gerne in Kauf. Seit ich in Tennessee vom Glauben abgefallen war, hatte das Thema für mich keine große Rolle mehr gespielt. Dass ich nun so kurz vor meiner Rückkehr zum ersten Mal wieder damit konfrontiert wurde, hätte ich liebend gern als Zufall verbucht, wenn sich nicht wenige Stunden darauf eine weitere Bekanntschaft fest zur Aufgabe gemacht hätte, mich ebenfalls zu bekehren. Diesmal allerdings deutlich offensiver.

Ich traf sie, als ich auf dem Weg nach Reutte in Tirol für einige Kilometer durch Österreich wanderte. Sie und ihre drei Kinder hatten einen Ausflug gemacht und befanden sich gerade auf dem Heimweg nach Reutte. Wir kamen ins Gespräch und wanderten gemeinsam am Archbach entlang, als ich bald von ihnen zum Abendessen eingeladen wurde. Ihre große Gastfreundschaft war im Wesentlichen der Tatsache geschuldet, dass ich sie stark an Jesus erinnerte. Was wenig verwunderte. Barfuß, schulterlanges, dunkelbraunes Haar, etwas spärlicher Vollbart, groß und schlank war ich ja sowieso. An Religiosität konnte die Familie mit den Amischen locker mithalten.

»Der Tag wird kommen, an dem Gott rufen wird«, meinte die Mutter nach dem Abendessen. Sie erinnerte mich sehr an Vickie in

Tennessee. Doch ich befand mich nicht mehr bei irgendwelchen Aussteiger-Freaks in den superreligiösen USA, sondern bei einer ganz normalen österreichischen Familie in einer Doppelhaushälfte mit Trampolin im Garten.

»Wenn er laut genug ruft und mich überzeugt, dann bin ich am Start«, antwortete ich. Das war ehrlich gemeint. Doch bis dahin hatte ich nicht vor, an meiner neu gewonnenen Überzeugung zu zweifeln. Oder? Es dämmerte bereits, als ich zurück zum Archbach ging, an dessen Ufer ich auf dem Hinweg einen idealen Lagerplatz entdeckt hatte. Ich hätte wohl auch bei der Familie unterkommen können. Doch die letzten Übernachtungen unter freiem Himmel waren zu schön gewesen, um auch nur eine dieser traumhaften Sommernächte zu verpassen. Außerdem musste ich raus. Ich spürte, auf welch wackligen Füßen mein Nichtglaube noch stand. Zweifel.

Der Archbach murmelte gemächlich vor sich hin. Hoch am Himmel der Halbmond, mild die Luft. In dieser Nacht betete ich noch ein letztes Mal zu Gott. Ich bat ihn, mich zu rufen, falls es ihn gab. Im Kiesbett auf Knien hatte ich die Hände gefaltet. Laut sprach ich meine Worte aus, so wie ich es zuletzt wohl als Kind aus lauter Heimweh und Verzweiflung getan hatte, heimlich, auf der Toilette. Ich weinte wohl auch ein wenig. Ich bat Gott um Verzeihung dafür, dass ich meine Überzeugung seiner Nichtexistenz zukünftig auch nach außen so vertreten müsse. Und ich versprach ihm, mein Leben lang offen zu bleiben, sollte er sich eines Tages doch noch offenbaren.

Vogelgezwitscher weckte mich am nächsten Morgen. Gott hatte mich in dieser Nacht nicht mehr zu sich gerufen. Und ein zweites Mal auf meiner Reise fühlte ich mich von meiner Unsicherheit befreit. Ich weiß nicht, was passiert wäre, wenn in der Nacht aus heiterem Himmel der Blitz neben mir eingeschlagen hätte. Oder ein Meteorit. Doch eigentlich hatte ich ja gar nicht auf ein Wunder gewartet, eine emotionale Regung oder irgendein überzeugendes inneres Gefühl hätte mir womöglich ausgereicht. Denn in dieser Nacht hatte ich tatsächlich den tiefen Wunsch gehabt, Gott zu sehen. Aufrichtiger hätte ich mich nicht von ihm trennen können.

Über den Plansee wanderte ich wieder nach Deutschland und verfluchte dabei zeitweise die vielen Schotterwege. Viele Jahre schon hatte ich mich im Barfußgehen geübt, auch vor Wanderungen im Gebirge machte ich normalerweise nicht halt. Doch jetzt, am zweiten Tagen ohne Schuhe brannten meine Fußsohlen, sodass ich fast nur noch neben dem Weg lief. Auf diese Weise fand ich am Wegesrand ein riesiges Blaubeerfeld, an dem ich mich satt aß und Proviant für die letzten Kilometer pflückte. Abends kam ich in Grainau an. Auf der Grünfläche vor dem Rathaus stand eine kleine Gartenlaube aus Weideästen. Dort versteckte ich mich für die letzte Nacht meiner Reise. Ab jetzt fühlte es sich verdammt nach Heimat an! Landkreis Garmisch-Partenkirchen. Hier hatte ich vor meinem Aufbruch drei Jahre lang im Kreistag gesessen. Auf dem Weg zum Kreuzeck, einem Berggasthof bei Garmisch-Partenkirchen, treffe ich am nächsten Morgen den ersten Menschen, den ich von früher kenne: Florian Bommer. Bei ihm hatte ich vor Eröffnung meines Bioladens vor fünf Jahren als Schreinergehilfe gearbeitet. Bei Schloss Elmau treffe ich dann Brigitte Wörnle, frühere Sprechstundenhilfe in der Praxis meines Vaters. Es wird langsam real. Sie fragt mich, wo ich denn überall war. Meine Antwort: »Einmal rum.«

Am Ferchensee eine letzte Mahlzeit, Haferflocken mit Wasser und Blaubeeren, gegessen mit zwei Zweigen als Stäbchenbesteck, wie immer. Dann der Abstieg über dem Lautersee. Am Grieser Gstoag, überhalb vom Zwergerhaus, mache ich halt. Vor mir liegt Mittenwald, mein Zuhause. Mein Daheim. Ich hatte es größer in Erinnerung.

Die Treppen runter in die Wettersteinstraße. Beim Weiser Edi und der Hanna vorbei in die Grünkopfstraße. Dort in der Nummer zwölf muss mein Vater – mein Papa! – wohnen. Er war im letzten Jahr umgezogen, ich hatte die Adresse aus einer E-Mail. Ich finde die Hausnummer am Holzbrett des Gartenzauns. Ein nettes kleines Häuschen, mit schönem Garten. Ein Mann arbeitet darin mit Hut und Gartenschere. Er bemerkt mich erst nicht. Es ist mein Vater.

Nachwort

Das Wiedersehen hätte fröhlicher kaum sein können. Endlich meine Familie und Freunde wieder in den Armen halten! Bald schon begann ich, meine oft lückenhaften und zusammenhangslosen Stichpunkte aus den Internetcafés aller Länder zusammenzuschreiben und in Textform zu bringen.

Die Zeit, in der ich allein Musik machte, hatte ein Ende. Zusammen mit meiner Schwester Lena und meinem Bruder Lugi gründete ich eine Band namens Philadelphia – und mit den beiden machte Straßenmusik einfach doppelt so viel Spaß! Bei einer unserer Touren kamen wir noch im Jahr meiner Rückkehr nach Freiburg, um Connie dort zu besuchen. Was für eine Stadt! Wir drei fühlten uns dort von Beginn an pudelwohl. So sehr, dass wir alle drei unsere Zelte in der Heimat abbrachen und gemeinsam dort hinzogen.

In Freiburg kehrte ich in die Schulbank zurück und erkannte mich dabei nicht wieder. Hatte ich während meiner ersten Schulkarriere stets Mühe, mich wach zu halten und mit den Gedanken bei der Sache zu bleiben, so hing ich jetzt an den Lippen meiner Lehrer und sog alles wie ein Schwamm in mich auf. Entsprechend hielt ich drei Jahre später mit einem Schnitt von 1,1 als Jahrgangsbester mein Abitur in den Händen. Ich, als ehemalige Klassenniete! Meine drei Kinder kamen nach und nach auf die Welt, ich schloss mein Studium der Volkswirtschaftslehre ab – erst mit dem Bachelor, dann mit dem Master – und arbeite und promoviere heute im Bereich der erneuerbaren Energien.

Die Reise- und Abenteuerlust hatte mich auch nach der Rückkehr von meiner großen Reise nicht verlassen. Ob per Pferdekutsche von Ungarn nach Freiburg oder mit dem Segelboot über das

Mittelmeer – es zeigte sich schnell, dass man mit Kindern und Familie ebenfalls wunderbar reisen und Straßenmusik machen kann.

Wie mein Leben seitdem ohne diese Reise verlaufen wäre? Schwer zu sagen. Ich hatte den Glauben an Gott verloren, doch den Glauben an die Menschheit gefunden. Die große Gastfreundschaft und Güte, die ich in den achtzehn Monaten und 36 verschiedenen Ländern erfahren hatte, wirken bis zum heutigen Tag nach. Der Menschheit dieses Geschenk auf irgendeine Weise wieder zurückzugeben, ist für mich seither ein zentrales Lebensziel.

Dazu gehört in erster Linie der Wunsch, unseren nachfolgenden Generationen eine Erde zu hinterlassen, die friedlich und lebenswert ist. Aus diesem Grund möchte ich diese Reisememoiren mit einem Appell schließen. Ein Appell an mich und alle, die diese Zeilen lesen.

Lasst uns angesichts der bevorstehenden Klimakatastrophe Verantwortung übernehmen für unser Tun und Handeln! Lasst uns den Mut haben, mit Strukturen und Gewohnheiten zu brechen, die zu Lasten unserer Kinder und Kindeskinder gehen! Lasst uns jetzt die Entscheidungen treffen, welche notwendig sind, um die natürliche Lebensgrundlage der Menschheit zu erhalten, und nicht aus Bequemlichkeit oder Angst vor Neuem weitermachen wie bisher! Wir haben es in der Hand, jede und jeder Einzelne von uns. Denn die Welt ist schön. Und das soll sie bleiben.

Freiburg im Breisgau, Juni 2021